天子之宝

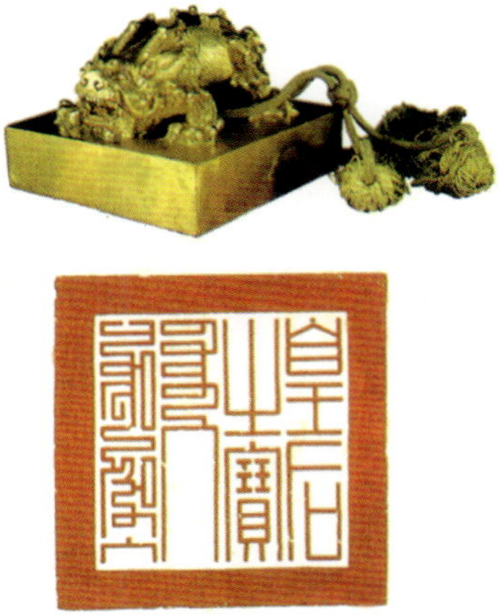

皇后之宝

皇帝奉天之宝

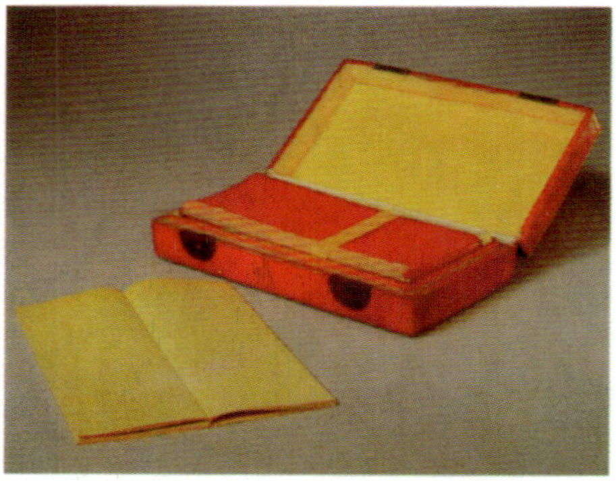

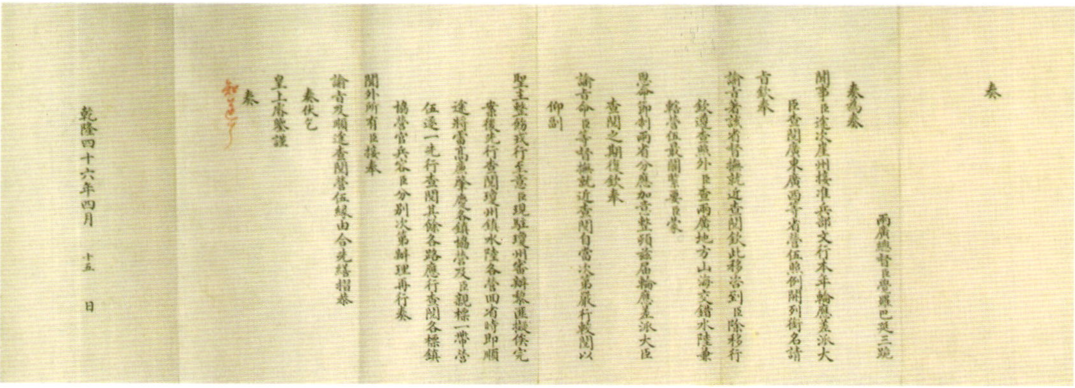

奏
兩廣總督臣覺羅巴延三跪
奏爲奏
聞事臣在瓊州接准兵部文行本年輪應差派大
臣查閱廣東廣西等省營伍照例開列銜名請
旨欽奉
諭旨着該省督撫就近查閱欽此移咨到臣除移行
欽遵查照外臣查兩廣地方山海交錯水陸兼
轄營伍最關緊要臣蒙
恩命節制兩省分應加意整頓茲屆輪應差派大臣
查閱之期復欽奉
諭旨命臣等督撫就近查閱自當次第嚴行較閱以
仰副
聖主整飭戎行至意臣現駐瓊州當辦黎匪擬俟完
案後先行查閱瓊州鎮水陸各營回省時即順
途將雷高廉肇慶各鎮協營及臣親標一帶營
伍逐一先行查閱其餘各路應行查閱各標鎮
協營官兵容臣分別次第辦理再行奏
聞外所有臣接奉
諭旨及順途查閱營伍緣由合先繕摺恭
奏伏乞
皇上睿鑒謹
奏
知道了
乾隆四十六年四月 十五 日

奏折及奏折匣

康熙像

孝庄文皇后像

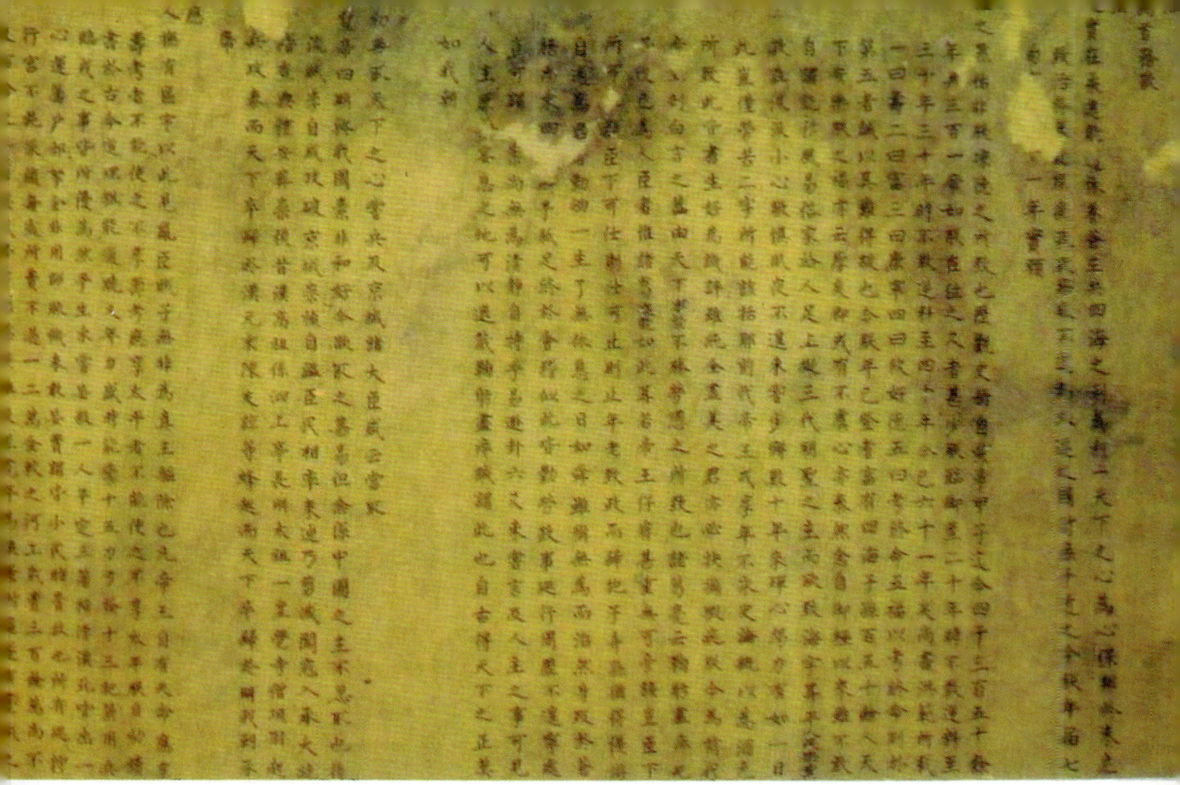

康熙皇帝遗诏　康熙六十一年（1722）十一月十三日

乾隆皇帝元旦开笔

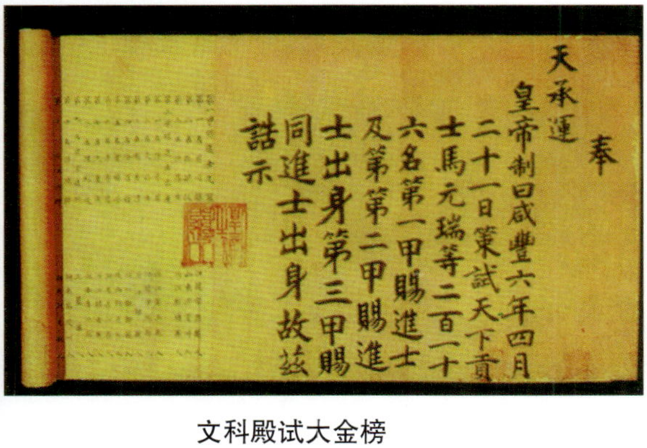

文科殿试大金榜

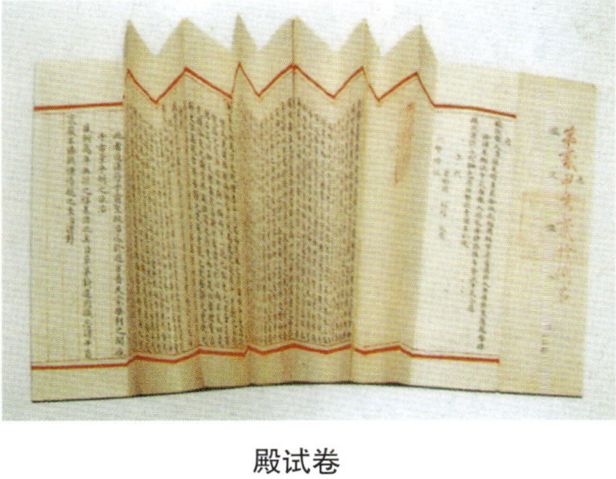

殿试卷

皇帝勅諭中官之設雖自古不廢然任使失宜
遂貽禍亂近如明朝王振汪直曹吉祥劉
瑾魏忠賢等專擅威權干預朝政開廠緝
事枉殺無辜出鎮典兵流毒邊境甚至謀
為不軌陷害忠良煽引黨類稱功頌德以
致國事日非覆敗相尋足為鑒戒朕今裁
定內官衙門及員數職掌法制甚明以後
但有犯法干政竊權納賄囑託內外衙門
交結滿漢官員越分擅奏外事上言官吏
賢否者即行凌遲處死定不姑貸特立鐵
牌世世遵守
順治十二年六月二十八日

顺治十二年（1655）六月二十八日顺治皇帝关于太监不得干政的谕旨

交泰殿内景

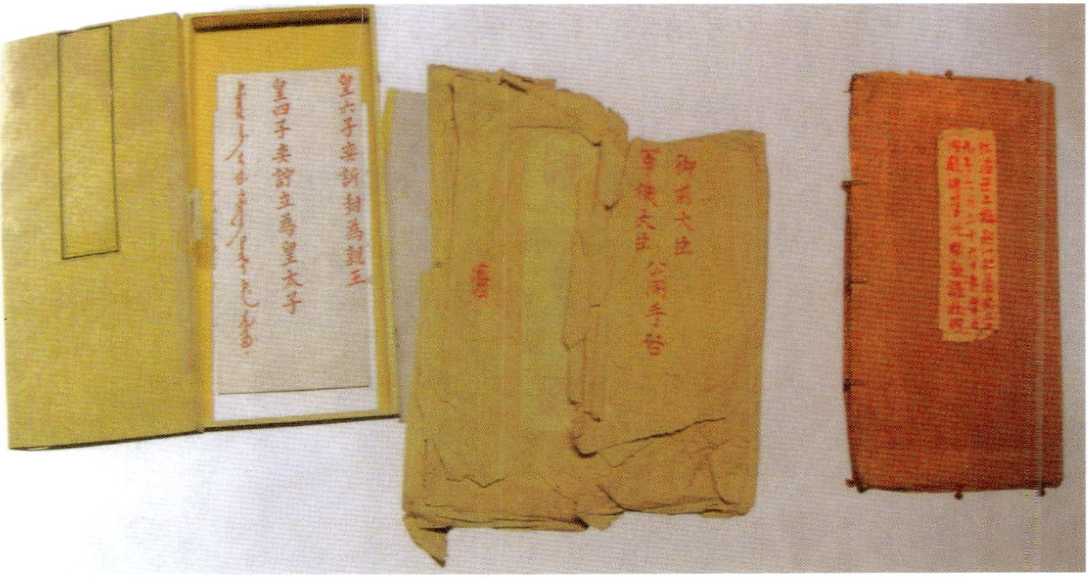

道光皇帝的建储秘诏

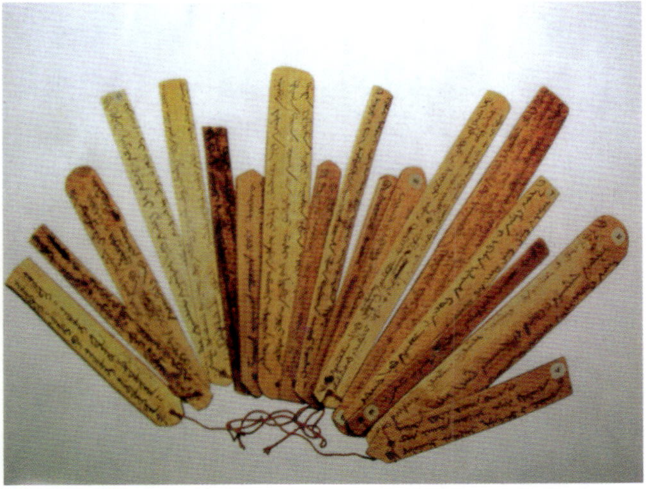

满文木牌

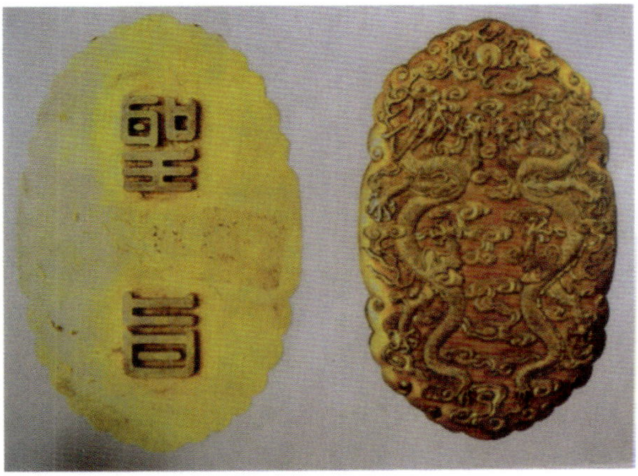

合符

宗室（直系）玉牒及原包装

中国第一历史档案馆玉牒库

光绪二十年（1894）皇帝贺慈禧太后六十寿诞贺表

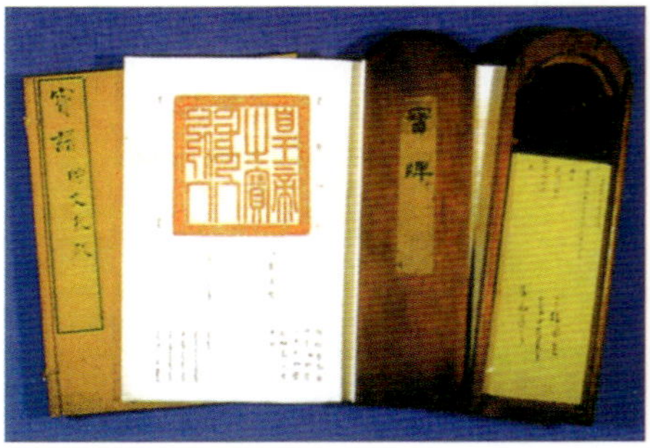

宝谱及请宝用的宝牌

宝盝

探秘

清宫档案

冯伯群
屈春海 ◎主编

華中科技大學出版社
http://www.hustp.com
中国·武汉

图书在版编目（CIP）数据

清宫档案探秘/冯伯群，屈春海主编．—武汉．华中科技大学出版社，2018.2

ISBN 978-7-5680-3663-4

Ⅰ．①清…　Ⅱ．①冯…　②屈…　Ⅲ．①宫廷—历史—中国—清代—通俗读物　Ⅳ．①K249.09

中国版本图书馆 CIP 数据核字（2018）第 025438 号

清宫档案探秘
Qinggong Dang'an Tanmi

冯伯群　屈春海　主编

策划编辑：吴素莲
责任编辑：沈剑锋
封面设计：李彦生
责任校对：李　琴
责任监印：朱　玢
出版发行：华中科技大学出版社（中国·武汉）　电话：（027）81321913
武汉市东湖新技术开发区华工科技园　邮编：430223
印　　刷：湖北新华印务有限公司
开　　本：710mm×1000mm　1/16
印　　张：22.5　插页：4
字　　数：361 千字
版　　次：2018 年 2 月第 1 版第 1 次印刷
定　　价：49.80 元

前言

这是一本完全取材于清宫档案的清代历史故事集。文章的作者全部是中国第一历史档案馆常年从事清宫档案管理和研究的工作人员。

中国第一历史档案馆馆藏的清代档案卷帙浩繁，索号 1000 余万件（册、卷）之多。面对浩如烟海的清宫档案，中国第一历史档案馆自 1925 年建馆以来，经过 80 多年、几代档案工作人员艰辛的劳动，为国家的政治、经济、科技、文化、军事、外交、民族、宗教等各方面的建设，提供了宝贵的参考资料，为从事历史研究的国内外专家学者提供了大量的档案利用服务。改革开放以后，人民生活水平不断提高，对文化娱乐的要求也在同步增长。近年来，随着人称“大辫子戏”的清史影视剧的纷纷上映，各种充满艺术虚构、文学渲染的娱乐性“戏说”，在给人们带来快乐的同时，往往给历史的真实性与可靠性打上了折扣，也因此诱发了人们了解清史剧中展现的宫廷生活、出场的各色人物真实性的极大兴趣。

为满足人们的这种兴趣要求，又不必苛求大家都去学习《清史》，更何况目前国家组织撰修的《清史》还没有问世，也不用动员大家到档案馆去，从 1000 多万件档案里大海捞针，便捷的办法就是由相关部门组织人员根据史实史料，撰写一本有关清宫档案那些事的书以正视听。所以，近几年我馆从事档案保管、整理、编研和提供利用的专业人员在工作中更加注意在档案里收集素材，在求实求真的前提下，根据档案的历史记录，力争用比较通俗生动的文笔写一些故事性文章，介绍历史人物、历史事件的真实情况，纠正在某些清史剧中或被颠倒、或被扭曲的历史事实，面向社会普及历史知识。

经过几年的积累，我们把这些文章汇集起来，2007 年由中国档案出版社出版了第一本书《历史真相中的大清王朝三百年》。2008 年由华文出版社出版了第二本书《清宫档案秘闻》。2009 年由华文出版社出版了第三本书《清宫里的那些事儿》。2017 年由华中科技大学出版社再次出版了《清宫档案探秘》。

前后比较，后来的文章更加注重取材的广泛，视角的开阔，文字的生动。唯一不变的是文章内容全部来自馆藏的档案，并且经过认真的考证，保证了历史的真实性。目前，我馆正在进行更加系统、更加科学、更加全面的档案整理编目工作，随着此项工作的深入开展，会有更多、更新鲜的史料被发现，其中也会有更加有趣的逸闻、秘闻被揭示出来。我们会继续在档案这座宝库中努力挖掘，同时进一步提高自身的写作水平，以求奉献给读者更多、更好的作品。

冯伯群　屈春海

2017 年 5 月

目　录

宫廷逸事

京城内外

离奇案件

趣事奇闻

中外交往

康熙教子的一大败笔

冯伯群

康熙四十六年（1707），紫禁城内，乾清宫西侧，皇子读书的懋勤殿前，一群身强力壮、衣着光鲜的乾清门侍卫，在胤祉等皇子们的监督之下，将一位年过半百的老臣掀翻在地，抡起竹板，左右开弓，施以名为“杖笞”的刑罚。侍卫们先后轮换，打了结结实实的三十大板过后，老人早已是皮开肉绽，鲜血淋漓，痛苦到极点。

皇子读书处——懋勤殿

受刑的老臣，名徐元梦，满洲正白旗人，康熙十二年进士，学养深厚，且精通满、蒙、汉文，为一代名儒，是康熙帝亲自为皇子们选定的师傅，围观的皇子们则都是他的学生。作为老师，昨天还倾注心力给皇子们讲授儒家经典，教诲他们尊敬师长，友爱亲朋的道理，今天就在自己学生的指挥、监督之下遭受毒打，饱受皮肉的痛苦之外，心灵上的屈辱更令他羞愧难当。而这幕丑剧的导演者竟是一向崇尚儒学、深知师道尊严在中国传统文化中居重要地位的康熙皇帝。

康熙四十六年（1707），康熙帝第六次南巡途中，御舟停泊在临清州堂邑县。康熙令随行的三个小皇子读书，以检查他们的学习情况，却发现他们书念得不清晰且非常生疏，便认为皇子们的师傅徐元梦没有尽心教诲，而小皇子在自己身边读书，则大见成效。康熙非常生气，便在胤祉等在京的皇子、皇孙发来的满文请安折上朱批，将徐元梦革职，并下令要当着全体阿哥的面，杖笞三十大板。

康熙自少年时代起，就刻苦学习。五岁即开始读书。他曾回忆早年的学习生活："逐日未理事前，五更即起诵读，日暮理事稍暇，复讲论琢磨，竟至过劳，痰中带血，亦未少辍。"刻苦的学习使康熙有了渊博的学识功底，经史子集、诗词歌赋无所不通。他还下工夫学习西洋文化、科技知识，学习数学、化学、医学、药学、天文学、地理学、音韵学、光学和解剖学，并且都达到了相当的水平。中国第一历史档案馆内现存有康熙演算数学题的算草，故宫博物院藏有康熙学习用的计算器、数学桌、康熙末年钦命梅瑴成等人编写的数学书《数理精蕴》。

康熙可谓是文武全才，他自幼习武，身体强健，弓马娴熟，能挽十五力强弓，发十三握箭，还善用火枪。他六十六岁时曾向身边的侍卫们夸耀说："朕自幼至今，凡用鸟枪弓矢，获虎一百三十五，熊二十，豹二十五，猞猁狲十，麋鹿十四，狼九十六，野猪一百三十二，哨获之鹿凡数百，其余围场内，随便射获诸兽，不胜记矣。"他还说："朕曾于一日内，射兔三百一十八，若庸常人，毕世亦不能及此一日之数也。"

康熙自己好学不倦，对皇子们的学习也非常重视，皇子们最早从四岁起，就要接受教育，年满六岁就要到懋勤殿（或畅春园之无逸殿）正式入学了。以康熙二十六年（1687）六月初十这一天《康熙起居注》等档案、书籍的记载为例：

这天康熙驻跸畅春园，早上寅时（3～5点）皇子们就来到无逸殿，开始复习前一天的功课。卯时（5～7点）师傅来到，皇子们先在殿前练习拉弓射箭，然后入室读书。辰时（7～9点）康熙上完早朝，给太皇太后请过安，便来检查皇子们的功课。巳时（9～11点）皇子背诵经书、练习书法。午时（11～13点）进膳，饭后接着读书、背书。未时（13～15点）吃点心，然后到院子里练习拉弓射箭，练毕回屋，老师出题，皇子讲书。申时（15～17点）康熙再次来到无逸殿，随意翻阅经书，令皇子们依次背诵、讲解，看了皇五子胤祺所写的满文后，康熙亲自示范，写下一首七言律诗。酉时（17～19点）侍卫在院子里安置箭靶，皇子们、师傅们开始射箭，成绩有好有差。之后，康熙亲自下场开弓发箭，连射连中。此时，天色已经傍黑，皇子们一天的功课算是结束了。

皇子们的学习如此紧张，且一年之中无论风雨、寒暑，只有元旦这一天及这天之前的两个半天放假休息。学习的要求十分严格，学习的内容十分广泛，可谓中西结合，文武兼修。但是康熙教子最大的失误，是重教而不尊师，忽视了对皇子们道德品格的培养。

康熙二十六年（1687）六月，康熙帝亲自为太子选定了老师：詹事府詹事汤斌、詹事府少詹事耿介、吏部尚书达哈塔。三位皆为饱学之士，能被皇帝钦点为太子的老师，自是荣耀无比，且一旦太子继位，作为太子之师，前程更是不可限量。但是，结果却大大地出乎他们的预料了。

三位师傅第一天上课，就遭到康熙的羞辱。没等师傅开口，康熙就当着太子的面考问汤斌、耿介经书中的典故，又叫他们背诗，二人典故答不出来，诗又背不全，在自己的学生面前，颜面扫地。

在康熙眼里，这些老师不过是自己的奴仆，根本无须顾忌他们的尊严。所以，上行下效，太子胤礽也没把老师放在眼里。每日上课前，老师要先给自己的学生下跪，行君臣之礼。上课的过程之中，每当老师要与学生说话时，都必须先下跪。学生背书时，老师要一直跪着，学生背诵完毕，老师方可起来。

上课时年轻的太子坐着读书习字，年迈的老师则从清晨到黄昏，每天十几个小时，只能在书房东侧站立。作为太子，胤礽完全可以让老师坐下授课，即使贵为皇帝的康熙，在听大臣奏事时，都要赐以座位，让他们坐下来说，而胤礽对老师的站立却视而不见。进入夏日，暑热难当，老师体力不支，几乎站不住了，这位太子也确实曾开恩命老师小坐，但不过偶尔为之，绝大多数时间，老师只能站着，即使精疲力竭，也不得不强撑硬挺。《康熙起居注》中记载，老师“常常昏倦，几至颠扑”“不能支持，斜立昏盹而已”。但他们知道，一旦跌倒，肯定会被斥为“失礼”而获重罪，只好苦苦支撑，简直如受刑一般。

精神上的压力，人格上的羞辱，体力上的透支，使得老师难以承受，讲课的第三天早上，胤礽练字时，一旁站立的耿介突然晕倒，摔在地上。康熙闻知，对胤礽毫无尊师意识的行为没有一丝的指责，相反却申饬这些老师，“历来讲书，师傅都是坐着，我把皇太子托付给你们，应坐应立，你们应该自己说话，你们不说，我怎么知道。”接着他又把责任揽到自己身上，说是我不发话，太子岂敢自作主张。如此，倒弄得老师一身不是。耿介只好打掉了牙往肚里咽，说道：“臣等学识疏浅，不敢担当辅导重任，所以是臣等自行侍立。”如此一来，是站是立，不了了之。

此后，又坚持了两天，汤斌等人先后病倒。加之其他原因，随后，汤斌受到降级处分，耿介干脆被革职。

太子的住处——撷芳殿

师傅们中，遭遇更悲惨的要数徐元梦。早在本书开头提到的被杖笞之前二十年，徐元梦就遭受了一次大难。那是康熙二十六年（1687）四月，在西苑瀛台，康熙教皇子们射箭，徐元梦也随同前往。徐元梦自幼读书，是一位文人，骑马射箭并不在行。而骑射一直是康熙极力倡导的满族传统，徐元梦身为旗人，又是皇子师傅，却不能挽弓射箭，当着皇子们的面，便遭到康熙的责骂。作为旗人的徐元梦，虽然是皇家的奴才，但仍不乏一丝文人的骨气，于是为自己辩解了几句。不料，康熙听后却勃然大怒，立即命人将徐元梦按倒在地，当着皇子们的面，一顿板子，打成重伤。这还不算，康熙还下令抄了徐元梦的家，而且要把徐元梦的父母发配到黑龙江去。康熙的残酷无情，似乎达到了极点，当夜又派两名御医去给徐元梦治伤，为的是不耽误皇子们的学业，并命令徐元梦不许在家养伤，第二天必须照常进宫给皇子们上课。

皇帝的蛮横像是震动了上天，大雨倾盆而下，可怜的徐元梦带着满身伤口跪在宫门前的泥水里号啕大哭，苦苦哀求路过宫门的御前侍卫转奏皇上，自己教书不称职，有罪当死，但自己的父母年老多病，且父亲为官多年，始终廉洁自守，抄家的全部财产还不到500两银子，乞求皇上开恩，饶过父母，让自己代替他们去黑龙江戍边。此时，两位受儿子牵连而获罪的老人已经被装入囚车凄惨地上路了，沿街观看的百姓无不掩面而泣。而御前侍卫们却不为所动，对徐元梦的哭诉充耳不闻。终于，后面过来的一名叫关保的御前侍卫动了恻隐之心，将徐元梦的悲情转奏了皇上。

也许教育皇子还要用徐元梦，也许是徐元梦的哭诉起了作用，康熙总算回心转意，下令赦免了徐元梦的父母，恢复了徐元梦的官职，让他继续教皇子读书。

徐元梦的这一幕惨剧过去了，但是，老师毫无道理地遭受暴打、抄家，父母被发配，这些不能不深深地刺激了皇子们幼小的心灵。震惊与恐惧过后，皇子们感受到的不仅是今后学习的压力，也让他们在被眼前残酷的事实证明了师生之间身份地位的巨大悬殊之后，把人性中不可缺少的亲情和友情抛到了一边，把人性中不应存在的残忍和冷酷注入了自己的性情与品格之中。而最终更加痛苦地品味到皇子们无情涩果的正是极大地忽视了对皇子品德教育的康熙皇帝本人。

康熙老年官服像

康熙二十九年（1690）七月，康

熙帝第一次亲征噶尔丹，行至今河北隆化的博洛河屯时，突然发起了高烧。此时大战在即，康熙心烦意乱之中思念起自己的儿子，命皇太子胤礽、皇三子胤祉前来看视。不料，面对疾病缠身、面容憔悴的父皇，胤礽竟满不在乎，既无伤心忧戚之色，又无关切问候之语。康熙算是领教了这个冷漠的儿子"绝无忠爱君父之意"，一怒之下，把他撵回了京城。

康熙三十五年（1696），康熙帝第二次亲征噶尔丹，令胤礽留京处理政务。重任在肩，胤礽却不以为然，才干本属平庸，办事又不勤奋，却骄纵蛮横，交接宵小，为所欲为，以致政务壅积，待康熙回銮，面对的竟是一堆烂摊子。

康熙三十六年（1697），康熙帝第三次亲征噶尔丹，仍然让胤礽留守京城，主持大计。有鉴于胤礽上一年的不良表现，康熙除叮嘱胤礽以外，还特别严饬朝中负有监察之责的官员们，要破除情面，不惧权贵，对不良之举大胆指参，即使是皇子也不能例外。但这一次还是让康熙失望了，太子胤礽一如既往，我行我素，根本没把康熙的话放在心上。康熙回京后处置了胤礽身边的小人，后来又严厉处理了结党营私、图谋不轨的太子死党索额图一伙。但利令智昏的胤礽不仅毫不警醒，反而变本加厉，其疯狂暴戾更甚于前，对身边的大臣、官员、士兵，稍不顺眼，动不动就用鞭子抽，用板子打，就是诸王、贝勒也不在话下，平郡王纳尔苏、贝勒海善、公普奇都曾遭到他的任意凌辱殴打。

更有甚者，胤礽连康熙也不放在眼里，竟敢公然顶撞自己的父亲。那是康熙四十七年（1708）八月，康熙带皇子们赴围场打猎，行至途中，皇十八子胤衸病情恶化，康熙忧心忡忡，坐立不安，而胤礽面对就要死去的弟弟，竟然无动于衷。如此绝情，康熙自然非常不满，加以斥责。不料，胤礽竟"忿然发怒"，冲着康熙咆哮起来，而且发疯般地抽打起身边随行的大臣、侍卫。用民间的话来讲，这个不可救药的胤礽，简直是浑到家了。

心中无父无君的胤礽做出的最出格的举动发生在去行围的路上。每到夜晚，这个家伙就偷偷地潜至康熙居住的帐篷跟前，把布幔掀开一条小缝，向里窥视，弄得康熙惊恐不安，不知道这个儿子什么时候会下毒手害死他。最后，康熙不得不下令废掉了太子。

太子被废黜，对康熙的身心是极大的刺激和伤害，颁发谕旨之时，康熙便痛苦地哭倒在地上，此后一连六天，康熙都涕泣不已，寝食难安。半年以后太子复立，康熙倾注心血，百般训诫，但胤礽恶习难除，故态复萌，性情凶残，行事乖张，又一次被废黜。康熙教子可谓心机用尽，但太子胤礽竟如此不成器，非但不成器，还几乎与他反目成了仇家。

康熙第二次废黜太子后曾气愤地斥责胤礽“举动乖张”，说他居然在自己面前，用手直指老师师徐元梦破口大骂，骂完徐元梦似乎还不解气，竟然骂起徐元梦的父母来，骂得性起，又将老师推到河里，接着又从河里揪了出来，继续殴打。

目睹了胤礽当着自己的面，对老师大打出手的劣行，康熙也气愤地斥责胤礽“举动乖张”。但他似乎忘了，正是他自己曾经当着皇子们的面，考问、羞辱、杖笞他们的老师，直至革职、抄家、发配老师的父母，就是在下江南的路上，还传旨回京，令皇子们指挥、监督着自己的老师受刑。

上行下效，康熙对皇子老师们人格的蔑视，造成了皇子品格中亲情友情的极大缺失，所以，要追究胤礽养成这种恶劣品性的根源，正是康熙皇帝自己。

皇子中不讲亲情友情的不止太子胤礽一个，皇长子胤禔的凶恶残暴，较之胤礽更加过分。胤礽被废，胤禔竟然向父皇表示，要诛杀胤礽不必皇父亲自动手。康熙闻言，大吃一惊，深感这个儿子“凶顽愚昧，不知礼义”。胤禔对自己的兄弟，不仅心存杀机，口出狂言，还找来三位蒙古喇嘛，命他们用巫术诅咒废太子。在奉命看守被拘禁的太子时，他对太子家中的匠人滥施酷刑，其中有人竟被逼得上吊。胤禔对其亲生母亲也非常粗暴，以至于其母惠妃上奏康熙，请求处置这个不孝的儿子。他甚至还私下唆使康熙身边的太监为他打探消息，胆大包天地责打康熙身边的侍卫。种种劣行，令康熙极为震怒，为防止这个“气质暴戾”的家伙“肆行杀人，猖狂妄动”，康熙最后将他幽禁家中。

康熙的其他儿子们为了皇位，也全无亲情友情可言。他们拉帮结派，相互争斗，尽管康熙再三训诫，却根本不起任何作用，同胞兄弟成了你死我活的仇人。

雍正继位，对同胞兄弟的迫害，更是绝情。从与他同父异母的三哥胤祉到与他同父同母的十四弟胤禵，十一个兄弟中老三、老八、老九、老十四共四人被他下令监禁，其中老八、老九在监禁中丢了性命。

英明一世的康熙皇帝文治武功声名显赫，却在皇子的教育问题上留下了败笔。他极为看重对皇子的教育，却对教导皇子学习的老师采取了极为恶劣的态度，以至于在皇子们的心灵中留下了抹不去的阴影，在性格、品质的培养上造成了无法弥补的缺陷。

尊师重教是中华民族的优良传统，也是儒家文化的重要组成部分，重教先要尊师，但是康熙皇帝却采取了一种重教不尊师的奇怪做法，究其原因，似可概括出以下三点。

第一，康熙教子心切，极力想把皇子们培养成博学多识的文武全才，成为他实施封建统治的可靠助手。因此，他为皇子们的学习订下了严格的高标准，不允许他们的学习出现丝毫的偏差，所以对老师们教学的效果产生了不合情理的要求。

第二，康熙自己无论在中国传统的儒家文化，还是西洋自然科学知识的学习方面都达到了很高的境界，这一方面使他对皇子们的学习产生了很高的期望值，制定了很高的标准，另一方面也使他对老师们的尊重打了折扣。

第三，康熙是封建社会的最高统治者，阶级地位决定了臣下在他心目中的位置，大臣也好，皇子的老师也好，不管你有多大的学问，都不过是自己手下的奴才。尊师重教的优良传统，对至高无上的皇帝是没有约束力的，所以，不顺心、不满意时，申饬、责打、处罚，也就不是什么问题了。

康熙对待老师态度上的失误，使得皇子们从小便没能树立起尊重师长的观念，因此也就谈不上与此紧密相关的孝顺父母，友爱兄弟的“孝悌”之心。也许作为皇子对此有着切身的感受，所以皇四子胤禛继位后不久就下了一道谕旨，要求“皇子见师傅，礼当拜”。当雍正的儿子遵旨向师傅下拜时，师傅们深知前朝的往事，似乎仍心有余悸，“固辞不敢当，遂行揖礼”。

从此，皇子与师傅见面，互相作揖行礼，成为定制，自清雍正后一直延续下来。而康熙对待皇子师傅的无礼行径也渐渐地鲜为人知了。

康熙皇帝的孝道

葛会英

康熙皇帝像

康熙是清朝最有作为的皇帝之一，他除鳌拜，平三藩，统一台湾，亲征噶尔丹，充分显示了他的雄才大略，并在中国历史上开一代盛世。而他的孝道同样也为人赞颂："像（康熙）皇帝那样最出色、最典型的孝道，甚至在中国历史上也是空前的。"这是法国传教士白晋在写给法王路易十四的信中所说。《康熙起居注》中也有这样一段评述："我皇上至德纯孝，奉事太皇太后三十余年，极四海九洲之养，尽一日三朝之礼，无一时不尽敬，无一事不竭诚。居则视膳于寝门，出则亲扶于雕辇。万机稍暇，则修温清之仪；千里时巡，恒驰络绎之使。此皇上事太皇太后于平日，诚自古帝王之未有也。"这些颂扬之语基本上是康熙帝孝道的真实写照。

遵循祖制，每日尽敬请安

满族人一向注重礼节，尊老爱幼。晚辈每日向长辈请安，是清代一般八旗官宦人家的寻常礼节，清宫内极为重视。而对康熙来讲，向祖母请安并非例行公事，而是发自内心的愿望。因康熙玄烨从小与生身父母相聚无多。清制，皇子皇女出生后，概由乳母、保姆等哺育、服侍，与亲生额娘分居两处，平日不常相见，而对玄烨还不仅仅如此，为避痘，两三岁时，他就被迁往紫禁城外北长街路东的一座府邸养育。因不在宫内，他与生母佟佳氏接触的机会也很少。顺治十七年（1660）玄烨七岁时，皇父福临因其最宠爱的董鄂妃病逝，痛不欲生，五个月后顺治十八年（1661）正月也撒手人寰，年仅二十四岁。时隔两年，生母佟佳氏也离开人世。康熙帝暮年曾忆及儿时情景时说："世祖章皇帝（顺治帝福临）因朕幼年时，未经出痘，令保姆护视于紫禁城外，父母膝下，未得一日承欢，此朕六十年来抱歉之处。"失去双亲的孩子是十分不幸的，而康熙帝玄烨却有所不同，因为他有一位早已在精心培育他、处处关心爱护他的祖母。祖母孝庄不仅给了玄烨本应从父母那里得到的关怀和爱护，更重要的是，通过严格的教育、训练，培养他良好的品质和作风。虽"父母膝下，未得一日承欢"，但来自祖母的爱，很大程度上填补了玄烨幼小心灵上的感情空白，使他从懂事时起，就将祖母视为最亲之人。康熙多次讲道："忆自弱龄，早失怙恃，趋承祖母膝下三十余年，鞠养教诲，以至有成，设无祖母太皇太后，断不能致有今日成立。罔极之恩，毕生难报。"因此，他无数次"亲诣慈宁（孝庄居住慈宁宫）问起居"，每次都是急切前往，欢快而归，"晨昏敬睹慈颜豫"，"归路思维乐有余"，"不尽欢欣踊跃回"，恰是其当时心情的写照。每当他外出时，也总是事事处处想着祖母，每隔数日必定奏书请安，遣使送物。如在南巡途中捕得鲜鱼，立即"驰进两宫（太皇太后、皇太后），兼志思慕之情"，还写诗一首："千里难承玉陛欢，鲜鳞网得劝加餐。遥知长信开函日，定荷慈颜一笑看。"他行围猎获野禽，也恭进祖母："遣使呈鲜味，须令马迅飞。"再如，为了使祖母高兴，他特意赶在"端阳节前一日回宫"，并为此又赋诗一首："满路榴花映玉舆，炉烟香绕侍臣裾。经时远道彤闱隔，先向慈宁问起居。"

至德纯孝，六奉祖母洗温泉

孝庄在晚年患有皮肤病，而且一度较重，所以近十年间连续六次去不同的温泉洗浴疗养，每次时间有长有短，最长一次是康熙十一年（1672）九月去遵化温泉达七十三天，即使在平叛战乱的异常时期，亦未中断。每次去康熙都亲自陪同，照料得无微不至。如康熙十一年（1672）正月二十四日去宣化府赤城汤泉洗浴，从宫中出发时，他扶祖母登辇并随辇步行，到神武门才上马。途中进膳时，他亲视祖母降辇，陪祖母一起至进膳处，得知一切安排妥当，才返回自己的行宫吃饭。二十五日快走到南口时，他得知祖母将要下榻的行宫尚未布置完毕，立即“驰往亲视”，待一切准备妥贴，才回奏祖母，并送至行宫。之后，他又不顾一天的旅途劳累，跃马出居庸关“亲阅道路”，以确保翌日祖母在路途上的安全。正月二十六日，康熙一行经过绵延起伏的八达岭，至山麓下马，康熙亲手为祖母“扶辇整辔”。孝庄心疼孙儿，几次对他说：“汝步行劳苦，其乘马前行”。康熙执意不肯：“此处道险，必扶辇整辔，于心始安。”一直行至较平坦处，康熙才重新上马。经过九天翻山过岭，长途跋涉，二月初三日终于抵达赤城温泉。三月二十一日，孝庄圆满结束洗浴疗程，起驾回京。途中过长安岭时，大雨滂沱，路甚泥泞，康熙不顾祖母“步行劳苦，可乘马”的再三劝阻，仍旧下马步行，在雨中护持祖母的辇辕，方才心安。整个行程，康熙对祖母表现出的孝敬，确实是人们所难以想象的。《康熙起居注》中记载，此行六十五天，“凡过岭、进膳、登辇、皇上备极敬慎”，“一路每逢险隘，必下马扶辇而行”，“每至进膳处，必亲视太皇太后降乘舆，入行宫，方回进膳。膳毕，复驰往太皇太后行宫，距宫门数十武（编者注：古时半步为一武），即下马，趋至近前侍立。”“一路往还，略无倦怠。”对在京城的皇太后也是“每间二日，必谴近侍至京问安。”随扈的起居官员说他“天性纯孝，古帝王未之有也”，并不为过。

孝庄画像

为圆夙愿，不畏艰险上五台

孝庄自幼笃信喇嘛教，去五台山菩萨顶礼佛，是她多年的夙愿。凡是祖母所想，康熙无不千方百计予以满足。康熙二十二年（1683）二月，他先率领皇太子胤礽前往五台山住了四天。这其间，他除去拜谒神佛，为祖母“致祈景福”外，还颁发帑金，修缮五台山庙宇，“御书匾额，依次颁布”，并为寺院亲笔撰写碑文。返京后，即令工部修整京城至五台山道路、桥梁，为孝庄五台之行做好各方面的前期准备。同年九月，各工程刚竣工，康熙就奉祖母之命前往五台山，并特意叫上哥哥（和硕裕亲王福全）和弟弟（和硕恭亲王常宁），以便在途中更好地照顾祖母。途中康熙因长城岭一路山径险峻，率侍卫及祖母身边的太监赵守宝先行前往，亲视所修道路，命福全、常宁随祖母后行。十九日，康熙行抵菩萨顶，第二天即奏书祖母，详报路途的艰险情况。“銮驾既已到此，臣岂不欲太皇太后圣祖母至菩萨顶瞻礼，但极危至险之处不行奏明，为孙者不能即安也。”他最后恳请祖母，“仍询太监赵守宝定夺”，表现出康熙对祖母的极大尊敬。但孝庄不愿放弃多年的愿望就此止步。康熙理解祖母的心情，也不愿让祖母失望，尽管山势过陡，抬轿之人站立不稳，难以攀登，还是谕令抬轿校尉及随侍内监等勤加演习，小心扈行。九月二十四日一早，起驾出发，当行至长城岭，孝庄见抬轿之人步履维艰，于心不忍，执意易车。康熙不得已听从了祖母的要求，同时又暗自“命轿近随车行”。走了不远，一直跟在车旁的康熙见车身不稳，请祖母仍改乘轿。孝庄早已后悔，无奈地说：“予已易车矣，不知轿在何处，焉得即至?”不料话音未落，康熙已让人将紧随车后的轿子抬到祖母身边。孝庄喜出望外，抚摸着孙儿的脊背，连声称赞说：“车轿细事，且道途之间，汝诚意无不恳到，实为大孝”。许多年后，康熙还将此事作为“臣子”“尽心体贴君亲”的例子讲给皇子们听。他说：“凡为臣子，诚敬存心，实心体贴，未有不得君亲之欢心者也。”康熙的确以自己的行动，做到了这一点。

病榻之前，大孝性成超千古

古今中外，晚辈对于长辈的孝敬之心，很大一部分体现在对其健康状况的极大关注上，康熙也是如此。随着祖母孝庄年事不断增高，他无时无刻不在牵挂祖母的身体健康状况。祖母稍有违和，他会不由自主地陷入担忧与恐惧；祖母一旦痊愈，他便如释重负，欣喜若狂。如康熙二十四年（1685）九月初一，他接到孝庄突然发病的奏报，“心急如焚”，星夜兼程，迅即回京，直奔慈宁宫病榻前。当看到祖母“慈体已安，尚在服药”，才稍稍松了口气。他为祖母“亲侍进药，侍奉至夜半”。康熙二十六年（1687）十一月二十一日，七十五岁高龄的孝庄“旧症复发”，“疹患骤作”，病势凶猛，不同以往。从这一天起，康熙守侯在祖母的床边，“衣不解带，寝食俱废”，为祖母“遍检方书，亲调药饵”。孝庄入睡时，他“隔幔静候，席地危坐，一闻太皇太后声息，即趋至榻前，凡有所需，手奉以进”。孝庄心疼孙儿，多次让他回宫休息一下，但康熙执意不肯稍离。他“惟恐圣祖母有所欲用而不能备，故凡坐卧所须以及饮食肴馔，无不备具”，就连米粥也准备了30多种，以供祖母所求。见孙儿如此殷切周到，正受病痛煎熬的孝庄不禁老泪纵横。她抚摸着康熙的肩背感叹道：“因我老病，汝日夜焦劳，竭尽心思，诸凡服用以及饮食之类，无所不备。我实不思食，适所欲用，不过借此支吾，安慰汝心，谁知汝皆先令备在彼，如此竭诚体贴，肫肫恳至，孝之至也。惟愿天下后世，人人法皇帝如此大孝可也。”

为挽救祖母的生命，康熙“在宫中无日不竭诚默祷”。万般无奈之中，他甚至不顾众臣反对，断然采取了一项前所未有的举措。十二月初一凌晨，寒风刺骨，康熙率王公大臣从乾清宫出发，步行前往天坛致祭。事前他亲自撰就的祭文中说：伏恳苍天佑助，“悯念笃诚，立垂昭鉴，俾沉疴迅起，遐算长延。若大数或穷，愿减臣龄，冀增太皇太后数年之寿”。读祝版时，康熙跪在坛前，滴泪成冰，在场王公大臣无不感泣。三十四岁的康熙竟然乞求上苍，以减少他本人的寿命为交换，尽可能地延长祖母的生命，足见他对祖母感情之深。但生老病死是自然规律，不因人之心愿能改变，康熙二十六年（1687）十二月二十五日孝庄与世长辞。孝庄逝世后一连十余日，康熙昼夜号痛不止，水浆不入口，以至于吐血昏迷。他不遵祖母“我病若不起，皇帝断勿割辫”的遗旨，毅然割辫守丧。发丧中，康熙“割断轿绳”，坚持步行；途中每次更换抬梓宫的杠夫时，“必跪于道左痛哭，以至奉安处，刻不停声”。他执意要为祖母持服守丧二十七个月，后经百官士民再三劝奏，才勉强同意依照祖母的遗嘱，“以日易月，二十七日而除”。侍疾、守丧共计六十天，康熙“不宽衣解带，犹未盥洗”，始终沉浸在巨大的悲痛之中。从这些描述中，足见康熙的孝敬之心“超越千古”。

孝道表率，留给后人之思索

孝庄在遗诏中指出：“惟是皇帝大孝性成，超越千古……”，“惟愿天下后世，人人法皇帝如此大孝可也”。这是一位老人临终前发自肺腑之言，也为我们后人树立了一位孝道的楷模。康熙帝关于如何尽孝，对儿孙们曾有过这样的教诲：“凡人尽孝道，欲得父母之欢心，不在衣食奉养也，惟持善心，行合道路，以慰父母，而得其欢心，斯可谓真孝者矣。”还有“人孰无祖父母、父母，为子孙者，皆当尽孝。人若不尽孝道，则与狗彘何异！”同时他还将孝延伸至以孝治国。他曾说过：“朕孝治天下，思以表率臣民，垂则后裔。”因此，我们追溯康熙帝为祖母所做的一切，可以肯定地说，他的孝道思想，首先是体现在他固有的满族孙儿爱敬祖母的朴素成份上，同时他还忠实地实践与光大了汉族封建伦常准则。在中国古代就非常重视孝道。故有“万恶淫为首，百行孝为先”。“孝”是儒家思想的核心内容，孔子云：“君子务本，本立而道生。孝弟也者，其为仁之本与。”“夫孝，德之本也。”孝为人伦之本，是为一切伦理道德的根本。孝的意义不仅在于维持家庭（家族）的和睦、稳固，确立个人良好的道德修养。同时，孝的延伸，体现于社会风化、国家政治之中。“其为人也孝弟，而好犯上者鲜矣”，即为孝者，也必然是忠君报国者，主张的是，人慎终追远，以孝立身，以孝齐家，甚至以孝治国平天下。所以，康熙对祖母的孝敬之心，既是出自真情，也是基于统治需要，即一方面是发自内心的对其养育之恩的感激之情；另一方面，是旨在给儿孙、臣民做出榜样，希望他们能像自己对待长辈那样对待自己，忠于朝廷。正所谓“所求乎子以事父，所求乎臣以事君”，从而达到巩固皇权统治，确保国泰民安的根本目的。这从清圣祖实录档案中也可得到佐证，康熙二十二年（1683）二月，康熙命礼部议定：“皇上在太皇太后、皇太后前行礼时，和硕亲王以下，入八分公以上，内大臣、侍卫、大学士等，照常随行礼，八旗一品大臣并部院衙门满汉尚书，俱令在午门外众班内行礼。”可见，他并不是将自己对长辈的孝敬，仅仅视为家庭内部祖孙、母子之间的事，而是有意识地纳入朝纲，要求全体朝臣遵循执行。再者，康熙还将儒家主张“老吾老以及人之老”“上老者而民兴孝”的思想加以光大，在其晚年，举行“千叟宴”，不论官民，凡年逾花甲者均可与宴，以倡敬老，表率臣民。孙儿乾隆帝也步其后尘举办了“千叟宴”。中国历史上之所以能出现“康乾盛世”，与康熙帝奉行孝道，实行孝治不无关系。重孝道，对安邦固国不无裨益。

爱好戏剧的康熙皇帝

王　澈

康熙皇帝在位的六十一年（1662—1722）中，他平定三藩、收复台湾、抗击沙俄、扫清漠北，经历了无数次分疆裂土的危机，进一步巩固和发展了中国统一多民族国家的版图。他孜孜求治、正本清源、崇尚宽仁、改革赋役，采取了一系列休养生息的政策措施，恢复和发展社会经济，使得“天下粗安，四海承平”，奏响了盛世华章的序曲，也为中国戏剧的发展创造了条件，从昆曲繁荣、徽班进京、徽汉合流逐步发展，并在清末促成了京剧的诞生。清代戏剧文化的发展，与清廷统治者对戏剧文化的喜好和扶持有极大的关系。

康熙二十年（1681）年底，经过八年战争，清政府平定了三藩之乱，清王朝开始进入了一个稳步发展的时期：政治上大一统逐步完成，社会日趋安定；经济上迅速发展，社会日趋繁荣。良好的社会环境和逐渐充实的经济实力，为清代戏剧文化的发展创造了良好的条件。

康熙二十一年（1682）正月十四日，平定三藩后的第一个元宵节前夜，为庆祝“海宇荡平，兵革偃息”，康熙皇帝在乾清宫大宴群臣，席间联句助兴，即席赋诗者多达九十三人。然而，康熙皇帝意犹未尽。第二年正月，康熙皇帝再次“以海宇荡平，宜与臣民共为宴乐”为名，“特发帑金一千两，在后宰门驾高台，命梨园演《目连传奇》，用活虎、活象、真马”，并命江南三织造（江宁织造、苏州织造、杭州织造）专门制作了蟒袍、玉带、珠凤冠、鱼鳞甲等戏装和道具，康熙皇帝还亲自“登台抛钱，施五城穷民”，京城“彩灯花爆，昼夜不绝”。《目连传奇》的故事大意是：民妇刘青提因杀害生灵被罚入地狱，其子萝卜为拯救母亲，不畏艰险，去往西天请求佛祖超度，佛祖感其孝心，将其收入佛门，改名大目犍连，亦称目连。目连到地狱救母，历经磨难，终于母子重逢，同升天界。这次由清廷出面组织的活动，场面之大、阵容之强、气氛之热烈，堪称清入关以来第一次大型的昆曲演出。

在宫廷中的戏剧活动日渐频繁之时，管理演戏诸项事宜的新机构出现了，这就是南府和景山。它们在康熙中期承担了宫廷戏剧的教授、排练和演出。

清代京剧剧照

整理、编撰剧目也被提上议事日程。康熙皇帝在一道谕旨中说："《西游记》原有两三本，甚是俗气。近日海清，觅人收拾，已有八本，皆系各旧本内套的曲子，也不甚好。尔都改去，共成十本，赶九月内全进呈。"可见皇帝对修改这部大戏的急迫心情。此外，还编了布库擒鳌拜戏。"布库"是满语，意为"撩脚"，即摔跤，就是选十几岁的健童徒手搏击，根据脚力定输赢，被摔倒在地者为输家。康熙八年（1669），少年康熙就是用这种方式擒住了权重一时的辅政大臣鳌拜。后来，宫中每逢"年节宴，必习演之"。为了讨父皇的欢心，皇子们也积极参与了父皇倡导的编写剧本的活动。

清代著名的两出戏，洪昇的《长生殿》和孔尚任的《桃花扇》，都是康熙年间出现的。康熙二十七年（1688），洪昇的《长生殿》写成后，交给当时京师梨园第一戏班内聚班演出，康熙皇帝看过后十分满意，"赐优人白银二十两，且向诸亲王称之。于是诸亲王及阁部大臣，凡有宴会，必演此剧”。因此，进一步推动了昆腔的流行与繁荣，甚至出现“多少北京人，乱学姑苏语”的情景。尽管仅一年之后，《长生殿》因在皇后丧服期间演出而获“大不敬”之罪，近五十名士大夫被革职查办，洪昇也被革去国子监生，逐出京师，但《长生殿》一剧却久演不衰，直到光绪年间，仍活跃在京城的戏剧舞台上。孔尚任的《桃花扇》于康熙三十八年（1699）完稿，也立即受到了康熙皇帝的重视，这年秋天，“内侍索《桃花扇》本甚急……进之直邸，遂入内府”。康熙三十九年（1700）二月，《桃花扇》热演京师，孔尚任擢升户部员外郎，一切似乎都颇如人意。然而，一个月后，风云突变，孔尚任突然被罢了官，据人们推测，其中原因是“借离合之情，写兴亡之感”的《桃花扇》流露出的明亡遗恨触动了清朝统治者的违碍之处，因此，该剧也从未在宫中上演。《长生殿》与《桃花扇》的不同命运正是康熙时期清廷为维护其统治所做出的不同的举措的反映。

康熙皇帝本人的个性，也使康熙时期的戏剧呈现出其特有的色彩。

就康熙皇帝的个性而言，他是一位极有人格魅力的君主。他的子孙称他是“备道德之崇广，集帝王之大成，经纶宇宙，彪炳帝纪”的“圣人”；他的大臣称他“天亶聪明”“圣功纯熟”“圣学高深”；晚清名臣曾国藩则将他列为“自古英哲非常之君”，清代“六祖一宗，集大成于康熙，而雍乾以后，英贤辈出，皆若沐圣祖之教”。与他同时代的外国人更对他投以崇拜的目光。西洋传教士白晋曾在清廷供职，对康熙顶礼膜拜，称他是自古以来“人世间一位无与伦比的皇帝”；甚至只是因为同白晋等传教士有交往而对他崇敬有加的德国哲学家莱布尼茨，更是给他以高度的评价：“这位皇帝对于人民的正义、仁爱还有谦逊等道德，惊人的知识欲望，几乎是不能相信的”，“那大帝国的君主，由于彼自身的伟大，虽则为人，却如神一般受人崇拜”。总而言之，在中国乃至世界的庞大的帝王队伍中，康熙皇帝以其宽仁勤奋、细致谨慎、好学不倦、博闻强识成为其中的佼佼者。这种个人素质也表现在他对戏剧的研究中。

康熙皇帝曾对如何做一个帝王发表过自己独特的看法，他说：“昔人每云帝王当举大纲，不必兼总细务，朕心窃不谓然。一事不谨，即遗四海之忧；一时不谨，即遗千百世之患。不矜细行，终累大德。故朕每事必加详慎。”这种细心、详慎的态度和深入的研究，使他的戏剧造诣颇高，可以对学艺者亲加点拨："尔等向之所司者，昆弋丝竹，各有职掌，岂可一日少闲……昆山腔，当勉声依咏，律和声察，板眼明出，调分南北，宫商不相混乱，丝竹与曲律相合而为一家，手足与举止睛转而成自然，可称梨园之美何如也。"在对昆山腔大加赞赏、精雕细琢的同时，康熙皇帝还注重传统的传承，对当时流行京师、音随地转、改调而歌的弋阳腔也颇为重视，并为保存原汁原味的弋阳腔发下一道更为具体的谕旨："弋阳佳传，其来久矣。自唐霓裳失传之后，惟元人百种世所共喜，渐至有明，有院本北调不下数十种，今皆废弃不问，只剩弋腔而已。近来，弋阳亦被外边俗曲乱道，所存十中无一二矣。独大内因旧教习，口传心授，故未失真。尔等益加温习，朝夕诵读，细察平上去入，因字而得腔，因腔而得理。"

除了详慎的个性外，康熙皇帝对戏剧的研究，也缘于他对戏剧的酷爱。康熙二十三年（1684）首次南巡时，他刚刚抵达苏州，就对当时的苏州织造祁国臣说到他的工部衙署去吃饭，并立即起身前往。才坐定，他就问："这里有唱戏的吗？"祁国臣"立刻传三班进去，叩头毕，即呈戏目，随奉亲点杂出。戏子禀长随哈曰：'不知宫内体式如何？求老爷指点。'长随曰：'凡拜要对皇爷拜，转场时不要背对皇爷。'"康熙皇帝却要求照他们在民间演出时的样子做，不必顾忌宫中的规矩，共看了二十多出，直到半夜才作罢。第二天早上，原计划要去虎丘，又为了看戏，"至日中后方起马"，可见，康熙皇帝的确酷爱看戏。他对戏剧的喜爱从康熙第五次南巡的记录中也可以清楚地看到：康熙四十四年（1705）三月十七日抵苏州，驻跸苏州织造府内行宫，织造李煦进御宴名戏；十八日，进宴演戏，因为这天是康熙皇帝的生日，他亲点了《太平乐全本》以示庆贺；十九日，进宴演戏；二十日，行宫内请清客演串杂剧。二十一日，进宴演戏；二十五至二十七日到松江，进宴演

畅音阁大戏台

戏，四月七日到杭州，奏乐演戏；十二日回苏州，李煦又进宴演戏，至晚；十五日，李煦再进宴，命清客串演杂戏；十七日，进宴演戏；二十二至二十五日到江宁，江南织造曹寅进宴演戏；二十八日在金山寺，进宴演戏；五月初一到扬州，驻跸御花园行宫，进宴演戏；初二，两淮盐院进宴演戏；初三至初四，每天进宴演戏；初五至初六，晚朝后进宴演戏。由此统计，三月份后半个月的十四天，有八天听戏，约两天一次；四月份三十天，有十一天听戏，约三天一次；五月的前六天，即在当时戏剧最为繁盛的扬州的六天，则是每天听戏。这种频繁的演出活动，当然是臣僚们为投皇帝所好安排的。尽管如此，我们却很少看到谈及康熙皇帝耽于享乐的非议，应当说，他对看戏的度把握得还是令人接受的。

康熙皇帝不仅喜欢看戏，而且还参与戏剧和音乐的创作改编。据曾为南书房侍讲的高士奇记载，康熙四十二年（1703）他告老还乡后，曾被康熙皇帝邀请到京师游玩。返乡前，康熙皇帝在畅春园为他设宴、演戏，演出的曲子由皇帝亲加编排、配器，有《平沙落雁》《月儿高》；演出的戏剧包括当时流行的昆曲和弋阳腔，由于参与编排，康熙皇帝对演出的内容、改编的细节以及演员都十分熟悉，不断为高士奇做解释，“弋调演《一门五福》，上云：‘尔汉人遇吉庆事皆演此。’次昆调演《琵琶上寿》，上云：‘尔年老之人，不妨观看，莫有回避。’”观看民间演出有着丰富经历的康熙皇帝深知民间剧目的多彩，清廷内的演出尚属于草创阶段，所以他也十分谦虚，在演出进行中屡屡说：“尔在外见得多，莫笑话。”为了更好地研究戏剧音律，康熙谕旨中常可见到寻访音乐大师和制作乐器的内容。如，他曾传旨：“问南府教习朱四美，琵琶内共有几调，每调名色原是怎么起的？……叫个明白些的，著一一写来。他是八十余岁的老人，不要问紧了，细细的多问两日……琴中调亦叫他写来。”又说：“朕集数十年功，将律历渊源御制书将近告成，但乏做器好竹，尔等传于苏州清客周姓老人，他家会做乐器的人并各样好竹子多选些进来。还问他可以知律吕有人一同送来。但他年老了走不得，必打发要紧人来才好。”

康熙皇帝不仅对国内的戏剧多有研究，对国外的戏剧也尽力探求。法国传教士张诚的日记中记载：康熙三十年五月十三日（1691 年 6 月 9 日）“晚上，皇帝陛下为朝廷大臣们上演一出喜剧，一定要我也去，以便向他解说中国戏剧和欧洲戏是否有相似之处。”这种虚心学习、兼顾中西的态度，是清代皇帝中绝无仅有的。

康熙皇帝以他的博学与钻研，为康熙朝戏剧的发展添上了浓墨重彩的一笔，康熙朝的戏剧活动也因此而丰富多彩，杂技、戏剧争奇斗艳，精妙无比。康熙三十二年（1693）十月，俄国商人义迭思奉沙皇亚历山大三世之命来到京师，商讨中俄通商事务。在京城逗留的四个月中，他在清廷官员的陪同下，经历了一次戏园之行：十一月初九，“皇上特遣官二员，带领游历城内景胜……随至一处，似是戏园，房廊宽大，内一高台，上多雕彩各画。台上正中有一方孔，周围是楼，楼上有栏……戏之佳不待言，兼有剧法，亦极敏妙。有从空手变出香桃、金橘、葡萄各鲜果，又变飞鸟、螃蟹各生物。其余亦有在西洋曾见者。又一技人，以玻璃圈数枚，大者如人首，迭置木梃梢头横竖舞，无一落地，真妙绝也。已而，六人共舁一竹竿，长约数尺，直立地上。一童猱升至顶，匍匐其上，转运如轮，盘旋不已。既而以一手执竹，稍徐蹑足立于梢上，拍手腾空，飞身而下。此外之技不可枚举”。杂技过后，是戏剧表演。“剧佳甚。闻此伶人皆供奉内廷，无怪艺之绝耳！戏彩之衣悉金珠晃漾，所演戏为一英雄破敌还朝，并有多神下界，神内一人赤面如朱，云是先皇帝也。戏之中间，忽出美妇二人，曲眉秀项，丽服炫妆，各立二人肩上，翩跹而舞，应弦合拍，如履平地。”这次戏园之行，让这位云游四方、见多识广的俄国商人大为赞叹：“尽日所观，无不入妙。”

总之，康熙二十年（1681）以后日益稳定的社会环境、逐步走向繁荣的经济，为康熙朝戏剧的发展提供了客观的发展条件；康熙皇帝主观上对戏剧的热爱和弘扬，以及他事必躬亲、好学不倦的个人品质，更为康熙朝戏剧的发展做出了切实的贡献。康熙朝清廷对戏剧的管理尽管仍处于草创阶段，但从管理机构、排练演出、曲目编排等方面来看，其管理已趋向于全面、细致，为清代戏剧在乾隆朝进入第一个鼎盛时期创造了条件。

葡萄美酒与康熙皇帝

王　澈

自古以来，美酒与君王就有着说不完，道不尽的故事。这里，我们说的是葡萄酒与康熙皇帝的一段故事。

葡萄酒是果酒的一种（根据酿造原料的不同，酒大致可分为果酒和粮食酒两类），也是果酒中最著名的，它的历史与人类的文明史几乎同样长久。当一串串成熟的野葡萄坠落大地，果皮裂开，葡萄的浆汁与空气中的酵母相遇，最原始的葡萄酒就诞生了。考古发现，大约公元前 8000 年，新石器时代的土耳其、黎巴嫩、叙利亚等地中海沿岸国家的先民遗留了大量的葡萄籽，可见当时葡萄已经被人们大量采摘，用于生产。公元前 7000 年左右，中亚的高加索地区开始了葡萄的人工种植。埃及法老墓中的壁画，更是展示了公元前 2000 年古埃及酿造葡萄酒的每一个步骤。随着古代文明的演变，葡萄栽培和葡萄酒酿造技术传到了古希腊。希腊人不仅创造了灿烂的酒神文化，而且将希腊的葡萄酒出口到埃及、叙利亚、黑海沿岸和意大利。随后，罗马帝国的战车又将葡萄园和葡萄种植技术带到了整个西欧。

中国的葡萄酒源自西域。汉代，西域大宛国已将葡萄酒带进中原，汉武帝刘彻曾用葡萄酒迎接西王母的降临，魏文帝曹丕也为葡萄酒而“流涎咽唾”，唐人更是留下“葡萄美酒夜光杯”的佳句。但唐代以后，葡萄酒却逐渐淡出了国人的生活。究其原因，一是葡萄酒虽然甘甜醇美，但比中原的粮食酒——米酒更容易醉。传说最初做葡萄酒的人没有在酒里掺水就拿去送给牧羊人喝，结果牧羊人喝得酩酊大醉，以为中了迷药，送酒的人因此遭到一顿暴打。所以，古希腊人喝的葡萄酒都兑了水。二是古时中国葡萄酒珍贵难得，普通百姓消费不起。

中国的古人喝得比较多的还是粮食酒。中国用粮食酿酒的历史源远流长，“上至三皇，下逮五帝，虽曰圣贤，亦咸斯尝”。即表明传说中的三皇五帝这些圣明贤人都与酒有着或深或浅的缘分。但是，明君和贤臣大多把酒视为不祥之物。当年仪狄造出甘醇的美酒，将它献给了大禹，大禹喝了酒后，感觉酣畅无比，但马上就警觉起来，说：“后世必有以酒亡国者”。从此，这位贤明的君王疏远了仪狄。

作为开启了康乾盛世的一代帝王，酒在康熙皇帝的政治生活中占有重要的地位。赐酒是康熙皇帝融洽君臣关系的手段。在清宫档案中常常可以看到皇帝赏赐大臣美酒的记录。同时，掌握臣子是否有酗酒行为，是康熙皇帝考察他们的一种手段。康熙十九年（1680）三月，康熙皇帝准备向三藩之余波的尚之信动手，派人以巡视海疆为名赴广东考察。后来，御门听政的康熙皇帝在听取汇报时，问前去侦察情况的人见到尚之信时“彼已醉否”，听说尚之信当时并未饮酒，他立即明白尚之信已有了准备：“伊乃每日纵酒之人，彼处不饮，想已知消息。”

康熙皇帝本人对酒是很警觉的。他说，他从小就“不喜饮酒”，原因是喝酒往往容易过量，而过量饮酒就会“心志为其所乱而昏昧，或致疾病，实非有益于人之物”。康熙皇帝对酒的态度是控制使用，“能饮而不饮”，“平日膳后或过年节筵宴之日，只小杯一杯”。因此，有人认为康熙皇帝是有清一代“终身放弃饮酒之乐”的皇帝。

然而，事实并非如此。特别是康熙四十八、四十九两年，酒还成了康熙皇帝孜孜以求的物件，而且，还是当时中国少有的葡萄酒。

这次征集葡萄酒的行动开始于康熙皇帝对西洋传教士的一次表彰。康熙四十八年（1709）一月二十五日，康熙皇帝发布一道上谕：“西洋人自南怀仁、安文思、徐日升、利类思等在廷效力，俱勉力公事，未尝有错。中国人多有不信，朕向深知，真诚可信。即历年以来，朕细访伊等之行实，凡非礼之事，断不去做，岂有过犯可指。前者朕体违和，伊等跪奏，西洋上品葡萄酒乃大补之物，高年饮此，如婴童服人乳之力，谆谆泣陈，求朕进此，必然有益。朕鉴其诚，即准所奏，每日进葡萄酒几次，甚觉有益，饮膳亦加，每日竟进数次。朕体已经大安，伊等爱君之心，不可不晓谕朕意。今传众西洋人都在养心殿，叫他们知道。”这道上谕不仅传达了康熙皇帝对西洋传教士的赞赏，更表明了康熙皇帝对葡萄酒的喜爱。金发碧眼的传教士们心领神会，更加积极地将漂洋过海带来西洋葡萄酒进献给中国皇帝。为了保证这些物品迅速向紫禁城汇集，康熙皇帝还通过各省封疆大吏在京师居住的家属转传谕旨：“以后凡本处西洋人所进皇上用物件并启奏书字，即速著妥当家人，雇包程骡子，星夜送来，不可误了时刻。”

接到旨令，各地督抚迅速将皇帝对洋酒的渴望通告当地的西洋传教士，一场进贡洋酒的行动在传教士活动频繁的东南一带轰轰烈烈地展开了。

行动最为迅速的是东南数省中距京师最近的江南省（康熙时的江南省即今江苏、浙江、安徽一带）。康熙四十八年（1709）二月二十四日，江南总督邵穆布奏报：“二月二十三日，在江宁（今江苏南京）天主堂西洋人林安恭备葡萄酒十一瓶……以西洋图记加封送来，奴才即遣家人额尔塞依赍捧呈进。”三月二日，江西巡抚郎廷极上奏：二月二十六日，江西饶州的法国耶稣会士殷弘绪送来西洋葡萄酒六十六瓶，哈尔各斯默一瓶，立即做了四只木箱，与传教士殷弘绪一起亲手装箱，加贴封条，次日清晨即差家人雇包程驮轿，日夜兼程赶赴京城；三月初一，殷弘绪又送来几件献给皇帝的物品，郎廷极再次特制木匣，差人星驰送入京城。康熙皇帝看到这件奏折，用朱笔批示：“此折奏来的甚是，以后系有西洋人有进之物，折子上写明不奏闻。”在殷弘绪之后，江西其他地方的传教士也纷纷进贡洋酒：建昌府天主堂马若瑟进格尔默斯一瓶，洋酒四瓶；临江府天主堂傅圣泽进洋酒八瓶；抚州府天主堂沙守信进洋酒六瓶；九江府天主堂冯秉正进洋酒六瓶；赣州府天主堂毕安进洋酒两瓶，德利亚尔噶一盒；南昌府天主堂穆泰来进洋酒两瓶。传教士们将洋酒装箱封固，做上记号，仍由巡抚郎廷极派家人星驰进京。短短一个多月的时间，江西的传教士就向康熙皇帝进献了一百多瓶洋酒。

其次是福建地区。闽浙总督梁鼎、福建巡抚张伯行得知康熙皇帝喜好葡萄酒的消息后，立即向传教士们传达了皇帝的旨意。三月二十日，福州传教士利国安“进献皇上葡萄酒两箱”，督抚遣家人星驰送入京城。甚至远在今天湖南的偏沅巡抚赵申乔也奏报：“西洋臣聂若望交臣进上葡萄酒。”

距京师遥远的广东，虽然时间晚了一些，但收到的成效却很大，并且持续时间最长。三月二十六日，两广总督赵弘灿向康熙皇帝奏报：“收到住在省城肇庆的西洋人穆德我、毕登庸、景明亮分别送来洋酒各一箱，并且都是酒箱未经开封的原包装，臣检收原箱，俱系封固，不敢启视，特差家人曾复元雇包程骡脚装驮，一并星速进献。”四月二十七日，赵弘灿又向皇帝奏报：“香山协守备朱映奎送来西洋人郭天宠所进葡萄酒一箱，共九瓶，星驰送京。”第二年，即康熙四十九年（1710），二月十八日，赵弘灿再次奏报：“又有西洋人李国震进献皇上葡萄酒十五瓶，云系西洋人何大经所进，外书一封，与京中天主堂纪姓者。”赵弘灿再次差家人包程送京。皇帝在他的奏折上批示道：“近夏月，西洋船到时问明速报。”十月二日，赵弘灿第四次为送酒之事上奏：“西洋人戈维理称，有西洋嘉纳理亚国（编者注：位于大西洋中的岛国，盛产葡萄酒）有葡萄酒二瓶要送进京，臣随令其火速送至肇庆，然后由臣家人驰送进京。”康熙五十年，在广东巡抚满丕进贡土产的奏折上，皇帝再次表现出对葡萄酒的渴望：“尔去时曾谕凡物不要进，又为何进？以后若得西洋葡萄酒、颜料则进来，他物都不必进。”康熙五十一年（1712）二月，满丕又派人进京进贡土产，上奏：“奴才得葡萄酒、绘画颜料几种，派家人金才谨恭。”收到奏报后，康熙皇帝在满丕的奏折上批道：“目今已值西洋船抵广东之际，倘到，速问。一并将伊等信函缮折具奏。”字里行间充满了对西洋船和葡萄酒的热切愿望。

前面我们说过，康熙皇帝认为酒是对人无益之物，他更不是酗酒之人，那么，为什么这位皇帝在知天命之年突然对葡萄酒产生了如此高的热情呢？还是让我们穿过时空隧道，看看康熙四十八年前后发生了什么。

康熙中期，正值壮年的皇太子胤礽的势力日渐增大，形成了所谓的太子党，他们恣意妄为，横行朝中，使得康熙皇帝极为不安。因此，尽管康熙皇帝当初立太子时饱含了对已故皇后赫舍里氏（胤礽生母）的无尽思念，也对太子寄予了无限的希望，并倾注了大量的心血，但由于皇太子“不仁不孝”“专擅威权”“虐众肆恶”，在康熙四十七年九月做出了废黜太子的决定。然而，废太子的决定并不能安抚康熙皇帝受伤的心，在宣布废黜太子时，他泪流满面，痛哭仆地，“日日不能释然于怀”，“无日不流涕”，“未尝安寝”。太子的位子空缺后，诸皇子争夺储位的斗争更加激烈，朝中局势更为复杂；胤礽四面受敌，性命堪忧，矛盾更为棘手。康熙四十八年三月，康熙皇帝再度召集大臣宣布：胤礽再次被立为皇太子。然而，太子权力与君权的矛盾依然存在，大臣们徘徊在皇帝与太子之间，左右为难；各位皇子也仍然将矛头对准皇太子，积极活动。胤礽再度成为父子、兄弟矛盾的焦点。康熙五十一年（1712）十月，皇帝再颁谕旨废黜皇太子胤礽，并警告朝臣，不得再为胤礽求情，“若有奏请皇太子已经改过从善、应当释放者，朕即诛之”。胤礽从此永远失去了复出的希望。康熙四十七年至康熙五十一年间皇太子的两度被废，不仅是皇帝的家事，也是朝廷各种势力的角逐，可谓国事家事天下事事事烦心，这使得康熙皇帝的身体和情感都遭受了巨大的冲击，身体健康状况每况愈下。皇太子第一次被废的第二个月，十月二十三日，康熙皇帝突然患病，从南苑回宫，但他却拒绝诊治，认为：“事出多端，朕深怀愧愤，惟日增郁结，以致心神耗损，形容憔悴，势难必愈。”直到十一月上旬，病情“日渐增加”，大臣们面对心事重重的皇帝也噤若寒蝉，唯恐言多必失，惹祸上身。最后，皇三子胤祉、皇四子胤禛痛哭陈请就医，“愿冒死择医，令其日加调治”，康熙皇帝才在十一月十八日开始用药。但是由于病情延误时间较长，“皇帝健康日衰，中国大夫束手无策，于是只得向欧洲人求助。他们听说罗德先教友精通药理，便认为他或许能缓解皇帝病情。这位教友果然身手不凡且颇有经验……他配制了胭脂红酒让皇帝服用，首先止住了最令他心神不安的严重的心悸症；随之又建议他服用产自加那利(canarie）群岛的葡萄酒。”可见，康熙皇帝是为了调养心脏病开始频繁地饮用了葡萄酒，而葡萄酒也确实为恢复康熙皇帝的健康起到了立竿见影的作用。

另一个困扰康熙皇帝的问题来自欧洲的罗马教廷。16 世纪中叶以后，随着欧洲到东方的贸易航道的开通，欧洲商船络绎来华，西方传教士也陆续踏上中国这片陌生的土地，建立天主堂，成立教区，设立学校，传播天主教。但由于早期来中国的西洋传教士不了解中国的传统文化和礼仪风俗，只是刻板地按照天主教的教义、教规，要求加入教会的中国人抛弃传统，改用洋名、改着洋服、只拜上帝等，一切服从西方的习惯，所以传教成效不高。当意大利传教士利马窦等人来到中国，便将传教工作本土化：学习中国的经典《四书》《五经》，允许中国教民保留尊孔祭祖等风俗习惯，用汉文编写教义，甚至改穿中国服饰。而且，他们还利用西方先进的科技资源，与中国上层社会的达官贵人建立良好的文化交流平台，最终发展他们为天主教徒，打开了天主教在中国传教的新局面。二十年间，在中国内地发展了两千五百名天主教徒，其中包括明朝科技专家兼高级官员礼部尚书徐光启。后来，德国人汤若望继续在中国推行本土化传教举措，不仅扩大了天主教在中国的影响，也为他本人赢得了北京教区很高的声望。改明入清后，汤若望的本土化传教举措使传教士的传教工作空前顺利，顺治十一年（1654），中国内地教徒十八万人，十年后的康熙三年，就增加到二十五万人。然而，当西方传教士的事业在中国逐渐走向辉煌的同时，教会内部有关中国礼仪的争论却越来越激烈，一部分人打出“维护天主的纯洁”的旗帜，认为“祀孔祭祖”是异端邪说，反对以利马窦、汤若望为首的传教士在中国的本土化传教方式。这就是历史上著名的“礼仪之争”的开始。传教士内部的争论发展为教派之间的争论，最终上达了罗马教廷。经过反复的争论、议决，康熙四十三年（1704）十月，教皇克莱芒十一世发布了禁止教徒祀孔祭祖的命令。次年三月，教皇特使意大利人铎罗主教到中国，在北京停留了近九个月，但却丝毫没有透露此行的目的。康熙四十五年十二月，铎罗到南京，以书信的形式宣布了教皇的禁令，也称“南京命令”，将中国祀孔祭祖等传统礼仪裁定为异端宗教活动，明令禁止。得知这一消息，康熙皇帝也迅速采取了强硬措施，凡是尊重中国礼仪和习俗的西洋人，可以领取“绿卡”——信票，长期留居中国；凡是执行教皇禁令的传教士，包括教皇特使铎罗，一并驱逐到远离京师的广东、澳门。康熙四十六年（1707）四月初八的上谕记载：“西洋佛郎西亚国（今译法国）人赫瑄、伊大里亚（今译意大利）国人施体仁，令交给江宁总督、巡抚，限期五日内，与铎罗一起遣送澳门，倘若伊等逾限，则令总督、巡抚索解广东之澳门。”在实施强硬对策的同时，为了妥善平息这场旷日持久的礼仪之争，康熙四十六年十月，康熙皇帝派遣两位传教士意大利人艾若瑟、西班牙人陆若瑟前往罗马教廷进行沟通。康熙四十八年前后，正是康熙皇帝在国内对西洋传教士实施“绿卡制”，并且正在殷切地等待着罗马的新消息的时期。

可见，西洋船送来的葡萄酒固然是皇帝调养身体所需，西洋船带来的书信传达的教廷的消息更是皇帝安慰精神所望。因此，康熙中后期，葡萄酒承载了中西方文化交通的使命，特别是康熙四十八（1709）至四十九年（1710）间，这条连接在康熙皇帝与西方传教士之间的“葡萄酒热线”，的确是中外的沟通、交流的重要途径。

丰富多彩的清宫体育活动

刘　诺

从国外引进“体育”这个名词只是近百年的事。清朝宫廷体育也是中国古代体育的最后一个高峰，在中国漫长的历史长河中可以纳入“体育”这个范畴。涉及人类肢体锻炼和某些独特脑力锻炼的各种活动却早已存在。由于中华民族的历史进程和文化特色，这些活动与生产、军事、教养、文化、民俗、医疗等有着千丝万缕的联系。

清军入关后，前朝的多数体育活动得到了进一步的继承和发展。其中，具有北方少数民族特色的摔跤、冰嬉、射猎等活动空前活跃，有的项目得到了进一步的发展并逐渐成熟，如摔跤、围棋、射箭等最终演进为现代体育。而民族节令体育如元宵节观灯、新春踏青、清明荡秋千、端午节竞舟、重阳节登高等，以及民间体育，如武术、杂技等也十分兴盛。在我国承办了当今全世界共同的体育盛典——奥林匹克运动会之后，透过清宫档案的记载，看看清宫里的人——这个特殊群体的体育活动也是挺有意思的。

清代以骑射立国，军队里尤其强调骑射，八旗子弟更是不能荒疏本业，骑射与狩猎紧密联系。在关外时，努尔哈赤、皇太极就继承古制，通过狩猎来演练军队。1644 年，清军入关后，统一了中国。康熙皇帝继位，为了提高八旗兵丁们的战斗力，在北京永定门外南苑建立了木兰围场，围场的规模相当小。直到 1681 年，康熙皇帝在塞外东经 118°和北纬 41°的交汇点——现在的河北省承德市正式建立了木兰围场，毗邻内蒙古、辽宁、北京、天津，距北京二百五十多千米。“木兰”为满语，汉语为“哨鹿”，是一种诱猎的方式。塞外围场占地 1 万多平方千米，自然条件优越，原始景观分为坝下落叶林和坝上森林草原两部分。康熙所选定的皇家

陈枚绘《宫廷嫔妃二月杨柳荡千》

猎场正处于两大自然景观的过渡地带，夏季凉爽，动植物种类异常丰富，生态环境非常适合各种野生动物栖息，地形条件也有利于围猎。木兰围场设立后，每年秋天，定期到现在的围场县举行大规模的军事围猎活动，也称“秋狝”。行围时，八旗官兵分左右两翼，策马布围；皇帝则在围外高地之上用幔帐围起的“看城”里指挥。包围圈的面积方圆几十里，随着将士们的呐喊声、枪击声，围在圈内的野兽被逐渐赶到了看城附近。这时，皇帝率领皇子及王公大臣们先进入围内射猎；然后，随着皇帝的一声令下，霎时间螺号声、马蹄声、呐喊声、枪击声响彻山野。八旗将士们挥刀跃马，弯弓射箭，对圈内的困兽们展开了歼灭战。但是，这时的狩猎并不是单纯为了演练军队和体育锻炼，还通过行围时的召见、射

郎世宁绘《弘历射猎图》

猎、比武、宴会、赏赐以及观看马戏、摔跤等活动，来结交蒙古等少数民族上层人物，从而达到乾隆皇帝说的："夫行围出猎，既以操练技艺，练习劳苦，尤足以奋发人之志气。"以达"合内外之心，成巩固之业"的政治目的。

晾鹰台杀虎

每年春天，清宫在南苑围场之南的晾鹰台举行象征春蒐（又称春围）的杀虎之典。

首先，在晾鹰台上安置大帐篷房，台下由虎枪处的兵丁们列队等待。台前放置装着老虎的铁笼，用大绳将笼围绕数匝。皇帝来到大帐篷房，宣布杀虎之典开始，然后亲自骑马牵动解开大绳。待绳尽笼开，老虎因较长时间处于囚圈状态，往往卧伏不动，这时要牵狗让其在笼子旁边狂叫，或者由火枪手直接进行挑衅性的射击，当然不是要害部位。虎受到刺激后会奋迅而出，虎枪手则屏住呼吸等着，待虎到了面前，大家纷纷争相刺杀，直到将虎杀死。刺第一枪和第二枪的兵丁和有关人员都有白金、荷包、香囊等赏赐。

宫门校射

每年定期秋狝，由于北京距围场路途遥远，交通不便，皇帝要率领几万八旗劲旅及各旗的亲兵卫队、大臣、侍卫等官，后妃、皇子、皇孙也要随围，经过二十多个行宫，浩浩荡荡来到避暑山庄，随围的满族和汉族司员依例于起跸之前要在山庄的内午门（又称“阅射门”）举行射箭比赛。在避暑山庄正中一间地上摆上宝座，铺一个很厚的垫褥，皇帝盘腿坐于上面，门前搭起凉棚，竖起靶子，文武官员就在铁狮子的位置叩头回答皇帝的询问，然后开始观看射箭比赛。当时，射箭已经是一项非常成熟的军事体育活动。在器械和射法上有弹射、弓射、弩射，甚至包括可连续发射的弩，在理论上总结出了一整套射箭、射弩的要领。比赛有具体的奖励规定：每人共射五箭，王公、大臣中三矢者，赏骏马一匹，缎一匹；中五矢者另加缎二匹。侍卫等官中三矢者，赏银十两；中四矢者十五两；中五矢者二十两；满员射中五箭的要赏花翎；汉员射中三箭的就赏花翎，也称“箭翎”。康熙六十一年（1722），乾隆皇帝十二岁时在这里曾二十箭中十九矢，得到祖父的夸奖。继位后更是不忘祖训，并亲自习武射箭，把它发扬光大。

诈　　马

每年的木兰秋狝时，蒙古王公台吉轮流参加诈马活动。蒙古的卓索图、昭乌达两盟长按例要进皇帝宴，宴筵前要奏乐而且要鼓喉而歌，并有诈马、相扑、教駣等体育性活动。

诈马——汉语称之为“跑马”。是蒙古向皇帝进宴时，选择的几百匹名马，排列在二十里以外，要将马的发尾挽结，去除马的笼头和鞍垫，由儿童骑乘，以枪声为号，枪声一响，众骑齐发，先到的三十六骑，可得到不同的赏赐。

相扑——蒙语称之为“布克”。汉语称之为撩跤或摔跤。一种是摔跤时脱帽，穿特制衣裤，两两相角，以搏摔仆地决胜负。另一种为额鲁特式，则光着上身相扑，取胜者要将对方摔倒而不松手的同时，还要控制对手的头和肩膀至地才能够算胜。当时清代军中已经有“善扑营”，人员从八旗精炼勇士中挑选，任务是“凡大燕享，皆呈其伎”。由于官府的提倡和组织，使官方摔跤空前发展，民间以演出为生和健身娱乐的摔跤活动也非常活跃。

教　　駣

駣马——蒙古语是“骑额尔敏达骈”。蒙古人认为，三岁的马为达骈，额尔敏就是没有加笼鞍的马，由相当于旗长的扎撒克事先在所在的部落将生马驱赶到宴会所在地，散放在原野上。由蒙古王公子弟之中的雄杰者，手持长竿飞身套马，被套住的马开始时暴跳怒骋，人则乘机腾空跃上，控挚自如，马逐渐被驯顺。这样，给马加上笼鞍，得到的都是名马。

龙舟竞渡

清朝的顺治、康熙年间除干旱的年头，每到端午节这一天要同大臣们乘龙舟在城西的西苑泛舟宴饮。到了乾隆年间，乾隆皇帝则奉太后先在万安和进早膳，然后到东部福海中的蓬岛瑶台观看龙舟竞渡。乾隆帝有《端午日奉太后观竞渡》诗，又有“中流九龙舟，谁肯相参差”之句，可见当时怎样的盛况。嘉庆至道光初年还有举行，以后逐渐停止。

冰　　嬉

满族聚居关外时，早有冰嬉的习俗，并有擅长溜冰的军队，努尔哈赤的将官费古烈属下的乌刺滑子，善冰行，日行七百里。入关后，每年十二月，冰层坚厚之时举行以习武行赏的冰嬉活动，俗谓“跑冰鞋”。这项活动分为抢等、抢球、转龙射球三种，一般在太液池（南海、中海、北海）正式比赛和表演。届时，从八旗将士和内务府上三旗官兵中，挑选善走冰者一千多人集中训练，冬至过后，一般在五龙厅或阐福寺、瀛台等处，设有一定之地。表演时，皇帝亦奉皇太后乘坐华丽的冰床前往观看。旗手和射手们相间排列，沿着画好的弯曲冰道，迅速穿行于旌门之间，滑行中扬弓搭箭飞射旌门上中心悬挂的彩球，表演结束后射手按射中的箭数多少，可得到三等不同的赏赐，没有入等的也有赏赐。

抢等——相当于速滑比赛。由八旗的兵士组成，兵士穿着的冰鞋由一根直铁条嵌在每只鞋底中，跑的时候迅速如飞。皇帝奉皇太后观赏，在距离皇帝的冰床二三里之外树大纛，众兵士列队，皇帝在冰床落座后，鸣一炮，对面树旗处亦鸣一炮作为回应。于是，抢等兵士就争先恐后地速滑至御前，被立于冰上的侍卫们一一牵而止之。第一个到者为头等，次到者为二等，赏赐有别。

抢球——相当于冰球竞赛。由八旗的兵士分左红右黄两队，各有统领。御前侍卫将一皮球踢到队中，众兵争抢，得球者又掷、复抢，或坠在冰上，又踢起数丈，待其坠时，群起而争之。或这个队的人将得到，又被那个队的人踢远了，嬉笑驰逐，以便捷勇敢者为能。

新年皇帝赐“福”字

孔未名

嘉庆十年十二月十五日（1806年2月3日），阳光洒满了金碧辉煌的紫禁城，一袭暖轿来到了重华宫，从轿里走下了当朝国君——嘉庆帝。原来皇上来此地是专门书写“福”字的，以便为清宫大内迎接新年的到来增添几分节日气氛。

康熙皇帝书写的福字

一般进入十二月后，忙碌了一年的人们都会以不同的形式来祈盼吉祥，驱避邪魔，百姓们图的是本年有个圆满的终结，满心欢喜地迎接着新一年的到来。皇宫大内也不例外，进入十二月过年的气氛就笼罩着紫禁城的各个角落，到处张灯结彩，大小宴会不断，“冬来封印”政务相对不忙，皇帝也会以特有的形式参与到庆贺新年的活动中来，书写“福”字即是其中的一种形式。新年皇帝书“福”字源自康熙朝，雍正朝遂为定例。而写“福”字所用之笔为康熙朝特制的黑漆管笔，笔管儿上刻有金色的“赐福苍生”字样，所用载体通常不是纸张而是丝绢品，绢涂以丹砂，绘以金龙花纹。届时所写出的第一个大大的“福”字首先要悬挂在乾清宫的正殿里，同时为彰显节日的气氛，还要再书写若干“福”字条幅，悬挂于宫苑各处，以示“福”照紫禁城。

后来皇帝书写“福”字不再是单纯用来当作殿堂的装饰物，也常常作为赏赐品赏予朝廷官员。但并非所有朝廷大官都享有皇帝赐“福”的殊荣。乾隆朝在任三十一年的户部尚书王际华，有幸得到过乾隆帝赏赐的二十四件“福”字，后来他将这二十四件“福”字装裱后挂在专门的一间屋子里，并命此屋为“二十四福堂”。可见对有幸得到“福”字的人来说是一件多么光宗耀祖的事情啊。乾隆五十八年（1793），英国特使马戛尔尼率团首次访华，乾隆帝也曾将书写的“福”字作为新年礼物赠送给了马戛尔尼，以及随团来访的官员们。

那时官员接到皇帝赐予的“福”字时，都会举行隆重的受“福”仪式。如果是京内官员得到赏赐，受赐者须依次跪于案前，瞻仰皇帝御书“福”字，叩首谢恩，两名御前太监手捧“福”字，代表圣上颁发，受赐者跪接“福”字，寓意福临满身，或者是福在眼前，然后恭捧退下。事后还要恭折谢恩。如果是京外官员接受御赐“福”字时，受赐者则必须率文武百官，出城跪迎，在衙署恭设香案，望着紫禁城的方向叩首谢恩。如此看来，无论是京内、京外的官员，见“福”字就如见龙颜一般恭敬。

到了嘉庆朝，颁赐“福”字的范围更加广泛，皇子、内廷行走、宗藩蒙古藩王、大学士、尚书、南书房、上书房行走、御前侍卫、各省督抚、新疆将军参赞等，朝中重臣几乎人人有份。

嘉庆十年（1805），嘉庆帝来到重华宫，就是打算写几个“福”字赏赐于御前侍卫、御前行走及内务府大臣。这些整天服务于皇帝左右的人，到了年根儿底下也都企盼着嘉庆帝能赏赐给他们一副“福”字。不一会儿嘉庆帝几副“福”字就写好了。他让太监分赐下去，只见御前侍卫果勒敏、色扎克、塔尔达、勒清精阿、珠尔杭阿五人，恭恭敬敬地捧着墨迹未干的“福”字走出了重华宫大殿，内务府大臣那彦宝等紧随其后依次走出了殿门，所不同的是那彦宝手中并没有捧着“福”字往外走。嘉庆帝心里纳闷儿：莫非写的“福”字不够分？那彦宝是内务府的重臣，是皇帝的近侍，一般侍卫都有幸得到“福”字，嘉庆帝怎么会忘记赏赐给堂堂的内府大臣呢？于是他让人询问一下原委。没想到查询结果却让嘉庆帝十分生气。原来所赏“福”字已由那彦宝交茶膳房太监放在茶盘内带出。作为一名臣子如此对待御赐“福”字，其态度自康熙朝以来从来未曾有过。这让嘉庆帝大为恼火，他认为“君臣之间应当以敬为本”，这样随意对待“御赐品”是绝对不能容忍的，况且此次如果不处理，恐怕将来还会闹出什么更加“大不敬”的事情，此风断不可长。

第二天，嘉庆帝降旨：“那彦宝系内务府大臣管理茶膳房，虽可使令茶房太监因公差遣，可怎么能将特赏之件在朕至近之处率意遣人带出，殊失敬意，著将那彦宝御前侍卫俱行革退，令在乾清门侍卫上行走，罚俸三个月。”当然那个被使役的太监也很冤枉地受到了惩罚，在新年即将到来之际也挨了板子。

新年皇帝赐“福”原本是一件十分荣幸的事情，高兴还来不及呢，可谁能想到嘉庆十年的元旦前夕，内务府大臣那彦宝非但没有因此得“福”，反而遭到了惩罚，不但降了级还破了财，真是因“福”得祸啊。

清代宫廷拉丁文翻译馆的建立

李中勇

拉丁语原本是意大利中部拉提姆地方的方言，后来因为发源于此地的罗马帝国势力扩张，而将拉丁语广泛流传于帝国境内，并定为官方语言。而基督教普遍流传于欧洲后，拉丁语更加深了其影响力。从欧洲中世纪至20世纪初叶的罗马天主教，拉丁语一直为公用语，学术论文也大多用拉丁语写成，可以说20世纪以前拉丁语在国际上是一种比较通行的语言。

清朝雍正七年（1729）十月，时任内阁大学士的和硕庄新王允禄传下一道雍正皇帝的谕旨，要在宫廷内部设立翻译馆，拣选内务府官员的青少年子弟学习拉丁文，并由法国传教士巴多明任馆长，宋君儒神甫为副馆长。这是闭关自守的清王朝开国一百年来从未有过之事，也是与当时科举取士以儒家经典为主要内容的整个教育系统毫无关联的。究竟是什么原因促使当时的统治者做出这样一个破天荒的决定呢？欲窥全豹，还是让我们先来了解一下当时的时代背景吧。

在此前一年，也就是雍正六年（1728）六月二十五日，中国与俄国根据先前所达成的一系列协议，在双方边境城市恰克图（彼时属于清朝乌里雅苏台将军辖区）签订了一个集政治、经济、文化于一体的总条约，即《中俄恰克图界约》。该条约分满文、俄文、拉丁文三种文本，内容共有十一条，其中第十一条明确规定：“条约文本，俄国用俄文，兼用拉丁文，钤印画押后交中国，中国用满文，兼用俄文、拉丁文，钤印画押后交俄国”。条约除分别用两国各自的文字外，还用了当时国际上较为通用的官方文字——拉丁文。这个条约签订的背景是自康熙二十八年（1689），清朝与沙皇俄国签订《尼布楚条约》划定东段边境以后，沙俄乘中段边界尚未勘定之机，经常派军队侵入中国内地，蚕食中国领土。但此时沙俄争夺的重心在欧洲和西亚，与中国的关系还是以和平商贸为主，为此，俄国每年从中俄贸易中获取巨额的利润，用以弥补其国内财政和军费的不足，如康熙四十七年（1708），沙俄胡佳科夫商队来华贸易，获利高达二十七万卢布。鉴于俄国的扩张和侵略活动，清政府屡次提出抗议，沙俄都不理会。雍正二年（1724），清政府正式下令完全断绝与沙俄的贸易往来。中俄贸易对沙俄来说，是其重要的财政收入来源，沙俄不得不派使团与中国进行中段边界的谈判。在与沙俄进行谈判的过程中，由于缺乏外交翻译人才，清政府不得不依赖于当时在宫廷内部服务的西洋传教士做翻译。初感外交翻译人才的缺乏是清政府在宫廷内部进行外语教育的最初动机。

宫廷中拉丁语教学能够得以实施，还与17、18世纪西方耶酥会传教士大批来华有很大关系。这些进入宫廷的传教士，大都具有一技之长，且熟贯中西文化，如郎世宁、南怀仁等就是其中代表。他们利用自己的技能为清代宫廷服务，同时试图达到其传教的目的，客观上这些早期的传教士为中西文化交流起到了十分重要的作用，翻译馆馆长巴多明也是其中的佼佼者。

据档案记载，翻译馆从雍正七年（1729）建立到乾隆八年（1743）十二月裁汰，共历时十五年，其间共招收了三批学生，全从内务府官员子弟中选拔。学生和教师的饭食等待遇照内务府的另一所学校咸安宫官学的待遇来定，由宫廷内部解决。学制和学生人数都不定。其中第一批学生二十人，学制七年。共毕业十三人，皆被授予笔贴式、库使、库守、拜唐阿等文职，其中万保等六人尤为勤奋，被列为优等，除授官外，还令在馆帮助巴多明进行拉丁文教学。另有七人因天资愚钝，学无进益，中途陆续被斥退。第二批和第三批学生皆为十人，其中第二批共毕业七人，第三批只学习了三年，翻译馆便被裁汰。庄亲王允禄在请裁撤翻译馆的奏折中说：“查自开馆以来，学习西洋字话俱能书写，年满补以笔帖式等缺行走者二十人。臣伏思从前奉旨设立西洋学馆，原备偶有委用而设，今既学有二十人，即有委之处，亦属敷用，似无庸再行接续学习。臣请将年满已补用笔帖式等缺之二十人仍令西洋人宋君荣等不时教演，以备应用外，所设西洋学馆即行裁汰”。巴多明于乾隆六年（1741）九月二十九日在北京去世，此后由宋君荣主持馆事，直到该馆被裁汰。正如允禄自己所言，设立翻译馆本来是备偶有委用，并没有形成制度，且学生毕业后并未从事外交事务，这与清政府当时的外交状况有很大关系。闭关锁国一向是清政府的基本国策，本来早期与其他国家的往来便是有些迫不得已，后来边塞无事，即便这些内务府子弟学有所成亦无用武之地，清政府走向近代国际关系的一缕微光迅速暗淡下来，不能不说是一种悲哀。

清代烟花爆竹的燃放与管理

葛会英

从2006年春节起，烟花爆竹在北京夜空再次绽放。北京春节的夜空，又恢复了往年的喧闹。然而，烟花的解禁并不意味着人们可以随时随地燃放，而是由“绝对禁放”改为“限定燃放”，并制定了相关条例，以保证人们节日的安全。其实，历史上许多朝代在燃放烟花爆竹的时节，出于防火安全考虑，对鞭炮的制作与管理都有相应的规定与要求。

从历史档案中看，清代对此已有规定：“除冬至不允许燃放鞭炮外，每年的除夕夜、元旦、正月十五元宵节前后及灯节都允许燃放”。皇家有专门制作和燃放的机构，民间也可出售各色烟火，竞巧争奇。乾隆五十二年（1787）正月二十日乾隆帝在谕旨中曾说：“京城每遇除夕、元旦、灯节，民间所放花炮昼夜喧闹不可胜计。”

除夕夜，就是每年的大年三十，为接神日。人们要祭祖、接神、接灶。宫廷内会举行“接神之礼”，皇帝早晨要到各个佛堂拈香、拜祖先并吃团圆饺子，以示辞岁迎新，到子初时辰后接神，仪式一开始，立时鞭炮齐鸣表示敬意，整个北京城便被淹没在一片震耳欲聋的爆竹声中。

元旦（清朝时京城称农历大年初一为元旦），也就是现在的正月初一，家家门上挂贴春联、门神，朝廷王公以及百官都要上朝庆贺，居民们也要走亲访友相互道喜。所以，这一天是我国最热闹、人们最高兴的日子。清世宗雍正皇帝在御制新春诗中也这样题道：“天街爆竹喧鸣处，都是皇州报喜声”，更形象地表达了节日的喜庆气氛。

农历正月十五元宵节，也称上元节、灯节，更是热闹非凡。宫中燃放烟火，张灯结彩。民间狮舞、高跷、放爆竹三天以庆上元节。此时如赶上皇帝出巡也同样会与地方共庆佳节。上元节，也是朝廷接待外宾、联络君臣关系的最佳时节。每年正月十三日至正月十九日，朝廷大都在圆明园山高水长处举行灯火戏，邀请各国外宾和王公大臣参加观赏。

冬至，清政府规定不允许燃放鞭炮，以示敬肃。民间也不以“冬至”为节，只是在吃法上有所变化，有的喝豆粥、有的吃馄饨，而朝廷在这一天则不同凡响。一大早就要在宫中挂起《九九消寒图》，朝廷还要举行盛大隆重的庆典，称之为“冬至大贺朝”。皇帝率王公大臣、各衙门官员到圜丘，举行郊天大祭。郊天大祭从冬至前一天午夜就开始设祭坛，坛旁边还要设天灯竿，附近庙宇不许鸣钟擂鼓，居民不许放鞭炮，表示对天的敬肃。“冬至朝会”也是清朝每年三大朝会之一。

清朝成立有花炮作和监造花炮处，属清代内务府营造司掌管。皇宫所放烟火除两淮监政进呈外，花炮作每年还要做许多花炮。如道光二年（1822）六月，穆彰阿等奏预备烟火花炮折：“查向年七月十六日福海预备烟火法船，七夕、孟岁等项炮仗，以及次年山高水长盒子、烟火、花炮等项，除两淮监政年例呈进盒子、灯簾、花炮外，其余盒子、花炮等项，俱系花炮作承做，每年届期具奏遵办在案。至本年可否仍照年例预备之处，奴才等未敢擅便。谨将每年两淮监政呈进盒子、花炮，并移交敬事房等处暨花炮作承做花炮等项，各数目分缮清单，恭呈御览。伏候皇上训示遵行”。每年两淮监政呈进大量花炮，也都分别交于敬事房、圆明园与花炮作来保管使用。每年“正月初五起火花炮要达两千三百四十件，正月十五这一天则要达三万零六百二十五件，十六日两万三千九百二十件，十九日一万两千九百三十一件”，还有“福海烟火法船共计花炮起火两万两千二百七十件。七夕应用炮仗十八件，热河外庙念经应用二号炮仗二十件。瀛台预备冰鞋应用头号炮仗三十件。中正殿念经应用头号炮仗五十件。祭灶神应用头号炮仗十件。敬事房传用单响炮仗一千件。孟岁应用头号炮仗等一千三百件。后湖传用登子三千件，自鸣钟传用单响炮仗两千件。祭花神应用单响炮仗三十件”。所以，花炮作每年还要承做大量的花炮。乾隆五十二年（1787）二月二十二日上谕讲，“内务府花炮作每岁开销需硝磺一千余斤”，“铺户制造花爆售卖者甚多”。

对制作不合格的花炮影响燃放效果，处理也非常严肃。如乾隆六十年（1795）正月十九日，和珅奏花炮不响议处该管官员折中说：“查十六日山高水长所放烟火甚属烟大，花炮泡松不响，诚如圣论必系偷减火药纸料，制办草率所致。该管大臣等并未预先督催交派，遂致司员等草率从事，实难辞咎。福长安久经管理，实属漫不经心，金简虽已物故，究係伊任内之事，均难辞咎。应请将本年支领银两著数分赔，福长安分赔四成，金简名下分赔二成，丰绅殷德虽系甫经管理，未能留心，亦请分赔二成，司员分赔二成，不准开销。仍请将福长安罚俸六个月，丰绅殷德罚俸三个月，司员等各罚俸一年，以示惩儆。”皇上对奏折批道：“丰绅殷德甫经管理，为日无几，着加恩全行宽免。余依议。钦此。”

清朝对烟花爆竹的用料、拉运木箱、存放烟火库房及预备唧桶等都注册在案，监造花炮处要严格掌管，并制定有管理花炮营业规定。如宣统二年（1910）拟定并颁发的《管理花爆营业规则》。此外，还张贴告示，警示居民小心慎放，而在禁止燃放时期巡警部会加强巡查。一旦燃放中发生问题将严格追究责任，即使点燃迟误也毫不轻饶，甚至燃放时人员随意行走也要受到处罚，这充分说明了清时对燃放效果及安全的重视程度还是很高的。

乾隆的孙子娶媳妇

刘　诺

乾隆的孙子绵懿，是乾隆皇帝第十一子永瑆的次子，过继给第三子永璋为嗣子。成年后被赐婚迎娶山东巡抚明兴之女为福晋。这里根据绵懿从订婚到婚后分府等一系列程序所形成的历史档案，带您体验一次具有满族特色的皇室宗亲嫁娶礼仪的真实经过。

婚前准备

首先，由专门人员给绵懿和明兴之女推算“生辰八字”，验明没有妨碍之后，再由掌仪司奏报给乾隆皇帝。经皇帝下旨令掌管观测天文气象、编制历书的钦天监来择取绵懿移居长房、订婚、结婚的良辰吉日。乾隆五十年（1785）正月二十六日掌仪司奏报，钦天监择得本年内有六个大吉之日即十月二十六日，壬寅，宜用辰时行初定礼，吉。十一月初十日，丙辰，宜用寅时行成婚礼，吉。十一月初十日，丙辰，宜用寅时行初定礼，吉。十二月初三日，戊寅，宜用丑时行成婚礼，吉。

这样，就同时选择了两个订婚礼、两个结婚礼的良辰吉日。这四个吉日由内务府派专人送到明兴家中，要经女方父母及族人的精心挑选，而且必须于三日之内选定，再由内务府派专人将吉日单取回来。最后选择在本年十一月初十行订婚礼，十二月初三行成婚礼。日期确定后，再由内务府派专人将订婚、成婚吉日单取回宫中。根据所选择的日期，总管内务府大臣永瑢等为绵懿迎娶福晋行订婚礼、结婚礼等仪式，包括祭祀保佑娶媳妇顺利的“萨克萨妈妈神”等，都分别开列清楚奏请皇帝定夺。与此同时，一系列的准备工作也就紧锣密鼓地开始了。

总管内务府大臣永瑢等为本年十一月初十绵懿阿哥迎娶福晋送聘礼和行初定礼筵宴等事，上奏皇帝请旨。得到意旨后，遵照绵德（乾隆帝之长孙）、绵恩迎娶福晋核减之例，准备好了给福晋的聘礼：嵌珊瑚东珠七颗的金项圈一围；嵌东珠各二颗金耳坠三对；嵌珍珠各五颗大金簪三枝；嵌珍珠各一颗小金簪三枝；金手镯二对；金钮扣一百个；银钮扣二百个；各种颜色表里绸缎八十疋；棉花二百五十斤；做褂用五等貂皮七十张；做袍用索伦黄貂皮七十张；做被里用沙狐皮一百六十张；做褥子用白狐皮九十张；镶女朝衣染海龙皮七张；做帽子用染貂皮三张。

给福晋的父亲：狐肷皮朝衣一件；染貂帽一顶；金带环、手巾、荷包、小刀、耳挖筒各一份；缎面靴、袜各一双；备好鞍马一匹。

给福晋的母亲：嵌珍珠各二颗金耳坠三对；青肷皮袍一件；镶女朝衣染海龙皮六张；玲珑鞍马一匹；赤金十两；白银七百两。

为了绵懿娶福晋行初定礼筵宴时演戏，乾隆五十年（1785）十月二十七日，总管内务府大臣永瑢等根据查看绵德、绵恩迎娶福晋时举行初定礼筵宴时，曾经奉旨让南府学艺处学生预备演戏的记录，现在绵懿娶福晋行初定礼筵宴，是否也可以让南府学艺处学生预备演出，请皇帝下旨意。结果，当天就得到了乾隆同意唱戏的旨意。

本年十一月初十行订婚礼，吉时到，内务府大臣一行人陪同绵懿阿哥带着聘礼聘金到明兴家正式行文定礼，福晋的父亲穿彩服带领全家人在大门外迎接，将阿哥引导至正堂后，阿哥正式拜见福晋的父亲，阿哥一拜，福晋的父亲答礼时要三拜。然后再拜见福晋的母亲也是如此。然后订婚筵宴开始，客人们分别入席后，要请阿哥坐正位。

初定礼筵宴按照《钦定礼部则例》和《内务府现行则例》的规定，准备了羊二十六只、饽饽桌三十张、酒筵三十席、烧黄酒四十瓶。福晋父亲家如果有宽大的房间，就在房间内摆宴。如果没有宽大房间，就要在院子内搭席棚结彩筵宴。在行订婚礼之前，王、福晋不必参加，除了值班的内大臣、侍卫以外，其余的内大臣、侍卫、副都统、侍郎以上官员都要参加。福晋亲族内没有职务的人不许参加。但是，同族的大臣、侍卫、官员等都要归在福晋家亲族之列集合，也就是我们现在的亲友团。参加仪式的人们都要求穿礼服。至午时，乐声起，由掌管朝会与国家宴会赞导礼仪的鸿胪寺派遣的赞礼官主持。初定礼开始，鸿胪寺赞礼官导引着福晋亲族和同族的大臣、侍卫、官员从筵宴的地方由东向西的顺序站立，引导别族的大臣、侍卫、官员于筵宴处由西向东的顺序站立后，各行一叩头礼。行过礼后在饽饽桌后入位，坐在红色鬃毡之上，由掌管宫内茶房等事务的尚茶，负责赐茶，各行一叩头礼。喝过了茶，再行一叩头礼。坐下后，由随时听从差遣的服务人员负责斟茶，喝茶并且相互敬茶后，乐曲声停止之时，饮茶也就结束了。鸿胪寺赞礼官导又引着大臣、侍卫、官员们出来，更换蟒袍补服。与此同时，撤去饽饽桌，设置酒宴桌，陈设完好以后，鸿胪寺赞礼官又引福晋亲族人等并同族大臣、侍卫、官员于筵宴处，仍由东向西序站立。引别族大臣、侍卫、官员于筵宴处，仍由西向东序站立好后，各行一叩头礼，入位坐下。献酒赐酒，各行一叩头礼。喝过了酒，再行一叩头礼，然后坐下。这时，伶工承应等觥筹交错，乐曲结束时喝酒也就自然停止了。鸿胪寺赞礼官引导着各官行三跪九叩头礼谢宴，订婚礼及筵宴正式结束。订婚筵宴结束后阿哥辞别时，福晋之父要带领家人将其送到大门之外。随后由南府学艺处学生开始演戏，不观看的人道过喜后就可以散去了。

准备订婚礼筵宴的人员安排：执盏派内务府官员二十名，执查派柏（拜）唐阿二十名，抬桌子的派护军六十名负责。女眷处派内务府大臣的妻子一人及内管领妻十人执壶盏，抬桌子派果上头目的夫人及果上夫人二十四名。这个筵宴，都要照筵宴大臣、侍卫、官员的礼仪。入宴的大臣、侍卫、官员及二品以上大臣、命妇、由礼部负责召集。酒、宴、桌、茶均交给负责茶缮房的尚茶正和首领太监备办，饽饽桌、羊只、烧黄酒、玷桌、壶盏以及应用等项，也交各处负责备办。

与此同时，内务府银器库将福晋结婚后应得的银器已经准备好并开列好了清单。其中，饭房用：各重二十两银盘十六件；各重十六两银碗六个；各重十两银碟十六件；各重四十两银背壶二件；重四十两银折盂一件；重三十五两银葵花盒一件；重三十两银罐一件；各重五两银小碟十二件；重十两银马勺一把；各重一两六钱银匙六把。茶房用：重六十两银背壶一件；各重四十两银茶桶二件；重二十两银壶一把；重十五两银碗一件；重十三两银碗一件；重十两银马勺一把。清茶房用：各重十两银碟二件；各重二十一两银莲子壶二把；各重二两银钟盖二件。

以上三处共银器七十六件，计重一千一百一十二两一钱。

乾隆五十年（1785）十月初四，内务府衙门奏报皇帝，绵懿于本年十二月初三与山东巡抚明兴之女结婚，并择吉日移居长房。紧接着，钦天监给阿哥选择好了移居吉日：乾隆五十一年（1786）十一月初七癸丑宜用卯时，十一月十六日壬戌宜用乙时，绵懿移居长房，吉。阿哥结婚之前照例要从原来居住的地方搬出来，移居长房居住待婚，移居不仅要选择吉利日子，还要由内务府举行一个迎送仪式，从此以后，他不能再与其他阿哥们住在一起了。

乾隆五十年（1785）十月初十，内务府就皇帝选定的本年十二月十六日，绵懿移居长房，按着定例携带春季所用的物品，并派随身太监、阿达、护卫、披甲人等守候。移居之时，派遣内务府官员前往迎送。

在新的居所里，要由专人给他讲解并演练一些结婚必要的礼仪，学习结婚时要懂得的常识等，为结婚做一系列必要的物质和精神方面的准备。

迎娶福晋之前，要先祭“萨克萨妈妈”神，祈求娶福晋的过程能够顺利而平安。接亲的人一定要选派与丈夫年命相和、父母、儿女双全的命妇二人，在生辰无忌而且要从总管内务府大臣及内管领的妻子们之间选派。另外，要选派总管内务府大臣一员随往。娶亲时给新福晋准备好大红双喜字八人抬大轿一乘，轿用红缎相围，轿内悬挂用红黄两色丝线连接在一起的两面镜子，其意义是抬轿走在大路上妖魔鬼怪莫上前。铺地用红鬃毡二十条、红灯笼八只、火把十支。起轿时执贴双喜字的红纱灯笼和火把在前，所用校尉都身穿专用的驾衣，抬轿过程中分班轮换。其中头班、末班必须由太监负责起轿和落轿。起轿前要先由负责地面的守卫、稽查、门禁等事务的京师治安机关步军统领衙门派兵把街道秩序维持好，确保接亲的过程顺利。负责接亲的导引、随从分别派内务府官二十员、护军四十名，一同护送到福晋的女眷处。

成婚筵宴

乾隆五十年（1785）十月十七日，总管内务府等衙门为绵懿阿哥成婚一事向乾隆皇帝一是请旨，二是汇报婚礼准备的情况。大致内容是：本年十二月初三丑时，即凌晨一至三点为吉时合卺。绵懿阿哥迎娶福晋行成婚礼筵宴，依照乾隆帝之长孙绵德、绵恩等娶福晋核减之例，预备羊三十五只、饽饽桌四十张、酒宴四十席、烧黄酒四十瓶。成婚当天，参加筵宴的大臣、侍卫、官员们在布置好的箭亭内集合，命妇们都在阿哥的住所处集合，两处都结花彩，地上都铺有红色鬃毡。王和福晋们不用集合。除了值班内大臣、侍卫以外，其余的内大臣、侍卫、二品以上文武大臣、官员都要来参加。福晋亲族内没有职务的人等停止齐集，也就是不容许这些人参加了。其他同族的大臣、侍卫、官员等全部都归到福晋亲族之列集合，所有参加婚礼的人都要求穿礼服。至午时，礼乐声起，赞礼官主持成婚礼仪式及筵宴开始，鸿胪寺官引着福晋亲族及同旗的大臣、侍卫、官员等人，于箭亭东向西的顺序站立。引别旗文武大臣、侍卫、官员等由亭西向东的顺序站立，各行一叩头礼后，入坐。尚茶赐茶，各行一叩头礼。喝好茶后，再行一叩头礼后，坐下。伶工承应，觥筹交错，乐阙茶止。鸿胪寺官员导引各位大臣、侍卫、官员出来，更换蟒袍补服侍宴。撤饽饽桌，设酒宴桌，陈设完毕。礼乐声又奏起时，鸿胪寺官又引导福晋亲族及同族的大臣、侍卫、官员们仍然按照刚才的位置和顺序站立。各行一叩头礼，礼毕坐下。献酒赐酒，各行一叩头礼。饮过酒后，再行一叩头礼，然后坐下。伶工承应、觥筹交错，乐阙酒止。鸿胪寺官员引领各位官员谢宴，行三跪九叩头礼。此时成婚礼仪及筵宴宣布结束。

成婚礼仪及筵宴的服务人员组成：执盏派内务府官二十员；执壶派柏唐阿二十名；抬桌子派护军六十名。福晋跟前执壶盏的服务人员组成：派总管内务府大臣妻一人；内管领妻十人。抬桌子派果上头目的福晋二十四人，筵宴时的礼仪全部按照筵宴大臣、侍卫、官员的礼仪进行。

迎娶福晋的前一天，为福晋的娘家人到新房内铺送嫁妆的女人们照例需要准备饽饽桌十张、羊十只、烧黄酒五瓶，由女眷处酌量预备饭菜负责招待这些人。合卺用羊五只，此羊要从结婚宴内的羊只中取用。负责管理酒水，做黏饭的人要求从内管领们的妻室中选派，合卺所剩下的羊只、黄酒都留给看守人等食用。至于合卺迎娶时所用的年命相合结发夫妇、筵宴齐集之大臣、侍卫、官员及二品以上大臣、命妇都由礼部负责通知和召集，所用轿子及抬轿、执灯笼、火把以及执红毡的校尉们仍然由内銮仪尉处负责分派。所用桌、席、羊只、烧黄酒、玷案、壶爵等物品，全部交各处负责预备，管理街道秩序交给兵部具体安排步军负责。

迎娶福晋的当天，浩大的迎亲队伍依照事先选定的路线到新福晋的府地奉迎。彩轿抬至其家堂屋之中，新福晋上轿后，女官宣布“升轿”，其母率领全家人一同骑马将女儿送到紫禁城门外下马，随着喜轿一起步行进宫，直到将轿子抬到阿哥的“新房”前下轿。女官非常恭敬地将新人引到新房之内。待合卺吉时到，其他人员全部退下。女官上合卺酒，阿哥和福晋饮合卺酒，行合卺礼。

乾隆五十年（1785）十一月十六日，总管内务府又为阿哥结婚后到皇帝面前行礼感谢皇爷爷赐婚一事请皇帝旨，并且得到了允许。按照则例，在娶亲的第二天，阿哥和新婚福晋要由专人带领着一同到皇帝、皇后、妃、嫔们面前行礼。其中，见皇帝的时候，阿哥在丹陛之前站立，福晋站在阿哥身后，阿哥三跪九拜，福晋六肃三跪三拜。但是，这一天皇帝有没有时间受他们的礼，或者具体什么时候皇帝有时间可以受礼了，要等宫殿监督领侍官员另外面奏皇帝请旨以后，再临时通知他们准备进行。但是娶亲的第二天，见皇后、妃、嫔之礼却不可拖延或者省略。见礼时，阿哥二跪六拜，福晋四肃二跪二拜。行礼之后，阿哥、福晋退出。再按照顺序向郡王、福晋们行礼，最后再到自己的亲生父母亲面前行礼，此时新福晋一定要上前装烟、备茶。

现在结婚讲究三天回门，有的为了方便和省事，越来越多的人选择当天回门并且逐渐形成了习俗。乾隆年间满族人结婚必须要在第九天新福晋才可以回门，这一天仍然使用迎娶时使用过的喜轿，校尉们穿上专用驾衣抬轿，头班、末班仍然由太监负责起轿和落轿。随从派内管领妻两人、果上妇六人负责陪伴和导引，护卫派内务府官十员、护军三十名，总管内务府大臣一员随往。茶饭房、庖丁、承应等人员一应准备的物品全部交给茶膳房照例办给并送到位。直到回门后的绵懿阿哥和福晋于当日中午之前安全返回宫中，整个婚礼才算全部圆满结束。

婚后分例及分府

绵懿与福晋成婚以后每天的食物分例是有定制的，如：猪肉十五斤；羊肉两斤；陈粳米八合；老米四合；红小豆四合；白面六斤；鸡蛋六个；面筋六两；豆腐十二两；豆腐皮两张；粉锅渣两斤；淮面一钱；绿豆粉子一两；芝麻四合；澄沙四合；白糖十二两；香油一斤；酱瓜一两；酱苤蓝一两；大料五分；姜五钱；花椒五钱；豆瓣三两；绿豆菜三两；木耳五钱；水粉两两；蘑菇一两；甜面酱五两；醋四两；白盐三两；酱茄一两；清酱五两；鲜菜四斤；每月黄茶两百包；碱两斤；每九十天给六安茶一袋；九十天给芽茶两斤。

随嫁女子每人每天：白米七合五勺；猪肉一斤；鲜菜十二两；黑盐三

钱。以上每日分例物品是随着季节的更替而有所变化，但其消费的总价值是不变的。

结婚一段时间后，绵懿按照惯例要搬出紫禁城外另立门户。乾隆五十一年（1786）正月二十二日奉旨：三阿哥之子绵懿著晋封贝勒。总管内务府大臣永瑢、永瑺经过查看先前多罗贝勒绵亿分府迁居时的记载，大臣等奏请于近支王公内选派人送行，曾派贝勒永福、永珊前去在案。钦天监为绵懿分府迁居择取的良辰吉日是本年十一月二十日，贝勒绵懿分府迁居，应当依据绵亿之例，由皇上指派王公负责送行。为此，将近支王公的姓名、官衔书写在红头牌上，进呈请旨。经过皇帝朱笔钦点分派：和郡王、果郡王前去给绵懿贝勒送行。迁居之前，新贝勒府要进行全面的装饰和一系列的什物布置，全部完工之后，由内务府大臣专门派人进行严格的验收，验收合格后，内务府才为贝勒迁居做所有的物资准备，迁居之时，不仅派遣内务府官员前往迎送，同时地方官要组织当地有头脸的人物和民间女子们负责迎接。

绵懿被封贝勒后，其出府时应得庄园、人丁、什物等，交内务府大臣照例办理。据查，乾隆四十六年（1781）分封贝勒绵亿时，所有应得外旗满洲、蒙古、汉军人员由各处分拨。给予的银器、什物、马驼、牛羊等项，根据足用而给，由广储司下属银库、皮库、缎库、衣库、茶库等处负责筹办，其余的要照大臣金简奏准分封物品折价之例折合成银两给贝勒。其分封应得分例，果品、干肉、煤炭、蜡烛等项，照例给一年各记录在案。今贝勒绵懿仍然请照四十六年分封贝勒绵亿之例，除外旗满洲、蒙古、汉军、佐领、包衣、人丁、护卫、官员、红蓝甲等由宗人府奏请指定旗分别照例办理以外，其应得的庄园、人口、金银、绸缎、衣服、什物、马驼、牛羊等项，例由内务府衙门办给。至于安奉神位、立杆祭祀时应用的器皿等物品，也由内务府衙门各处照例成造好以后交到贝勒府上。绸缎、纱罗等物品，除了缎库现存的照数发给以外，其余不足之数，经请旨，交给总管太监刘秉忠负责采办，不必拘定颜色，照数赏给。

另外，贝勒绵懿现有首领总管太监一名、太监十五名，已经足够用了，不用再增加了。谙达、哈哈珠子各项人等，也照例以本身跟随。其应得分例，果品、干肉、煤炭、蜡烛等，照例赏给足够用一年的。至于各项衣服，仍然照例折给材料，不必另行再做。银器什物之内，目前暂时用不着而且粗重的，现在成造白白浪费工钱。马、驼、牛、羊几百匹，成年喂养，也需要很多的费用，应该根据实际需用量赏给，其余部分都折合成银两给予。这样，对于赏给贝勒府日常用度也就比较充裕了。大臣们根据分封惯例，将贝勒绵懿应得各项物品的数量，分别应赏、应折各项，以及其应得庄园、人丁、什物等逐项开列清楚。

皇孙的衣食住行用无所不包，真可谓应有尽有。

总管内务府大臣永瑢为将已故淑慎公主府人口、庄头准备分给绵懿贝勒府当差一事，请示皇帝的旨意。根据理藩院来文称，科尔沁和硕淑慎公主长史保柱原来是镶黄旗安昌管领下的闲散，雍正四年（1726）给公主作为陪嫁人，但仍然食用本府钱粮。后来，公主补放其为长史。本年正月，公主薨。保柱护送公主灵柩至科尔沁地方，办理完丧事，他上报本衙请准许他以及儿子博兴、孙子德禄等四人同入原包衣管领当差行走。

另外，科尔沁和硕淑慎公主府庄头佟标也呈称：我高祖父佟有功原为包衣庄头。雍正四年，我父佟寿荫为庄头开始为淑慎公主当差，迄今已五十余年，各种应交钱粮从来没有延误过。只是本年正月，公主薨，送至科尔沁地方安葬。现在公主的后嗣台吉策棱虽然在，但是，他已经返回到游牧之地。京城地方没有管事的人了，请准许我们回原来包衣管领处当差行走。

经过大臣们查看内务府档案记载：雍正四年正月十五日，给予和硕淑慎公主陪嫁人十户、三等庄头一名、末等庄头一名。今日陪嫁人十户内仅三户有后人，二庄头也都是其后人。现在公主已经不在了，嗣孙台吉策棱已经返回游牧之地。如果依照他们所请仍回原管领处，则与例不符。经过大臣们合议：现在贝勒绵懿分府，正需要现成的家人、庄头使用。所以，应该将这些家人、庄头拨给贝勒绵懿府上当差。如果降旨准行，我们立即行文宗人府，由应分给贝勒绵懿府上家人内扣除三户，佟标、王承业也补入臣衙门应给庄头内拨给，是否可行，等到降旨后将他们补入，为此谨奏请旨。得到了皇帝的旨意：“知道了。钦此。”这时候，拨给绵懿贝勒府上当差的人员就全部准备到位了。

初次敬神

分府后的绵懿迁入新居的第一年，要进行敬神、还愿、祭神的典礼。满族信奉萨满教，萨满教是一个复杂的体系，包括不同层次的观念，既有图腾崇拜观的残余，也有祖先崇拜、多神崇拜以及比较晚的自然崇拜。据《满洲祭神祭天典礼》记载：崇德六年规定：亲王、郡王、贝勒，每家各祭三杆神杆；贝子、镇国公、辅国公，每家各祭二杆神杆；镇国、辅国、奉国将军，每家各祭一杆神杆；无爵宗室不得祭。可见，祭神祭天都有着极严格的规定和限制。

入关后的清朝宫廷祭祀活动，据中国第一历史档案馆馆藏掌典礼仪与学校科举的礼部大臣给皇帝的题本中，就有很多由掌仪司关于祀典的满文、汉文题本，其中很大一部分祭祀内容是令专职萨满请神、行礼的。内务府对多罗贝勒绵懿在新居初次敬神非常重视，不但所用的金、银、绸、缎、毛青布、马、牛等由贝勒府准备好以外，按例内务府也准备了一份送到其府上。敬神第二日还愿，第三日叩头祭神。萨满是指动物灵魂与祖先灵魂的代表和化身，也被看作是人和神之间的使者。祝祭人都是女性，因为原始宗教的祝告人，往往就是母系氏族的首领，这些萨满教神谕和传说中的主人公都是女性。实际上，她们就是满族先民在神话中开天辟地、孕育万物、繁衍人类、造福后世的母神和创世女英雄。给绵懿贝勒府初次做道场敬神当然是一件非常受重视、隆重的大事。萨满的选派必须要从另户满族有亲戚、有脸面的女子内挑选。她们要具备本民族地域的特色和独特的民族心理、语言、歌舞等方面的精湛技艺，敬神的过程复杂而有序，其主要的任务就是请神和颂神。

另外，参加敬神的太监以及做食物、甚至杀猪的人，都要由另户太监、佐领内严格挑选，并且要求将这些人员集中训练半年达到一定程度并合格以后，才能够参与贝勒绵懿初次敬神的祭祀活动。

内务府给贝勒绵懿初次敬神准备了：金一锭、重二两五钱；银一锭、重二十五两；石青、酱色缎各一匹，毛青、翠蓝布各五匹；全耳骟牛一头；马一匹。

认买官房开设典当

乾隆五十二年（1787）正月二十一日，遵旨管理绵懿阿哥家内事务的伊龄阿为绵懿认买官房开设典当一事，向皇帝呈进的奏折中讲道：奴才遵旨来管理绵懿贝勒府家内事务，凡是出入用度自当筹酌办理，这样日常用度才不致虚糜，使可为长久之计。经查绵懿阿哥分府之时，仰蒙天恩赏银五万两，以为立产生息之用。如若以这些银两置买庄田，恐怕遇到年岁歉收；如果置买房间取租，不但需要人工，而且还会坍塌渗漏，实在是费用太多。奴才查得，官房租库东四牌楼北马大人胡同有当铺一座，官房二十九间，每月取租银十九两四钱四分五厘，按一分计算，合值价银一千九百四十四两五钱。另外，东直门内北新桥北有当铺一座，官房三十八间半，每月取租银十两，按一分合计，共值价银一千两。奴才非常愚昧的看法是，与其出租给民人所得到的利息有限，如若官办开设，这样属官项钱粮不致有亏，而且对于阿哥的生计，也应该有裨益。所以，请将此二处官房交给值年大臣，依照八旗认买官房一分起的利息来计算，请准许交纳现银认买，专门用来开设典当。如果这样办理，恩赏的银两可以永远生息，对于日用生计实在是有益而无弊。这么办理是否得当，等待皇帝的训示后，再遵行办理。这件事在正月二十一日的当天就得到了乾隆皇帝的批准，准许认买北新桥地区的官房一所、共计三十八间半，用来开设典当。对于阿哥以后的日常生计，也应该大有裨益的。

在乾隆皇帝为自己的孙子绵懿筹办婚礼的过程中，内务府大臣在具体操作时随时请示和奏报各种问题形成了一系列的档案文件，这些档案的记录充分反映出满族皇室宗亲婚纳嫁娶的情形和特点。婚礼隆重而繁细，用了两年多的时间，经历了自赐婚、定亲、移居、结婚、分府等过程。从召集二品以上官员参加婚礼到训练杀猪的屠夫，每个细节都安排得妥妥当当，无一遗漏。婚礼的开销浩大而铺张，当时每只骆驼市价十五两银子，每匹好马市价十两银子，牛五两银子一头，羊八钱一只。可见围绕着结婚的场面和花费是多么奢华浩大。在整个婚礼的过程中动用了官员、校尉、护军、太监等大批人员，我们在其中可以发现很多礼仪沿用了汉族的习俗，如迎娶和回门时都用喜轿、打灯笼、举火把、贴双喜字等。婚礼，作为标志成年人自立的大礼，表达了人类共有的美好愿望，这正是满汉文化互相适应、和谐一致之处。从中可以看出，在满汉两种文化的碰撞与相互适应的过程中，清代满族皇室宗亲吸收和借鉴了许多汉族的婚俗文化，并且随着时间的推移最终达到融合。

涂鸦涂到紫禁城

关精明

据清军机处满文录副奏折记载，乾隆四十年十一月十四日（1747 年 12 月 23 日），乾隆皇帝乘舆前往寿安宫探望太妃，路经中正殿旁兵丁值更的堆子（即堆拨，是兵丁值班的岗亭，有固定的，也有临时性的）时，见堆拨墙上刻画有围棋盘一副，皇宫禁地竟有人如此大胆，胡刻乱画，乾隆皇帝非常生气，怒斥道："值年内总管大臣、护军统领等是干什么的？"即刻命军机大臣福隆安追查此棋盘为何人所画。福隆安不敢怠慢，立刻组织有关人员追查。

当年宫中的堆拨，现已堵死，仅留下了券门

几经周折，终于查出刻画涂鸦之人，是正白旗值班护军德庆。原来，十月十三日这一天，德庆等人值班，百无聊赖中在堆拨墙上刻画了一副围棋棋盘，以此消遣取乐。活该他倒霉，信手涂鸦却被皇帝看见了，而且并未当作小事一桩轻易放过。

福隆安召集同僚商议此事：中正殿殿旁值班之堆拨，亦该管理得清洁干净才是，岂容随手乱刻乱画？而值班护军德庆竟敢如此妄为，随意刻画涂鸦。此“甚属无状，理应重办”。皇帝亲自朱批，除将德庆施以笞刑革职，赶出皇宫外，受株连的还有总管大臣六阿哥，护军统领连成，值班护军章京乌尔土克苏图，接班之护军章京德林、善林等人，都被交内务府分别议处。

联想到今日满街乱画乱贴，还有屡禁不绝的小广告，如果拿出当年乾隆皇帝的决心去治理，早就绝迹了。

嘉庆帝与老师朱珪的深厚情谊

孔未名

清代王室对皇子的文化教育是非常重视的，一旦满六岁就必须进入上书房拜师学习。学习的艰苦一点也不亚于今天的学生。当时入值内廷的赵翼颇有感触地写下过一段纪实，以形容皇子们一天的学习和生活。他写道：余内值时，届早班之期率以五更入，时部院百官未有至者……则皇子已经进入书房，每日均有课程。未刻毕则又有满洲师父教国书、国语及骑射等事，薄暮始休。从早晨天不亮到夜幕降临，皇子们用在学习上的时间不下十几小时。

俗话说，名师出高徒，能够胜任皇子老师的也不是一般人。那时皇子们的老师既是当朝官宦中知识最渊博的人，同时也是备受皇帝赏识的人。例如：鄂尔泰、张廷玉、朱轼、福敏、徐元梦等。大学士朱珪也是其中的一位。朱珪，字石君，“八岁即操觚为文，文体倔聱苍古”。十九岁便登进士，从政五十余年，很得乾隆帝赏识，乾隆帝曾称赞“朱珪不惟文好品亦端方”。难怪选中朱珪为皇十五子颙琰的老师。

嘉庆皇帝像

嘉庆帝“六龄即入上书房从师受业，陶冶性情，涵儒德义，日亲宿儒，可勤力学”，他先后得到过多位老师授业。乾隆四十一年（1776）的夏天，朱珪开始教授颙琰，老师不但教授了颙琰文化知识也教会他如何修身养性，师生之间感情笃深，当朱珪第一次离开颙琰时，师生赠言互勉，情真意切，依依不舍。

那是乾隆四十四年（1779），各省举行乡试，届时朝廷都要派监督赴各省，朱珪奉命提督福建学政，虽为临差属暂别，但这是朱珪出任颙琰的老师后第一次离开，二人真可谓依依不舍。临行前老师赠学生五箴：养心、敬身、勤业、虚己、至诚。同时颙琰也不忘赠诗一首送恩师。诗中道："……玉尺抡英奇，寰采辉南丰。硕儒振士风，学艺焙醇厚。行旌饬河染，驰赴琨瑶阜。三在坐春风，半岁别云久。心怀去路遥，目极天涯有。燕落远浦沙，风送长亭柳……送君歌骊驹，离情倩谁剖。"惜别之情跃然纸上。

次年，朱珪再度奉命赴福建正式出任学政，由于这次不是临时的差使，颙琰的离情别绪就更显得深厚与强烈了。老师赴任前夕，颙琰竟洋洋洒洒地撰成长律六章送别老师，其中有"欲去难留可若何，片言相赠耐吟哦"的诗句。乾隆五十五年（1790），既是乾隆八旬大寿，又是朱珪老师花甲之年，颙琰竟不顾避讳，情不自禁地在贺诗中把父皇和老师联在一起。诗曰："圣主八旬岁，鸿儒花甲年。三天德夙著，五福寿为先。律转德浃辰，辛占二百前。……吏铨资重任，台鼎待名贤。文笔超韩柳，诗才贯道禅。早锤爪颸盛，不使葛藤牵。设醴诚难罄，尊师敬独尊。期颐长颂祷，如阜更如川。"如果说，"文笔超韩柳"之句有点儿过誉，那么"尊师敬独尊"则反映了颙琰敬师的真实感情。

嘉庆四年（1799）正月，八十九岁的乾隆刚刚逝去，颙琰便立即召回朱珪，他希望得到恩师的辅佐，朱珪接命后即刻风雨兼程赶赴京城，途中便开始上疏陈说己见。朱珪抵京后因师生二人分别有年，重逢时竟然抱头痛哭，这种情景确属不同寻常。如此看来，嘉庆与老师朱珪有着在外人看来不一般的"情分"。然而，若干年后发生了一件意想不到的事情，那是朱珪已是官居一品的内阁大员且又年逾七十五岁高龄的时候，被"革职留任"了。

事情发生在嘉庆十一年（1806）十一月二十七日，寒风凛冽，嘉庆在乾清门召对臣工，召对结束后，按惯例嘉庆先还宫，然后大臣们再往外退，此时内阁大学士朱珪迈开早已僵硬的双腿蹒跚地往外走，好不容易走到乾清门西侧的月华门时，神情恍惚几乎晕倒，他的异常表现被御前大臣丹巴多尔济发现，他马上唤来南书房的太监照顾朱珪退朝，两名太监情急之下搬来一个凳子将朱珪抬了出去。这一幕被一名领侍卫内大臣看到了，以“有违体制”为由，将丹巴多尔济和朱珪告到了嘉庆那里，并上呈奏折要“请旨惩办”二人。

紫禁城里除皇帝及家人可以在内廷乘坐轿子，除此之外，未经特许任何人都没有此特权，虽然当时只是用凳子将年老体弱的朱珪抬出内廷，可在规制严谨的紫禁城里也是绝对不允许的。嘉庆降旨：“丹巴多尔济著交部议严加议处，朱珪著交部议处，兵部于三十日具奏，不准迟逾”。

三天后，吏部和兵部上了一道议处二人的折子，嘉庆览后发出谕旨：“丹巴多尔济素好多言，因见朱珪于召对之后行至月华门步履蹇滞，令太监等设法抬出，伊即趋侍引见。而太监等无知，即取用木凳令其乘坐，此在丹巴多尔济亦不过随口指使，殊不思朱珪近日力疾趋直，难于步履，举朝皆知……何妨不稍令停……乃率意令由大内抬出，实属有违体制。念其平日当差尚为勤勉，量加宽宥……令巴多尔济其在御前侍卫上行走，仍带革职留任，八年无过方准开复。朱珪年近八旬，筋力渐觉衰颓……著加恩革职留任，给假两月家居颐养。俟明岁仲春后，气候融合再行进内供职，以示优眷耆臣屈加体恤之意。”

嘉庆在谕旨中提出几点：首先，他认为在寒冬腊月里朱珪能抱病上朝已属不易，且其身体不好“举朝皆知”。其次，朱珪当时已神情恍惚了，怎样被抬出显然不清楚，言外之意责任不在朱珪本人。另外，是太监用木凳抬出朱珪，所以说是太监违制，而非朱珪违制。就这样朱珪老师没有因“大昧体制”遭重罚。

五天后，朱珪在其寓所内病逝。噩耗传来嘉庆“深为悼惜”。想想几天前老师还在乾清门参与商讨国事呢，几天后二人就两个世界了，嘉庆心里挺不是滋味儿的。朱珪是朝廷重臣又曾经是自己最敬佩的老师，老师在上书房时为自己“讲贯诗文，深得其益”，往事在脑海里闪现，他决定第二天“亲临赐奠”并谕内库拨银一千五百两办理丧事。当日嘉庆还发出一道上谕，将朱珪的人品及为官等赞扬一番。他说：“大学士朱珪持躬正直，砥节清廉，经术淹通，器宇醇厚……服官五十余年，依照寒素，家庭惇睦动循矩法，洵不愧为端人正士，倚畀方殷。本年入秋以来，因患病稍久气体就衰，朕优加眷念赐杖舆……叠遣御医珍视，冀得就痊，正拟日内亲往视疾，兹遂闻溘逝，深为悼惜著派庆亲王永璘带领待卫十员前往祭奠。著晋赠太傅入祀贤良祠，赏给内库银二千五百两办理丧事。”

朱珪逝去三个月后，嘉庆谒西陵，途中得知距跸路数里外便是老师的墓地，他不觉“瞻眺松阡，中心怆恻”，随即派侍郎英和“前往赐奠，以达朕怀”。从乾隆四十一年（1776）朱珪入上书房到逝去的三十多年时间里，师生之间建立了深厚的感情，虽然几天前有人上告朱珪，但终被嘉庆巧妙解决，可以说此番情谊在清代的“帝”与“师”中也是不多见的。

皇宫太监偷藏香

徐　莉

道光十八年（1838）八月初三寅时，即凌晨四点左右，清宫大内自鸣钟库外，一只手由库房窗户伸了进去，这是一只犯罪的手，正是这只手的出现，引出了清宫内府一桩偷盗藏香的案件。

伸手偷盗的这个人是在皇宫里当差的一个太监，名叫苑得，京城宛平县人，时年二十七岁。十四岁时净身当了太监，道光六年（1826）由会计司拨来钦安殿当差。在这期间，他经常从自鸣钟库外路过，看见库房一处窗户纸破了，里面放有藏香。一时贪念，趁着去坤宁宫打汤之便，来到自鸣钟库外，伸出了那只犯罪的手。

自鸣钟库位于乾清宫东庑、日精门北、端凝殿南三间，为顺治年间设立。为存贮藏香、西洋钟表的库房。藏香是香里面的珍品。宫内的藏香多为进贡之物，重大的祭祀仪式时才能燃用藏香。

苑得随手摸到的是五六寸及一尺多长已折碎的香，约有十几支。回来后藏在了钦安殿大台阶西边，用木板遮挡起来。藏起来的香并不能当钱用，当然得尽快变卖才行。第二天，苑得便告假出去剃头。将这些香掖在身边带出地安门外要卖。因为是折碎的香，没人肯买，又恐怕拿回去被人看见，随即就把这些香扔在地安门外没人的地方了。

第一次偷窃藏香的事没有败露，但还是没能换成现钱。苑得不甘心，随即又有了第二次。当月十九日，他乘首领和同伴念经之时，来到自鸣钟库前，将窗纸撕破，摸出六束藏香，用褂子把香包裹好，来到端则门找旧识的太监姚六，托他转卖。姚六询问藏香的来处，苑得谎称是师父四五个人凑钱从外头买回来的，每束要价十三吊。姚六说一时没钱不能全留，只留下三束，等卖出才能给钱，苑得答应了。随后将剩下的三束香拿回来，藏在殿边西间雨搭底下。苑得路上落下碎香，露出形迹，又回到自鸣钟库外窗下查看。

不料就是这一回头查看，露出了马脚。

苑得回到窗前，发现果然有碎香落在地上，他赶快收拾。不料被自鸣钟库太监郑文辅看见，揪住苑得要见他们首领。苑得情急之下，挣脱出来，跑回住处。随即便听见了叫门声。太监郑文辅、丁得禄将苑得揪去见了首领，并回明了总管。

太监苑得偷窃藏香的事暴露了。

总管内务府大臣等督率慎刑司司员开始审理这个案件。首先将苑得、姚六隔离，分别审讯。姚六交出账簿三本、折子四个、钱票六张、当票四张。苑得交出小折子一个。经过审讯人员逐件查看，多系买卖收借账目。买卖收借账目当然是很可疑的东西，是否还有更多的类似偷窃行为呢？自然要彻底根究，于是连日的审讯开始了。

苑得如实交代了自己盗香的经过，也交代了被发现的小折子是去年在被焚烧的字纸内拾来的，拿来记煤账，放在了炕上柜子里面。姚六交代了当晚收了苑得藏香的事情，与苑得供词相符。

太监苑得第一次偷碎藏香未曾败露，又胆敢再次进行偷窃，数量达六束之多，是否还有知情同伙？还有没有偷过别的东西？与苑得同屋居住的钦安殿太监周进福也被传来讯问。据他讲，苑得平日为人粗笨，也很安静，并没有偷过同伴的东西。今年八月初四，苑得告假一天。从初五开始，钦安殿拜斗坛，苑得也很忙，抽不出时间来，并没有出去。到这个月十九日晚，他们知道他偷香的事。第二天，查看其他一应物品，并无遗失。

总管内务府大臣等又亲自提审严加讯问，相关太监均矢口不移，似乎并无遮掩之处，应该可以结案了。

按律，盗内府财物，分别不同情形，各有刑罚。案内各相关人等均应处罪。太监苑得照“常人盗仓库钱粮计赃三十五两”律，杖九十，徒二年半，因系太监，改发打牲乌拉，到配重责四十板，给官员为奴；太监姚六重责四十板，由总管太监等酌拨下贱当差；钦安殿八品首领太监周士魁、周进福有失察之责，拟请各罚月银两个月；其专管钦安殿六品总管太监田进喜有统辖之责，拟罚月银一个月，以示惩儆。

六束藏香上交。查获的账本等无关紧要，发还本人。

道光十八年（1838）十一月二十九日，总管内务府大臣奕纪、敬征、裕诚、文庆、克蒙额、阿灵阿等六人联名上折具奏。当日即奉旨："据内务府审明钦安殿太监苑得偷窃自鸣钟库内藏香，定拟具奏一折，太监苑得著加枷号一个月，满日发往打牲乌拉，到配重责四十板给官员为奴。端则门太监姚六著重责四十板拨给掌仪司当差，永远不准改拨别处。余依议。钦此。"

这桩皇宫内府盗香之案，惹恼了道光帝，追加了两个太监的刑罚。太监偷盗藏香也声称因为贫苦，才生了偷窃之意。看来多灾多难的道光朝，宫内下层太监的日子也不太好过。

为绿玉簪发愁的慈禧

倪晓一

历史和传闻中的慈禧太后，性格有很多面，或者心机深沉，运筹帷幄；或者刚愎自用，精明跋扈；而在一些宫廷故人的回忆里，她还是一位慈和宽厚、雍容优雅的贵妇人。但无论内在如何，大家至少公认其外在仪容端庄威严，装束华贵精美。就在不久前，颐和园文昌院展出了一幅荷兰画家华士·胡博百年前为慈禧所作的画像，画像中的慈禧身穿“寿”字黄色宫袍，手戴着黄金甲套，神色庄重，气度雍容。而此前比较流行的慈禧的照片、画像等资料，其服饰装扮，无不奢华精致，美轮美奂。但是，借助历史的一个横截面，我们也能看到这位大权在握的大清国实际统治者曾有过的尴尬事，在她四十岁生日前夕，以举国之力，竟然找不到合适的玉材为自己张罗几支像样的绿玉簪。

慈禧画像（卡尔）

根据中国第一历史档案馆藏中朱批奏折的记载，同治十二年年底至十三年间，为了筹备慈禧太后的四十大寿，清廷向杭州织造文治、江南织造庆林、苏州织造毓秀、淮安关监督文桂等人征派了几样差使。其中杭州织造文治负责承制绿玉、白玉马镫式溜子各十五件，鼓式溜子各十五件，二龙戏珠溜子各十五件，绿玉镯子两对，长簪八支，钳子两对；江南织造庆林被派承制绿玉、白玉长簪各十五支，戒箍各十五对；苏州织造毓秀被派承制绿玉扁方、盖碗、镯子、钳子等物件；淮安关监督文桂被派承制绿玉、白玉镯子各十九对，戒箍各十五对，绿玉镯子三对，钳子两对，长簪七支。

单看这些清单和名目，以堂堂大清国皇太后的显贵身份，过一次四十整寿，置办这些簪子、扁方、戒指一类的东西，好像并不能算太过分。何况又不是白要，工料钱也照发，比如文桂负责承办绿玉、白玉镯子和戒箍，就一次性拨银五万两。按常理说这差使不算难，而且有机会能为大清国的实际当家人尽一份孝心，就是白贡也是应当的。但奇了，几位官员不约而同上折陈情，声称所派差使棘手，或恳请加价延期，或请求转派他人。这又是为什么呢？

且看江南织造庆林在同治十三年（1874）三月二十七日的这份奏折中是怎样说的：

“查江南省城自兵燹后，铺户均无存储玉料。复经遴派妥商分赴苏州，上海一带遍为寻觅，缘近年以来上好绿玉实属稀少，即间有绿玉材料，亦不过二三寸，不敷长耳簪之用，亦且价值昂贵异常。数月之久，仅觅得尺寸敷用绿玉材料一块，随即选择工匠敬谨开做，迨经琢磨，玉性尚属纯净，惟绿色浅淡无多，仅能成做长耳簪二支，翠色均不见佳。以下玉料琢磨即无绿色，并有绺纹，更难合用。”

其他官员的说法也大同小异，不是找不到玉料就是玉料太昂贵，文桂就直接说了，五万两白银根本做不出那么多镯子、戒箍。要是非做不可，再加十一万两，也不过勉强够用。当然，也有人比较讲究策略，像淮安关监督文治就采用了比较委婉的方式表示拒绝：（绿玉）“杭州向非出产之地，工匠亦鲜高手”，从前太后您向粤海关监督传办绸缎一类的东西，粤海关监督就以向来不擅长纺织请求转派给我们了，这次就援引那时的例子，把办绿玉活计的事儿交给下辖工匠高手众多的粤海关吧。对于这种说法，慈禧接受起来也比较容易，两次

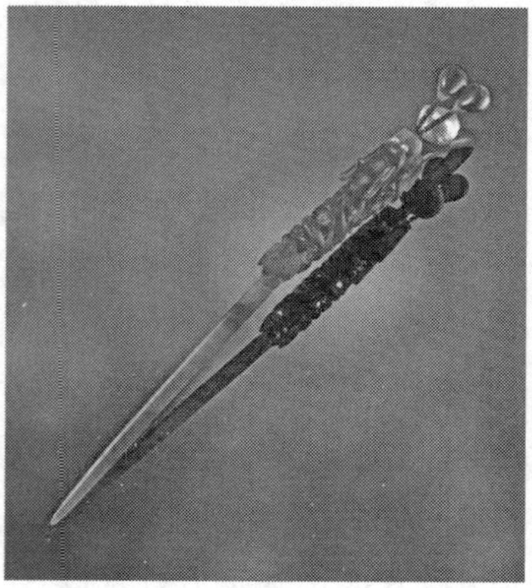

慈禧翡翠发簪（佳士得拍卖品）

派差，两次都同意转到粤海关。而对其他官员，处理意见一般都是时间上可以稍延，钱不够可以再行接济，但该办的事还一样得办。

从这些事件中不难看出，绿玉差使难办的直接原因是玉料难求，而玉料难求的深层原因则是久经战乱，也就是国力衰微导致经济衰退。在乱世当中，坊间能从边境采购到玉料并能进行妥善储存的商户已经很少了，物本以稀为贵，更何况是“黄金有价玉无价”的美玉呢？所以手中掌握玉料的商人无不“甚昂其值”，导致玉价畸形上涨，差使更加难办。

看到这里，也许有些读者会问，这些档案中所说的“绿玉”指的是哪种玉呢？单看名目，还真难做出判断。因为在清宫档案里，对“绿玉”的指称并不唯一。在清中期之前，有档案将新疆玛纳斯地区出产的碧玉称为“绿玉”；到了晚期，“绿玉”却主要指来自滇缅地区的翡翠，但同时“翡翠”“云石”“翠石”等名称也仍在使用。可以说，清宫档案中的“绿玉”并非某一玉种，而是对绿色玉石的一种泛称。

但是，稍有历史常识的人都知道，慈禧本人是一位不折不扣的翡翠发烧友，正是她把这种本来就在一路走高的玉种推入了当时流行风潮的最前线。

慈禧爱翡翠的事例很多。在她长年居住的长春宫和后来移居的储秀宫，饮茶的翠盖碗，插戴的翠扁方、翠簪，装饰的翠插屏，时常把玩的翡翠白菜……翡翠制品触目可及。根据《爱月轩笔记》中的李连英叙述，慈禧的随葬品中，以翡翠西瓜为代表的翡翠宝物二百余件。而美国女画家凯瑟琳·卡尔为慈禧所作的画像中，有一幅慈禧身穿黄底绣紫藤萝团寿字氅衣，头上梳着“大拉翅”，插了翡翠发簪，手上则戴着翠镯。根据卡尔的回忆，慈禧虽然拥有无数珍宝，但常用的首饰不过珠、翠二物。她描述说：“据说宫里各种首饰都有，但我只看见过慈禧常戴的几种。她最爱的是一个翡翠戒指，一个碧绿戒指，还有头上戴的几朵珠花和一件珍珠串起的披肩。”还有一个流传很广的故事：有洋人向慈禧进献一颗顶级火彩的美钻，这位见多识广的老佛爷眼皮儿也不抬就来了一句：“边儿去。”而一块进贡的水润翠绿的缅甸玉却让她凤颜大悦，连称：“好东西！赏！”

翠蝙蝠戒指

一个嗜爱翡翠的女人，在为自己的生日做准备的时候，很难想象她会选择其他的"绿玉"。而且，在道光初年就已经停止了和田贡玉，来自昆仑山的和田玉，包括玛纳斯碧玉等玉料的来源基本已经断绝。我们大体可以判定，档案中说的"绿玉"应该是指翡翠，而前引档案原文中的"翠色均不见佳"，也的确是对翡翠性状的描述。

那么，翡翠在我国有怎样的传承，慈禧又为什么对翡翠情有独钟呢？其实，翡翠在我国的使用和收藏时间不像和田玉那样源远流长，它最初的价值也并不高。产自滇缅一带的翡翠又称为硬玉，而和田玉属透闪石，是软玉的一种，二者在产地、性状上大相径庭，际遇也不尽相同。纪昀的《阅微草堂笔记》记载，云南的翡翠玉最初并不被人们当作玉，就像"蓝田""田黄"一类的美石，只是勉强称之为玉。但到《阅微草堂笔记》成书时，已经被视为珍稀之物，其价值远远超过和田羊脂玉这样的真玉。纪昀还感慨，前后不过相距五六十年，翡翠的物价已经发生了如此重大的变化。《阅微草堂笔记》成书于乾隆五十七年（1792），纪昀殁于嘉庆十年（1805）。按他的说法，翡翠当时在京都传播了五六十年，也就是说初传入应该是在乾隆初年。仅乾隆一朝，翡翠在世人的心目中由石升为玉，价格也超过了著名的羊脂玉，升值速度迅猛，为玉石史所罕见。经过嘉庆、道光、咸丰朝的传承，特别是在和田玉贡被终止之后，"艳夺春波，娇如滴翠"的翡翠及翡翠制品逐渐成为宫廷显贵们的新宠，价格一路上扬。在他们的带动下，民间也开始注意起这种新兴的玉石。在慈禧等人的追捧下，翡翠的市值已经达到了难以估量的地步。据说为慈禧陪葬的一对翡翠西瓜，当时的估价是白银五百万两，其价值之高可见一斑。

在当时，水头足、绿色纯正的翡翠十分难得，异常昂贵。虽然一般认为，与洁白细腻、油润有似羊脂的和田白玉相比，翡翠料显得有些缺乏敦厚内涵，温婉不足，娇艳有余。但打磨成玻璃光泽的翠玉制品显得特别鲜艳亮丽，很适合做成首饰，而这一时期留存下来的翡翠制品也确实大多是簪、环、扁方、戒箍等首饰，其他器皿较少。艳丽晶莹的翡翠饰品与个性鲜明、性喜华贵的慈禧可谓相得益彰，这也许正是她对翡翠这种"绿玉"青眼有加的原因吧。

慈禧如此喜爱翡翠，翡翠又是当世日益风行的时尚物件，所以在四十岁生日即将到来的时候，事事拔尖的她当然希望能订制一批新式样的首饰，用来佩戴和赏赐给近人。但是，玩玉是要看综合国力的，国势衰微，使得这位在政坛上呼风唤雨的女强人也不得不为了几支玉簪发一发愁了。

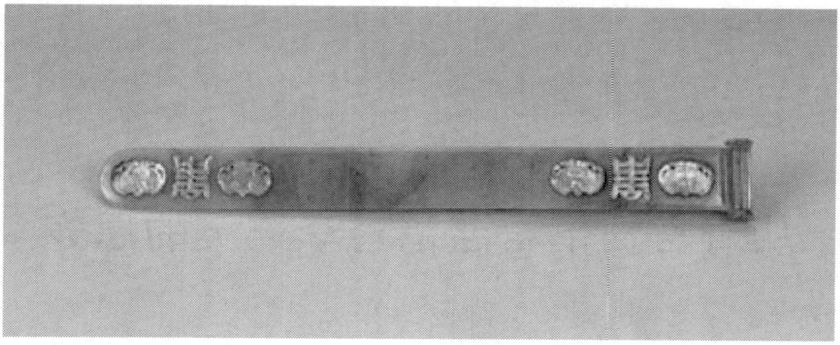

翠镶碧玺花扁方

那么，她到底有没有如愿以偿呢？在档案中我们看到了江南织造庆林进解玉簪等活计及核销银两的记录，可见慈禧的“内廷要需”还是得到了官员们的重视，再难办也要办结，毕竟人家是当家的，还没人敢拿自己的前程当儿戏。至于办差的个中曲折，在官样文章中就很难寻觅痕迹了。只能从《红楼梦》中贾雨村为了搜罗古扇讨好贾赦弄得“石呆子”家破人亡的情节中展开联想，不知道在这次为太后置办首饰的过程中，有没有制造出几件“王呆子”“李呆子”的冤案。

不过，慈禧就算如愿以偿，想来那些绿玉簪、玉镯也不可能是上品。诚如杨伯达先生在《翡红翠绿尽在宫廷——故宫藏翡翠器品》一文中所述：“从清宫翡翠器品的质地等级看，大部分均为老坑种翠料，而通身满绿的‘纯翠’甚少，尤其水头足、玻璃地、艳绿欲滴的高级翠更是难得一见，只有从小件的佩饰中偶可找到。白地含斑点状的翠较多，还有一批无绿的白地翠。”前引档案原文也说“玉性尚属纯净，惟绿色浅淡无多，仅能成做长耳簪二支，翠色均不见佳。以下玉料琢磨即无绿色，并有绺纹，更难合用”，勉强搜罗来的玉料，哪里能够达到唐荣祚在《玉说》中所言“映水则澄鲜照澈，陈几亦光怪陆离”的极品翠器的审美标准呢？慈禧的生日在十月，而同治皇帝驾崩在当年的腊月，可想而知，就算戴上了款式时新的绿玉簪，慈禧的心情又怎么可能开朗呢？

2008年年底，在慈禧辞世百年之时，佳士得拍卖公司推出了一场“大雅珍宝：慈禧太后与晚清的宫廷艺术珍品”专拍，包括七十件与慈禧相关的宫廷艺术珍品，其中最珍贵的就是一支御制翠玉透雕盘龙头簪，估价八百万港币。不知道这支翠簪是否就是档案中的记载之一？睹物思往，物是人非，不免令人感慨。

从清宫赏单看慈禧对李连英的恩宠

李素芳

大太监李连英

李连英，眼下各类文章中，他的名字大多被写成带有女性色彩的“李莲英”。其实在清宫档案里他的名字是写作“李连英”的。这位清末有名的总管太监是直隶大城县人。生于道光二十八年（1848），死于1911年。自幼生性灵活，悟性极强，九岁进宫当太监。他服侍他的师傅极为认真、仔细，同时善于察言观色，领悟每个人的心理，练就了一身常人不能及的特殊本领。为了能够巴结慈禧太后，较快地出人头地，他学习各种发式的梳理方法，苦练绝技，并主动要求为慈禧梳头，为了博主子一笑，他竭尽全能梳出的发型，即使是宫中高手亦不能比及。此后，李连英利用自己的特长，在短短的几年内，就从一个专事梳头的小太监很快高升为总管大太监，备受慈禧的信任和恩宠，并赏戴二品红顶花翎，赏穿黄马褂，服侍慈禧太后四十多年。在清朝二百多年的历史上，宦官受到如此特殊待遇的仅此一人。

中国第一历史档案馆现存很多当年宫中的赏单。赏单就是奖赏办事勤能、当差年久、做事认真的人的奖品清单。奖赏的种类很多，银两、膳食、衣服、物品等等。李连英得到赏赐，档案里有详细的记载：

1. 赏银两

光绪八年　七月初四日
赏总管连英　银十六两
总管增录　银十五两

光绪二十一年　十月十五日
赏长春宫总管连英　银六十一两
赏长春宫总管王多环　银二十四两

光绪二十八年　五月初四日
赏储秀宫总管连英　银六十两
赏储秀宫总管崔玉贵　银二十四两

光绪三十年　十一月初一日
赏储秀宫总管连英　银六十一两
赏储秀宫总管崔玉贵　银二十四两

光绪十八年　四月二十五日端阳节
赏储秀宫总管连英　银八十两
赏储秀宫总管增禄　银四十两

光绪二十四年　四月二十五日端阳节
赏储秀宫总管连英　银八十两
赏储秀宫总管王多环　银四十两

光绪三十二年　四月二十五日端阳节
赏储秀宫总管连英　银八十两
赏储秀宫喜寿　银四十两

光绪三十年　中秋节（中秋节赏银）
赏储秀宫总管连英　银五百两
赏储秀宫总管喜寿　银三百两

光绪三十三年　中秋节

赏储秀宫总管连英　银八十两

赏储秀宫总管喜寿　银四十两

赏储秀宫总管连英　一两重银锞一百个

赏储秀宫总管喜寿　一两重银锞五十个

从上述的档案记载中可以看出，李连英得到的赏银从开始是十六两，一直到六十两，一次比一次多，最后比别人多一倍。端阳节赏李连英银八十两，增禄银四十两，中秋节赏李连英银五百两，赏喜寿银三百两。万寿赏单中，赏李连英一两重银锞一百个，赏喜寿一两重银锞五十个。从得到赏赐的数量上看，李连英在太监中的地位是与众不同的。

这里更值得一提的是，服侍慈禧的太监几年或十几年就换人，光绪二年总管是增禄，光绪二十一年换成了王多环，二十八年又换成了崔玉贵。唯独李连英在慈禧太后身边服侍了四十多年，自始至终一直没有换，说明慈禧对李连英的宠爱非同一般。

2. 赏膳食

李连英不仅在银两上得到了慈禧太后最丰厚的赏赐，在膳食上也有不小的收获，档案里有如下记录：

光绪三十三年　十二月二十七日

赏总管连英

黄鱼一尾　汤羊一只　盘羊一只　青羊一只　猪一口　鱼四尾　山鸡四只　黄羊一只　冻鸭四只

赏总管喜寿

黄羊一只　山鸡四只　猪一口　汤羊一只　冻鸭四只　鱼四尾

光绪三十三年　正月十三日

赏总管连英

锅塌鸡六十五只　月饼三百八十个　螃蟹五十斤　蒸饼一百二十块

赏总管增禄

锅塌鸡三十五只　月饼二百四十个　螃蟹三十二斤　蒸饼七十块

赏总管连英　赭鲈鱼二尾　细鳞鱼二尾　野鸡二只
赏总管王多环　赭鲈鱼一尾　野鸡二只
赏总管连英　香橼脯一瓶　玲珑菔一瓶
赏总管增禄　蜜雕梅一瓶
赏总管连英　东鸭二只
赏总管增禄　东鸭一只
赏总管连英　石花鱼五尾
赏总管喜寿　石花鱼三尾
赏总管连英　耿饼一百个　岗榴半桶
赏总管增禄　耿饼一百个（无朝年）

光绪十三年　正月十三日
赏储秀宫总管连英
苹果一盘　胶枣一盘　梅花酥一盘　冰糖一盘　桃仁一盘　大玉露霜一盘　小翻毛一碗
赏总管增禄
葡萄一盘　大翻毛一盘　梅花酥一盘　八宝糖一盘　桃仁一盘　大玉露霜一盘　小翻毛一碗

档案中记载的膳食种类很多，这里只摘录了一小部分。但从中可以看出，同样都是总管，李连英得到的都是最上等的物品，最精美的食品，不管是赏银还是赏膳食，他都排在第一位。李连英服侍慈禧用膳，更是小心谨慎。慈禧用膳前，每道菜他都要亲自用银筷子去试，如果银筷子插入菜里变黑，就说明食物中有毒，不可食用。

3. 赏衣物

李连英是一个非常有心计的人，既会说话，又会办事。不管太后有多大难处，李连英都能为慈禧排忧解难，而且在生活起居、梳妆打扮、穿着饮食等诸多方面的细心照料，使慈禧寸步离不开他，这也是慈禧喜欢他的原因，所以慈禧奖赏他的物品同样是最好的：
光绪九年　六月二十三日
万寿赏
赏长春宫二品花翎总管连英

酱色大卷八丝缎二匹　石色大卷八丝缎二匹
灰色小卷江绸一匹　它色大卷江绸一匹
石青大卷江绸二匹　酱色小卷八丝缎一件
灰色小卷江绸一件　它色小卷江绸一件
赏五品花翎总管增禄
酱色大卷八丝缎一匹　石青大卷八丝缎一匹
灰色大卷江绸一匹　石青大卷江绸一匹
酱色小卷八丝缎一件　它色小卷江绸一件
石青小卷八丝缎二件

光绪十五年　四月二十五日　端阳节
赏储秀宫总管连英
大卷沙袍褂八匹　小卷沙袍褂六件　大匣帽缨二匣
赏总管增禄
大卷沙袍褂四匹　小卷沙袍褂四件　大匣帽缨一匣

光绪二十八年　四月二十五端午日
赏总管连英
尺头一匹　花机沙一件　尺头一件　葛布二件　漳沙二件　银三百两
赏总管喜寿
尺头一匹　尺头一件　花机沙一件　葛布一件　银一百五十两

光绪二十九年
赏储秀宫总管连英
尺头四匹　尺头一件　貂皮十张　银五百两
赏总管喜寿
尺头四匹　貂皮六张　银三百两
赏首领王多环
尺头三匹　尺头一件　貂皮四张　银二百两

在这些赏单中同样可以看出，李连英所得到的赏赐要比其他太监多得多，可见慈禧对李连英的偏爱。

4. 赏其他物品

李连英善于察言观色，对慈禧的每一个眼神、每一个动作，李连英不但了解，而且心领神会，千方百计地叫慈禧太后想着顺心、看着顺眼、听着顺耳、用着顺手。不管慈禧遇到多大的难处，李连英都能为她排忧解难，因此，什么好礼物慈禧都会首先想到李连英。

光绪二十四年　十二月二十七日

赏储秀宫二品花翎总管连英

花大荷包四对　小荷包八对　一两重银锞八个　五钱重银锞八个

赏四品花翎总管喜寿

大荷包二对　小荷包四个　一两重银锞四个　五钱重银锞四个。

光绪三十一年年节

赏总管连英

元宝荷包一个　镀金如意一柄　银福寿锭一个　九钱重金洋钱一个金洋钱　金银锞　金银八宝各一个　荷包一个　五钱重银锞二个

赏总管喜寿

元宝荷包一个　金银钱　金银锞　金银八宝各一个

从这些赏的礼物中看，李连英得到的赏赐都比别人略胜一筹。

5. 地位待遇

《钦定宫中现行则例》规定："乾隆七年钦定太监七条，再次重申，凡宫中内等处，太监官职以现今四品为定，再不加至三品、二品至头品"。这条规定严格执行了一百余年，而李连英进宫二十年，就当上了总管太监，破格赏戴二品红顶花翎，有清一代宦官受到如此殊遇的仅李一人。

清代太监不得私自出宫，不得干预政务。光绪十二年（1886），醇亲王奉命巡阅北洋水师，李连英随同前往，这在清代历史上是破天荒的。

李连英凭借慈禧的恩宠，得到的赏赐已经不少，但仍然贪得无厌。据《晚清见闻录》记载："李连英入陕后，更承慈禧之欢，权势之大，卖官鬻爵，多经其手"，各省地方官员，进奉慈禧太后之贡品，照例另赠李连英一份，否则就会被多方刁难。回銮时，用黄色绳带抬运之箱为慈禧之财物；而用红色绳带者都为李阉之财物，李之所得竟逾慈禧之半。

李连英仗着慈禧太后的恩宠，招摇生事，广收贿赂，引起一些朝臣的

慈禧和穿着戏装娱乐的李连英（右一）

不满。光绪十二年（1886），御史朱一新直斥李连英随同醇亲王巡视北洋水师，恐蹈唐代宦官监军覆辙，结果触怒了慈禧太后，被降诏切责，并降职为主事。光绪十四年国子监祭酒王先谦再度上疏，直斥李连英在外招摇，应予惩戒。慈禧太后鉴于王先谦一代名儒的声望，对其未加处分，将奏书留中不发。

李连英由一个小太监一跃成为储秀宫总管大太监，并赏戴为二品红顶花翎，获赠黄马褂，这是他的先辈们比不上的，他服侍慈禧四十多年，不失宠信，说明他讨好主子的手段伎俩，是清代各位太监所不能比及的，通过赏单的记载，可以对李连英这个人物有更深入的了解。

清代宫女的悲惨境遇

潘俊英

清代宫女，是指被政府召集征选，在宫廷里服役的女子是专门为帝后、皇室生活服务的奴仆。清代关于宫女的记载不多，人们知道更多的是她们有的能得到皇帝的“宠幸”，或成为后宫主子的贴身心腹，从而改变自己的命运。其实，大多数宫女在紫禁城深宫内院里辛酸的生活并不被世人所知晓。

待选的内务府三旗女子

清朝，在宫中役使着数百个宫女，总数无定额，每年选验一次，由内务府会计司造册送敬事房挑选。清代的宫女和太监虽然都是在宫廷内为帝后生活服务，但他们的出身地位是不同的。太监大多出生于民间贫寒之家，他们要在宫中终身服役，而宫女大多是旗人，出身于有一定身份和地位的家庭，她们是在宫中定期服役，到了二十五岁就可以出宫嫁人。但是，她们和太监同是宫中的奴仆。在宫中，宫女也称“女子”或者“官女子”。

清朝对宫女的管理是十分严格的，在宫廷法典——《钦定宫中现行则例》中定有严格的条例。宫女一进宫，就要学规矩。这些规矩是清廷为了维护紫禁城内的统治秩序而制定的宫规和条例，这些宫规条例无一不体现封建等级制度的分明和森严。而宫女们被这些宫规条例紧紧地束缚着，她们不能有丝毫的逾越和反抗。在主子面前她们事事处处都必须格外小心，她们必须做到让主子称心如意，这对于十几岁的孩子来说是十分不容易的。

不仅如此，乾隆时期制定的《钦定宫中现行则例》还明令禁止太监、宫女自杀，《则例》后经嘉庆等历朝的修订，对太监和宫女的限制更加详尽。据奏案记载，嘉庆十三年（1808）七月初六，内务府奉旨改定《太监、女子自尽分别治罪条例》。条例规定：“凡太监、女子在宫内用金刃自伤者斩立决；欲行自缢自尽经人救活者绞监候；在宫内自缢自尽身死者，将尸骸抛弃荒野，其亲属发往伊犁给兵丁为奴；凡太监、女子在园庭欲行自缢自尽经人救活者，发往伊犁给兵丁为奴，女子准其照律收赎；在园庭欲行自缢自尽身死者，尸骸免其抛弃，其亲属发往乌鲁木齐给兵丁为奴。”

自此以后，如有太监或宫女自尽，都要严格按此治罪条例执行。在紫禁城里，无论太监还是宫女，都无权主宰或结束自己的生命。太监和宫女自杀，无论成功与否，都要受到严厉的惩罚，而冒死选择自杀之路，的确是极端恐惧、万念俱灰、去意已决。从这几条规定中我们可以看到清宫内的奴婢们是没有任何人身自由的，各种清规戒律牢牢地拴住了她们的身体，甚至连死的权利都没有。她们的生死，只能由她们的主子来决定，而奴婢们只能是干活的机器。

紫禁城内的石井

案例一：据奏案记载，嘉庆九年（1804）三月十九日，内务府奏报寿康宫女子平安带伤投井身死一案。由慎刑司官员带领刑部仵作和稳婆将已死女子平安周身详细相验，验得右胳膊连合面青赤伤一处，系手把捽伤。左胳膊近上连偏左青赤伤一处，系重叠木器伤。左胳膊近下青赤伤一处，系木器伤，余处无伤，委系带伤后投井身死。

经审问寿康宫的太监和宫女，他们承认平安死前挨过打。据大女子全喜供称，平安进宫才四个月。因年小无知，教她做活她很笨，做得不好，拆了又做，全喜曾在她右胳膊上拧了两把，用鸡毛弹子把在她左胳膊上抽了几下。在平安寻死前一天，因她做的活还不好，全喜又打了她两个嘴巴。她晚上还照常吃饭，同全喜一个屋子里睡觉。可第二天早起来就不见了，四处找寻，才发现她投了井。可见平安是挨打后想不开投井自尽。

作为宫女，进宫前原本也都是爹妈的心头肉，十三四岁的女孩儿，心疼还疼不够呢，怎么舍得去打？又怎能发狠地毒打呢？但宫中宫女挨打却是理所当然的家常便饭，只要是主子打奴才，大人物打小人物，就是打人有理，挨打有罪，无须大惊小怪。至于挨打后自寻短见，想拿死向主子示威，那更属罪该万死了！

案例二：据奏案记载，道光十五年（1835）闰六月十六日，内务府慎刑司奏报承乾宫女子二妞在园内自尽身死审明治罪一案。经刑部仵作和稳婆验尸报告，死者女子二妞，年十四岁，仰面面色微赤，两眼紧闭，上下唇吻青紫，口开舌抵齿不出，咽喉近上紫赤缢痕一道，直至左右耳后侵入发际，量横长七寸八分，宽二分，深一分。食气嗓惧塌，十指血坠拳曲，合面脑后当正缢痕八字不交。验证是无伤自尽身死。但经内务府官员详细审问承乾宫的太监和宫女，他们承认二妞死前挨过打。二妞进宫才五个月，平日做活不好，又爱偷吃食物。主子曾令责打过两次，每次责打二三十板，二妞被责后时常面带忧容。每次被责后，其他宫女向她开导，若再不小心当差，仍恐重责。再有大女子翠燕因她做活不好，也打过她几次手心。二妞寻死前一天晚间，因偷吃菜蔬，翠燕又打了她两巴掌。她自寻短见，想是怕次日受重责。经内务府慎刑司官员确审，二妞实是被责后投缳自缢身死，所以拟结此案。

查宫中则例内载嘉庆十三年（1808）所定，女子在园庭内自尽身死者，尸骸免其抛弃，其亲属发往乌鲁木齐给兵丁为奴。今女子二妞胆敢在禁园内投缳自尽，实属有违法纪。除该女子尸骸照例免其抛弃饬令掩埋外，该女子二妞之父披甲人舒成，虽年逾六十老病相兼，亦应革去披甲钱粮，即行照例发遣。

这一案例使我们清楚地看到，清朝皇帝是多么憎恨太监、宫女自尽。作为统治者，他们认为太监能进宫已经是天大的“恩赐”了，而宫女进宫那是奴才天经地义的“奉献”，岂容他们以死反抗。看看这十几岁的幼女被责打后投缳自尽，再想想这六十多岁的老人不但要忍受失去爱女的痛苦，还要忍受被发配到边疆给兵丁为奴的煎熬，使我们深感清朝统治者的无情和封建制度下法律的残酷。而这些宫女竟敢在宫廷重地轻生自尽，这是对封建制度一种无言的反抗和控诉，同时也是对清朝皇帝专治统治的莫大嘲讽。

皇宫屋脊上的小兽

关精明

来故宫游览，也许你会注意到，各个宫殿前后的四条垂脊上站立着许多琉璃做的小兽，有的一条垂脊上只有孤零零的一个，有的却排成一行。这些小兽个头一般大小，形状却各有不同，有的能看出个大概形状，有的却认不得是什么东西。与这些小兽遥相对应的是屋顶正脊两端高高翘着尾巴的大家伙，更看不出是哪路神仙。

打头的骑凤仙人

紫禁城是皇权至上的标志性建筑，皇帝在时一般人连接近它都不被允许，那么是什么东西如此尊贵，为什么被摆到了皇家宫殿的头顶上呢？

殿脊上前面打头的是一位骑在凤凰背上的老人，人称区脊仙人，又称真人或冥王，后面跟随的小兽数目不等，最多的为十个，依次为：龙、凤、狮子、天马、海马、狻猊、押鱼、獬豸、斗牛、行什。这些大都是传说中的动物，在中国古代都有一定的寓意。

龙是传说中人们最熟知的动物，为万物之灵，《说文解字》载："龙，麟虫之长，能幽能明，能巨能细，能短能长，春分而登天，秋分而入渊"。有着无穷的威力，是祈雨避邪的神灵。

凤是传说中百鸟之王。《山海经》："丹穴之山有鸟焉，其状如鸡，五彩而文，名曰凤凰"。《异物志》又载："其鸟五色成文，丹喙赤头，头上有冠，鸣曰天下太平，王者有道则见"。它是祥瑞的象征，它的出现，预兆天下太平，人们能生活得更加美满幸福。

狮子是兽中之王，其性忠威有力，代表勇猛威严。

天马、海马作为祥兽，都是忠勇之兽。

狻猊在古书记载中是狮子同类的猛兽，《尔雅·释兽》中说："狻猊，食虎豹"。

押鱼，一种代表吉祥的动物。

獬豸是传说中的忠直之兽，《异物志》中说："东北荒中有兽，名獬豸。一角，性忠，见人斗则触不直者，闻人论则咋不正者。"看来还真是个见义勇为的斗士。据说法院统一着装时，曾有人建议以此兽作为标志，置于法官的帽徽上或肩章上。果以此议，还真不失为中国特色。

斗牛，龙的一种，《宸垣识略》载："西内海子中有斗牛，即虬螭之类，遇阴雨作云雾，常蜿蜒道旁及金鳌玉栋坊之上。"

虬是小龙，螭是无角之龙，斗牛亦为此类。

行什的造型像只猴子，但背有双翼，且手持金刚宝杵，具有降魔的功效，因其形状酷似传说中的雷公或雷震子，大概又有防雷的作用。

这些动物都有消灾灭祸、主持公道、铲除邪恶的意思，古代建筑师们把这些动物中美好的性格都在建筑中体现出来，将所有美德融为一体，希望达到风调雨顺、国泰民安的目的。

建筑物正脊的两端安置的龙形构件，叫大吻，清代《工部工程做法》称这种龙形大吻为"正吻"，"正吻"也称"鸱吻"。表面为龙纹造型，四爪腾空，张口吞脊，尾部上卷，背插宝剑，威严异常。这种建筑构件历

太和殿殿脊上的十个小兽

史悠久，很早就在中国的古代建筑上出现了。汉代，正脊就出现凤尾样式的脊饰。至南北朝以后，被鸱尾所取代，形状似鱼尾。到中唐时期，鸱尾前端与正脊相交处，变为张口吞住正脊，所以叫鸱吻。宋元时期的鸱尾完成了鱼化龙的过程，变为龙吻，尾部向内翻。明以后的龙吻，改叫大吻，大吻尾向后卷，吻身上部有小龙，鳞飞爪舞，颇为生动。清代沿袭了明代的样式，并逐渐程式化。正脊上的大吻采用鸱尾的形式，有一定的思想内涵。古书云，汉柏梁殿灾后，越巫言海中有鱼，虬尾似鸱，激浪即降雨，遂作其像于屋，以压火样。因此，“鸱吻”有镇却火灾的作用。中国古代建筑以木结构为主，害怕火灾，在屋饰以鸱吻，希望能够起到镇火的作用。

大吻与小兽在建筑物上是有一定的建筑功能作用的。大吻的龙口吞住的部位是正脊末端，这个位置正处于屋顶背后两坡及山面一坡瓦陇的交汇点，它实际的功用是强化交接部的构造，并以其重量镇压梁架关键接点，以增强其整体性。在交汇点上安置“鸱吻”，减少屋顶的单调，起到装饰作用。走兽所处的位置，在垂脊、戗背的下端，正是几坡瓦陇上端的汇合点，为封护盖住交汇线连砖的上口，必须在连砖上覆盖脊瓦，因其斜下，若无措施不免有下滑之虞，故在交梁上需用多数铁钉加固，为掩饰铁钉，

太和殿正脊上的鸱吻

于是，古代建筑师们在钉帽上设置了一系列的小兽加以美化。

吻的大小和走兽数量的多少是根据宫殿建筑的等级而定的。清代对宫式建筑做法有着严格的等级规定，不得越制。《清式营造则例》规定："通脊两头共用二只，高按柱高一丈，得吻高四尺，如有斗拱从耍头下皮起算。随吻座两套，背兽两件。吻通常按四分之三"。《工部工程做法》又规定了屋角蹲兽的数量，最多可达九只，随着建筑等级的降低，依次递减。小兽的减少是从最后的"行什"往前减。故宫内太和殿是国家举行重大典礼的地方，每岁元旦、冬至、万寿三大节及国家有大的庆典，皇帝都要御殿受贺，命将出征、皇帝登基也多在此举行，它是国家的象征、皇权的象征。所以，在建筑上也采用最高等级的工程做法。"正吻"高三百四十厘米，宽二百六十八厘米，厚三十二厘米，重约四点三吨，由十三块琉璃构件组成，是我国现存古建筑中最大的一对大吻。因其建筑超出"九五之尊"的规格，屋脊上的小兽也随之增加，加了一个"行什"，成为中国古代建筑中唯一的用十个小兽的例子。乾清宫建筑等级仅次于太和殿，檐角小兽为九个（减去"行什"），坤宁宫的檐角小兽为七个，东西六宫为五个，一些门庑和琉璃门顶上的小兽仅用一个，如故宫内左门门庑

一般建筑只有龙一个小兽

上只有一个。

大吻和小兽这些琉璃构件是古代的建筑师和工匠们将实用构件与艺术造型融为一体，既有功用效力，又有装饰作用，是实用主义与浪漫主义的结合，它为中国古代建筑沉重的屋顶增添了活力，达到了理想的艺术效果。

什么人能在紫禁城内骑马

关精明

紫禁城为宫禁之地，严禁骑马入内。可是在有些清史影视剧中，一个普通巡抚就可以骑马进入紫禁城，并且还从午门出入，在历史中那是绝对不可能的。

紫禁城内骑马，清代又叫“赏朝马”。被恩准在紫禁城内骑马，是清廷给宗室及文武有功之臣的一种特殊待遇，并成为一个制度。在那个朝代，甭说是在紫禁城内骑马了，就是一般的官员，在路过紫禁城或者是王爷府第时，都得下马牵着过。您说能在紫禁城里面骑马，在当时那是何等荣耀啊！

满族在关外的时候，主要以渔猎为主，擅长骑射。入主中原以后，许多旗人进驻北京，游手好闲，丢弃骑马，改乘车轿。因此，清政府为了使其子弟不丢弃骑射的本领，规定文武官员，特别是武职官员，无论是什么地方只许骑马，不能乘桥，并明降谕旨：“惟亲王、郡王、大学士、尚书准其坐轿；贝勒、公、都统及二品文职大臣，俱不准坐轿，违者交部治罪，断不宽宥”。

紫禁城内就是获准骑马，也只能从东华门、西华门而入。前面所说的巡抚不过是个从二品的官员，加上侍郎衔才是正二品，如没有什么特别的功绩，是不可能被恩准在紫禁城内骑马的，更不可能骑马进出午门了。

作为一种恩赐的荣誉，紫禁城内骑马始于清朝。此前，明朝的文武百官上朝时，都要从长安左门、右门步行到午门，从没有被准许在紫禁城内骑马的事例。嘉靖年间，阁臣沈鲤带病上朝，因身体虚弱，途中数次摔倒，尽管步履蹒跚，还得咬牙坚持前往叩见皇帝。而到了清代，才有了恩准在紫禁城内骑马的制度，并一直延续到清灭亡。

清初，只准亲王、郡王等在紫禁城内骑马。到了康熙年间，始准蒙、汉功臣在紫禁城内骑马。乾隆初年，爵位在贝子以上者也可在紫禁城内骑马了。凡是被恩准的官员，开始只许骑马，不许乘轿，如果从东华门入紫禁城，官员自东西行至协和门，再往北至箭亭下马，便到景运门；如果从西华门入紫禁城，官员自西东行，经武英殿到熙和门后，再往北过断虹桥至内务府下马，便到隆宗门。景运、隆宗二门，靠近内廷，是紫禁城中的禁门。有官员昼夜轮流值班，护军兵丁严密戍守，如果没有奏事待旨，或是宣召，虽是王公大臣也不许私入。未赏骑马的官员，都必须在东华门、西华门外下马，步入紫禁城。东华门、西华门旁和午门前的左阙门、右阙门外，立有石碑，用满、蒙、汉、藏、维及托忒蒙文六种文字镌刻为“至此下马”和“官员人等至此下马”。下马碑至今尚存，如您有兴趣，不妨前去一看。

乾隆中期，被恩准在紫禁城内骑马的宫员，如果年老有病，经特准后，可以乘轿或乘车入紫禁城。如内阁大学士赵国麟染有足疾，不便骑马，便奉旨乘车入门，到内阁办事。大学士鄂尔泰、张廷玉也都因年老不能乘马，均奉旨在“紫禁城内乘轿”。到了乾隆后期，这种现象更为普遍。乾隆五十五年，乾隆皇帝曾颁谕旨：“内外文武大臣，特恩赏在紫禁城内骑马，用资代步。但年老足疾之人，上马也觉艰难，如大学士稽璜虽经赏马，仍恐难于乘骑。嗣后，已经赏马而有足疾，艰于步履之大臣，著加恩准令乘小椅，旁缚短杆，用两人舁行入直，以示朕眷念大臣，恩加体恤至意，尚书李世杰患病初愈，兼有足疾，即著加恩准照此例。钦此。”

嘉庆十年（1805），命紫禁城骑马大臣年七十以上者，准以两人舁小椅乘坐。嘉庆二十四年（1819），命满大臣六十岁以上。汉大臣六十岁以上曾赏马者，准肩舆入直，至应下马处下舆。年龄更大些的官员，还可以乘轿入紫禁城。道光十四年（1834），七十七岁的大学士长龄、八十岁的大学士曹振镛、八十六岁的大学士富俊等，都可在紫禁城内坐暖轿，以此来御寒。同治元年，恭亲王奕䜣因以议政大臣在军机处办理一切事务，勤劳懋著，曾奉懿旨加恩在紫禁城内坐四人轿，以示优异。

如果未经恩赏，擅自坐轿或乘马入紫禁城者，无论官职大小，均交刑部或理藩院议处。嘉庆年间，蒙古武职御前大臣鄂勒哲依图、领侍卫内大臣索特纳木多布斋二人，自恃位尊，不顾禁令，擅自坐轿闯入禁门。结果受到嘉庆皇帝的申饬，并交理藩院严加议处。更有甚者，在道光年间，有一位皇亲贵族也落了个免职的下场，那就是乾隆皇帝的第十一子永瑆之孙奕经。他以皇族自居，加之身有封爵，更是目无纲纪，我行我素。明知自己未得恩赏，便乘肩舆擅入神武门，结果被“褫兼职”。

清末，赏紫禁城内骑马，成为最高统治者笼络官员的手段。光绪年间，被恩准在紫禁城内骑马者不乏其人，如礼部右侍郎刚毅因护送慈禧西逃，李鸿章因镇压捻军“有功”等，均“恩加”在紫禁城内骑马；惠征仅官至侍郎，因是慈禧之父，也准在紫禁城内骑马。

辛亥革命后，溥仪退位，但仍身居宫禁，在逊清皇室小朝廷内也恩准“有功之臣”在紫禁城内骑马。这个制度一直延续到1925年溥仪被赶出皇宫为止。

清代紫禁城的排水系统

关精明

紫禁城始建于明永乐四年（1406），至永乐十八年（1420）底初具规模。自清入关定都北京后，在原有的基础上陆续修葺增建，成为今天如此宏伟的建筑群。它东西宽七百五十米，南北长九百六十米，周长三千四百二十米，墙高十米，环有五十二米宽的护城河，占地七十二万多平方米。仅建筑面积就约十五万平方米，共有宫殿九千多间，多为砖木结构，黄琉璃瓦顶，青白石底座，饰以金碧辉煌的彩画，成为中外闻名的古代建筑群，被联合国教科文组织列入世界文化遗产保护项目。

偌大的紫禁城，宫殿墙垣鳞次栉比，甬道幽径交错纵横；加之环有高高的城墙，排除宫内的污水、雨水便成为一个重要的问题。因此，营造宫殿之初就修建了许多四通八达的明渠暗沟，以此来排去宫中的雨水及所弃污水。

清代每年春季淘修宫内沟渠，将所清理之淤泥运至宫外骑河楼，以期各处沟道宣畅无阻。乾隆皇帝除了处理政务要事以外，也非常重视宫禁重地的环境卫生。乾隆十六年（1751）曾颁谕旨："紫禁城内各处俱当洁净整齐，如有应修之处，亦当即补修，岂可致令不洁不整……"紫禁城内等处大小沟三十一道，总长三千三百二十多米。乾隆五十年（1785）以前，其淘挖工程不大，所耗银两也很少。据乾隆五十年八月八日（1785年9月11日）工部题本内称："紫禁城内沟渠淘修，清嗣后每年销钱不得过二百串，银不得过十五两……"。乾隆六十年（1795）淘修沟渠用"旧样砖二百三十五块，青白灰四千五百五十六斤，石匠二百三十工半，瓦匠七十一工，拆夫八名，清理夫四名，刨夫五百七十九名半，平垫夫四十七名，运夫一千七百五十六名，总共夫二千六百九十六名"。总之，淘修工程费用并不是很大。随着时间的推移，特别是光绪年间，许多沟渠坍塌壅塞，淤泥也越来越多，严重阻塞了水沟的畅通。由此，清政府不得不动用大量的财力和人力来挖通沟渠，以确保宫禁要地之整洁。

紫禁城里的内金水河

紫禁城内河道，“由神武门西地沟引护城河水流入宫内，沿西一带经武英殿前至太和门前内金水桥下，复流经文渊阁前至三座门，共长六百五十丈五尺”，“凡内廷暗沟出水，皆汇此河”后，流入禁城外的护城河。光绪十一年（1885），“因河身节节壅塞，沟水不能”。当时挑挖暗沟，宣畅河身成为紧要任务。仅此次将淤泥运出禁城之外，以及修整泊岸、沟盖、木桥等项，就用白银三万九千九百八十七两八分八厘。看来宫内沟渠年久失修，整治一次，花费的银两比先前多多了。

清朝最后一位皇后的宫廷生活

哈恩忠

清光绪十五年正月二十六日（1889 年 2 月 1 日），紫禁城里披红挂彩，热闹喧嚣，那气氛好像将春节后渐淡的喜庆又浓重地皴染了一笔。这一天是年轻的光绪皇帝大喜的日子——花轿中是从大清门迎进皇宫的清朝历史上的最后一位皇后——隆裕皇后。

太和门的大火：烧不暖光绪帝后心

在世人的眼里，这是一个幸运的女人，她的姑姑——慈禧皇太后，使她有机会嫁给了比她小 3 岁的皇帝，成就了一桩令人羡慕的龙凤姻缘；但她又是一个不幸的皇后，始终逡巡在想振翅高飞的皇帝与专横揽权的皇太后中间，成为宫廷政治斗争的牺牲品。

为什么这么讲呢？当时，年轻的光绪皇帝初出茅庐，涌动在心头的青春热血时时催生着想在政治上有所作为的冲动，按照清朝的惯例，皇帝成长到十四五岁时就应该当政、大婚，而慈禧皇太后却是揽权在手死死不放。这样一直借口拖到光绪皇帝十八岁，慈禧皇太后才宣布光绪十五年（1889）皇帝大婚、归政。但是，为了监视和控制皇帝，慈禧皇太后硬将自己亲弟弟、三等承恩公桂祥之女静芬指配给皇帝为皇后。今人叶赫那拉·根正记忆这段往事时说：“当年慈禧把隆裕嫁给光绪皇帝，主要是效仿前朝的孝庄皇后。当年孝庄皇后生了顺治皇帝，于是她把她娘家哥哥的女儿指婚给了顺治。”

这里面无论是指婚操控也好，还是仿效前朝也罢，总之，是慈禧皇太后亲自操办了光绪皇帝的这桩婚姻大事，也使这段龙凤姻缘因此带上了浓厚的政治色彩。

可以肯定地讲，这桩婚姻从定亲时起光绪皇帝就不满意。曾在宫里生活很长时间的德龄说："从前，宫里头时常可以听到他的笑声——喜气洋洋的悦耳的笑声。现在却绝对不容易听到了，他竟可以一个月两个月不笑一笑，各种最能逗引小孩子的游戏，对他也失了效用。"这样的结合预示着皇后的宫廷生活不会顺利，接踵而来的大火仿佛就是不祥的预兆。在择定大婚吉期前的一个多月，就是光绪十四年十二月十五日（1889 年 1 月 16 日）深夜发生了一场大火，吞噬了迎娶皇后的必经之路的太和门及其左右的贞度门、昭德门等建筑，宫里只好匆忙清理火场，临时赶制太和门彩棚，以应付为期将近的大婚典礼，奉迎皇后入宫。据前人回忆和清宫档案记载，光绪皇帝娶皇后的大婚很是隆重，这里不再赘言。但根正回忆，其实"光绪心里非常憋闷，大婚以后好长时间心里不痛快，不跟皇后同床。据后来隆裕对我爷爷说，当时在洞房里，心情坏到极点的光绪一下扑在表姐隆裕的怀里，号啕大哭，并对隆裕说：'姐姐，我永远敬重你，可是你看，我多为难啊。'"

隆裕皇后朝服像

婚后，皇后与光绪皇帝夫妻两人在生活上并不亲近，政治上也不合拍。在分别以光绪皇帝与慈禧皇太后为首的帝后两党之争中，皇后不仅始终站在慈禧皇太后一边，而且还是慈禧皇太后探听、监视皇帝行动的一个忠实耳目，因此，光绪皇帝始终不喜欢皇后。他们各闹各的犟脾气，你不迁就我，我更不迁就你，互不让步，只是当着慈禧皇太后的面或在其他人面前装成夫妻的样子——那是做给别人看的，而事实上双方彼此并不多说话。

清朝内廷有个规矩，在每年的腊月二十和正月初一、初二这三天，皇后有陪伴皇帝就寝的特权，过了这三天，皇帝才能召幸其他的嫔妃。据说光绪皇帝和皇后即使同寝也仍不同衾，从不互相交心。光绪十八年（1892）夏的一天，皇后和光绪皇帝因为一点儿小事儿吵嘴，皇后就跑到慈禧皇太后面前哭诉，引得皇太后非常生气，说：“皇上是我所立，实乃忘恩之举。隆裕是我的亲侄，辱骂皇后就是对我最大的不敬，实在难以忍受!”接下来一连几天，光绪皇帝入宫请安，慈禧皇太后都面沉似海。实际上慈禧也还为此直生气呢！据跟随慈禧皇太后八年之久并在光绪二十六年（1900）随其西行的贴身宫女何荣儿回忆，有一年大年初一的晚上，光绪皇帝和皇后、妃子照例分头前来请安。这时慈禧皇太后心情特别好，居然关心起皇帝和皇后来了。她故意问光绪皇帝是从哪个门走过来的？光绪皇帝住养心殿，养心殿后侧有个小门叫螽斯门，也是西六宫最南边的一个小门。这回光绪皇帝是抄小道从螽斯门到储秀宫来的。慈禧皇太后于是饶有兴味地、耐心地和他们讲解螽斯门的掌故，还不时搬出先皇帝咸丰的教诲。原来，这本是明朝宫殿旧名，因为名字吉祥一直沿用至今。螽斯是一种昆虫，自古以来向以螽斯比喻子孙众多，清朝时沿用此名，也是为了“宜尔子孙”，盼望家族兴旺。慈禧皇太后以此给以暗示，皇后和光绪皇帝不敢多说什么，只能是听在耳中，盘算在心上，支应在嘴上。

隆裕皇后宫廷像

当时，按照皇家一夫多妻的旧例，光绪皇帝大婚的同时又纳娶了两个妃子，这就是侍郎长叙的两个女儿，初封瑾嫔、珍嫔，后晋为瑾妃、珍妃。这样，婚后大概过了半年的时间，光绪皇帝一直心灰意冷，对皇后和两位妃子都非常冷淡。但是，在后来的接触中，珍妃的聪明逐渐表现出来，并且有政治远见，非常符合光绪皇帝的一些想法，所以光绪皇帝就非常喜欢珍妃。在这过程中，慈禧皇太后也发现珍妃的确是一个非常聪明漂亮的人，一时之间好像找到了自己年轻时候的影子，就想利用珍妃的能力和光绪皇帝对珍妃的喜爱，去做光绪的工作，达到“母子”政治上的一致。但是慈禧皇太后没有想到，珍妃接受了她的旨意后，在和光绪皇帝聊天的时候竟然撞出了火花，心有灵犀。因为珍妃的父亲与许多外国使节的关系非常好，她从小就接受了很多西方的思想，颇有见地，而皇后是个旧时代的女人，学的是贤淑之道，欠缺的是政治远见，比起珍妃来就差了许多。这样一来，皇后反而被光绪皇帝更加冷落了。

隆裕太后与太监们

从现存的清宫照片里仍然可以见到皇后的玉面真容，个子很高但背有点驼，面颊狭长且无精打采。美国人赫德兰在《一个洋人眼中的晚清宫廷》里曾经写道：我夫人告诉我，“隆裕皇后长得一点儿都不好看。她面容和善，常常一副很悲伤的样子。她稍微有点驼背，瘦骨嶙峋。脸很长，肤色灰黄，牙齿大多是蛀牙。她十分和善，毫无傲慢之举。我们觐见时向她问候致意，她总是以礼相待，却从不多说一句话。太后、皇上接见外国使节夫人时，皇后总是在场，但她坐的位置却与太后、皇上有一点距离。有时候她从外面走进皇太后、皇上所在的大殿，便站在后面一个不显眼的地方，侍女站在她左右。在别人不注意的时候，她就会退出大殿或者到其他房中。每到夏天，我们有时候会看见皇后在侍女的陪伴下在宫中漫无目的地散步。她脸上常常带着和蔼安详的表情，她总是怕打扰别人，也从不插手任何事情”。旧礼教的桎梏，容貌的不扬，又介于太后和皇帝中间，皇后在宫里的生活更多的是无奈和无聊。近人吴士鉴曾作《隆裕学书诗》，其云：“岂有诸兄笔砚供，翻从草圣学鸾龙。延春阁上澄心纸，钗股分明染墨浓。”算是描画出了皇后为打发时光而油生的“闲情雅致”，对于无奈和无聊的生活来讲多少也是一丝慰藉。

当时宫中传言说，每当皇后在皇帝面前出现时，光绪皇帝常常冲着皇后将自己的鞋子踢掉。光绪皇帝跟皇后斗气不斗嘴，有她只当没她，就像俗话说的“干着她”，把她晾在一边，他俩至死也没有感情。

用现在的话讲，光绪皇帝对爱情比较专一，除了心爱的珍妃（后被慈禧皇太后借故派人投入宁寿宫北的井里溺死），光绪皇帝对皇后和瑾妃均没有兴趣，一生也没有子嗣。自珍妃死后，光绪皇帝孤独烦躁，对皇后来问候也表现得很厌烦。据说在他临死前的十多天，有一次皇后来请安，光绪皇帝当即吩咐皇后“请跪安吧”，请她马上退下。然而，皇后装作没听见。光绪皇帝连发两次话，她都不答理，于是挺起身来抻了皇后的发髻，把皇后的一只玉簪子都摔在地上了。都到了病入膏肓之际，光绪皇帝对皇后依然没有一丝好感与留恋，足见他对这段婚姻的不满。皇后呢，事实上守了一辈子活寡，白白地度过了近二十年的皇后生活。

女中尧舜：一生中最出彩的章节

光绪三十四年十月二十一日（1908 年 11 月 14 日），年仅 38 岁的光绪皇帝抱憾而终。慈禧皇太后懿旨，立醇亲王载沣三岁之子溥仪为嗣皇帝，命载沣摄政，并于临终前降旨：“现予病势危笃，恐将不起，嗣军国政事均由摄政王裁定。遇有重大事件，有必须请皇太后懿旨者，由摄政王随时面请施行。”宣统皇帝即位后，尊光绪皇帝皇后为皇太后，称“兼祧母后”，上徽号“隆裕皇太后”。

做了皇太后的皇后总算有了出头的机会了，心中也想仿效慈禧皇太后的样子，把持国政，总理全局，在宫里也是上下指使，吆五喝六。宣统皇帝溥仪在《我的前半生》里回忆过：“我入宫后过继给同治和光绪为子，同治和光绪的妻子成了我的母亲。我继承同治兼祧光绪，按说正统是在同治这边，但光绪的皇后——隆裕太后不管这一套，她使用太后的权威，把敢于和她争论这个问题的同治的瑜、珣、瑨三妃打入冷宫，根本不把她们算作我的母亲之数。光绪的瑾妃也得不到庶母的待遇。遇到一家人同座吃饭的时候，隆裕太后和我都坐着，她却要站着。”

但是，当时国家已经今非昔比，满目疮痍，也不是宫里逞威的隆裕皇太后和摄政王的能力所能左右的。他们所能做的，只能是左右逢源，苦苦支撑而已。1911 年，辛亥革命爆发，各省纷纷宣布独立。在御前会议上，隆裕皇太后抱着溥仪大哭说：“我恨不随先帝早死，免遭这般惨局。”无奈之下最终重新起用袁世凯，试图借他来维持清朝早已衰败的局面。此举正中袁世凯下怀，在他的威逼和利诱下，1912 年 2 月 12 日，由隆裕皇太后做主，接受《优待清室条件》，在紫禁城养心殿签发了《退位诏书》，宣布清宣统皇帝退位，并授权袁世凯组织临时共和政府。隆裕皇太后的这一举动，客观上避免了当时国内爆发更大规模战争的可能，是她宫廷生活中最出彩的一幕。中华民国临时总统孙中山先生第一次来北京，在社会各界欢迎大会的演说中，曾称赞隆裕皇太后赞成共和，交出皇权，视之为“女中尧舜”。

虽然慨然下诏逊位，但应该说是万般无奈之举，隆裕皇太后实际上仍是“让国仍存亡国恨”，自认为愧对创业的列祖列宗，曾经多次讲过“孤儿寡妇，千古伤心，每睹宫宇荒凉，不知魂归何所”之类的话，心中一直郁郁不乐。退位后的小朝廷里，隆裕皇太后每天不过是徒有虚名的“教养”逊帝、整饬宫闱和吃斋念佛、玩乐散心而已。由于心情不好，积成肝郁，经常呕逆。1913 年 2 月，胸腹“隆然高起，日渐肿胀”，经御医佟质夫、张午樵二人诊治，稍微见轻。2 月 15 日，适逢她的生日“万寿”，按照旧例要在御殿受贺，接见中华民国总统袁世凯的专使梁士诒，受外国使臣觐见的礼节祝贺，回想往昔不免悲从中来，而且逊清宗室王公大臣多半回避，不肯入贺，殿上不过寥寥数人。因此，愁病交加，再加上天气晴暖，殿中所用炉火热气过高，感受“炭气”，致使病情加剧。至 2 月 22 日凌晨薨逝，时年四十六岁。

隆裕皇太后的一切治丧事宜，开始由清宫太保徐世昌、内务府大臣世续倾心计议，后由御前大臣那彦图、魁斌、溥伦、世续、陆润庠、陈宝琛、伊克坦、景丰、绍英等人遵照清朝典制与列后成案办理，上谥号“孝定隆裕宽惠慎哲协天保圣”，庙号为“景皇后”。逊帝降哀："朕以冲龄，钦奉皇祖妣孝钦显皇后懿旨，承继皇考穆宗毅皇帝为嗣，并兼皇考德宗景皇帝之祧。兼祧皇妣大行皇太后自去岁冬令以来，渐致违和。屡进汤药调理，方期日就安痊。不意服药罔效，遽于正月十七日丑时，仙驭升遐。谨遵遗制，穿孝百日，并素服二十七月，稍申哀悃。"

中华民国总统袁世凯闻讯后，立即派荫昌、段芝贵、孙宝琦、江朝宗、言敦源、荣勋等数人前往宫内帮助料理治丧事务，并命国务院发出通告二则："据清室内务府总管报称，2月22日丑时，隆裕皇太后仙驭升遐等语，当经派员查检，医官曹元森、张仲元等所开脉方，俱称虚阳上升，症势丛杂，气壅痰塞，至22日丑时，痰壅薨逝。敬维大清隆裕皇太后，外观大势，内审舆情，以大公无我之心，成亘古共和之局，方冀宽闲退处，优礼长膺，岂图调摄无灵，宫车宴驾？追思至德，莫可名言。凡我国民，同深痛悼。除遵照优待条件，另行订议礼节外，特此通告！"又："兹逢大清隆裕皇太后之丧，遵照优待条件，以外国君主最优礼待遇，议定各官署一律下半旗27日，左腕围黑纱。自2月22日始，至3月20日止，以志哀悼，特此通告！"参议院除下半旗致哀外，于2月26日休会一天。2月28日为祭奠之期。袁世凯臂带黑纱举哀致祭，并特备薄仪3万元。

各地军政要员，也纷纷向清室发来唁电。副总统黎元洪唁电称隆裕皇太后"德至功高，女中尧舜"。山西都督阎锡山唁电称："皇太后贤明淑慎，洞达时机，垂悯苍生，主持逊位。视天下不私一姓，俾五族克建共和，盛德隆恩，道高千古。"国民哀悼会的发起者吴景濂发表公启说："隆裕太后以尧舜禅让之心，赞周召共和之美，值中国帝运之末，开东亚民主之基。顺天应人，超今迈古。佥谓美利坚之独立，受战祸者或七八年；法兰西之革命，演惨剧者将数十载，虽伸民气，实苦生灵。前清隆裕皇太后，默审潮流，深鉴大势，见机独早，宸断无疑。诏书一下，化干戈为坛坫，合五族为一家，大道为公，纷争立解。盖宁可以敝屣天下，断不忍涂炭生民，所谓能以私让国。"并倡言于3月19日在太和殿召开全国国民哀悼大会。

与此同时，袁世凯召开了国务院特别会议。根据《优待清室条件》第五款之规定："德宗崇陵未完工程如制妥修，其奉安典礼仍如旧制，所有实用经费均由中华民国支出。"隆裕皇太后祔葬崇陵，更因为赞助共和，有助于民国，故所有丧礼务须从优，费用归政府负担。令各部、院长官亲往致祭，特派赵秉均等政府军政大员与逊清御前大臣共同在太和殿侍班守灵，步军统领衙门亦设值班官员轮流护灵。还专派了仪仗队、军乐队及守卫人员前往参加丧礼。

隆裕皇太后的遗体于当日下午三时入殓，谓之“升入梓宫”。由掌礼司首领太监用鹅黄吉祥轿将梓宫从长春宫抬出吉祥门，由景运门进锡庆门、皇极门、宁寿门至皇极殿停灵。这是清宫里最为尊贵的地方了。隆裕皇太后的灵梓扣上了一卷銮舆卫送来的黄云缎底，绣着九只彩凤帷子的堂罩。前面横放了披着黄寸蟒床单的灵床。床上竖立着隆裕皇太后全身宫装的巨幅画像。两旁挂着云头素幔，外罩三拱门四立框的素彩灵龛。灵桌上，香花灯烛，广陈供养。殿前摆满了旧王公大臣们送来的果桌、饽饽桌、祭筵。

从皇极殿通往宁寿宫的丹陛两旁，有宫廷卤簿仪仗。宁寿门、皇极门前均扎了高大的素彩牌楼。正对皇极门的九龙壁前，立起了三丈多高的大幡，表示招魂。左边设了六十四人的太平杠一份，表示护灵。还有领魂轿、金凤辇、曲律（满语，竖条小旗）、门纛等。

中华民国政府则将祭堂设于太和殿内，殿内布置得极为庄严肃穆，正面扎了一座三门四框式的素彩灵龛，顶端正中挂着一方题有“女中尧舜”的大匾。在灵龛的须弥座上，每一栏杆立柱上，都套着一个素色的空心花圈。灵龛内高悬隆裕太后的大幅宫装御影。供案上广设香花果馔，素烛高燃。供案前立一大镜框，内有宣布实行共和国体的《退位诏书》。殿内外，布满了奠礼祭品，其中有王公大臣送来的满筵饽饽桌子，其供品有摞至六七尺高者。殿内蟠龙金柱、红柱及殿壁四周皆挂满了挽幛、挽联。如副总统黎元洪的挽联是：“片语息兵戈，民国酬恩应第一。全军为墨绖，深宫弭乱更何人?”

太和殿内还扎了三门四框式的经台，内供西方三圣（阿弥陀佛、观世音菩萨、大势至菩萨），由十三众大德高僧昼夜轮流唪经礼忏。根据清朝定制，大内佛事，一律“禅念”（不敲打法器）。

太和门前扎了三门式的大素彩牌楼，上书“哀悼”二字。午门城楼内外，悬挂的一丈开外的红、黄、蓝、白、黑象征五族共和的国旗都降了半旗，并用绳索拉起了万国旗。门楼墙壁上挂满了各界送来的冲天大副挽联。天安门前的城楼下，扎了七门八柱的特大素彩牌楼，正中嵌以“国民哀悼会”字样。穿着清朝玄色袍褂与民国西式大礼服的官员并肩出入，一时紫禁城内外，冠盖如云。据说，当天前往吊唁、祭奠的各界人士达数万人。

隆裕皇太后的葬礼现场

2 月 14 日，在太和门前广场隆重召开了全国国民哀悼会。由参议院参议长吴景濂主祭，恭读祭文，盛赞隆裕皇太后有逊位之德，以尧舜禅让之心赞同“共和之美”。哀悼大会还决定设立皇太后的铜像，以表彰她的功勋。据当时各大报纸刊载，隆裕皇太后薨逝后，舆论界颇为惋惜。《中国日报》云：“己丑年嫁光绪帝为嫡后，秉性柔懦，失西后欢；尤与光绪感情不洽，抑郁深宫二十余年。既无可誉，亦无可讥。惟清廷退位，后力居多，将来共和史中亦不失有价值之人物也。”《亚细亚日报》云：“隆裕太后去岁，不为亲贵浮言所动，力主共和，实为有造民国。今一日崩御，我五族国民，当同情哀悼。”

驻京各国公使对隆裕皇太后的薨逝亦均表惋惜，除亲去太和殿致祭外，在哀悼会期间，各使馆均降半旗致哀。

由于光绪皇帝的“崇陵”尚未竣工，所以，隆裕皇太后的梓宫也只能“恭奉暂安”。4 月 3 日，奉移时由民国政府的仪仗队、军乐队前引，传统的满族执事：门纛、曲律、影亭、亮轿、曲柄黄伞、鹰、狗、骆驼、刽子手、帐篷等随后。用的是九十六人的“落地满黄”的“皇杠”（即黄杠、黄罩、黄杠绳、杠夫戴的青荷叶帽插着黄雉翎，举黄色白光的拨旗，上书“恭奉暂安”字样），一直抬至前门火车站用慈禧皇太后曾经使用的专列，运至河北易州梁各庄行宫内暂安，等候崇陵竣工后，与光绪皇帝一起入陵。

至此，办完了清朝最后一位皇太后的丧仪。命运多舛的隆裕皇太后就这样走完了她的人生路，过完了她的令常人羡慕的皇家“宫廷生活”。

有人说过，如果没有慈禧皇太后，隆裕无论怎样讲都很难进入宫廷成为皇后，甚至连选秀女的一关都难以通过。她既是清朝最后一位皇后、皇太后，也是中国封建时期的最后一位皇后、皇太后。

庄士敦受聘给溥仪当老师

谢小华

庄士敦（1874—1938），英国苏格兰人。1898 年来华，曾先后在香港、威海卫英国租界任要职。庄士敦受过良好的教育，拥有英国牛津大学的文学硕士学位，且能说一口流利的汉语，特别是他通晓中国历史，热爱中国文化，广泛涉猎经史子集，还钟爱中国的古典诗词和茶道。庄士敦能够受聘为溥仪师傅，既得益于他很深厚的汉学功底，又与当时的中国国内政治背景密切相关。

庄士敦像

溥仪六岁退位，一直居于紫禁城内廷中，而他周围的遗老旧臣却一刻也没有放弃“恢复祖业”的希望和活动。张勋的丁巳年复辟失败后，徐世昌于 1918 年 9 月就任民国大总统，“还政于清”一时再次喧嚣起来。徐世昌曾为清室太傅，民国建立后，仍与小朝廷保持着密切的关系。为了让溥仪了解欧洲政治制度，特别是英国君主立宪制度方面的知识，以为今后可能的政局变化做好准备，徐世昌等前清旧臣希望能找一位西方人做溥仪的老师；而小朝廷也乐得如此，一方面可以让洋人当靠山，另一方面借机密切与执掌政权的新贵们的关系。

李鸿章的次子李经迈，曾在清廷担任不同要职。辛亥革命后在威海避难的李经迈与时任英国威海卫租界行政长官的庄士敦交往甚密，对庄士敦的为人和才华极为欣赏，力荐庄士敦做溥仪师傅。在徐世昌和数位“开明”王公的直接参与下，经过英国政府的许可以及与清室的讨价还价，洋人庄士敦最终以教授英文的名义破天荒地受聘担任清逊帝溥仪的老师。

1919 年 2 月 22 日，庄士敦抵达北京。当天，北洋政府内务部特派员许宝蘅、清室内务府特派员李钟凯即与庄士敦订定了聘任合同：

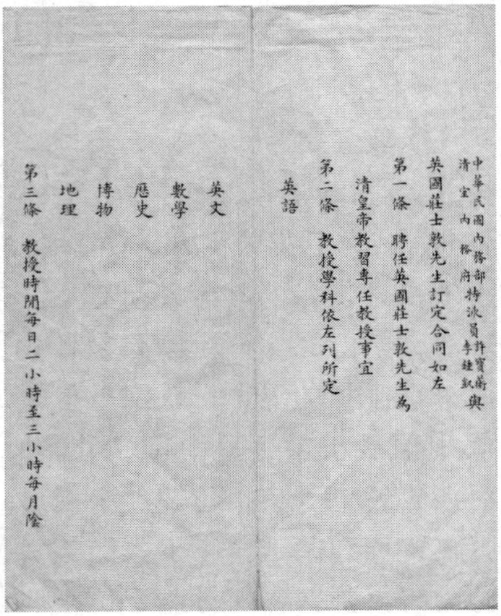
中華民國內務部特派員許寶蘅
清室內務府特派員李鍾凱與
英國莊士敦先生訂定合同如左
第一條　聘任英國莊士敦先生為
清皇帝教習專任教授事宜
第二條　教授學科依左列所定
英語
英文
數學
歷史
博物
地理
第三條　教授時間每日二小時至三小時每月陰

许宝蘅、李钟凯与庄士敦订定的聘任合同书

第一条　聘任英国庄士敦先生为清皇帝教习，专任教授事宜；

第二条　教授学科依左列所定：英语、英文、数学、历史、博物、地理；

第三条　教授时间每日二小时至三小时，每月阴历逢二日停止教授；

第四条　暑月及中国春节假期至多不得逾一月；

第五条　清室待遇教习与其他师傅同；

第六条　教习授课时待遇与清皇帝其他师傅同；

第七条　教习每月薪金为中国银币六百圆，又津贴一百圆，于阳历每月月初由清室内务府发给；

第八条　教习住宅由清室内务府预备中国式房屋一所，不取租金；

第九条　聘任年限以三年为期，自一九一九年二月二十二日起至一九二二年二月二十一日止；

第十条　聘任年限届满时，教习回国旅费由清室内务府发给中国银币六百圆；

第十一条　聘任年限届满时，如经双方同意，得继续订立聘任合同；

第十二条　教习因有事故自愿辞退时，须于三个月前备函通知清室内务府；

第十三条　教习如旷废教授至三个月或不能履行合同，或有其他事情为清室所不满足时，清室得随时辞退；

第十四条　教习自愿辞退或被辞退时，其回国旅费仍照第十条所定发给，如系被辞退时，并发给三个月薪金、津贴，即中国银币二千一百圆；

第十五条　教习未得清室之许可，不得收受其他之聘约；

第十六条　本合同用中文缮正二份，一份交庄士敦教习收执，一份存清室内务府。

观此合同，可以说北洋政府和清室内务府给予了庄士敦较为优厚的待遇，其中既有教课内容上的充分自由，又有不菲的报酬，特别是明确规定庄士敦的待遇与中国师傅相同，更属难能可贵，体现出北洋政府和清室对庄士敦的殷切期待。

3 月 4 日，溥仪在醇亲王载沣、中国师傅陈宝琛、朱益藩等人的陪同下，在毓庆宫接见了庄士敦，并行拜师礼。庄士敦正式开始给溥仪授课。庄士敦的到来，似一股清风吹进了闭塞和气氛压抑的小朝廷。他所教授的丰富多彩的知识使溥仪开始对宫墙外的世界充满了美好的憧憬，希望自己能有一个比较“新式”的人生。溥仪受庄士敦的影响日渐加深，以后甚至到了言听计从的地步。

1922 年 1 月 10 日，距离聘任合约到期尚有一个多月，“小朝廷”的总管内务府大臣世续、绍英、耆龄“钦奉谕旨：庄士敦教授英文，三年匪懈，著加恩赏给二品顶戴，仍照旧教授，并赏给带膝貂褂一件。钦此。”这份“谕旨”等

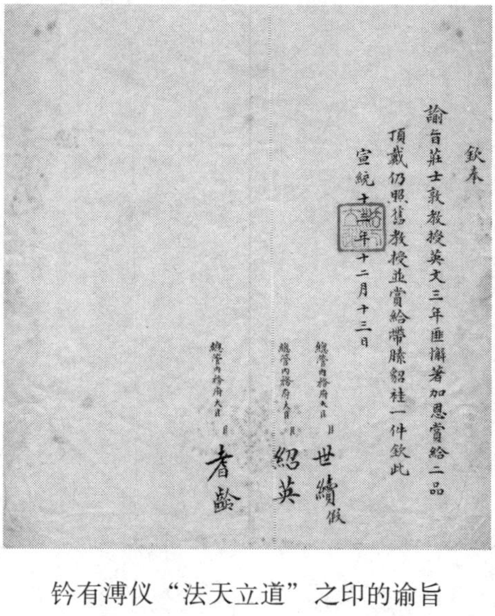
欽奉
諭旨莊士敦教授英文三年匪懈著加恩賞給二品
頂戴仍照舊教授並賞給帶膝貂褂一件欽此
宣統十三年十二月十三日
總管內務府大臣臣世續假
總管內務府大臣臣紹英
總管內務府大臣臣耆齡

钤有溥仪“法天立道”之印的谕旨

于提前延长了和庄士敦的聘约。庄士敦高兴地接受了。此时的庄士敦早已醉心于“帝师”的身份，对溥仪言必称“皇上”“陛下”。第二天，他即以“臣”的名义给溥仪上折，称“闻命之下，实不胜感激之至。谨恭折叩谢皇上天恩”。

不久，溥仪更是给了庄士敦“头品顶戴”，使得庄士敦在其回忆录中不无得意地自诩自己已经“成为一名最高官阶的中国官员”。当然，这是后话了。

清代中南海瀛台

刘桂林

一

清代宫廷园囿数量之多，规模之大，造园手法之多样，都可谓集前人之大成。同历代宫廷园囿相比，清代宫廷园囿除了用于游乐休憩之外，还兼有多种其他用途。其中尤以圆明园和避暑山庄在康乾两朝政治活动中的用途最为明显。在此还要特别提出的是紧靠皇宫的瀛台，由于它得天独厚的地理优势，在清代宫廷园囿中，更有其突出的历史作用。

瀛台是指现在的北海大桥以南的中南海部分。由于南海中的瀛台碧波环绕，林木幽深，亭台楼阁错杂于山林之间，犹如海中蓬莱，恍如仙境，是西苑中最有代表性的建筑之一。因此中南海也称瀛台。

瀛台与北海相连，统称西苑，也称太液池。五代时期，契丹族在我国北方建立辽国，将北京定为陪都，称为南京。真正建都于此的是始于女真族建立的金王朝，其都城位于今天北京城的西南部，称金中都。在都城东北方向则修建了离宫，称西苑太液池，由此成为皇家园圃。元世祖忽必烈到京后，改建金中都为元大都，在这里大兴土木，将皇宫建在太液池东侧，西苑也成为元代皇宫的一部分。明成祖迁都北京以后，又将新建皇宫地址东移，从而又使西苑变成了皇帝的行宫。明代在西苑又开挖了南海，因而太液池又有了三海之称。其水源白玉泉山，从德胜门水关流入。经过历代大规模修建，西苑已成为京师城内一座美丽的皇家园林。

同样是逐水草而居的北方民族——满族入主中原之后，在原明代皇宫落座的同时，即相中了这块紧靠皇宫的风水宝地。宜人的景观，优美的环境，又在城内中心位置，是一处不可多得的好地方。这里山水相依，林木茂盛，既有皇家宫殿之气，又有田园山林之美，于是自然成了皇宫之外又一政治活动中心。清代在加强管理的同时，还循依金、元、明旧址，量加修缀。虽无大规模营造，却也陆续增添一些新的景点建筑。除了瀛台之涵元殿诸处皆仍其旧，而以北之丰泽园、惇叙殿各处为康熙年间所建，以南之淑清院、宝月楼、同预轩等，又为乾隆年间所增修，因而使这座风景秀丽的皇家园囿更加完善。同时，也让仅供游览休憩的瀛台大大提高了它的历史功能，拓展了它的多种用途。

二

有清一代，各朝皇帝在瀛台引见臣工，办理政务，宴赉王公大臣，接见朝政外藩，以及征师劳旋，武科较技，演耕浴蚕，冬则演练冰嬉，习劳行赏，以兴武事。早在顺治八年（1651），福临即在南台（明代称瀛台为南台）宴请了舅舅科尔沁蒙古的卓礼克亲王吴克善。此后顺治帝又先后在南台赐宴，召内三院大学士、六部尚书等人宴，并环顾诸臣，持弓论政。顺治十一年（1654），还召内大臣大学士等乘坐龙舸，游览瀛台。并赐宴诸臣。由于大内祖制严格，起居有定，不如瀛台方便，康熙在炎热的夏季索性移驻瀛台，将瀛台视为皇家后苑。宋代皇帝即曾赐大臣于后苑赏花钓鱼。康熙也在瀛台"悬设罾纲"，以待诸臣游钓。此后乾隆等帝都曾在瀛台赏赐群臣，钓鱼罾纲，游览湖光山色。光绪年间，慈禧、光绪更是常年驻跸于此，处理政务，召见外藩，宴飨来使。特别是戊戌政变后，光绪被慈禧囚禁于瀛台，使这里成了朝野关注的中心。

瀛台在清代有着特殊的历史地位。这不但由于它近在宫掖，而且具有大内所不具备的优越条件。这些优越条件是由瀛台内各具特色的诸多景点构成的。

勤政殿在南海瀛台之北，德昌门内，面北临池，是瀛台的正殿。在清代园囿的勤政殿中，只有这里的"勤政"二字是康熙御笔，其次圆明园勤政殿为雍正御笔，万寿山、香山及避暑山庄勤政殿均为乾隆御笔。清代历朝皇帝都曾在此处理政务，召见臣工，宴赏王公大臣。嘉庆有《御制勤政殿记》，由臣工题写，悬挂于殿内东壁。光绪亲政之后，特别是在推行变法时期，这里是他日常办公的地方。慈禧和光绪还曾多次在这里召见并宴赏外国使臣及其眷属，使之成为清末重要的外交活动场所。

涵元殿位于南海瀛台之中，是历朝皇帝游览瀛台的休憩之地，也是南海瀛台的正殿。康熙、乾隆曾在这里宴赏宗室和王公大臣，饮酒联句赋诗。戊戌变法失败后，除了颐和园和宫中之外，光绪大部分时间被慈禧囚禁在这里，不仅政治权力被剥夺，而且身心也备受折磨。因此可以说，瀛台也是光绪的最后归宿。

丰泽园在中海西岸，为康熙年间所建。这里有稻田数亩，小屋数间，一派田园风光。园后种植树木数十株，颇有乡村野趣，是清代皇帝劝课农桑之所。自康熙、雍正开始，在先农坛亲行耕耤礼之前，先要在丰泽园后的一亩三分地上举行预演之礼，一直延续到光绪。所收稻谷，除留作种子外，还要碾成细米，敬献奉先殿和寿皇殿等处，其余交给御膳房。这是封建帝王首重农桑为立国之本的集中体现。近在皇宫之侧，举行演耕之礼，这是大内所办不到的。

在丰泽园内一隅还有春耦斋。古以双人并耕为耦。斋以春耦为名，足见其“民本食天”之意。斋前叠石为山，乃仿苏州狮子林堆成。斋内地面以紫绿石铺就，如同古锦一般，别具一格。斋之北向有额曰：乐民之乐；其联还有“观稼祈年”之句。其用心不言自明。斋中贮藏著名的唐代画家韩滉的《五牛图》及明代项圣谟和清代蒋廷锡各自临摹之卷，同贮一起，称为“十五牛图”。封建皇帝重本务农的思想在这里得到了充分的体现。

紫光阁原本是明代高于地面的一座平台，平台西侧为射苑，皇帝在台上的殿中可以观阅跑马射箭。清代自顺治至光绪末年，历时九朝，在紫光阁阅视中式武举或皇子、皇室、大臣、侍卫等马步射和舞刀掇石，共计160余次。乾隆重修紫光阁之后，为了彰显他的文治武功，不仅在此举行盛大的凯旋筵宴，而且在殿内悬挂战图和功臣图像，并陈设纪念石碑，收藏得胜旗纛及俘获兵器。此外，清代各朝皇帝每年都要在这里举行盛宴，赏赐来自各地的少数民族首领和外藩使臣。从顺治至光绪共举行各种筵宴170余次。

韵古堂在淑清院内，位于南海东北，南临液池，可望瀛台，所以原名蓬瀛在望。乾隆二十六年（1761）在江西临江得周代古钟十一枚，继而补全，成十二律，以为宫内中和韶乐之用。平日则贮藏于此堂之中。蓬瀛在望也易名为韵古堂。乾隆还为此专门写了一篇《韵古堂记》。

时应宫和万善殿是瀛台内的宗教建筑。时应宫在紫光阁北侧，建于雍正年间。清朝皇帝经常来这里烧香拜佛，特别是天旱祈雨或阴雨祈晴，皇帝和大臣都要来此祭拜。万善殿在西苑门以北，中海东岸，隔水与紫光阁相望。每逢七月十五日，都要在这里设道场，点燃河灯，施放焰火，举行传统的盂兰盆会。届时令臣民纵观，一片热闹景象。

光绪年间，为慈禧驻跸瀛台，先后两次大兴土木，并在中海西岸修建了仪鸾殿、海晏楼及仿俄馆等洋式建筑。这些建筑或室内装修都吸收了欧式风格，甚至连围屏宝座都是洋式的，连囚禁光绪的涵元殿内，也安设了洋琴。其实在乾隆十五年，丰泽园即添改了洋式门口一座。

清末光绪年间，在太液池西岸还修建了一条小铁路，也称紫光阁铁路，这也是北京修建的第一条铁路。这条铁路南起中海瀛秀园门外，沿中海西岸紫光阁东侧向北，再沿北海西岸到静清斋。很显然这条建于禁园的铁路并非是为商旅服务，而是为清末帝后的游乐生活增添花絮而已。

此外，在太液池中，还设有供帝后和王公大臣游乐而乘坐的各种船只。光绪年间，一次上报修理的包括仪凤船、宝座船以及膳船、酒船和茶船等各种船只共计有四十八艘。

当然，在瀛台还有其他一些各具特色的景点和设施，在此不再一一介绍。即便如此，也不难看出，经过康熙、乾隆和光绪三朝大规模兴建，瀛台的园林格局、建筑风格和景点设置，更加趋于完美，超越其他园囿的多种功能更加完善，而包容的文化内涵也更加丰富。

三

乾隆曾称清漪园为“清暇散志澄怀之所”，而包括“澄怀堂”的瀛台，又何尝不是怡神养性的佳地？难怪清初康熙夏日即来此避暑。慈禧也将瀛台作为颐养天年的首选就更不足为奇了。但是瀛台又不同于其他园囿。这里有宫殿建筑，也有农桑院落；既是政治活动中心，又是军事、文化、宗教活动和器物的收藏要地；皇帝在这里既举行凯旋大宴，又照例检阅武举骑射；既在这里召见外国使臣，又亲自下田演耕浴蚕；既在岸上乘小火车游览，也在水上乘船荡舟，并在严冬观赏冰嬉。

瀛台还因其是政治风云的旋涡而载入史册。在三海大兴土木的光绪年间，这里发生过工匠罢工的重要事件。光绪关于戊戌变法的第一道谕旨在这里正式发出。而变法的失败和光绪的被囚禁直至死去，也终结于瀛台。八国联军侵入北京，由于瀛台特殊的地理位置，这里又被作为联军司令部的驻地。

在清代其他园圃和行宫中，还有瀛台这样有特殊地位的园林吗？没有。即便是“万园之园”的圆明园和远在塞外的避暑山庄，尽管在某些方面或某一时期有其特殊的历史作用，但是由于距离皇宫较远，毕竟存在诸多不便。只有瀛台具备其他园囿不具备的地理位置，同时又有大内所不能承办的优越条件，所以才能将其独特的历史地位展现出来。

瀛台与其他园囿相比，不仅历史悠久，而且由于地处京师城内中心位置，又与大内近在咫尺，因而具有得天独厚的历史地位。难怪清代官书《国朝宫史》及其《续编》等，均将其列入卷内“宫殿”部分，与“内廷”相提并论。

康熙出巡的文化活动

刘桂林

皇帝出巡是中国古代社会的一项重大活动，为历代帝王所重视。一些著名的封建帝王如秦始皇、汉武帝等都曾巡幸各地，在历史上产生了深远的影响，至今遗迹犹存。清代顺治皇帝政权初立，巡幸较少，仅限于京畿和塞外。到了康熙年间，则开始了大规模的巡幸活动。他利用出征、行围、巡视、谒陵、视河等各种机会，经常出巡各地。从康熙四年（1665）他十二岁首次南苑行围开始，到康熙六十一年（1722）九月塞外行围归来，三次出巡东北，祭祀祖陵；五上五台山，进香拜佛；六巡江南，了解吏治民情；十余次巡幸畿甸，阅视海口河工；二十九次白洋淀水围；四十五次往谒东陵；五十七次塞外行围。足迹所至，北到塞外蒙古，西达宁夏银川，东至黑龙江流域，南巡大江以南。至于在南苑大阅行围等则有八十余次。康熙的二百余次出巡。目的在于抵御外侮，平定叛贼，团结蒙古民族，巩固塞外边陲，行猎习武练兵，体察吏治民情。然而，康熙的出巡也不乏文化色彩，其作用是不可忽略的。其中以北巡和南巡的影响最大。

一

康熙除了南苑行围之行，以塞外巡狩次数最多，时间最长，影响也最为深远。康熙十六年（1677）九月初十，宫中大设卤簿，玄烨从午门启行，揭开了谒陵并巡狩边外的序幕。此后，在长达四十五年的时间里，康熙塞外巡幸几乎连年不断。一般来说，康熙每次出巡都要用两三个月或四五个月的时间，有时甚至超过半年，而且是愈到晚年出巡时间愈长。自康熙五十年（1711）以后的十几年里，每年塞外行围的时间均在半年左右。康熙耗费如此之多的时间、精力和财力。频繁北巡，其目的在于练兵习武，保持北方的稳定。

康熙在以武力威慑天下的同时，也很懂得用安抚的手法施以文化的影响。在著名的“多伦会盟”中，土谢图汗率所属数十万人来归，康熙命皇长子胤禔、皇三子胤祉随驾，特往抚绥。康熙三十年五月，在行宫前黄幄里，于音乐声中举行大宴，赏赐喀尔喀汗、王公、贝勒、台吉等人，并封爵赏赉各部上层贵族。五月初五，又亲阅喀尔喀营寨，察其穷困者赏以银布，并大赉喀尔喀王、贝勒、贝子、公、台吉等牛羊。回銮之前，又召土谢图汗泽布尊丹巴胡图克图，赐以食物，并各赐金盘、瓷碗及御用帐房等物。为了表示尊重蒙族人民的宗教信仰，在多伦还修建了一座喇嘛教寺院“汇宗寺”。当銮驾启程返京之际，喀尔喀土谢图汗、车臣汗王、贝勒、贝子、公、台吉等皆伏地流涕，依恋不已，对此康熙很是感慨，对扈从诸臣说：“昔秦兴土石之工修筑长城，我朝施恩于喀尔喀，使之防备朔方，较长城更为坚固。”这种文化影响，是军事威慑远远达不到的。

康熙很重视汲取古代的联姻政策，他将自己八个成年公主中的六个下嫁到塞北，并在巡狩北方之际，以家人之身份，多次在公主府第驻跸。康熙四十三年（1704）八月巡幸塞外，不仅接受翁牛特多罗杜棱郡王额驸藏津的进宴，还亲临新建八公主府第驻跸。康熙四十五年（1706）再次巡视北方，十月初三在行宫二门向额驸藏津之叔等赐宴，并命至御座前亲赐御酒。无论是蒙古王公的进宴，还是康熙的赐宴，都在浓厚的蒙族文化氛围中进行。乐队演奏着蒙古乐曲，席间表演着马术、摔跤等文体节目。在轻松愉快的气氛中。增加了感情交融，增强了蒙古各部落对清王朝的向心力。通过公主下嫁和康熙北巡时的感情联系，清政府同蒙古各部的关系进一步加强，这种联系代代相传，影响深远。

在传统文化思想指导下，康熙在北巡中十分注意文化活动，凡有机会都不放过，康熙十七年（1678）往谒孝陵之后，趁便巡视北方。在登山游览忠寺之时，对沿途僧人与乞丐均加赏赐，并赐景忠寺僧银百两，令其供奉香火。康熙四十五年巡幸北方时，又曾在景忠山驻跸。康熙二十一年（1682）在盛京谒陵回銮途中，曾率诸王、贝子、公等及内大臣、侍卫、文武官员，前往辽阳千手佛寺降香，第二天再次前往降香，并奉太皇太后发来香资白金六百两，赐给寺僧。同日还到千山香岩寺等五寺拜佛，并各赐寺僧银五两。康熙在北巡途中进行了一些拜佛降香的宗教活动，游览了一些寺庙，这是巡幸中文化活动的一部分。

名山也是康熙北巡时的游幸之地。前已提到，康熙曾游幸千山，驻跸景忠山。此外，康熙在北巡时确认了另一座名山——索岳尔济山。康熙四十年（1701）北巡之前，对大学士等说：“朕闻索岳尔济山系名胜之山，最为高大。今巡幸塞外，朕欲乘便一往视之。”当八月初九驻跸喀尔喀毕喇时，第二天便游览了这座名山。游幸之后，他对大学士等说：“此山形势崇隆，允称名胜。嗣后此山禁止行围。”由此可见康熙对名胜的爱护。

康熙在“政事稍暇，颇好书射”。在北巡中多次题写匾额，展示书法文采。康熙四十一年（1702）避暑塞外，于七月二十一日驻跸博洛和屯，书写了“广育人材”的匾额，赐给顺天府义学悬挂。康熙四十二年（1703）北巡驻跸喀喇和屯，六月二十日书写“阐道醇儒”的匾额，命悬于河北景州董仲舒庙。八月十日驻跸乌喇岱和洛时，又为南岳庙书写了“光铺紫宸”的匾额，当即派遣翰林院侍读学士宋大业前往悬挂。对于书法艺术，康熙造诣颇深。臣下如能得到康熙的御赐墨宝，必然欣喜万分。康熙四十三年巡幸塞外驻跸喀喇和屯。扈从大学士、翰林官等齐集行宫前，看到皇帝习射技术无发不中，便乘康熙高兴之际索要墨宝，口奏皇帝：“皇上巡幸塞外，于万几余暇，惟以书射为事。臣等见皇上神射发无不中，伏求皇上御书之时亦赐臣等瞻仰。”康熙当即坐书大字小字，数十纸张顷刻之间写完。大学士、翰林官等俱侍立一旁聚观，无不惊喜。当时康熙也兴致勃勃，对侍立一旁的大学士、翰林等官说：“朕自幼如临池，每日写千余字，从无间断。凡古人之墨迹石刻，无不细心临摹，积今三十余年，实亦性之所好。”不难想象，康熙当时得意之情溢于言表。不过康熙也确有如此文采，终其一生，也未曾中辍。直到康熙六十一年（1722）他最后的塞外行围中还书写了“学道还淳”的匾额，命江苏巡抚吴存礼悬于苏州府紫阳书院。

二

著名的康熙南巡比北巡次数要少得多，只有六次，但在清代历史中占有重要地位。考察吏治民情，巡视水利河工，固然是他巡视南方的主要目的，但其中的文化色彩比起北巡来则显得更为浓厚。

江浙一带经济较为繁荣，也是人文荟萃之地。康熙在阅视河工、省观问俗、谘访吏治的同时，沿路的文化活动也甚为频繁。

康熙二十三年（1684）首次南巡，十月初八一到济南立即前往趵突泉亭，“临泉览视，称赏久之”。可见名泉的奇妙景观深深吸引了康熙。当时即应山东巡抚徐旭龄“御笔留题”之奏，援笔大书“激湍”二字，驻跸之后，康熙以趵突泉为历下名胜，又传谕大学士明珠等各书二字留之泉亭。晚上徐旭龄又以衙署内有珍珠泉，再请书二字留题，于是康熙又书写了“清漪”二字，并高兴地命侍卫拿给扈从诸臣观览。康熙二十八年（1689）第二次南巡，再观趵突和珍珠二泉，又书写了“泉光宠”和“作霖”二字，为泉亭留题。康熙四十二年（1703）第四次南巡，过济南府时在巡抚衙署又一次观赏了珍珠泉，并书写“三渡齐河”即事诗一章，令悬衙署之门。在观览趵突泉后，又书写“源清流洁”的匾额令悬趵突泉，同时书写“润物”之匾令悬珍珠泉。康熙一而再，再而三地临幸名泉，题写匾额，表现了他勤政之余寄情山水的闲情逸致，也反映了他出巡中的恬静之情。

游览并祭奠泰山，是康熙南巡中不可或缺的重要活动。首次南巡康熙即对这座文化名山进行游览和祭奠。登岱路上，康熙一边观览风光山色。一边到宫殿中行礼。薄暮时分驻跸泰山山顶上。第二天于天仙殿再次行礼后，书写了“坤元叶德”四字匾额悬于殿中。回至行宫又书写了“普照乾坤”和“云峰”，宣示诸臣。随后，康熙自岱峰步行而下，近午设卤簿于泰安城北，乘辇至东岳庙，于玄极殿“躬祀泰山之神”。对于泰山之行，康熙感慨系之：“一览众小，临眺九有，洵足览天下之胜察造化之奇。”并命将“普照乾坤”四字于孔子小天下处建亭悬额，“云峰”二字于极顶处摩崖勒石。康熙二十八年（1689）第二次南巡至泰山之麓，再率文武诸臣向泰山行礼。当得知庙祝香火荒凉日用难给时，立即决定将每岁香税钱粮内动支四百两银给予各守祀庙祝。康熙四十二年（1703）第四次南巡再登泰山，以观瞻这雄伟庄重气势磅礴的五岳之长。历代帝王都把泰山当成神的化身。康熙同样念其“载在祀典，有功社稷”，才一次又一次行礼朝拜，“以示崇祀之意”。

致祭明太祖陵是康熙南巡活动中的重要内容之一。第一次南巡，康熙先遣内阁学士席尔达于明太祖陵读文致祭，而后便率内大臣、侍卫、部院官员往谒，于孝陵前行三跪九叩头礼，次于宝城前三奠酒。当日车驾经过江宁府明故宫时，康熙慨然久之，并颁发《过金陵论》，为明之灭亡大发感慨。前事不忘，后事之师，康熙显然是以明之兴亡为借鉴。此后，第二次、第三次、第五次、第六次南巡，康熙均到明太祖陵行礼，以致祭明代创业之君洪武皇帝。

此外，康熙还在第二次南巡驻跸杭州之际，“念大禹功德隆盛，万世永赖”，前往绍兴府会稽山之麓致祭禹陵，亲率扈从王、大臣、侍卫部院大小官员行三跪九叩之礼，“以展企慕之忱”。

康熙在六次南巡中，多次游览名胜古迹，并一路留题御笔，展现他这个非凡皇帝的文化风采。除了前已提到的游览济南名泉和泰山之外，康熙首次南巡到达扬州之后，即登览了蜀冈栖灵寺、平山堂诸胜景，并书写“萧闲”二字。渡江后至镇江驻跸，当日即临幸金山，游览龙禅寺，并书写了“江天一揽”，而后又游幸了焦山。前往苏州之后又临幸虎丘，观览了惠泉山。到了江宁又登临雨花台，观览了城郭山川形势。鉴于江宁府知府于成龙居官清廉，还赐给于成龙亲书手卷一轴。“嘉尔清操，以示旌扬”。第二次南巡，康熙驻跸苏州之际，又观览了虎丘山，并连日游览万峰山、灵岩山以及太湖等名胜古迹，回銮驻跸江宁时还游览了秦淮河。第四次南巡渡江后曾登临金山江天寺，并写“动静万古”之匾额，令悬寺中。

在南巡中，康熙运用他娴熟的书法艺术一路书写，留下不少墨迹。除以上提到的之外，在第二次南巡时，正月十三日驻跸德州，撰写孔子、孟子及周公庙碑文各一篇，并手书勒石。第三次南巡时驻跸江宁，康熙不仅命修明太祖陵，并命悬挂手书“治隆唐宋”之匾额。康熙四十四年第五次南巡回銮驻跸苏州时连日书写留题，先是于四月初九书写“恬波利济”之匾额，令悬钱塘江岸龙王庙；四月十五日书写“至德无名”匾额，令悬吴泰伯庙；接着又于四月十六日书写“济时良相”和“坡仙遗范”之匾额，命分别悬于范仲淹祠和苏轼庙，在闰四月初三书写“正谊明道”之匾额，令悬董仲舒祠。

南巡中的祭孔活动是一项重大的文化活动。康熙认为“阙里为圣人之域，秉礼之邦”。“临幸鲁地，致祭先师，正以阐扬文教，振起儒风”。为此，康熙南巡中来到曲阜，必然看重祭孔。首次南巡便以隆重的礼仪举行祭孔大典。康熙二十三年（1684）十一月十八日黎明，设卤簿，康熙乘辇后由甬道旁行至大成殿，行三跪九叩礼，乐舞作。礼成之后，康熙临幸诗礼堂，由监生孔尚任、举人孔尚礼开始讲学，而后行至大成殿瞻仰圣像，历览圣迹并历代碑记，并特书“万世师表”悬于殿中。为有别于历代帝王致祀阙里留赠金银器皿的做法，康熙将所用曲柄黄盖留于庙中，以示“尊圣之意”。接着又锡赐衍圣公等日讲《四书》《易经》《书经解义》各一部。而后又诣孔林，步行至孔墓前，跪奠酒三爵。正如扈从学士孙在丰、侍讲学士高士奇等所奏。“至圣之道，昭垂万世，而振兴文教。实赖一人。”这也正是康熙祭孔的目的之所在。

三

除了北巡和南巡之外，康熙还有过一幸西安，五幸五台，二十九次水圈，四十余次谒陵和八十余次南苑行围等出巡活动。在这些出巡活动中，无不包含着康熙的文化行为，渗透着他的文化思想。

康熙四十二年（1703）初冬，康熙轻骑简从，由晋及秦，开始了西幸古城西安的行程。康熙利用冬令闲暇之际，冒着严寒，不辞遥远，与其说是临幸西安阅兵，更不如说是禁不住十一朝文化古都西安的诱惑。在西安，他看到的是不同于历巡江浙、盛京、乌拉等处的文化。这里的官兵“俱娴礼节，重和睦，尚廉耻。且人材壮健，骑射精练”，显示的是古朴的民风。为此，康熙十分高兴，并赐给将军、总督、巡抚、提督、总兵等御书匾额及貂帽、裘褂等物。

如果说，康熙频繁出巡主要是为了了解吏治民情，行武习猎，抚慰蒙古，安定边塞的话，那么，他五次到山西五台山进香朝佛，则完全是一项文化活动。康熙在临幸五台诸寺，进香拜佛之余，登临五台眺览，则不难看出他的崇佛思想和名山览胜的用意。

康熙在勤政之余曾二十九次在白洋淀进行水围活动。每当春暖花开，雁凫北上之时。康熙一行浩浩荡荡，于茫茫水天之间，万顷碧波之上，展开大规模的水上围堵。水围之后，康熙同侍从诸臣题诗赋，鼓瑶琴，俯仰古今，飞觞饮宴，沉浸在一片消闲文化的氛围中，后来康熙还在白洋淀水域设立了行宫。这反映了康熙在繁冗的政事之余，追求恬静生活的心态。水围余暇，康熙还写了不少诗词，生动地描写了水围的景象，再现了水围的诗情画意。

谒陵祭祖是我国传统的文化活动。康熙常用出巡谒陵的方式，以告国家重大事件的结束。最突出的莫过于康熙的三次东巡谒陵。第一次东巡祭祖是康熙十年（1671），“以寰宇一统，躬诣太祖太宗山陵”；康熙二十一年（1682）第二次东巡，是“以云南底定，海宇荡平”，前往永陵、福陵、昭陵告祭；第三次东巡盛京谒陵在康熙三十七年（1698），是康熙三次亲征，剿灭噶尔丹之后。可见康熙东巡谒陵，皆是在影响国家大局之事告成时进行的。每次谒陵，都要举行隆重的祭奠活动。谒陵大典作为清王朝的重要典制，其过程本身就是一次繁复的文化活动，受到康熙的高度重视。谒陵礼成之后，还要在盛京宫殿的一片鼓乐声中举行筵宴和颁赏活动。这足以说明，康熙的东巡谒陵是一项重大的文化举措。

此外，康熙还曾四十余次前往遵化祭奠孝陵。其中多以岁暮之日举行，但也有谒陵的各种原因。诸如康熙二十年（1681）“以云南大捷，全省荡平”，康熙二十二年（1683）“以平定海寇”，康熙三十五年（1696）“以亲征噶尔丹”，康熙六十年（1721）“以御极六十年大庆”等。康熙谒陵有时是专程前往，礼成之后即还京师，但有二十六次是在谒陵之后巡狩口外习猎行围的，其中不乏谒陵之后乘便游玩之例。康熙二十年（1681）春夏之交，康熙就是奉太皇太后临幸遵化温泉顺便游玩驻狩边界的。由此更不难看出康熙的巡狩包含有消闲文化的成分。

南苑是康熙一生中行围最多的地方。从康熙四年（1665）十二岁起至康熙六十一年（1722）他六十九岁止，前后共临幸南苑行围八十五次，除了北巡塞外南巡江浙之外，一年四季在南苑行围不断。有时在南苑大阅，有时去南苑观禾，还有“因时渐暑热”，暂幸南苑的，而更多的还是临幸南苑行围。康熙十二年（1673）正月十九日，不满二十岁的玄烨对兵部尚书明珠说：“朕每欲率部院大臣一行游览，只因政务殷繁，恐致废弛，是以未遂所怀。今因大阅得以稍暇，令各尚书俱带弓矢来，随朕游览。”在年轻的康熙看来，大阅始得稍暇，将行围看作游览，其民族传统的游猎文化显而易见。

综上所述，康熙的出巡活动范围非常广泛，内容十分丰富，文化内涵也多种多样。但从康熙出巡中不难看出两点：他的北巡、水围、南苑行围等活动，属于本民族渔猎文化的范畴；南巡、谒陵、幸五台等活动属于吸收汉文化的范畴。当然，两种范畴的活动互有交叉，从中也不难看出两种民族文化的交融情况。

满族是以骑射著称的民族，清王朝的建立完全是以武功定天下。康熙十四岁躬亲大政，距清统治者进入中原不过二十多年的时间。清政权建立不久，需要巩固和发展，康熙一方面多次北巡，以围猎为手段，练兵习武，以军事武装巩固政权；另一方面，康熙又不仅仅只看到武力的作用，他还认识到武力之外的影响，即文化的巨大作用。

康熙的北巡范围十分辽阔，这就为广泛团结蒙古诸部打下了地域基础。作为传统游牧文化转型时期的满族优秀代表人物康熙，深深懂得与毗邻的蒙古诸部团结的重要性。他不仅举行重在团结蒙古上层人物的多伦会盟，而且以巡狩的方式，到蒙古各部视察，并举行盛大的围猎和筵宴活动，以巨大的文化感染力来构筑较有形长城更为坚固的无形长城，较明以前历代王朝，这足以说明康熙的高明之处。

康熙自幼喜好读书，深受儒家文化经典的影响，这有力地促进了他后来推行尊孔崇儒和优容知识分子的政策。在首次南巡回銮驻跸燕子矶时，康熙不顾白天活动一天的疲劳，夜晚依然读书至三鼓。像这样每晚读书写字至深夜，在康熙是常有之事。他称“朕自五龄即知读书，八龄践祚辄以学庸训诂询之左右，求得大意而后愉快。日所读者必使字字成诵，从来不肯自欺”。以至年十七八时，因读书过劳致咳血而不肯少休。康熙勤学苦读，对儒家经典均能熟读成诵。不仅如此，康熙还努力学习自然科学，对天文、地理、数学、乐律等都达到相当水准。

康熙时期，正是国家经历康熙十年“寰宇一统”，康熙二十年（1681）“云南底定”，康熙二十二年（1683）“平定海寇，海宇荡平”，康熙三十六年（1697）平定噶尔丹叛乱等的重要阶段。国家政权逐渐巩固，社会趋于稳定，经济开始发展，正是需要儒家文化统治的关键时期。康熙以自身高品位的文化素质，适应了这一需要，在出巡的各种机会中施以文化的统治，身体力行推行尊孔重儒政策，在汉族知识分子中影响是深远的。这对国家政权的进一步巩固和社会的发展，都产生了不可估量的作用。

康熙皇帝御赐西瓜籽到台湾

谢小华

西瓜果瓤脆嫩，味甜多汁，深受人们的喜爱，是夏季主要的清热消暑果品。在烈日炎炎的夏日，吃上一片绿皮、红瓤、黑籽的西瓜，一股甘凉会沁人心脾，令食者神清气爽。西瓜原产古埃及，南宋时传入我国。至清代，西瓜在全国南北地区已均有种植了。

康熙皇帝注重养生，很了解食用水果对健康的益处，所谓“诸样可食果品，于正当成熟之时食之，气味甘美，亦且宜人”。西瓜就是康熙皇帝在夏令时节不可或缺的消暑水果之一。不过，康熙皇帝并不满足于只能在夏季吃到西瓜，要是在冬天也可以品尝到如此美味，该是多么惬意的事！不过由于西瓜的生长季节比较固定，受环境条件限制，在中国内地都是夏季出瓜。康熙皇帝收复台湾岛后，很快就看中了那里冬季出瓜的种植方式。

康熙读书像

台湾岛属亚热带海洋季风气候，夏长冬短，气温较高，冬季除高山以外，各地最冷月份的平均温度也在15℃以上，能满足西瓜种植的最低温度条件；而且岛内土地皆属沙地，土质也适合西瓜生长。因此，台湾岛全年均可以出瓜。明末，来自大陆的移民将西瓜引种到了台湾，并进入到当地居民的日常饮食生活中。荷兰东印度公司的《巴达维亚城日记》载：台湾萧垅社地域内多产有……槟榔子、香蕉、柠檬、橘子、西瓜、番瓜、匏瓜、甘蔗及其他美味之鲜果。曾出任荷兰驻台湾殖民总督的揆一所撰写的回忆录《被忽视之台湾》一书中，记有当地人"栽西瓜充自用"。撰写台湾游记的第一人——郁永河也曾在《裨海纪游》中写道：西瓜，盛于冬月；台人元旦多啖之。

康熙二十二年（1683），清政府收复台湾。第二年，即在台湾设置台湾府和诸罗、台湾、凤山三县，归福建管辖。以后，每年冬季，都由地方政府从台湾采买西瓜，运到内地后细加拣择，再送至京城，供帝后们享用。西瓜成了清宫中的"冬季美味之物"。另据赵翼《陔余丛考》称：台湾西瓜"并种于秋，至十月采取贡入京，以备腊月庙祭之用"。这应该是按照当时习俗，取西瓜的"西"字音于喜，取其形于圆，取其瓤于红，取其籽于多，作为拜天祭祖时的供品。

康熙五十二年（1713）正月十六日，闽浙总督范时崇奏称：当年台湾所产西瓜因岛内天时过于和暖，使西瓜的皮质不如往年的坚实，仔细挑选后派家人刘真送往宫廷。也许是这年的台湾西瓜确实品质不佳吧，于是康熙皇帝决定将清宫大内所存的北方和西北地区的优质西瓜种籽送往台湾试种。

四月十一日，福建巡抚觉罗满保接获家人从京城带回的西瓜籽一匣，并有康熙皇帝谕旨，令将此匣西瓜籽带往台湾试种。由于当时正值福建内地西瓜播种季节，而台湾岛的种植时间要等到十月，因此满保自作主张，留了一部分西瓜籽派人带往洪塘、漳州、泉州等地播种，另派人将其余西瓜籽带往台湾。等到了七月，在福建所种的西瓜已经成熟，觉罗满保精挑细选，呈送康熙皇帝。不想，此举却遭到了康熙皇帝的斥责："此物，朕未曾令尔呈送，只是说在台湾地方试种。将此作为一事赍送，殊属不合！在福建种之何用?"康熙皇帝令将西瓜籽发往台湾试种，就是考虑到台湾一般每年九月收割芝麻后方才种瓜，十二月份成熟，正好可在北方的隆冬时节进贡到京城，使宫廷在冬天也能吃到味美可口的优质品种西瓜。而满保在福建所种这批西瓜的成熟时间还是在夏季，此时北方和西北都有优良西瓜进贡清廷。显然，满保曲解了圣意。

第二年正月初九，满保上折，奏报上年在台湾播种的西瓜，十二月成熟，“萌发生长皆好”。只是十一月份的时候雨水偏少，且第一次播种西瓜，水土尚未调和，因此长得并不是很大。同时说明已派专人将这批台湾西瓜捡好“赍呈圣主御览”。他还请求康熙皇帝再赐给一些大内所存西瓜籽，以便本年继续在台湾栽种。奉到朱批：“知道了。”

为了保证每年御赐的瓜种能结出好瓜，满保可谓细心倍至，经常向康熙皇帝汇报种植情况。康熙五十四年所种西瓜，生长情况本来很好，但正值开花时节，九月十五日突遇大风，藤断花落，损伤大半。满保闻报，“甚惧，急忙添派人员，共同加意培植”，最后仅得西瓜 40 余个。此时已升任闽浙总督的满保见到这批西瓜，感到确实不像贡品的样子，“不胜忧惧”，在康熙五十五年正月初九的奏折中自责“此皆奴才之罪，愈思愈加战栗”，于是亲自挑选了其中较好的一些瓜赍送宫廷。虽然这些御赐瓜种未能结出好瓜，但当年“台湾本地所产西瓜，虽遭风稍损，然民人播种者多，仍获有大瓜”，满保又从中拣出好瓜“恭进御览”，以补贡瓜数量的不足。他再次请求康熙皇帝恩赏内廷西瓜籽，并发誓这次一定派人小心种植。虽然这次西瓜收获情况不好，但康熙皇帝并不介意，他在满保的奏折上大度地批道：“西瓜事小，有何关系。”

康熙六十年（1721）闰六月，在朱一贵起义被镇压后，台湾局势刚刚平定下来，满保即派人带着御赏西瓜籽前往台湾，选择了台湾县附近及南路观音山下两处地方播种。这批西瓜在生长过程中遭遇了大风，台湾县所种西瓜瓜藤被刮走，虽然找出了瓜根，加土灌水培养，仍未能开花；而观音山下瓜地因为地势较低，所受风害较轻，经过细心养种，收获了大小西瓜八十余个。但满保于康熙六十一年（1722）上半年奏报：“奴才谨遵留心，详视此次从台湾携来之西瓜……生长小，颜色淡薄，不如往年”，加上这一年台湾本地西瓜也品质不佳，“是以……弗敢赍进”。康熙皇帝特再次恩赏大内西瓜籽，令于当年“适时好生播种”。不过，康熙皇帝于当年十一月就辞世了，未能再品尝到来自台湾的西瓜。

康熙皇帝将大陆的优质品种的西瓜籽移种到台湾，不仅满足了宫廷的需要，客观上对改良台湾当地西瓜品种，提高其品质，也起到了很大的作用。经过数百年的发展，西瓜已成为今天台湾最富有代表性的水果之一了。

话说清西陵

关精明

清西陵位于河北易县城西的永宁山下，距北京有二百四十余里，始建于雍正八年（1730）。西陵地处丘陵地带，四面环山，背山面水，古松成林，风景宜人。陵区北起奇峰岭，南到大雁桥，隔易水河与狼牙山相望，东自梁各庄，西至紫荆关。陵区四周广设红桩、白桩和青桩，青桩之外再开辟二十里官山，官山之内均属陵区范围，周长近二百余里，总占地面积小于清东陵。其中有雍正皇帝的泰陵、嘉庆皇帝的昌陵、道光皇帝的慕陵、光绪皇帝的崇陵以及孝圣、孝淑等皇后嫔妃的园寝。陵内殿堂楼亭千余间，石建筑及雕刻百余座，总建筑面积五万平米左右，是一座规模宏大、建制完备、保存比较完好的帝王陵寝。

清政府在西陵设立了一套完整的管理机构。泰宁镇（梁各庄）总兵兼任西陵总管大臣，统辖西陵。与东陵一样，下设“陵寝内务府”“陵寝礼部”“陵寝工部”等衙门，具体掌理陵寝的管理、祭祀、修缮等项事宜。西陵还驻有八旗兵，掌陵寝守护；绿营兵管陵界守卫。“总管大臣掌督率官兵，巡防游徼，以翊卫陵寝；内务府官掌奉祭祀奠享之礼，司扫除开阖；礼部官员掌修葺缮治，凡祭祀供厥楮币”。（《清史稿·职官二》志九十）实际上，这三个机构之官员，均分散于各陵，有总管、掌关防郎中、员外郎、笔帖式、主事等官员，管理本陵的各项具体事务。

阳光撒在红墙黄瓦上，加上青松翠柏的衬托，看上去颇为壮观、肃穆。清风中，漫步到西陵的首陵——泰陵。陵内葬着世宗宪皇帝，年号雍正，是圣祖康熙仁皇帝的第四子。

泰陵是清西陵内修建最早，规模最大的一座帝陵。雍正在位时，起初决定将自己的陵址选在东陵九凤朝阳山下，以便与父祖墓地相邻。后来又

泰陵

觉得其地不甚理想，认为“此地近依孝陵、景陵，与朕初意相合，乃精通勘舆之人再加相度，以为规模虽大而形局未全，穴中之土又带砂石，实不可用。”接着“今据怡亲王（胤祥）、总督高其倬奏称，相度得易州境内泰宁山（永宁山）天平峪万年吉地，实乾坤聚秀之区，阴阳合会之所。龙穴砂石，无美不收，形势理气，诸吉咸备等语。朕览此奏其言，山脉水法，条理详明，洵为上吉之壤”。（雍正七年十二月汉文《起居注》）。雍正看中了易州泰宁山下“吉地”，但又怕远离孝、景二陵，与典制有违，就让大臣们议奏。众臣为迎合雍正的心意，便复奏称：“易州及遵化州地界与京师密迩，同居畿辅，并列神州，其地实未为遥远。”于是，雍正遂决定将陵址由东陵改为西陵。

泰陵始建于雍正八年（1730），乾隆二年（1737）竣工。进入陵区先要经过一座五孔石拱桥，迎面便是陵区的大红门，其东、西、南三面，巍然矗立着三座高大的石牌坊，其上雕满了山水花草和各种兽类的图案，形态生动，雕工精致。神道两侧是苍松翠柏成林、石雕排列其中。隆恩殿为重檐歇山式，黄琉璃瓦顶，宽五间，深三间。殿内的明柱为全沥粉贴金包裹，梁枋上画着“江山一统”和“普照乾坤”等优美图案，色彩和谐，壮丽辉煌。殿内有三个暖阁，里面供奉着佛像和死者的牌位，是举行祭祀活动的重要场所。东西配殿是存放祝版和喇嘛念经的地方。殿后有三座门、方城、明楼、宝城、宝顶及地宫等建筑。

泰陵牌坊

泰陵的东北三里许是泰东陵。孝圣宪皇后，钮祜禄氏，一等承恩公凌柱之女，是乾隆皇帝的生母，乾隆四十二年（1777）正月二十三日，在圆明园之长春仙馆崩，享年八十六岁。乾隆四十二年四月，奉安于泰陵的东北，尊称泰东陵。泰东陵的南面是泰陵皇贵妃园寝，这里葬有纯懿皇贵妃、齐妃、谦妃、郭贵人、那常在、苏格格等。

关于雍正皇帝的死因有许多传说，据称雍正皇帝的尸体无头，被一位叫吕四娘的女侠刺死，取走了脑袋。雍正八年（1730）清廷制造了一桩震动朝野的文字狱。雍正皇帝下令将已死的清初有名的山野诗人吕留良，其长子吕葆中开棺戮尸，枭首示众，将吕留良的次子吕毅中斩立决；将吕留良孙辈不分男女全部遣送边疆为奴，并诛连九族。据说在捕杀吕氏家族时，吕留良的十四岁孙女吕四娘因外出玩耍而幸免。她逃匿深山，隐姓埋名，拜一世外高人为师，练成一身惊人武艺。后来，她只身潜入皇宫，杀死了雍正皇帝，取走了脑袋，报了父、祖之仇。雍正皇帝尸体无头，无法入殓，清廷只得铸了一个金头，安在尸体上，葬入泰陵。又一种说法是雍正帝崇信道教，对炼丹颇感兴趣，是误服了丹药中毒而死。其实，前一种说法不可轻信，后一种说法较为合理。

雍正帝在位期间，励精图治，勤于政事，整顿纲纪，革除弊政，发展生产，平息叛乱，抵御外侵，文治武功颇有建树。雍正在位时期正是康熙与乾隆两朝之间的过渡时期，雍正革除了康熙晚期的一系列弊政，为乾隆盛世的到来打下了良好的基础，雍正称得上是一个英明君主。但他有许多过错，甚至是令人难以容忍的过错。他从政过严，猜忌、多疑，手段狠辣。他实行特务统治，搞得人人自危，如履薄冰。他屡兴文字狱，压制对清朝不满的知识分子，故此难免有暴君之嫌。但他的“勤政”还是有目共识的。

最后值得一提的是宣统皇帝。宣统名溥仪，是光绪胞弟醇亲王载沣之长子。生母为荣禄之女，苏完瓜尔佳氏。光绪三十四年（1908）十月初九日继位，时年三岁，由其父载沣摄政。第二年改元宣统，在位三年。

爱新觉罗·溥仪墓地

根据皇帝登基即选陵址的旧制，溥仪继位后，便在崇陵旁的旺隆村北面选定了“吉地”。按乾隆皇帝开创的“各依昭穆，选分东西”之制，宣统皇帝的陵寝应建在东陵。但溥仪是承嗣同治、兼祧光绪而继位的，同治皇帝的惠陵在东陵，故宣统皇帝的陵寝建在西陵，而与光绪皇帝的崇陵相守。宣统皇帝的陵寝工程，是在宣统二年（1910）破土动工的，因辛亥革命的爆发和清朝的灭亡，宣统皇帝的陵寝工程也就被迫停工而荒废了。

历代帝王庙御制碑亭探秘

刘　诺

北京历代帝王庙的景德崇圣殿两侧有四座御制碑和碑亭。这四座御制碑和碑亭其规格是非常高的，属庙宇碑亭，均采用了重檐歇山式，覆盖着黄色琉璃瓦顶，亭内海水江崖石雕地面，体现了皇家的等级。

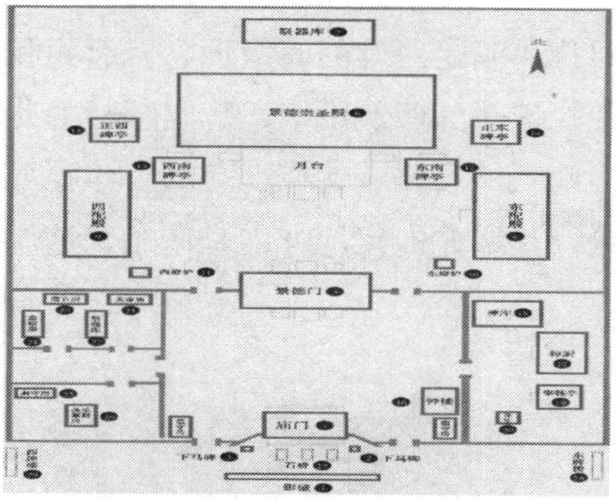

历代帝王庙总平面图

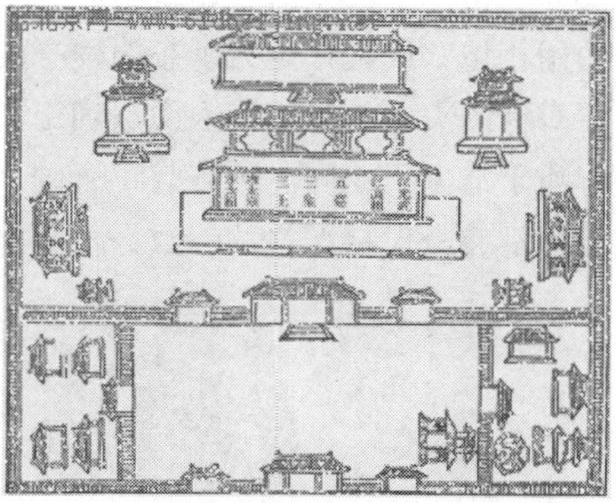

《大清会典图》附《历代帝王庙图》

碑，是一种标志，树碑是“立传”的载体。北京历代帝王庙的碑亭是清代的，是在已经毁坏了的明朝旧碑的基础上重建的，碑要先立，亭需后建。否则，这样巨大的碑身是不可能竖到亭子里去的。碑亭，顾名思义，就是放置石碑的建筑。东南碑亭，碑阳为雍正十一年（1733）《御制历代帝王庙碑》，碑阴是乾隆五十年（1785）乾隆皇帝《祭历代帝王庙礼成恭记》，这座碑被后世的人们俗称为“父子碑”；西南碑亭，碑阳是乾隆二十九年（1964）《御制重修历代帝王庙碑》，碑阴刻有乾隆二十九年（1764）《历代瞻礼诗》。这里，着重对景德崇圣殿正东正西御制碑亭的营建年代进行考证。

走近景德崇圣殿正东碑亭，只见亭中石碑碑首采用了高浮雕方式，雕有一条六头向前探、尾向西翘的盘龙，雕工细腻，刀法玲珑，造型生动，表现手法非常丰富。无论是蟠龙的伸展盘旋，翘尾摇摆，昂首仰视，都带有呼之欲出的动态感。碑蚨下连接碑亭地面的部分是青白石水盘，雕刻着海水江崖图案，鱼鳖虾蟹分别刻在与碑亭四角相对的位置。碑首和碑身是整块青白石雕成，碑担和碑趺也是由整块青白石雕成。人们称这一形态仿龟式样的卧龙碑为“龙趺碑”。碑阳是乾隆五十年（1785）二月下浣《祭历代帝王庙礼成记》，满汉合璧，阴面无字。很显然，正东碑亭确定无疑是乾隆五十年（1785）建造的。而大殿正西碑亭内的碑是一座无字碑。我们知道，树碑的目的是为了立传，是为了彰显功德。彰显功德自然要通过对功德的陈述文字来表达。而此碑上无一字，当时在建这座碑亭时，是在明朝旧碑亭的位置上重建的，或是因为原来碑上的字已经没有了记载，没办法再刻上什么内容，或与唐武则天置于乾陵功过任后人评说的无字碑功用相仿？或者只是为了东西碑亭的对称，满足对等的等级理念，起到和谐对称的美学效果？本人无法确定。但在碑亭的建筑说明，牌上却写着此碑建于清雍正年间。可它与正东碑亭内碑蚨的石料、式样、花纹、体积等规格都完全保持严格的一致，不同之处只是蟠龙的尾翘方向是向东，这说

正东龙趺碑

正西龙趺碑

明了什么呢？

从成书于清雍正年间的《古今图书集成》载《帝王庙总图》来看，在景德崇圣殿东西两侧确实绘有互相对称的两座碑亭。而我们今天看到大殿西侧的无字碑也应该是清乾隆五十年建造的，而不是雍正朝的。原因是：笔者在中国第一历史档案馆馆藏档案《内务府奏案》中看到了乾隆五十年（1785）三月二十四日至五十五年（1790）二月初四，这段时间内关于总理工程事物大学士和珅等关于在北京历代帝王庙大殿东西两侧各建碑亭一座、估需工料银两等事的奏折和物料清单，以及管理总管内务府事物的和硕亲王永瑢等参奏承办修建帝王庙碑亭的员外郎富尔纳等奏销迟滞，对其进行罚俸等文件。所以，依据档案史料和多次的实地考察、研究，笔者初步断定：大殿东西两侧的碑和碑亭都是乾隆五十年（1785）营建的。

从档案史料中我们很容易看出营建大殿东西两侧的碑和碑亭的全过程是：自乾隆五十年（1785）三月二十四日开始，内务府大臣和珅、金简、福长安、伊龄阿遵旨将历代帝王庙的地盘式样恭呈给乾隆皇帝御览后得旨："在大殿东西两边各建碑亭一座。"随于三月二十八日将碑亭烫样恭呈御览。得到了"碑身照依东边旧碑尺寸、花纹照长陵碑蚨式样成做。"的旨意。大臣们"遵照长陵龙蚨碑、正面龙头拱出一尺二寸；龙角高出七寸式样。核估得青白石龙蚨碑二统；各通高二丈二尺八寸，内碑身高一丈三尺，宽六尺。厚二尺三寸；贔头高五尺五寸，宽六尺六寸，厚二尺八寸；龙蚨身长一丈四尺，宽七尺六寸，抬头高五尺，外入槽高二寸采做。碑担宽六尺四寸，高四尺三寸；碑蚨下青白石水盘二分，各计五件，各长一丈四尺、宽九尺六寸、厚一尺八寸。"同时，建"重檐碑亭二座：下檐四面各显三间，明间面阔一丈二尺，次间各面阔八尺，通见方二丈六尺；柱高一丈六尺七寸，径一尺五寸，安单翘单昂溜金斗科。上檐四面各显一间，见方一丈八尺，安斗

水盘四角的鱼鳖虾蟹

口重昂斗科；内里隔井天花，明间安雀替，七檩歇山，成造装修四面，明间栅栏四槽；安青白石柱顶、埋头、阶条、栏垫、踏跺、角柱、腰线等。石台阶见方三丈三尺，明高三尺二寸，埋深三尺，露明台帮细城砖干摆，埋头背后满背砌旧样城砖；地面铺墁细尺七方砖，四面次间成砌檐墙八堵。头停苫挽灰泥背一层，灰背三层，瓦六样黄色琉璃脊瓦料。下架柱木、栅栏油饰朱红油；上架枋、梁、大木彩画合细五墨，斗科金墨子琢墨，椽子刷绿，望板、连檐朱红油。碑趺水盘下豆渣石底盘二分，各长一丈六尺，宽一丈二尺，安大料石三层，高四尺五寸；地基刨槽。碑趺分位下长一丈五尺柏木椿，上安大料石二层，其余槽内下长一丈柏木地丁，上筑大夯锅灰土六步，并随竖立大件石料，搭做天秤木架及随运石料。海墁砖上铺席垫土、门口拆安栏框、搭做戗桥等项。”其中，所需的青白石龙趺碑二统，要向石商订购，根据石商的呈请，因旧有石塘无料可采，要采取这样的大料，必须另觅新塘开采，需要揭去上盖的废石，往下才能得这样的大件。另外，出运塘口必须修垫山道，加运脚人工。考虑到市面的草料、米面比较贵，按成例实在不能办理，“恳请加增”。当时对御碑的石料是非常讲究的，用青白石绝对是上上之选，青白石是一种变质岩，色泽青中带花白纹。其纹理致密，质地硬度高，不容易风化，适合雕琢磨光。一般用于柱顶石、阶条石、铺地石、甬道石、台基石、栏杆和台阶，也是雕刻石碑、石兽的优质材料。由于这个重要原因，又不可能换用别的石料，几位大臣通过“细察情形尚皆属实，但按依从前加增二成八分未免过优，拟请按成例酌加二成五分、计加银四千八百三十六两六钱六分”通共估需银三万七千零五十三两四钱一分。

碑亭

为了印正奏案中“花纹照长陵碑趺式样成做”的准确性，本人专程去长陵，在长陵的第一进院落内，进门后就看到了右边的嘉靖二十一年（1542）建成的有黄琉璃瓦覆盖的碑亭，内置石碑一座，这一石碑的形制非常不同寻常，只见碑首是一条巨头前探的盘龙，碑趺是一形态仿龟式样的卧龙。这座碑就是嘉靖皇帝当时原本要为它亲自撰写碑文却没有写的“无字碑”。但是，我们今天看到的文字是清朝时期刻上去的。碑阳是用满汉两种文字书写的清世祖顺治十六年（1659）为保护明十三陵的谕旨。碑文的汉文字体是楷书。其大意是：顺治十六年十一月十七日，顺治皇帝命令工部，因各陵殿宇、墙垣倒塌严重、近陵树木多被砍伐。因此，工部应尽快将残毁处修缮好，并且需要添设护陵的人员（也称陵户），要小心看守。地方官要时常巡察，工部也要每年认真巡察一次，或者两次差官查看，切不可疏忽大意。碑阴是乾隆五十年（1785）三月，御制御书的《谒明陵八韵》。主要内容是说明修缮十三陵的原因和明清之间的仇怨都随着时间的推移而早已经消失等历史情况。

碑的左侧刻有嘉庆九年（1804）御制诗《谒明陵八韵》。抒发了他对皇考修缮明陵布施恩泽的感怀，同时表达了他睹物生情，有感于明王朝的灭亡，自己要“求安图治”“殚精竭虑”地治理好国家的深刻想法。

看了长陵的碑和碑文，笔者理解为：北京历代帝庙东西两座碑亭是乾隆皇帝到十三陵修缮工地视察后才决定修建的。而且，“小件青白、豆渣等石，将来明陵余存者甚多，所有此二座碑亭应用之青白石、柱顶、埋头、阶条、栏垫、踏跺、角柱、腰线、并豆渣石底垫等料、亦于明陵用剩之石料内尽数运用”。在返城的路上，笔者反复在想：很多专家和学者都对这四座碑亭进行了大量论证，有没有必要再研究呢？研究历史必须以历史唯物主义为指导，唯物史观要求在认识过去的历史时必须实事求是。讲求实事的前提是必须有可信的史料，而笔者手中的档案则是第一手的可信史料，本着尊重历史、对历史负责的态度，笔者对这一问题进行了以上的研究。笔者最终断定：大殿东西两侧的碑和碑亭都是乾隆五十年（1785）营建的。

乾隆与宝月楼

刘桂林

一

关于宝月楼的传说由来已久，而且一提起宝月楼来多与香妃联系在一起。传说源自1914年故宫浴德堂展出的一幅“香妃戎装像”及所附的一篇《香妃事略》。事略中介绍：

……回疆既平，兆惠生得香妃，致之京师。帝命于西内建宝月楼居之。楼外建回营，毳幕韦鞲，具如西域式……盖帝欲借种种以悦其意，而稍杀思乡之念也。①

此后，香妃和宝月楼的传说流传甚广。随着时间的流逝，有关香妃的传说一直在民间流传着，而宝月楼的兴建却逐渐为人们所淡忘。自从1999年电视连续剧《还珠格格》及其续集播出之后，有关香妃和宝月楼的故事又广为流传起来，甚至达到妇孺皆知的程度，都知道清朝皇帝乾隆有个香妃，一直居住在宝月楼，而且乾隆皇帝也经常临幸于此。有关香妃和宝月楼的传说再次流传，电视剧起了推波助澜的作用。

对于民间传说和电视媒体的传播和宣扬，倒也不足为怪，而此说被正式载入冠以中国名称的皇家文化汇典，则是不能令人接受的了。

“宝月楼，创建于乾隆二十三年（1758），匾额为乾隆手书‘仰视俯察’。此楼也是为乾隆宠爱的香妃所建。因登上宝月楼可望见与之相对的

---

① 转引自杨乃济《“香妃传说”与宝月楼、回子营》，引《故宫博物院院刊》1982年第3期。

‘回子营’。以此可安慰香妃思念回族故乡的心情。”① 在《汇典》中，宝月楼的创建时间是对的，匾额为乾隆御笔也是正确的。问题在于这里不仅将宝月楼的建筑缘起简单错误地说明“是为乾隆宠爱的香妃所建”，而且颠倒了先有宝月楼，后建回子营的时间顺序。

二

无论是民间传说，还是电视媒体，甚至将传说载入《中国皇家文化汇典》，都不能改变宝月楼建筑缘起的事实。乾隆在《宝月楼记》中写道：

宝月楼者，介于瀛台南岸适中，北对迎薰亭。亭与台皆胜国遗址，岁时修葺增减，无大营造。顾液池南岸逼近皇城，长以二百丈计，阔以四丈计。地既狭，前朝未置宫室。每临台南望，嫌其直长，鲜屏蔽，则命奉宸苑既景既相，约之椽之。鸠工戊寅之春，落成是岁之秋。②

乾隆在这里明白无误地交代了修建宝月楼的起因。由于太液池南岸南北狭窄，仅有四丈，而东西长达二百丈，又未建任何宫室。每临瀛台南望，不见屏蔽遮目，只有长岸横天，于是才命内务府奉宸苑在南岸适中位置，修建了这座宝月楼。

戊寅纪年为乾隆二十三年（1758）。乾隆的回族妃子容妃（即香妃）入宫时间，史料记载为乾隆二十五年（1760），显然与乾隆兴建宝月楼风马牛不相及也。

在乾隆二十四年（1759）题写的第一首宝月楼诗中，也明确表达了修建宝月楼的原因：“南岸嫌长因构建，榛临直北望瀛州。”③

在这两行诗的自注中，乾隆说：“瀛台皆前明所建，惟南岸向无殿宇，故为楼以配之。”④

在诗秘自注中，乾隆对宝月楼的趣造意图交代得再清楚不过了。

至于此后于乾隆二十四年（1759）在临街对面构建回子营，继而又于乾隆二十九年（1764）建成礼拜寺，且正与宝月楼相对。这与宝月楼建筑缘起互不相干，则另当别论。

---

① 《中国皇家文化汇典》。
② 《乾隆御制文初集》卷七《宝月楼记》。
③ 《乾隆御制诗二集》卷八四。
④ 《乾隆御制诗二集》卷八四。

三

宝月楼“与同豫轩，茂对斋东西相望，北对迎薰亭，南临皇城”。[①]处于“瀛台南岸适中”的位置。[②] 这也是乾隆在此处建楼的用心所在。不难设想，如果宝月楼不是建在瀛台南岸适中的位置，或是偏东，或者靠西，从瀛台迎薰亭向南望去，宝月楼不是偏左，就是靠右，处于不当不正的位置。虽然在视野中达到了缩短南岸直长的效果，也多少有了一处偏离正方的屏蔽，但远远达不到预期的目的。

说它适中，是因为宝月楼建成后，“池不觉其窄，岸不觉其长”。[③] 临楼“凭窗下视，迥出皇城，三市五都，隐赈纵横，贾贸山带鬻，列队百重，华盖珂马，剑佩簪缨，抚慈繁庶，盖切保泰与持盈。此则南临之所会也”。[④] 向北眺望，“则云阁琼台，诡峰古槐，峭茜峻岩，耸翠流丹，若三壶之隐现于镜海云天者”。[⑤] 这就是乾隆南望北眺所看到的景色和得出的观感。

宝月楼高两层，楼上下各七间。“据岸者十之四，据池者百之一。”[⑥]在液池南岸不仅位置适中，而且高度相宜，宽窄适度，大小相称。既不突兀高耸，也不矮小平庸；既不长列庞然，也不显单弱无华，加之月台底座的衬托和黄绿色琉璃脊瓦的装饰，更显得华丽而凝重。可以毫不夸张地说，宝月楼的建造，是太液池整体建筑中的点睛之笔。

在此应该指出的是，在宝月楼建造之前，与该楼东西相对的同豫轩和茂对斋两组建筑已经建成。这样，在南海南岸即建成了以宝月楼为中心的一组建筑群。宝月楼居中，同豫轩在东，茂对斋在西，从而形成了东西相对、左右相称、遥相呼应的中国传统的建筑格局。

由此也不难看出，乾隆为博香妃的欢心而建造宝月楼的说法，纯属无中生有，空穴来风。

---

① 《日下旧闻考》卷二三“国朝宫室”西苑三。
② 《乾隆御制文初集》卷七《宝月楼记》。
③ 《日下旧闻考》卷二三“国朝宫室”西苑三。
④ 《日下旧闻考》卷二三“国朝宫室”西苑三。
⑤ 《日下旧闻考》卷二三“国朝宫室”西苑三。
⑥ 《日下旧闻考》卷二三“国朝宫室”西苑三。

四

遵照乾隆帝的旨意，清内务府奉宸苑“既景既相，约之椽之”①，于乾隆二十二年（1758）春季开工，秋天宝月楼便告落成。据员外郎硕尔霍等呈称：

修建得瀛台南泊岸宝月楼一座，计七间。月台一座，满铺豆渣石装板一层，磉墩豆渣石七层。周围台帮豆渣石三层，青白石四层。安砌青白石柱，顶埋头土，衬斗板阶条并月台马头，踏垛压面，汉白玉石地伏栏板、柱子，成砌山墙、槛墙、头停，苫背瓦、黄绿色琉璃脊瓦……以及油饰彩画等项工程。通共销算银六万三千四百余两。成做内里装修紫檀木插屏，青白石炉座并雨搭策扇等项，共销算银三千五百二十两。②

建筑主要是看其外部特征，而相应的家具陈设则是内部空间与外貌的完美结合。因此，华丽的建筑还要有与之相配套的家具陈设。一般来说，中国传统的建筑风格与内部陈设格调是一致的。它是中国传统观念和风格的充分体现，同时也是生活、休闲与政治的需要。

宝月楼建成后，依照皇家传统的陈设格局，并遵照乾隆的旨意，布置陈设得既华丽又实用，既达到乾隆登楼赏景的目的，又不失皇帝一统天下的地位。

根据同治元年（1862）的一份《宝月楼陈设档》，我们不难看出宝月楼皇家陈设的基本特征。

宝月楼楼下明间：

紫檀边座玻璃心五屏风一座（开花不全，玻璃脱落）。

鸾翎扇一对（虫蛀，紫檀杆座）。

雕紫檀罗汉宝座（上铺红猩猩毡一块、石青缎绣二色金花坐褥一件、红锦套一件）。

蓝缂丝迎手靠背坐褥一分（足踏、黄缎垫、黄缎刷、足踏套）。

紫檀嵌青白玉三块如意一柄（绿穗、珊瑚面豆三个）。

---

① 《日下旧闻考》卷二三“国朝宫室”西苑三。

② 中国第一历史档案馆藏：《内务府奏案》120号、《内务府黄册》107号《宝月楼工程奏销黄册》。

填漆痰盆一件

玻璃长方容镜一面

紫檀高香几一对。左几上安：《宝月楼记》青玉册页一册（计十页，紫檀套匣）；右几上安：青玉宝一方（紫檀套匣）。

紫檀边画玻璃炕屏一架（计十二扇）。

宝座面西，上铺白毡一块、红猩猩毡一块、凉席一领、花毡一块。

黄缎绣金龙迎手靠背坐褥一分。

绣黄江绸迎手靠背坐褥一分。

雪花锦迎手靠背坐褥一分。

葛布套一分。

绣黄缎幔一架。

紫檀嵌青白玉三块如意一柄（散坏，珊瑚豆二个，绿穗）。

填漆痰盆一件。

银镶铜鞘顺刀一把（上嵌珊瑚松石，绿猫石不全）。

紫檀边座玻璃大插屏一对。

紫檀边玻璃画荷花小柜一对（散坏）。

白铜火盆一对（铜罩、花梨座）。

紫檀几腿案一对。

南暖阁：

宝座面西，上铺白毡一块、红猩猩毡一块、花毡一块、凉席一领。

堆黄缎迎手靠背坐褥一分（破烂）。

蓝缂丝迎手靠背坐褥一分。

月白锦迎手靠背坐褥一分。

葛布套一分。

紫檀案一张。

铜珐琅有盖火盆一件（洋漆座，破烂）。

紫檀绣墩一对（绣黄缎垫，月白锦套糟烂）。

北暖阁：

宝座面南，上铺白毡一块、红猩猩毡一块、花毡一块、凉席一领。

蓝缂丝迎手靠背坐褥一分。

月白锦迎手靠背坐褥一分。

葛布套一分。

紫檀嵌竹书格一对。

紫檀案一张。

铜珐琅有盖火盆一件（紫檀座破坏）。

紫檀绣墩一对（绣黄缎垫，月白锦套）。

夹绸软帘一架。

帘刷二架（糟烂不全）。

地毯八块（糟烂）。

楼上明间：

紫檀边字画围屏十二扇（边散坏，字画迸裂）。

紫檀宝座面北，上铺绣黄缎靠背坐褥二件、月白锦套二件、葛布套二件、黄毡套足踏一件。

紫檀罗汉椅子十二张（散坏，开花不全），黄缂丝垫，月白锦套。

紫檀边座玻璃大插屏四座。

宝座面东，上铺白毡一块、红猩猩毡一块、凉席一领。

绣黄缎迎手靠背坐褥一分。

月白锦迎手靠背坐褥一分（糟烂）。

葛布套一分。

紫檀书格一对。

宝座面西，上铺白毡一块、红猩猩毡一块、凉席一领。

绣黄缎迎手靠背坐褥一分。

葛布套一分。

紫檀边座玻璃炕屏十二扇。

紫檀杌子十二张（蓝缎锦绣金花垫，锦套）。

月白锦迎手靠背坐褥一分（糟烂）。

帘刷二架（糟烂不全）。

月台上安：

大铜鼎二对。①

以上虽然是同治元年宝月楼的陈设状况，但是依照清官的规制，自乾隆朝以后，历朝不会有较大的改变，只是个别陈设物品的调整或更换。从

① 中国第一历史档案馆藏：《内务府清册·陈设册》7893 号《宝月楼、茂对斋陈设档》（同治元年）。

宝月楼的陈设来看，虽然可以初步了解皇家陈设的一般状况和基本特征，但如果与其他邻近建筑景点的陈设比较，就不难看出宝月楼与其不同之处。

宝月楼没有勤政殿的薰炉、香筒、金字挂匾和文房四宝，没有紫光阁的战图画像、红旗纛幅、盔甲鞍辔、弓箭撒袋、鸟枪腰刀和竹木器械，没有遐瞩楼的雕漆文具、山水册页、乐府古诗、舆图方略和名臣奏议。宝月楼比其他殿堂陈设要简单得多，它无须陈设文房四宝，连灯具也未安设。它与其他邻近建筑的共同之处是都有宝座、足踏、如意、痰盆以及相应的铺垫、迎手、靠背坐褥、杌凳绣墩、毛毡地毯等件。宝月楼既不是寝宫，更不同于御门听政、召见臣工和日常办理政务的殿堂。它是为南海南岸嫌其直长、鲜有屏蔽而建，也是为观赏景色、考察民情而建。在宝月楼楼上明间，面北、面东、面西三个方位都设有宝座，就足以说明其作为观景的重要了。

五

从乾隆四年（1739）写下《二月十三日恭侍皇太后游瀛台纪事》有关西苑的第一首诗之后，至嘉庆二年（1797）当太上皇时最后写的《腊八日纪事》，五十九年间，乾隆为中海和南海的七十余处景点，共写作了八百余首诗篇。宝月楼建成后，乾隆多次临幸，同样为宝月楼留下了不少诗作。在中海和南海各景点中，紫光阁是乾隆为其作诗较多的地方，不计乾隆同大臣的吟诗联句，尚有五十二首之多。这与紫光阁在清代政治生活中的重要地位是分不开的。首先是早在康熙时期，紫光阁就是检阅侍卫比武、骑马射箭的地方。乾隆在此不仅阅射，考试殿试武举，还举行盛大筵宴，悬挂战图，收藏灵纛和武器，以此铭记功勋。为此作诗较多是很自然的。其次是仿江南名胜而建的千尺雪，乾隆对此景点情有独钟，作诗五十六首，是中海和南海各景点中留下诗作最多的一处。再次是瀛台东侧的淑清院，乾隆为其留下诗篇四十首。淑清院是“幽静深邃、山石峻峭、飞流泻地、曲涧涟漪”的一处胜景①，确实是乾隆喜好玩赏之地，难怪为此作诗之多。此外，还有素尚斋和丰泽园，乾隆分别为其写诗三十二首和三十一首，在中南海各景点中也是留诗较多之处。

---

① 吴空．中南海史迹［M］．北京：紫禁城出版社，1998.

宗月楼为乾隆二十三年（1758）建造。从乾隆二十四年（1759）《题宝月楼》的第一首诗至五十六年（1791）《宝月楼自警》诗，共写诗二十六首。在中南海各景点中，虽然比以上介绍的各景点写诗略少一些，但也算是作诗较多的一处。由此也不难反映出乾隆的情趣和爱好。对于淑清院，乾隆吟诗说："所以临西苑，淑清必一至。"而宝月楼虽不能说临西苑"必一至"，但也几乎每岁必至了。

乾隆在宝月楼诗中，除了指明建楼的缘起之外，在多首诗中表达了对宝月楼的赞美。在乾隆心目中，宝月楼是"耸出宫城五色云，皇都佳气郁氤氲"。① 尤其是将楼命名为"宝月"二字，更是赞赏不已。南海与中海和北海不同。北海面积大，琼华岛景区尤为突出，南端再傍以团城，使北海景区成为三海之首。中海水面宽阔，东西两岸建筑不多。西岸的紫光阁和东岸的万善殿体积高大，又遥相呼应，令人感觉气势不凡。而南海较小，沿岸景区连片，亭台楼阁，建筑成群，空间封闭，其内湖状如满月。每当皓月当空，"池与月适当其前，抑亦有肖乎广寒之庭也"。② 因此，乾隆自我欣赏地将"宝月佳名题上头"。③ 自从宝月楼建成后，乾隆得意之情经常流露笔端。"佳丽皇州归朗照，果然宝月副其名。"④ 对四季宝月鉴赏之后，对秋月尤加赞美。"四时宝月最春秋，秋较春还胜一筹。看桂强于看梅冷，对晨饶却对宵留。"⑤ 对秋月的清澈、明朗和深邃意境，乾隆描述得淋漓尽致，以此表达他对宝月楼的赞美之情。

乾隆在多首诗篇中，用许多优美的词汇，表现了对宝月楼的喜爱。诸如"春阁峥嵘"⑥，"流丹飞阁"⑦，"琼楼俯绮囪"⑧，"翡翠瓦双层"⑨ 等词语，在乾隆描写宝月楼的诗歌中俯拾皆是。对如此华美的建筑，乾隆"一年才一登"⑩，无不遗憾地流露出未能经常临幸的心情。

---

① 《乾隆御制诗三集》卷一。
② 《乾隆御制文初集》卷七《宝月楼记》。
③ 《乾隆御制诗三集》卷四十三。
④ 《乾隆御制诗四集》卷九。
⑤ 《乾隆御制诗三集》卷七。
⑥ 《乾隆御制诗三集》卷二十七。
⑦ 《乾隆御制诗四集》卷四十五。
⑧ 《乾隆御制诗四集》卷十七。
⑨ 《乾隆御制诗四集》卷九十三。
⑩ 《乾隆御制诗四集》卷九十三。

在乾隆看来，宝月楼也是“高楼春可望”的胜地，“淑气渐和凝，高楼拾级登”。①

“长安街市上，春色渐融合。”②“西山登处见，春气郁烟岚。”③“两层杰阁出城头，春色皇州俯满眸。”④“正望元宵生玉魄，堪凭春色始皇州。”⑤“拾级便因登宝月，披窗恰正值韶春。”⑥如此带有春的色彩的诗句，在乾隆关于宝月楼的诗作中随处可见。难怪他将宝月楼称为“春阁”了。由此也可得知，乾隆“一年一度登”⑦，多是在春日进行的。

宝月楼也是乾隆“俯视万井”，观察民情的场所。在楼上，既可看到“门户新粘帖，街衢早鬻灯”的喜庆景象⑧。又能听到节日“三市犹喧爆竹声”⑨，既可欣赏“击毂摩肩”的兴旺热闹⑩，还能领略“万井诚富庶”的繁荣昌盛⑪。

说到底，宝月楼是观赏四方景色的最佳景点，“拾级而登，布席而坐”，即可北眺瀛台胜概，南临三市五都，东望“紫禁紫微，左庙右社”，西览“西山起伏连延，朝岚气霭，气象万千”。⑫

宝月楼的兴建，决定了它不仅弥补了南海南岸长远的缺憾，也使乾隆在此观赏景色，考察民情得到了满足。

总之，乾隆是在恰当的位置建造了得体的建筑，使宝月楼得以在清代以后的一百五十年间，枕于皇城，面对万井，熠熠生辉。直到 1911 年辛亥革命后，袁世凯当政时，才将宝月楼开辟为中南海南门，并改名为新华门。

今天，在宝月楼旧址上重修的新华门，巍然屹立在长安街上。前面是大道通衢，车水马龙，后面则是绿树和湖水掩映中有秩序运转的中枢机关。它已是一种象征所在，理所当然地受到全国人民和世界各国人民的关注。

---

① 《乾隆御制诗三集》卷六十九。
② 《乾隆御制诗三集》卷六十一。
③ 《乾隆御制诗三集》卷八十五。
④ 《乾隆御制诗四集》卷一。
⑤ 《乾隆御制诗三集》卷四十三。
⑥ 《乾隆御制诗四集》卷十七。
⑦ 《乾隆御制诗四集》卷八十五。
⑧ 《乾隆御制诗三集》卷六十九。
⑨ 《乾隆御制诗四集》卷九。
⑩ 《乾隆御制诗三集》卷一。
⑪ 《乾隆御制诗四集》卷四十五。
⑫ 《乾隆御制文初集》卷七《宝月楼记》。

杂说清代京城的乞丐

哈恩忠

“讨钱童子乱拦人，略迹原情总为贫”，随手掇拾出两句清代竹枝词，明眼人一看便知说的是拦路求乞、人称叫花子的乞丐。清代的北京，要饭的乞丐很多，笔者看到过一件清雍正时期兵部尚书孙柱的题本，讲的就是关于乞丐的事，颇有意思。其中讲道：

乃有一种年壮体强，偷惰失业，甘入丐群，渐成盗长者，名曰杆儿上，其杆儿上之网头又名曰附众，因有头众、二众、三众、四众、五众之名，分管五城之丐者，其大众内有石明、丁大川、杨寡妇、顾菜户、杨雷、崔八，其下小头名不胜数。凡城市乡村婚丧等事，杆儿上者置竿于门，既饱酒食，又索钱财，稍不满欲，填门詈辱，打毁门窗，至有挟微薄之嫌，报以劫窃之祸。外营兵捕利此辈能为缉贼之线，往往听其所为，不行禁缉。尤可恶者，过人村庄坟院修葺垣宇、剪除荒翳者，辄以不预报营，指为盗树拆屋，公行勒诈，饱欲乃去。亦缘此辈串行走报速于声响，贻害平民。其被害之人，以其无赖，党类又多，惮以结仇招祸，故每吞声，不敢告发。

这里面说明了在当时乞丐就是有组织的，头叫杆儿上，还有附众。行乞的方式依仗年轻体壮，浑不讲理，甚至于形成了地方恶势力，有称之为丐帮的。

当时，北京的丐帮有南、北两大派。南帮以天桥为聚集点，乞丐大多是家乡遇灾而流入京城的饥民。进京后主要靠做些零工，养家糊口，也不会滞留很长的时间，灾情一过也就返乡回家。北帮以后门桥为聚集点，是所谓的“职业乞丐”。职业乞丐以要饭为业，沦为职业乞丐之前，大多是“游手之徒”。丐帮的头就是前文所称的杆儿上，一般也叫帮主，也有贱称花子头的。帮主控制乞丐主要有两种手段，一是“打”，一是“养”。“打”是手持“龙鞭”，在固定地盘上见要饭的就打，打服了，也就调教出来了——按时上交“孝敬”帮主的钱物。“养”是给手下乞丐提供一些保护，有的还提供冬季住所。职业乞丐四季滞留城区，冬季是老天爷“收人”的季节，更是收“叫花子”的季节。寒冬的风雪夜，街头巷尾总要出现一些死在街头的“倒卧”。这些“倒卧”里大多数是乞丐。德胜门外后九条、朝阳门外、天桥南边一带是旧京城乡三不管的地界，这里有一些专为乞丐搭建的简易房屋，店钱很低，丐帮帮主会出钱租下来。冬天的时候，店主在屋中挖一土坑烧柴，供乞丐围火取暖，人称“火房子”。也有店主在房子地面上铺一层厚厚的鸡鸭毛，乞丐躺在里面多少会抵挡些寒气，这就是所谓的“鸡毛房”。大概冬天是乞丐们最难熬的苦日子了，“乞儿终日向寒啼，羽翼徒怜养未济。三个青蚨眠一夜，鸡毛房里似鸡栖。”“朔风阵阵寒，生吞硫磺团。只图一时暖，哪顾性命残”。

流浪在京城的乞丐

有个叫服部宇之吉的日本人，在他眼中的旧京乞丐是这样的：“北京的乞丐不知其数，街上无处不见，但其中自有规则，形成俨然一个社会。乞丐门类不一，乞财方法也不一样，大体分为大门小门……有站在街上向行人求钱的，有挨家挨户要钱讨饭的，有破衣褴褛蓬头垢面手拿破盆等成群接队接受施舍的，还有身穿和尚道士服装的乞丐，坐在店门外地上念经，或故意损伤自己身体流血后要钱的。”其实，他所见的乞丐要饭手段还是很少的，有人总结过，大概有二十余种，如排刀、打砖、打转叫街、叫街、钉头、拉破头、数来宝、背搭子、打玉鼓、桥梁架子、双鳝钻洞、点凤头、卖冻、弄青蛇、日落西、摸光明、独眼龙、翻太岁、看照壁、垫木手、解粮草、驮石头等。其中，像数来宝只是拿着动物骨头敲击伴唱，桥梁架子是在鼻尖上用筷子顶碗，还多少有些讨巧行乞的样子，其他的如打砖、钉头等就很“自虐”了，甚至可以说有些恐怖。打砖是什么？就是坐在街心，裸露上身，用砖头拍打胸、背部，血迹毕现。钉头则是头顶斜插一颗长钉，用手里拿的砖打头，叮叮作响，鲜血迸流。有的时候，丐帮帮主看到商户买卖好，或开张志喜，就招呼手下乞丐堵上门来，一般的商户谁也不想让乞丐在门前闹得血迹斑斑，都会破财免灾，省得招来晦气。

贫困一家人

据统计，1878年的时候，北京城内仅赤身露体的乞丐就有两万人之多，全部乞丐的数目由此可见一斑。面对这样一个自身生存状况极端恶劣的群体，清政府还是很重视的，前文所述的兵部尚书孙杜就曾提出过解决办法：“但宛大二县城内城外地方既广，有司又因此辈秽杂难于稽查，故奉行每多疏忽，遂有桀黠无赖之徒，年壮体健，混入丐群，称为杆儿上，并有头众、二众、三众、四众、五众名色，分管五城之丐者，倚群丐为羽翼，与偷窃为线索，结兵捕为首尾，恣意为非，贻累平民，殊复不浅。应如该条奏所请，行令三营五城该管各衙门严行查禁。如有仍前为非，经被累人家告发者，即行从重治罪，并将故纵之兵丁捕役一体严加究治。”此后历届清政府确实也加强了对乞丐的管理，采取了收养救助、强制性遣散返乡与驱逐回籍的政策。在管理制度上将乞丐编入地方保甲组织，选立丐头为管束之人，查造丐户牌册。各县有管理乞丐的丐头，丐头也是乞丐，但他是官方指定的保甲长。人选由栖止地段的民户保长推荐，也可由管辖地段的衙役指定，乞丐的保甲册牌名为《丐头循环册》，列有丐头姓名及管理乞丐人数、年龄、籍贯、体貌特征和栖身之所。册上还注明各坊乞丐只许在哪些范围内行乞，不许硬索强讨，并不得走出指定行乞的地界，到别处滋事。另外册上还规定对乞丐的“考核办法”：有无为匪为盗者，丐头必须责令稽查，随时向政府管理人员禀报，如果某丐有不法行为，立即提丐头责问。对于外来新丐，各坊不得容留，丐头必须报官，官方发口粮送回原籍。《丐头循环册》还要每月月终送县倒换。对于少壮乞丐，问明籍贯，报官送回原籍，强迫他们劳动就业。另外，专门设立栖流所，安置老幼残病的乞丐，严格禁止散处。

但种种管理措施与庞大的乞丐人群形成了不对称的格局，乞丐仍然是一个严重的社会问题。对于这一点，某些开明之士意识到了问题的症结所在，“前明流贼，尽是饥民，殷鉴不远，可为寒心”，乞丐“列国皆有之，而我国为独多，以无教养之术故也”。为了消除乞丐，清政府一方面采取传统赈抚政策，发放“恩赏米石”，收养老弱病残，设立粥厂，收留灾荒与战争性无业游民；另一方面，政府采取了一些新的措施，引入了近现代的管理方法。在“振兴实业”的口号下推广“工艺局”，“收养贫民，教以工艺”，为乞丐流民创造自食其力的条件。1905 年，在神机营操场旧基成立了京师习艺所、初级教养工厂、外城中级教养工厂。1906 年，成立外城公立贫民养济院、外城教养女工厂。1908 年，成立内城贫民教养院、首善工艺厂。1910 年，外城设立贫民工厂。这些先后成立的习艺场所，均以收留乞丐流民为本，试图通过学习一些生产和生活技能，使他们能够走上“执业谋生”之路。学习的技能大概有织布、织带、织巾、铁工、搓绳、制造铜锡器皿、印刷、缝纫、编制藤竹用品等，对于年幼之人，还教授“日常应用之文字”“心算、笔算、珠算之加减乘除”“粗浅之毛笔画”。

应该讲，清政府对于乞丐问题的解决还是有准备和计划的，但是由于种种原因，产生乞丐的根本问题不可能得到解决，所以前述的举措只是在一定程度起到了缓解作用。对于愈来愈多的乞丐流民，恐怕也只是杯水车薪。乞丐众生的艰辛，又有谁怜？正如光绪年间一位乞丐诗人所言：“萧条行李此间过，只为天灾受折磨。踏破绣鞋埋雨泞，拖残云鬟入风波。沿门乞食推恩少，仰面求人忍辱多。遥念故乡何处是，夕阳回首泪滂沱。”

颐和园与三海工程

沈　原

走进北京的颐和园，放眼望去：万寿山上，树木葱茏，昆明湖水，烟波浩渺，十七孔桥宛如银龙，横卧湖上，八方高阁仿佛金顶，耸立山头。青山之下，绿水之畔，长廊逶迤，美如彩带。

颐和园，在金代是帝王行宫，清乾隆年间大兴土木，建成清漪园。咸丰十年（1860），英法联军侵入北京时惨遭焚掠。二十多年后，于光绪年间加以修复，改名为颐和园。

万寿山远眺

提起光绪年间修复颐和园一事，不少人对慈禧太后口诛笔伐，指斥她挪用海军经费大兴土木，阻碍了北洋海军的发展，导致北洋舰队在甲午战争中全军覆没。而至于挪用了多少经费，历来众说纷纭，多者估计为八千万两，少者三百余万两，一般认为在两千万至三千万两之间，也有人认为应在一千二百万至一千四百万两之间，或在六百万至一千万两之间。孰是孰非，众说纷纭，遽难定论。

据清代档案记载，除颐和园工程外，当时还有“三海工程”。二者是先后开工的姊妹工程。两相比较，也许能够得出较为客观的结论。

“三海”，即今北京故宫西侧的中海、南海和北海。这里原来是永定河畔的积水之潭。辽代在此兴修“瑶屿行宫”。金代改为大宁离宫，并照“瑶池三仙山”的神话传说，掘地为“西华潭”，水中起“琼华岛”“圆坻”“犀台山”，把那虚无缥缈的幻境移作人间帝王饮宴嬉游的胜地。元代，改岛名为“万寿山”，湖名为“太液池”，并以此为中心修建大都。明代，在团城西侧飞架石桥，将太液池一分为二，又在池南人工挖湖，遂有“三海”之称。明代皇宫建于三海东侧，故三海又有“西苑”之名。

北海

到了清代，三海园林登峰造极，山石峥嵘，树木葱郁，楼阁亭榭隐现其间，绿水白塔相映成辉。咸丰时，横遭英法联军的野蛮破坏。同治时曾命修缮三海，以备两宫太后燕憩颐养。动工数月，同治帝暴病而崩，工程随之半途而废。十年后，由于光绪帝长大成人，亲政在即，慈禧太后选定这近在宫掖的西苑，作为她归政后“颐养天年”之地。于是，三海大修工程再度兴起。

此次三海大修工程，从光绪十一年（1885）四月起，至光绪十七年（1891）四月止，持续六年之久。规模宏大，项目繁多。据清代档案记载，工程项目包括三海所有的殿宇、房屋、道路、河池、假山、堤泊、点景、花园、电灯、铁路、冰床、朱车等，重点在南海的瀛台、中海的丰泽园、仪銮殿和西苑门一带。这些项目，有些是翻旧见新，多数则是拆掉重建。工程浩大，用工也多。据档案统计，承包工程的京城土木厂商，有十六家，每天进入三海工作的工匠，平均有四五千人，最多时超过一万人。六年之中，用工之多，可想而知。其所用银两，为数更是不少。据光绪十七年（1891）管理奉宸苑工程处大臣的奏折记载，各项支出总计五百八十九万六千五百余两。在这个总数中，不包括李鸿章动用北洋经费向慈禧太后进呈小火车、替西苑电灯公所购买电灯、锅炉等设备的用银数目。此项费用究竟有多少，尚不清楚，但不会太多。统计三海大修工程各项费用，估为六百万两上下，应当出入不大。

与三海工程相比，颐和园工程的规模则相形见拙，等而下之。首先，规格不同。三海大修工程，旨在“颐养天年”。而颐和园工程，只是“拟将万寿山暨广润灵雨祠旧有殿宇台榭并沿湖各桥座、牌楼酌加保护修补，以供临幸”。显然，颐和园工程的规格低于三海工程。其次，轻重有别。慈禧太后特别重视三海工程，亲自下令修葺，亲自指派监修大臣。而颐和园工程，是慈禧太后的妹夫醇亲王奕譞以规复水操旧制，在昆明湖西岸修建水师学堂为名，于光绪十二年（1886）提出“修补”的，并于次年正月“诹吉开工”。光绪十四年（1888）十二月，正当工程进入高潮之际，皇宫内贞度门失火。慈禧太后忧心不安，认为这是“不祥之兆”，随即发出懿旨，说：“矢儆修省宜先，所有颐和园工程，除佛宇暨正路殿座外，其余工作一律停止，以昭节俭而迓修和。”由此可见，在慈禧太后的心目中，颐和园工程远不如三海工程重要。再次，规模较小。三海工程规模浩大，仅光绪十三年（1887）正月动工修建的项目，在南海有瀛台的随安室、待月轩、淑清院、翔鸾殿、堪虚楼、春明楼、祥辉楼、瑞曜楼等，在中海有春藕斋、丰泽园、澄怀堂、纯一斋、船坞、军机处净房等，在北海有永安寺及蚕坛等，共计一百多处数百个项目。而颐和园工程项目，总共才有五十六处，远远不如三海工程。通过以上比较，可以肯定地说，颐和园工程费用远远少于三海工程的六百万之数。有关部门根据当年承办工程的机构“算房”对颐和园五十六项工程的估计，计算颐和园工程所用银两，约为三百一十八万两。这个数字，应该说比较符合实际，是可信的。

另据档案记载，三海工程经费主要来自：官员所捐修复银两、户部和内库币银、各海关解银、海军衙门（包括神机营）借拨银两。以上四项合计五百一十万两有余，其中海军衙门拨银为二百二十九万四千三百二十九两。此外，光绪十七年（1891）为偿还三海工程所欠各厂商银两，向海军衙门借银六十六万两；光绪十七年（1891）至光绪二十一年（1895）四月办理三海岁修和庆典工程时，又向海军衙门借银一百四十一万五千余两。统计光绪十一年（1885）四月至光绪二十一年（1895）四月的十年中，三海工程包括大修、岁修及庆典工程，挪借海军衙门经费四百三十六万余两。

颐和园工程的经费，主要来自皇室内库银两、各级官员的报效银两、“万寿山集款”的生息银两和海军衙门拨借的银两。各项具体数目，不得而知，但其中海军衙门拨借之银少于三海工程所借之款，应当在情理之中。

十年间，三海工程和颐和园工程先后挪借海军经费数百万两，为数固然不少，但同一时期，北洋海军每年的经费收入号称有四百万两，十年中应当有四千万两，为数更多。况且，工程所借之银，有借有还，而不是占用不还。更何况海军借出之银，并不是购置船炮的“专款”。因此，并不是由于颐和园工程借用了海军经费，给北洋舰队带来了灭顶之灾。北洋舰队的覆灭，当另有其因。

清末天津的“铛铛车”

屈春海

进入 2009 年，北京前门大街上新添了一道令老北京人怀旧的亮丽风景，因为用“叮当作响”的铜铃当喇叭，被叫作“铛铛车”的有轨电车正式开行。尽管二十块钱的票价有点儿“宰人”，但心甘情愿当“冤大头”的人却蜂拥而至，要争相去体验一下一百余年前这种老式有轨电车的乘坐感觉。有轨电车国内城市已很少见，但它的的确确是世界城市现代意义公共交通系统的源头。而在中国，电车最早出现在英国统治下的香港，1902 年香港成立电车公司，1905 年电车在香港正式通车。而起源于清末建立的天津有轨电车公司（又称天津电车电灯公司）则紧随其后。

兴建缘起

有轨电车的出现是近代工业文明的成果。世界上第一辆以输电线供电的电车出现在 1879 年的柏林工业展览会上，但电车第一次用于运载乘客，则出现于 1884 年的加拿大多伦多农业展览会上，这种载客电车的发明人据说是美国人范德波尔。也有资料表明，有轨电车是由德国电气发明家西门子研制的。到了 1888 年，美国人斯波拉格在里士满的马拉轨道车路线上改用电力牵引车行驶，取得成功，成为世界上第一辆具有应用价值的有轨电车。经过一个时期的发展，它逐渐成为世界上许多国家广泛使用的城市公共交通工具。

1900 年 6 月，八国联军发动了旨在镇压义和团运动和瓜分中国的战争。7 月 14 日，天津陷落，几天之后，由联军一手经营的天津都统衙门成立。联军都统衙门为消除天津城墙的防卫功能，决定拆除城墙修建一条道路。很快，长度将近十里的城墙，仅用三个月的时间就全部拆毁。

城墙拆完后，城基道路谁来修建？道路如何使用？引起洋商的竞争。早在拆城之前，1900 年 11 月和 1901 年 1 月，驻津日本领事两次向都统衙门提出，由日本公司承建电车道，一年左右可完成。但都统衙门答复，此事不予干涉。因为都统衙门虽有批准权，而道路所有权属中国政府，需与中国政府签订合同才有效，日本的要求没有达到。1902 年，德商世昌洋行军火商海礼，因曾为袁世凯小站练兵购买过军火，与之交往密切。他提出承办天津有轨电车公司，得到直隶总督袁世凯的同意，并经都统衙门批准立案。可是世昌洋行资金不足，办理天津有轨电车之事，一时难以兴办，只得暂时搁置起来。

1902 年 8 月，天津都统衙门将管理权交给中国，由袁世凯接管。拆城后的城基清理及道路基础工程由天津工程局实施。在东、西、南、北四围马路施工前，袁世凯派四门千总丁文运查勘城墙界址。凡靠近城基的房屋建筑，命令一律拆除。然后工程局雇民夫二十余人开挖排水沟渠，用砖砌护，防治淤塞。与此同时，济安自来水公司在东、西、北马路、城内及侯家后埋设水管，准备供应自来水。最后，路面铺垫碎石，用购自英国的蒸汽轧路机将道路碾平。整个工程于 1903 年 1 月完工。不久，比利时商人梅雅德通过该国驻津领事嘎德斯函请洋务局道员蔡绍基、天津府知府凌福彭拟在天津成立有轨电车公司，正为资金犯愁的海礼便乐不可支地将此专营权转给比利时通用银行财团接办。这一做法还得到了袁世凯的支持。

其实早在 1898 年 6 月 26 日，就有比利时工程师卢法尔通过该国驻华公使姚士登照会总理衙门，打算自备资金一百万法郎在北京城内修建有轨电车线路，并将该款寄存在道胜银行。7 月 15 日，总理衙门照复比利时驻华公使姚士登，称现在尚未到修造电车之时。1903 年 5 月 26 日，比利时工程师卢法尔亲自来到北京，请求会见总理大臣奕劻，商议在京修建电车一事。姚士登再次照会外务部，大谈修造电车线路是为了京城各色人等出行方便，搭载货物快速而价廉，恳请奕劻派人与卢法尔共同商议，以便早日落实修建有轨电车线路之事。6 月 12 日，外务部回复姚士登："本部体察京城地面情形现尚未便安设电车。"就这么简单一句话十八个字，将北京有轨电车的历史向后推迟了整整二十一年，直到 1924 年 12 月，北京第一条从前门至西直门的有轨电车线路才正式开通。前后一折腾，"苦了"先到北京打算修建电车线路的卢法尔，"成全了"后到天津没费多少力就获得了成立有轨电车公司的梅雅德。

合同签订

1904年4月26日，由津海关道唐绍仪、天津道王宝仁、候补道菜绍基、天津府凌福彭，与比利时国驻津领事嘎德斯、工程师梅雅德、世昌洋行海礼在天津共同签订了《天津有轨电车公司章程》。在章程中明确规定：世昌洋行海礼能立公司承办天津地方电车电灯事所有电车行经之路，以二十五万英镑为开办之资本，名曰天津电灯电车公司。经营范围包括，甲，自闸口起沿河直至天津城之东北隅西北隅；乙，自城围绕从西北隅至西南隅、自西南隅至东南隅、自东南隅至东北隅；丙，自北门至西沽；丁，自城之西北隅至土墙御河接连处，与天津济安自来水吸水处相近。关于乘客收费，电车二等乘客在四里之内，该公司至多每位收洋五仙，此外，每多行一里加洋一仙五分；头等乘客每位加倍。货物每吨每里不得过洋二角，其上下搬运费不在此内。工程期限规定，该公司为集股公司，自合同签字并开办招股后遂即兴办，整个工期十八个月。权力划分，该公司共设董事六人，其中华人董事三人，洋人董事三人。华人董事由直隶选派，洋人董事由公司选派。每逢聚会议事时，所定各事最少须有四名董事同意方可照办；如董事之间意见不同，其事需候股东举行会议进行定夺等。

1904年7月3日，直隶总督袁世凯为比利时商人梅雅德承办天津有轨电车公司并与之签订合同一事在上呈光绪皇帝的奏折中称："窃查比国商人世昌洋行海礼等拟在天津创办电车电灯一案，天津未曾交还之前，业经呈联军督统衙门批准承办。照案移交接受以后，按照条款接续请办，势难固拒。只可于订立章程之中格外详审，隐示限制，总以收回利益，不失主权为宗旨……查欧美各国通都大邑电汽各车纵横驰骛，故能荟萃商旅百货，骈臻电灯照耀，通宵不息，巡警易于稽查，盗贼无可潜踪，于闾阎更有裨益。但洋商内地经营各件，往往夺小民生机，侵地方权力，必须取益防损，慎之于微……详核该商条款颇已周密……自应准其开工兴办。"

建成通车

天津有轨电车公司与华比银行属同一经营体系，总部设在比利时布鲁塞尔，电力是电车行驶的重要保障。该公司以25万英镑为开办资金，在天津望海楼后金家窑购地建发电厂，在东浮桥东口沿河构建楼房作为天津办事处，在南开学校旁购地建修理厂和仓库。一切设备均由比利时采办运津。

为此，天津有轨电车公司着手进行两个方面的工作：一是架线和推销电灯、电力，在公司内专门成立了电灯电力分销处，对电灯和电力用户采取优惠办法，免收电表押金，初始电费也较为低廉，以求打开销路。二是开辟电车路线，为了方便乘客识别电车的运营路线，采取车头悬挂不同颜色标牌的办法，天津有轨电车公司在清末先后开辟了四条电车路线。

有轨电车行驶在天津旭街蓝牌的情形

白牌电车：环旧城行驶，1906 年开通，初为单轨，翌年改为双轨，是天津电车开通最早的一条线路。1906 年 2 月 16 日，环城四条马路的单行轨道电车建成，举行通车典礼。在天津电车公司正式营业的当天，观众人山人海，孩子们乘不起车，就跟着电车跑，电车靠站后，他们手攀电车，一会儿上去，一会儿下来，十分好奇。电车的运行，给城市居民带来了一种全新的现代交通的感受，也给人们带来了现代文明的观念。有轨电车公司不断发出通告，要求乘坐电车的市民，在“车上不许吐痰”，“乘客在车上不得用污言秽语，亦不得污秽本公司之车，又不得侮弄同车之客”。人们要乘电车，就不能不遵守这些西方人制定的规矩。久而久之，这些社会公德和文明礼貌，逐渐被广大城市市民所遵守。天津有轨电车公司开设的这条有轨电车线路，使天津成为中国城市中最早拥有近代公共交通的城市。

红牌电车：由北大关，经北马路、东北角、金汤桥、意租界，至火车站，1908 年开通。

蓝牌电车：由北大关、经北马路、东马路、日租界旭街、法租界、法国桥，至火车站，1908 年开通。

黄牌电车：由北大关、经北马路、东马路、日租界、法租界、大沽路，至津海关，1908 年开通。

到 1927 年，天津又相继增加了绿牌电车和花牌电车线路，6 条电车营运线路总长约二十三千米，遍及天津旧城区和租界。电车线路所经之地，逐渐发展成为比较繁华的商业区。

惨绝人寰的鼠疫大流行

刘　燕

清朝宣统二年（1910），中国北方爆发了历史上规模最大的一次鼠疫。它发源于中俄边境城镇满洲里，随之肆虐东北三省，而后蔓延至山东、河北大部分地区。这次鼠疫流行时间达半年之久，先后波及包括北京在内的六十九个县市，死亡人数六万多人。一时间，疫区之内人人自危，好在朝廷采取的措施得力，才保得南方各省免受荼毒。

1910年10月17日，我国北方边境城镇满洲里的一个小客栈发现了一个病人，这是一个闯关东的劳工，与十几个劳工同住在这里。这个人发着高烧，蜷缩在客栈通铺的炕角。他全身发抖，不停地咳嗽，一口一口地吐出带有大量泡沫的鲜红血痰，几天之后就因心力衰竭而死亡。经医生诊断这个人患的是肺型鼠疫，原因是食用了捕获的染疫旱獭肉，这是这次北方鼠疫流行发现的第一个鼠疫病人。满洲里是一个在清朝末年发展起来的边陲小城，距离边境仅二十余里，因为穿越中国东北的中俄东清铁路的修筑，满洲里作为进入中国后的首站，这里开始以车站为中心渐成城镇。光绪三十四年（1908），这里集结了大批闯关东的劳工，他们白天捕猎旱獭，晚上十几人甚至几十个人挤在简陋客栈的大通铺上睡觉。恶劣的居住条件使鼠疫在小客栈里迅速传染开来。这些人随之出现了同样的症状，并且成批死亡。劳工们惊恐不安，纷纷逃散返乡，由此满洲里铁路沿线，呼伦厅、扎兰屯一带疫情迅速传播，接着蔓延至齐齐哈尔、哈尔滨等地，半月后又蔓延至吉林各地。很快，东北三省就被疫情覆盖，并且继续扩散，如江河一泻千里，不可遏阻。

在中国第一历史档案馆存有记录这次疫情的清代档案，其中黑龙江省巡抚周树模向朝廷奏报疫情的奏折认为：这次满洲里疫情的起因是“秋季俄商收买獭皮，该府所属地方素产旱獭，工人遂争往猎取，愈集愈多，九十月间疫乃发观……”旱獭属于啮类动物，分布在俄国西伯利亚贝加尔湖一带和中国的东北地区。它的毛皮非常细软光滑，经过加工之后与貂皮成色相近，欧洲市场需求量甚大，常常供不应求。由于俄国商人大量高价收购旱獭皮，使得越来越多的内地劳工纷纷北上满洲里，进行大范围的捕猎，就连染疫的旱獭也不能幸免。獭皮卖钱，獭肉被人吃掉，就这样人与染疫旱獭的接触引发了中国北方有史以来最大的鼠疫流行。

这次鼠疫，东北三省爆发最为猛烈，染疫死亡的人数也最多。每天死亡几十人甚至上百人。东三省总督锡良、黑龙江省巡抚周树模二人在上奏给朝廷的奏折中称东三省疫情“如火燎原，如水溃防，竟成不可收拾之势……”东北的劳工大多来自关内的山东、河北等地，当东北三省鼠疫大流行时，正是这些关外劳工准备返乡回家过年之际。为了逃避瘟疫，每天都有数千人涌向铁路、公路和码头，回乡的劳工成为鼠疫的传播者，致使疫情迅速蔓延至山东各地。中国第一历史当案馆所存档案《山东巡抚孙宝琦为报山东疫情及办理情形事折》奏报了山东省的疫情：从宣统二年底疫情初起到第二年 4 月 9 日止，山东省染疫地区达二十四个州县，共有三千零五十二人死于这次鼠疫。河北疫情也是因从关外返乡的染疫劳工辗转传播而起的，很快蔓延至天津、保定、深州、冀州等二十余个州县。京城也未能幸免。据记载：京城第一例鼠疫病人是在协和医院发现的，之后政府当即将这家医院改建为防疫医院，很快这家医院也人满为患。

当时东北三省分属为俄、日势力范围，满洲里疫情发生以后，在满洲里的俄国人立即对中国人采取了严格的隔离措施。他们当即对气色可疑的三百人用火车押运出站，又在东清铁路沿线海拉尔、扎兰屯、齐齐哈尔等地设了卫生检查站，凡是中国人出站都需严格检验；并决定停售华人车票，还将在铁路工作的中国人全部辞退。满洲里胪滨府太守张鹤岩等官员同俄国人几经交涉商定：用停放在火车站的空罐车暂作防疫室，将随时染疫的华人送入空罐车内进行隔离，由地方拨款俄国医生负责治疗。一开始，俄国医生还能每天配给染疫病人一些药品和食物，随着病人人数的不断增加，每人每天只给一次水和一小块面包。罐车内狭窄拥挤，污秽不堪，染疫的人病上加病，不断死亡。尤有甚者，在大街上如发现有面赤发热、咳嗽气喘的华人，不由分说便被强行拖入罐车内隔离。一时间，居住在满洲里的华人魂飞魄散，惶惶不可终日。

发现疫情以后，哈尔滨俄租界的华俄公共议事会当晚召开了会议。俄国提督、铁路医官、巡警总办以及俄租界的两名中国人董事参加了会议。会议决定拨款设检疫站，派医生和助手以及华人翻译在俄租界街道巡视检查；并印刷中文防疫传单分发张贴；与俄租界相邻的中国人居住地傅家甸也被俄国人派兵围守，限制出入。疫情爆发时已近寒冬，俄国军人将大批中国人旅客围堵在东清铁路沿线各站的空旷之地，命令他们脱光衣服强行检查，并且常常勒令裸站数小时，连妇女也不放过。大批返乡的中国人因为没有经过检查统统被关在车站，数日不准上车，冻死饿死者不可胜计。占据长春的日本人也对中国人严加限制，并拒绝从满洲里和沈阳运送过来的难民进入长春。

伍连德医生在防疫实验室工作

面对严重的疫情局面，地方政府“从事员绅苦无经验，所有防检、各种机关仓促设备，诸形艰棘……层层困难，几于无从措手”。中国第一历史档案馆所存档案《给事中陈应禧为参奏奉省防疫总办道员张俊生事折》参奏吉林省官员防疫不利，致使吉林省疫情严峻。陈应禧奏报：如此下去，“且恐日久胡匪乘机肇乱，日俄两强籍（借）口干涉，先之以查户验疫，继之以进兵防护，后患何堪设想……”迫于外国人的干涉和地方官员无力控制疫情的局面，为防内忧外患，清朝政府也采取了相应的对策。清廷允准东三省总督锡良的奏请，派出曾担任过滨江监督、吉林省交涉使、后任外务部右丞的施肇基为治疫大臣前往东北协助治疗，并下旨饬拨银两以尽快办理各项防疫事务。

1910 年 12 月 24 日，我国著名西医、天津陆军军医堂副学督伍连德医生应施肇基之邀，来到了疫情严重的哈尔滨。伍连德是广东新宁人，清朝光绪二十二年（1896）考入英国剑桥大学医学院，获医学博士学位。他曾在法国巴黎和德国柏林医学院实习，研究霍乱等瘟疫病数年，在医学界素有名望。清政府采取了伍连德医生和政府中有识之士的建议，“速令哈尔滨与俄合办、奉天与日合办，同心协力，各使疫毒早息”。东北三省地方政府随即与俄、日共同协商防疫措施，结束了中、日、俄三国防疫体系各自为政的局面。

消毒车准备出发

东北三省治疫事务由各民政司详订章程，分饬各省内外所属州县迅速成立防疫会，负责本地区的防疫救治等事务。为防疫情再度蔓延，邮传部尚书盛宣怀奉旨传令京奉铁路即日停开，东清铁路全线停运华人，齐昂火车也暂停行驶；命令各处通行要道均设关卡，派兵把守，除运载米、粮、药物的车辆外一律停止通过。黑龙江省北边讷河、嫩江、瑷珲、黑河各府厅是边境的通衢，均节节设卡、严加防范。

为了扼制疫情的扩展，除了采取阻断交通、修设防疫所隔离病人外，最为困难的是如何发现病人，如何及时处理仍具有传染性的死者尸体。当时，百姓家里有病人往往出于亲情，宁肯冒着被感染的危险，也隐匿不报。病人死后因担心全家被隔离（一旦被隔离就几乎意味着死亡），又私下处理尸体。中国传统的观念认为死者入土为安，但那时正值隆冬腊月，天寒地冻，掘地困难，造成了哈尔滨郊外未加掩埋的死尸排出几里地之外，放眼望去，荒郊野地尸横遍布，凄惨景象惨不忍睹！为了防止来年春天尸体腐烂致使疫情蔓延，伍连德医生上报政府请旨下令，采取果断措施，在宣统三年（1911）春节之前，强令将两千余具尸体浇上煤油火化，骨灰深埋。为调整全城紧张气氛和百姓恐慌心态，时值春节，伍连德医生同时布置居民在屋内燃放鞭炮，燃放后火药中的硫黄起到了消毒作用。这次集体火葬，有效地控制了疫情蔓延。清代所存档案黑龙江巡抚周树模奏报了后来黑龙江省各疫区都采用尸体火化的方法，对染疫“死者熏涤霉菌，隔别亲属。特以冬令地冻，均付火葬。其有房屋器具不能消毒，一并火化，以防余毒复生……”一段时间以后，疫情终于得到了控制，到宣统三年（1911）四月中旬春暖花开之时，东北地区疫情已基本消除。

山东省发生疫情后，先后停开了津济线、胶济线快车，慢车停售二三等客票，并在德州等站设检疫所，严查往来车辆。烟台是东三省、旅顺、大连客轮登岸之地，疫情最为严重时，也闭港达三个月之久。山东省除了向军队借调军医，向当地教会医生求助外，还不惜重金向广州、香港、远至德国柏林等地电聘西医来省，协助救治疫情。山东省巡抚孙宝琦向朝廷奏报：此次疫情，山东省用于修筑防疫所、聘借医生、抚恤救治等项共支用银两二十三万两之多。

直隶地区染疫有二十多处，保定、天津重疫地区距京城咫尺，为确保京城不致染疫是当务之急。疫情发生以后，民政部分饬外城、内城两巡警厅组织卫生警察巡查，并在永定门外设置传染病室及隔离病室。1911 年 1 月 27 日民政部上奏朝廷，请求仿照日本大阪鼠疫流行后，日本当局在大阪设立临时预防鼠疫事务局之举，请求于京师设立防疫事务局，由内、外巡警两厅厅丞任正副局长，总管京城防疫事务。1911 年 1 月 13 日，直隶总督陈夔龙接奉电旨“著预于山海关一带设局严防，毋任传染内地

火葬死者控制疫情蔓延

……”；1 月 21 日又钦奉朱批“务当严密查防，总以京津一带不致染疫为要”；在京城发现疫情后，2 月 20 日陈夔龙又三奉电旨“务期早日扑灭，勿稍玩延”。一个月的时间，接连三道圣旨，直隶总督陈夔龙深感“故论防疫于直隶，较他省关系犹重”。为严防京城疫情蔓延，陈夔龙请旨会商邮传部暂停直奉铁路行车，派华、洋医生前往铁路沿线沟帮子、山海关一带设检疫所并随车检验。由沟帮子至北京地段节节布置、严密防范，沿长城一带的各路口全都派驻军队查禁。秦皇岛口岸是东三省旅客到内地必经的口岸，京师防疫事务局安置专职防疫人员，凡由疫地来船，一律留检七天以后发给证明才可放行。保定、天津等疫情严重地区要由地方长官亲自统办防疫事务，每天向总督报告疫情。并商请学部议定：保定、天津两地学生开学日期延后一月。京师周边长辛店、卢沟桥等地更是层层设障。此次鼠疫，京师重地疫情稳定，实属不易。

中国北方这次鼠疫大流行，给清朝政府的政治和经济带来了很大的影响。疫情稳定以后，东三省总督锡良请求，由庆亲王奕劻上奏朝廷，奏请召开国际防救时疫会议（万国会议），由伍连德医生约集中外防疫名医，由外务部照会各国政府，请求派医生前来沈阳考察疫情及防范办法，并

"向各国政府切实声明，此举专为研究疫状，发明医术起见"。万国会议于 1911 年 4 月 3 日在沈阳小河惠工公司陈列馆开幕。东三省总督锡良为大会主席，外务部右丞施肇基主持会议。中国代表由大会会长伍连德率领九人出席，美国医生司特朗杜格、法国医生柏罗格、俄国医生萨伯罗特尼、英国医生福乐以及德国、日本、印度等十一国代表出席了会议。大会专门设立了实验室，陈列了这次鼠疫中染疫病人的脏腑，血清及旱獭的尸体等。还陈列鼠疫中救疫人员的防疫服装及消毒用具等，使各国与会者如临其境。万国会议的代表分为六组，分别研讨病理、解剖、细菌、流行病、历史、治疗等内容；研讨了这次鼠疫的起源、流行、地域、气候、防疫的各种方法以及关于国际防疫的诸多问题。万国会议结束以后，伍连德医生主持编纂了万国会议防疫报告。

时疫病院医学专家

会议结束后，清廷和各地方政府对这次在北方鼠疫流行中做出贡献的官员和防疫救治有功人员进行表彰，各地有数百人员受到嘉奖。庆亲王奕劻还于宣统三年（1911）六月十六日向朝廷上奏，为在这次鼠疫救治中派往东北的外国驻华使署人员和医生请奖。英国医生韩济京、美国医生杨怀德等六人，治疫有功赏给宝星，英国使署医官德来格随外务部赴东北办理防疫事务赏给如意一柄，海关副税务司法国人罗尔瑜在奉天办理鼠疫研究会赏给三品官衔。

伍连德医生在这次鼠疫救治中做出了杰出的贡献，深受疫区百姓的爱戴和同行的赞誉，为此受到清廷的嘉奖。1911 年 4 月 13 日由学部奏请赏给伍连德医生医科进士学位。同年 4 月 29 日，陆军部又奏请补授陆军军医协参领，以奖励这位抗疫前线的光荣战士。伍连德医生由此成为我国抗疫史上著名的先驱而载入了史册。

“中南海公园”探密

哈恩忠

中南海——一个国人熟贯于耳而又倍觉神秘的地方，在国人的心目中这里是国家的心脏，是党中央和中央人民政府的所在地。

中南海新华门

而对于它的过去，国人大多得益于这些年陆续上映的约定俗成的称之为“清宫戏”的影视作品。上至康乾盛世，下到衰亡末代，皇袍马褂，太监宫女，每每出现在人们的视线里。其中就是有关清代末年的影视剧便可掇拾出一大堆，什么《戊戌变法》《慈禧西行》《末代皇帝》……这里面有一件事许多人都会有印象，就是戊戌变法失败的光绪皇帝被囚禁在中南海的瀛台聊度余生。当时，这能够囚禁皇帝的皇家禁地中南海称西苑，是皇宫的一部分，与一桥之隔的北海统称三海。瀛台位于中南海的南海之中，是由春明楼、湛虚楼、迎薰亭、涵元殿、翔鸾阁等楼阁组成的古建筑群。这里湖水清澈，景色秀丽，清代自顺治、康熙时期就在明朝宫殿的基础上扩建雕琢，许多朝政和娱乐活动都在这里举行过。有人这样记述过："如阴历七月十五的盂兰盆会，入夜时分，荷花彩灯数千盏浮于水上，流光万点，随波飘荡，蔚为奇观，真可谓火树银花不夜天；中秋节前三天，集上三旗大臣侍卫在紫光阁前校射，皇帝也要持弓搭箭，亲自下场施射；每科殿试武进士，皇帝也要亲临紫光阁检视骑射；入冬湖水封冻时节，则命八旗禁旅在池中习冰戏，练技艺，分棚掷彩球，互相追逐比试矫捷，并设旌门悬靶演习射箭，按等行赏。"北洋政府时期，这里还是袁世凯、黎元洪、曹锟的总统府，张作霖的大元帅府，那位"青史留名"的袁大总统就是在这里重新登上"皇帝"宝座的。直到此时，面积达一千五百亩的中南海仍然无缘普通民众，一直是统治者的活动与生活场所，对于普通民众而言，这里是大内深宫、高墙禁地。

迎薰亭

1928 年，民国政府南迁南京，当时的北平府院特派员办公处奉命接收了中南海，并特设筹备开放中南海管理处，筹备将中南海改造为公园。1929年5月，北平特别市政府仿照当时的中山公园、北海公园的成例，将这里命名为“三海公园”，正式对民众开放，并成立了董事会对公园进行管理和经营。1930年12月，又将公园称改为“中南海公园”。时人回忆，“记得有块由遗老张海若写的魏碑体‘中南海公园’横匾，悬在新华门楼底层门内”。但由于种种原因，中南海公园始终经营惨淡，园务衰败。1931年5月，北平特别市政府为了彻底整顿园务，摆脱原来管理不力的局面，又重新组织成立了“整理中南海公园临时委员会”（以下简称临时委员会），开始对公园实行有效的管理和运作。应该说，由于当时民国政府南迁，客观上为中南海开放为公园创造了一个有利条件，对于广大民众也应该说是一件好事，不仅又多了一个休闲娱乐的去处，而且也多了一个探究封建帝王生活的窗口。

公园成立后，面对着前期惨淡经营留下的烂摊子，临时委员会确定最重要的一项任务就是收回园内外的房产。在此之前，公园里有许多房屋被园外的一些单位、机关使用或商人租用，像园内的居仁堂、喜福堂、欢喜庄、增福堂、来福堂、果园等处一百余间房屋，从1928年秋起就被国立北平图书馆筹备委员会长期借用，一直到1931年临时委员会成立后，几经交涉，才因其文津街新馆建成陆续迁出；园内的锡福堂、永福堂、颐园，则被中国大辞典编纂处使用；静谷的五十余间房屋，被民国政府交通部北平短波无线电台占用；运料门及园内营房一百四十九间房屋，早先经北平府院特派员办公处同意，借给了北平美术学院作为校园……虽然收回房产颇费脑筋，但在当时市政府的干预下，也很有了一些眉目。与此同时，随着房产的陆续收回，又接连开始了清理房租的工作，据临时委员会调查，当时园内“各商欠租约两千两百余元”，园外房租欠一百二十元。有些商人欠租多年，反复协商，颇费周折，公园最后甚至勒令以水产商人徐璋为首的欠租商户于“6月13日下午五时之前”交清欠款，否则请警察局出面清理出园。协商与强制双管齐下，房租陆续清理完毕。

查清和收回了房产，又因此展开了清查园内房屋旧存家具物品。实际上，这项工作在中南海公园董事会时期就已经着手做过，但是那时园内房产被外单位占用情况严重，各单位有的推拖辗转，有的更替搬迁，清查原有物品不可能很彻底。为此，临时委员会吸取了教训，总结了经验，制定出比较严格的清查办法，专门从当时的北平市公安局、工务局、公用局、财政局、教育局等单位抽调了人员，分为五个清查小组，按时签到，“工作时只许带封条、号签、糨糊及工人应用笤帚、簸箕等物”，现场还有警察监督。这样，最终共清点出旧存家具物品一万八千零二十件，归册入档。

随着公园清理整顿工作的进行，各种园务活动也陆续开展起来，公园的管理与经营逐步走上了正轨。以现在的标准来看，已经基本上具备了近现代公益公园的雏形。这些都反映在公园的实际活动中。诸如：①门票收入是维持公园活动的主要进项。为了加强对门票出售的管理，公园临时整理委员会设立了售票员和查票生，同时，重点分析公园旺季和淡季门票的销售情况，设置了优惠门票——优字券，券分两种．“甲种券每本六十张，售洋二元；乙种券每本二十五张，售洋一元”，比较正常购票入园，游人可节省金钱，公园也增加了稳定的门票收入。②公园内外专门开辟了停车场。“南海停放汽车场所三处，停放人力车场所四处；中海停放汽车场所三处，停放人力车场所五处。共计停放车辆场所十五处。”在公园游车未开办之前，还允许游人购证驾车入园。如自行车每辆每日收费大洋一角，人力车二角，汽车、摩托车五角。③吸引商户经商，出租园内房屋。这是对公园、商户两益的举措，公园房屋租期分为一个月、两个月、三个月、半年、一年五种，要求定期按时交纳房租。出租房屋经营的项目与现在的公园没有太大的差别，像商人刚鹤峰租用听鸿楼楼下房间开设茶点社，韩汝甲租用听鸿楼楼上办理中西书画社，中国画学研究会、东方绘画会租用流水音房屋。公园里水面浩大，还有水产商人租用水面从事养殖业。“为谋市民在园内习静避暑起见”，公园里的房产也对外出租居住，而且规定不分国籍，均可租住。这一点也是中南海公园不同于其他公园的称最之处。④开辟钓鱼区域，售票钓鱼。规定垂钓券每张票价 1 元，进公园需另购门票。居仁堂、万字廊、听鸿楼、船坞划船码头等处不得钓鱼。每张垂钓券只能钓鱼两斤，超过定量还要补票。⑤维修公园内道路，增加路灯和园内坐椅，修建厕所。如园内原有坐椅二十余张，又另增加二十张；增加路灯六十盏，而且为节约用电起见，除节假日外，全部路灯分为单、双闸，分时开启。还修建了新式的卫生厕所。⑥对学校、团体、军人实行免票入园。学校有春、秋两次集体免费入园活动的机会；社会团体则要求是国家正式注册的单位，一年限入园一次；军人集体入园免费，少数人则需购买半价票。⑦举行社会性的游艺活动。如在端阳节举行龙舟大赛、冬季化装溜冰比赛运动会、开办园内游泳池和游泳训练班，在园内建立儿童游乐场，设置公共阅报栏，水面上添置游船。⑧注重公园的宣传。临时委员会为了加大对公园的宣传，提高知名度，设计印制了公园名胜图片，配以简约说明，并翻译成英、法语文字，分发各地及登报宣传，“俾引游人兴趣而谋园务发展”。园内日知阁保存有古字碑，公园联系了生产厂家拓印成帖出售，也应该算是公园自主开发的“旅游纪念品”吧。⑨公园立项，分轻重缓急，逐步对园内建筑进行维修。像公园一成立，就请工务局估价维修了损坏严重的新华门、蜈蚣桥。以后几乎年年园内都有维修工程。⑩改善公园环境。如设置清扫夫，清理园内垃圾；招募花匠，种植花草树木；请警察局派人驻园，保护园内公共安全等。

瀛台石桥

公园里的环境逐步得到了改善，设施也日臻齐备，来公园参观游览的民众也逐渐多了起来，与北海公园、中山公园一样，中南海这座昔日的皇家园林成了普通民众休闲娱乐和举行活动的场所。“瀛台各处，俱以赁诸市商，为品茗消闲之所。”常人春等人著的《老北京的季节》一书中对此也有描述：“民国以后，新的游览场所不断增加，中南海公园、中央公园、颐和园等昔日皇家禁苑均前后开放，且京城内外交通较前方便，重阳节的登高之举渐渐转化为游园活动，饮宴于新式公园茶社餐馆。至于避灾解厄之说早已淡忘了。”这一点，从中南海公园发生过的两件事情也可略知一二。一是鲁迅先生在《从幽默到正经》文中所提到的。1933 年元旦，北平的学生在中南海公园举行化装溜冰大会时，有人当场投掷了一颗炸弹，以警告学生不要只图玩乐，忘记国难，当时正值抗战期间。二是 1937 年6 月 20 日，北平社会局在中南海公园怀仁堂主持举行了北平第一次集体婚礼。当新郎新娘入场时，参加婚庆的来宾只鼓掌祝贺，不抛洒纸花，而后社会局局长做证婚人宣布结婚人姓名，各对新婚夫妇相对三鞠躬，交换饰物。接着，证婚人致辞，并向参加集体婚礼的男女双方颁发了盖有“北平社会局”大印和社会局局长名章的结婚证书，这件事在北平引起了强烈反响，各大报纸都做了报道。

1934 年公园关闭，中南海成为李宗仁的北平行辕所在地。行辕办公地址设在中南海的居仁堂。

1937 年“七七事变”爆发，7 月 30 日北京沦陷。日本侵略者为粉饰太平，继续开放中南海公园，甚至将怀仁堂也准备出租，“各界因宴请宾客及祝寿结婚租用之”，大厅租金每日定为三十元，兼用左右厅的每日五十元。园内不仅住进了日本人，而且还涌进了各路机关，诸如“满洲帝国通商代表部”（在静谷）、“兴亚协进会”（在听鸿楼）、“中日佛教协会”（在万善殿）、“新民青年实施委员会”（在东四所）、“新民会学校消费合作社”（在东四所）、“烈士显彰会”（在瀛台）、“华北剿共委员会”（在福禄居）等。1942 年 5 月 30 日，在紫光阁举行了“紫光阁旧存残废物品拍卖会”，最后由三义兴木器铺以三千零五十五元的价格全部买断。在侵略者的威逼下，公园也被裹挟参加了一些宣传活动。1942 年 7 月，公园奉令参加“第四届兴亚纪念运动”，被要求在门票上面加盖“兴亚纪念”“亲日反共”字样，公园门口还要张挂“剿共和平建国”及“兴亚纪念”的大布标语。11 月 30 日，公园派出人员参加“中日满缔约周年纪念民众大会”。1944 年 3 月，园内还大修防空壕，共修掘了五处，分别是在：（一）事务所附近；（二）东八所、西四所及爱翠楼附近；（三）西苑门迤北空地；（四）儿童体育场一带；（五）本园工役宿舍附近等处。9 月，公园奉令由所属雇员薪金内献纳“飞机捐”“国币六元四角”，以应决战阶段的“大东亚战争”。而实际上，在侵略者强行构建的“和平”景象的外衣下，社会凋蔽，民不聊生，大多数的民众还是和公园无缘的。中南海公园里虽然举行一些游艺活动，但依然是惨淡经营，入不敷出。同年，公园“奉命”开展“提倡增产运动”，响应“市政府”提倡市民利用家庭院落种植蔬菜、力求增产的“号召”，在万善殿周围开辟了三亩菜地，种植蓖麻和南瓜，生长状况“颇为良好”。这里还发生过一件挺可笑的事，1944 年 6 月 3 日下午的五点左右，保管员赵寿松发现瀛台祥辉楼所存放的《钦定古今图书集成》有一部分被偷了，楼板上还散落着装书用的函套，连忙同管理员徐国佐、驻园警官白海福四处搜寻，居然在“楼东北的小屋”当场拿获了一名偷书人，顺藤摸瓜，最后只用了四天就侦破了这起案件，抓住了偷书卖钱的七个中学生，被偷卖的一百七十二本书籍“完全收回”。

1945 年 8 月 15 日，日本天皇宣布日本无条件投降。10 月 10 日，民国政府代表——第十一战区司令孙连仲在故宫太和殿广场举行公开受降典礼，前来观礼的总人数十万有余。人们尽情地欢呼，尽情地雀跃，尽情地流淌喜悦的泪水。震耳欲聋的欢呼声响彻封建帝王的深宫禁苑——饱经忧患的北平终于重获解放，中南海公园也结束了屈辱的历史。

中南海鸟瞰

1948 年 12 月 3 日，民国政府特任傅作义为华北剿总司令。12 月 26 日，傅作义将剿总司令部由张家口迁到北平，进驻中南海怀仁堂，中南海公园关闭。而此时，中国人民解放军的解放大军已团团围住了北平城。中国共产党采取策反和打与谈交织等灵活的策略，争取北平和平解放。傅作义见大势已去，最终决定接受和平解放北平，1949 年 1 月 31 日率众走出中南海，走出北平城——从这一时刻起，中南海才真正回到了人民的手中，成为全国人民向往的地方。

太监的逃跑与治罪

潘俊英

太监，是指封建社会中那些被阉割了生殖器官专供皇家贵族役使的男性奴仆。在历史上又称寺人、宦官、阉官、宦者、内官、内监等，到了明清时期才叫太监。笔者在整理清宫内务府奏案时发现了不少有关太监逃跑与治罪的记载，材料非常翔实，且多不为外人所知。

清朝对太监的管理及对出逃太监的治罪

清朝鉴于明朝太监干预朝政的弊端，对太监的管理十分严格，建立了具有本朝特点的太监制度。顺治时在宫中曾立有铁牌，严禁太监干预政事，并限制太监品级不得超过四品，限定宫闱役使的太监不得超过三千人。康熙时设立“敬事房”，又名宫殿监办事处，专门管理太监事务，属内务府管辖。明定太监如有不法，许内务府先拿后奏。至乾隆时期，在政局稳定、经济发展，宫廷内已经积累了近百年管理经验的前提下，乾隆下令编纂了“宫廷法典”——《钦定宫中现行则例》（以下简称“则例”）和《国朝宫史》（以下简称“宫史”）。在《则例》和《宫史》中，除了详细规定了太监的额缺、等级、职掌和待遇外，还对太监的管理和处分做了详细而严格的规定。

尽管对太监管理很严，太监逃跑的事，仍时有发生，有的甚至逃跑六七次之多。如道光二十七年（1847）七月十二日内务府奏报拿获逃跑太

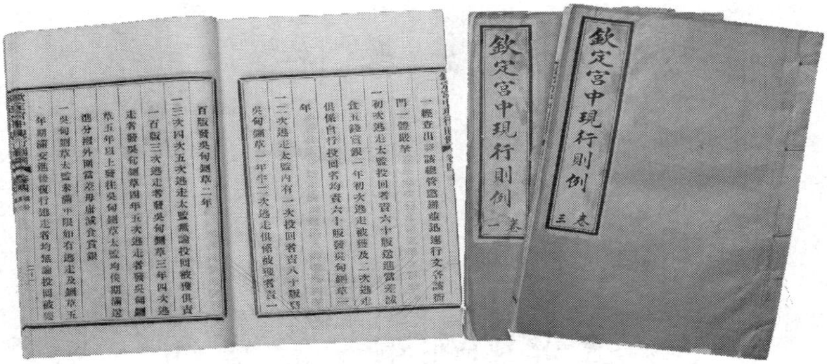

《钦定宫中现行则例》

监的供词上记录着，年仅三十五岁的太监许长贵已经是第六次逃跑了。针对太监逃跑的问题，在制订《钦定宫中现行则例》（以下简称“则例”）时，在其中“处分”条款下，制定了详细的处分细则条例。

条例规定：

1. 太监初次逃走自行投回者，责六十板，减食五钱赏银一年；初次逃走被抓获或两次逃走俱系自行投回者，均责六十板后，发往吴甸锄草一年；太监逃走两次，内有一次是自行投回者，责八十板后，发往吴甸锄草一年半；两次逃走均系被抓获者，责一百板后，发往吴甸锄草二年；太监逃走三次、四次、五次者，无论是自行投回还是被抓获，俱责一百板后，发往吴甸锄草三年、四年、五年不等。以上发往吴甸锄草之太监，俟期满后释回，均分拨外围当差。若五年期满释回后复行逃跑者，无论何种情况，均永远枷号惩示。

2. 凡发遣太监由吴甸逃脱者，即按四次逃走之例治罪，另责八十板，再发往打牲乌拉给官兵为奴三年，期满释回，分拨外围当差；由打牲乌拉逃脱者，按五次逃走之例治罪，另责一百板，再发往黑龙江给官兵为奴四年，期满释回，分拨外围当差；由黑龙江逃脱者，仍发回原处，永远监禁。

3. 昇平署之太监，初次逃走自行投回者，责四十板，送交原处当差，三个月内不许告假外出；初次逃走被抓获，或两次逃走俱系自行投回者，均责六十板，仍交原处当差，半年不许告假外出；两次逃走之太监，其中只一次是自行投回者，责八十板，仍交原处当差，一年不许告假外出；两次逃走，俱系被抓获者，责一百板，仍交原处当差，两年不许告假外出；

三次、四次、五次逃走，无论是投回还是被抓获，均责一百板，分别枷号一个月、两个月、三个月不等，再交原处当差，两年不许告假外出；六次逃走者，无论何种情况，均永远枷号惩示。

4. 凡太监逃至山东、山西、河南及东北三省者，无论抓获或在当地自行投首，均不计逃走次数，俱枷号一年，发往黑龙江给官员为奴，遇赦不赦。若逃至其余省分，即为越省远扬，无论抓获或自投者，均永远枷号禁闭。若在外犯案，则按律办理，对容留之人，按容留匪徒之例治罪。

《则例》还规定：

逃走太监着予限两日，该总管即行具奏，交总管内务府大臣饬令番役上紧严拿，不可疏懈耽延时日。逾限该总管不行具奏，一经查出将该总管惩办并迅速行文给该衙门一体查拿。

据乾隆朝奏案记载，太监逃跑是由内务府根据宫殿监督禀报奏明，由本衙门管番役官员严行缉拿，亦行文刑部、都察院、提督衙门令其缉拿。凡初次逃跑被拿获的太监照例发往瓮山铡草一年。所谓铡草，即是罚做苦役，也是刑法的一种补充。铡草太监一年期满后，交到畅春园总管太监管束当差，不得出门。瓮山也就是今天的颐和园万寿山，过去曾经是关押宫中犯罪太监的一个重要场所，从康熙三十年（1691）开始，犯罪太监多被发往瓮山的马棚，这里就成了太监的监狱。凡初次逃跑自行投回的太监，照例枷号三个月，鞭一百，交掌仪司充当苦差。所谓枷号，就是在脖子上架上一副沉重的木枷，从早到晚在外站着、跪着，即便是刮风下雨也不许进屋。凡二次逃跑被拿获的太监，照例鞭一百发往瓮山永远铡草。为了防止太监再次逃跑，重犯还要戴上锁链。从乾隆十二年（1747）内务府的一份奏折上看到，当时瓮山关押着十三名太监，其中戴有九条锁链的就有七名之多。到了清朝中后期，更多的太监是被关在景山或南苑的吴甸做铡草苦役。

太监逃跑与治罪的真实记载

从奏案中可以看出，内务府在制定了严格的宫规法纪的同时，执法也很严格。

例 1：据奏案记载，乾隆五年（1740）二月初八内务府奏报，乾隆四

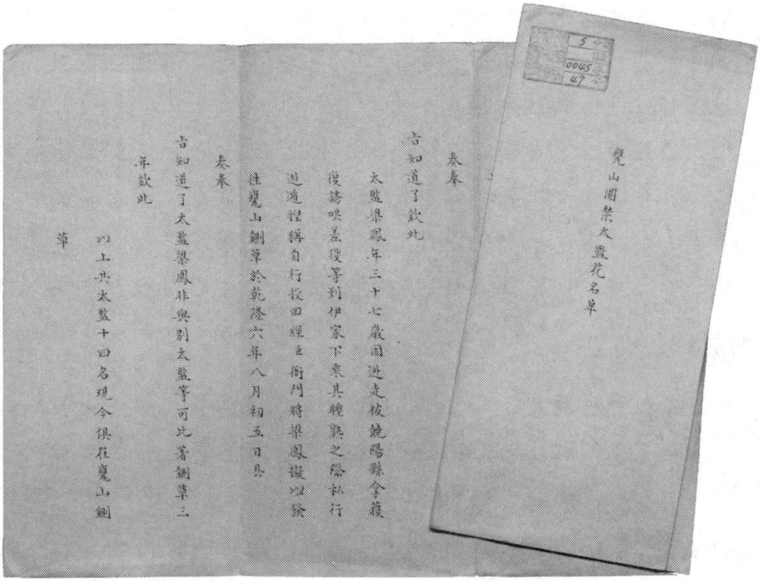

甕山圈禁太監花名單

奏奉
旨知道了欽此
太監梁鳳年三十七歲因逃走被饒陽縣拿獲
復誘哄差役等到伊家下乘其睡熟之際私行
逃走捏稱自行投回經臣衙門將梁鳳擬以發
往甕山鍘草於乾隆六年八月初五日具
奏奉
旨知道了太監梁鳳非與別太監等可比著鍘草三
年欽此
以上共太監十四名現今俱在甕山鍘
草

内务府奏案

年（1739）十月二十三日据宫殿监督领侍苏培盛等禀称，打扫处太监梁凤外走，经具奏奉旨交与内务府总管缉拿。随交予臣衙门管番役官员严行缉拿，亦行文刑部、都察院、提督衙门令其缉拿在案。乾隆五年（1740）二月初七外走太监梁凤自行投回，经臣衙门奏明，随将梁凤以枷号三个月，鞭一百交予掌仪司，令其充当苦差。乾隆六年八月初五内务府又奏报，查得太监梁凤因外走被饶阳县拿获，复诱哄差役等到伊家下，乘其睡熟之际私行外出，捏称自行投回，经臣衙门将梁凤照初次逃走被拿获例发往瓮山铡草。对此案乾隆下旨："知道了，太监梁凤非与别太监等可比，著铡草三年，钦此。"

圆明园小太监

例2：据奏案记载，乾隆五年（1740）闰六月十四日内务府奏报，乾隆五年（1740）四月十二日据宫殿监督副侍周世辅报称，圆明园太监孔进孝外走于本年六月十八日拿获到案，因看得孔进孝与太监形容有异，故详细讯问。据孔进孝供称，现年三十一岁，是十三岁时净了身子进宫，后来身子渐长以致不净。据掌仪司太监董成禄等结称，验看得孔进孝身体不净是实。因有先例在案，今孔进孝身体既然不净，应照例给予执照，逐令其回籍为民。由此可见，此种情况不仅可以不治罪，还可以出宫为民，真是“因祸得福”。

关于太监逃走与投回原因的分析

究竟是什么原因造成太监逃跑呢？为什么许多太监逃跑后又“自行投回”呢？

宫中虽有少数太监因受宠而名声显赫，但更多的太监实际上是终身服苦役。从被阉割后入宫的那天起，他们就失去了做人的基本权利和自由。他们有着苦难、屈辱的童年，有着残缺的身体和残缺的生活。除了要忍受身体缺陷的耻辱，还要时时刻刻谨慎小心，事事处处低调做人。在主子面前他们必须是最听话、最驯服的奴才。而主子从来就没把他们当人看，他们只有循规蹈矩，老老实实地侍候主子。稍有不周就要受到体罚责打，赏银还要被扣除，而得不到丝毫的同情与可怜。他们得不到父母和家人的关爱，每天只有劳累、训斥、责打相伴。心灵没有依靠，人身没有自由。用太监自己的话说是“管得甚严受不了”“逃走是怕挨打”。他们要在几十年漫长的岁月里，日复一日、年复一年地在严厉的宫规下毫无选择地从事着简单、枯燥的劳动。漫漫长夜无尽头，他们无法忍受这痛苦难耐的煎熬，十分向往宫外正常人的生活。所以，太监以各种方式同自己的命运抗争，其中逃跑是清宫太监最普遍的一种抗争方式，他们一次又一次地寻找机会逃跑，逃跑的人数逐年增多。

那么逃出去的太监为何要自行投回呢？其一，在宫外他们无法藏身。自清初以来，在全国已经建立起十分完备的保甲户籍制度，对那些带有明显面貌特征的太监来说，犹如天罗地网一般，没有内务府颁发的路引和执照，他们寸步难行。因此，许多逃走的太监东躲西藏，最终还是因为走投无路而自行投回领罪。

例3：据奏案记载，乾隆五年（1740）正月二十八日内务府奏报，乾隆四年（1739）八月初九熟火处太监范忠逃走，于本月二十七日被贝勒弘明送回。据范忠供认，他先逃回老家河北大成县，因在家住不成，又逃到古北口的一个寺庙出家当了和尚，后来被发现是个太监，老和尚不让他留在寺中。万般无奈他逃回京城，改换姓名，被认识的朋友卖到贝勒弘明家做事。后事情败露，范忠被贝勒弘明送回。因为是被送回，所以不能视为自行投回，要按被拿获治罪。由此可见，太监逃出宫外想要藏身，是多么艰难。

其二，在宫外他们无法生存。太监都是被阉割而丧失了做人的权利与尊严的男性奴仆。在宫里做不了正常人，逃到宫外也是一样，在宫里虽然挨打受骂，可还有一份糊口的差使，到了宫外，由于自身条件的限制，他们根本没有维持生存的能力。正常人还过着饥寒交迫的日子呢，更何况从小就进宫当了太监的他们呢？找不到差使就无法生存，回宫虽要受罚领罪，可好歹还能活下去。

其三，他们不被社会理解。作为太监，他们无法享受到与正常人同等的待遇，他们得不到人们的同情和理解，人们给予他们的，更多的是轻蔑、嘲弄和厌弃。所以，这些逃出去的太监更自感卑贱，同时他们也知道了日夜向往的，与正常人一样的生活本来就是梦想。他们最终发现，除了做太监，在这个世界上没有别的生路。

其四，想减轻责罚。自行投回治罪比被拿获治罪要轻得多。前面所举太监梁凤逃跑的例子，足以说明这个问题。太监梁凤是初次逃跑，他狡辩是自行投回，就是想被从轻治罪，被拿获治罪是要被罚到瓮山做锄草苦役一年，这是一般人忍受不了的。而投回治罪是枷号三个月，鞭一百交予掌仪司充当苦差，相比之下，罪要少受一点儿。

清宫戒备森严，太监何以能逃出?

清宫太监逃跑的人数逐年增多，人们不禁要问，既然紫禁城戒备森严，门禁严格，宫禁制度甚严，太监怎么逃得出去呢?

紫禁城不仅是帝后的起居之所，也是全国封建专制统治的中心。禁地的安全为历代统治者所重视。从奏案中看出，禁城重地，稽查极严。太监一般不准出宫，出宫要请假，制度十分严格。太监出入禁门，皆由内务府给予腰牌，并要经过守门护军严格验明，才能放行，没有腰牌不能出宫。所以，一个太监想要逃跑出宫，关键是要有这个决心，等待和寻找机会。所谓寻找机会，往往都是太监借出宫办理各项差使为由，然后再找机会脱逃。《则例》规定，太监遇有祖父母及父母出丧事故、弟兄叔侄等人婚娶之事可以给假。太监遇有奉命随皇帝出巡之前，可以给假备办随身所用物品。这对太监来说，应该又是一个可脱逃出宫的机会。

嘉庆皇帝和太监在花园观花

例4：据奏案记载，乾隆五年（1740）二月二十四日内务府奏报，据办理畅春园事务郎中七十禀称，太监成贵原是御茶房太监，因外走被获发往瓮山锄草一年，期满奉旨交与畅春园当差。成贵并不改悔，于本月十六日夜间越墙外走，今被拿获，情由甚属可恶，应将太监成贵照例鞭一百发往瓮山永远锄草。由此可见，真正能越墙脱逃的地方是在畅春园。

从以上可以看出，森严的宫禁，禁不住太监的心，只要他们下了要脱逃出宫的决心，他们就会千方百计，一次又一次地寻找机会脱逃。而正是因为他们在宫内长期居住，了解并找到各项规章制度的弱点，才有可能有可乘之机。

另外，宫禁制度的废弛，也是太监得以逃跑的另一个主要原因。自嘉庆朝始，宫廷警卫制度逐渐弛废，宫内事故屡屡发生。嘉庆十年（1805）内阁中书屈镇廷在景运门被人窃去海龙褂后襟；太监于进忠之侄，在外膳房居住两个月投井身死。更有甚者，嘉庆十八年（1813）竟发生了天理教教徒勾结太监，里迎外合攻入禁城事件。道光以后，内忧外患，宫廷治安每况愈下，所以太监逃跑的事件就更多了。

据奏案统计，乾隆四年（1739）十一月至五年十月，番役处一年拿获逃跑太监有七人；乾隆五十八年（1793）六月至乾隆五十九（1794）年五月，番役处一年拿获逃跑太监有二十二人；嘉庆十三年（1808）七月至嘉庆十四年（1809）六月，番役处一年拿获逃跑太监有三十七人；光绪二十六年（1900）一月至七月，番役处仅半年就拿获逃跑太监竟达到二百三十三人。

逃跑是太监的抗争，自行投回是太监的无奈。就这样，忍耐—逃跑—投回—再逃跑，发展着，反复着，演绎着太监的痛苦人生。

雍正严惩护军鸡奸案

宋小明

雍正十三年（1735）五月二十一日，一个普普通通的夜晚，空旷的太和门前冷冷清清，月亮高挂在空中。在月光的照射下，紫禁城里的内金水河，泛着一道道的银光，夜色下的汉白玉栏杆也显现出瘆人的白色，更透着皇宫大内的神秘恐惧，令人不寒而栗。这时，忽见一个身影缓缓来到内金水河边，他用手不停地抚摩着汉白玉栏杆，想起刚才发生的事情，禁不住掩面而泣。

他呆呆地望着河水，无助地擦去脸上的眼泪。稍顷，他猛然站了起

紫禁城里的内金水河

来，显然是做出了最后的决定，愤愤地一拍石栏，毅然决然地跨过栏杆，纵身一跃，跳进了深深的内金水河中。这时不远处的黑暗处，只见一人蹿了出来，一边跑一边喊道："快救人，有人跳河啦。"夜深人静，喊声划破了夜空，惊醒了正在酣睡的其他护军。众官兵闻声急忙爬起，纷纷跑来相救。可终因天黑水深，打捞不便，忙活儿了好一阵，方将落水者捞起。但由于溺水时间过长，抢救未及，不幸身亡。

经查死者是正白旗蒙古护军德胜。他为何深更半夜独自跑出来哭泣？又为何投河自尽？问谁都说不出个所以然来，众人都感到十分蹊跷。掩盖是不可能的了，只好逐级上报。雍正皇帝闻知此事，备感震惊。皇宫内如何能够随便死人？无端地自寻短见，必定事出有因。遂谕旨兵部衙门，仔细查拿究办，并随时上报审案结果。

兵部衙门接旨，自然不敢怠慢，急忙会同刑部等衙门会审。调查结果大出人们的预料，而且十分地简单明了：那晚是德胜当值夜班。据闻，德胜于前日即感头晕，身体不适。是晚实属强撑着前来值班。至夜晚时分，德胜起身去小解时，因头晕不适，站立不稳，意外跌落午门河内。这时，其他的坐更人，听到外面扑通一声水响的声音，急忙唤醒众人，从河中捞起德胜，但因溺水时间太久，气断身亡。

此结果一经上报，雍正皇帝顿生疑窦。遂下谕旨质问："御河两旁，俱有栏杆。护军德胜虽然头晕跌到，亦应跌于栏杆之外，何致即跌落河内？必有缘故。着再严行查明具奏。"于是，兵部衙门再次会同刑部衙门进行调查。这次就更不敢怠慢，再若查不出个所以然，皇帝那里绝对是交代不过去的。刑部衙门先行对德胜的遗体进行了仔细的尸检，终于发现德胜"左腮颊红赤，伤一处，周围七分系磕碰伤"。显然，德胜死亡之前曾有过搏斗抗争。于是，对当晚的值夜护军挨个严讯，穷追猛打。结果谁也未想到，主犯居然就是当晚首先发现并呼喊救人、与德胜同为护军的二达塞。原来，当夜他与德胜一同在午门值班，他在暗处自始至终都在注视着德胜的举动。开始只见德胜站在河边哭，便没出来。后来见他翻越栏杆，投河自尽，才慌了神，不由得喊叫起来。

接下来的事，便是严讯主犯二达塞。原来，那晚轮到德胜和二达塞值班。邻铺一个叫那丹珠的护军，见德胜睡熟后，突发奇想，居然爬到了德胜的铺上，生拉硬扯脱下德胜的裤子，企图实施鸡奸。德胜被惊醒后狂叫，那丹珠心虚，慌忙滚到自己的铺上，佯装睡觉，未敢声张。按说事情也就算暂时平息了。

该当出事，恰巧当晚，二达塞未带铺盖，于是他征得德胜的同意，二人合盖一床被褥，同枕共眠。可能是因为有此前的一幕，所以至深夜，这二达塞欲火中烧，竟然也发奇念，欲与德胜行鸡奸之事，被德胜严词拒绝。但此时的二达塞，已完全被自己的躁动和欲望冲昏了头，无法自制。因而，一见软的不行，便欲强行鸡奸之事。德胜奋力将二达塞推开，愤然起身走了出去。

谁想到，二达塞竟然也追了出来。行至西华门门洞前，二达塞用自己的身体挤住德胜，连搂带抱，推推搡搡，将德胜死拉活拽地弄进了西华门门洞内。进来之后，随即用手掐住了德胜的脖子，倚仗自己身沉力大，不顾德胜的拼命挣扎与反抗，强行实施鸡奸。事毕，德胜倍感无颜见人，含恨投河自尽，以死抗辱。起初，二达塞见德胜哭着跑了出去，并未在意，以为哭一会儿也就过去了。万万没有想到的是，德胜居然为此就真的投内金水河，自溺身亡。二达塞心里清楚，事情闹大了。

在皇宫大内，天子脚下，出现此类丑事，无论如何也是说不过去的。事实上，这种变态行为，它不仅给受害者身体与精神上带来极大的伤害，对于犯事者本人，伴随着的将是心理上极度的恐慌和不安。于是，二达塞慌乱之中，急忙与其他几个护军私订攻守同盟，企图掩盖事实真相。无奈纸包不住火，在严厉的讯问下，二达塞终于交代出了事情的真相。

雍正皇帝接报后甚感震怒，拍案而起。他做梦也没想到，居然在自己的护军当中发生了这种难以启齿的龌龊之事，遂下旨交兵部查议。

谕旨一下，雷厉风行。兵部会同刑部等衙门，以最快的速度做出了判决："二达塞合依因奸威逼人致死律，拟斩监候，秋后处决"，"那丹珠照强奸未成律，杖一百，流三千里"，其余相关"希图规避，扶同捏报"，涉嫌包庇二达塞蒙混过关的护军官兵，根据情节轻重，亦分别受到了枷杖、鞭挞等刑罚的处治。

张元瑞科考作弊案

李中勇

无意中看到一则新闻：大意是2009年研究生考试开始，有一家专门提供考研试题答案的公司，通过专门的类似手表的发送接收装置向“付费”考生发送答案，并且公共科目承诺“包过”，考试通不过退款。看过之后倒不觉得其手段有多先进，对于现代通信技术来说，上述手段不过是“小儿科”；令人感慨的是其市场化运作手段之高，居然成立了专门的公司，真有点儿不可思议！更有甚者，还有律师出面说这算不上什么犯罪，顶多算违反考场纪律，因为这是在考卷拆封后进行的，与拆封前泄漏考题属“泄漏国家秘密”罪相比是两码事。

呜呼，由此不禁引发联想，这事儿要放清朝那会儿，可就麻烦大了。

清代的士子要想出人头地，除了科考，没有其他出路，所以对科考作弊者的处理是非常严格的。恰好前段时间，偶尔翻到一清朝题本，讲的是一科场考试舞弊案的审理经过，权且让我们看看清朝对科考舞弊是如何处理的。

为了把案情讲得明白，先简单地说说清代的科考制度。假设我是一个生活在清朝的既无背景也无权势又无金钱的三无人员，而我又想出人头地，我该怎么办呢？最好的答案，跟今天有些类似，读书吧，考个进士。但进士之路何其艰辛，其实一点儿不亚于今天读个博士，甚至可以说比读个博士还要难得多。且看我们大家平时比较熟悉的“秀才”考试过程便知一二：从小时念三字经开始，有了一定的文化基础，第一步，我要参加县里的考试，叫作“县考”。第二步，县考及格了，我就要参加市里的考试。清朝的时候，“市”叫作“府”，市长叫作“知府”。所以市里的考试叫作“府考”。第三步，知府上报通过府考及格线的考生名单，中央会

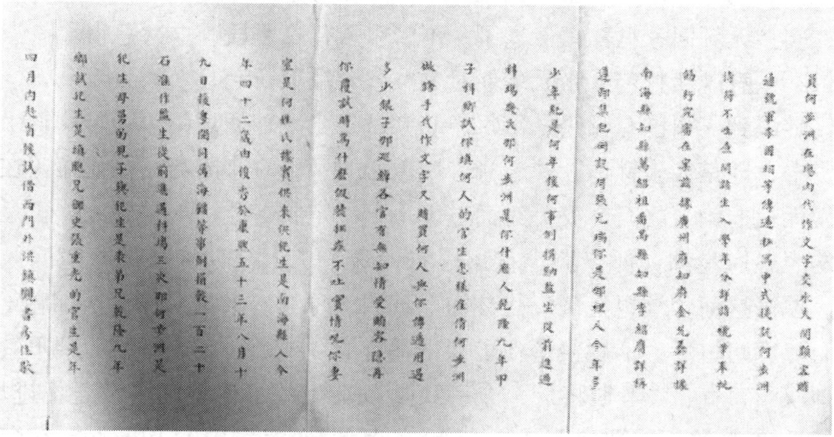

貢何岁洲在場内代作文字交水夫閻顯宏賄
通號軍李爾紹等傳遞抄寫中式提訊何岁洲
供將不諱查閱該生入學年分籍貫暨事本犯
錫行究審在案並據廣州府知府金允彝詳據
南海縣知縣萬紹祖番禺縣知縣李紹膺詳稱
遵即集犯研訊得張元瑞你是哪裡人今年多
少年紀是何年補何事到稱納監生因前這遭
科場應文那何岁洲是你什麼人乾隆九年甲
子科鄉試你請何人的官生怎樣雇倩何岁洲
越號代作文字又賄買何人與你傳遞用過
多少銀子那些鋪各官有無知情受賄容隱再
你覆試時為什麼假裝抱病不吐實情呢你要
實是何姓氏據實供來供犯生是南海縣人今
年四十二歲由俊秀捐康熙五十三年八月十
九日捐事例為海鐵等事例捐穀一百二十
石准作監生從前進過科場三次那何岁洲是
犯生母舅的兒子與犯生是表弟兄乾隆九年
鄉試犯生是捐與兄御史張東先的官生是年
四月內赴省候試借西門外謝錦觀書房住歇

刑部为张元瑞请人代考作弊案事题本

派教育部特派员“学政”组织以“府”为单位的“院考”。院考及格了，就是政府认定的知识分子了，叫作“生员”，俗称“秀才”。是秀才就代表有了一定级别，最起码见了县官不用下跪，也可以不用再被国家强行征调服劳役了。秀才如果想往上升，接下去的乡试、会试、殿试才是晋升的正式考试。而这每一步绝对是千军万马过独木桥：乡试是一省的考试，一般三年举行一次，全省录取名额只有区区百十来人。被录取了就叫举人。接下来就是具有全国考试性质的会试与殿试，全国举人皆到京城，先参加会试，清代全国十八个行省，还有一些边疆特别行政辖区，稍微算算，全国举人三千人左右，录取名额三百人，十取一，被录取的叫“贡士”，头名叫“会元”；被录取的这三百人便可以参加全国最高级别的“殿试”了，地点通常就在现在故宫的保和殿前，由皇帝亲自主持，中了的全都叫“进士”，头名就是大家都知道的“状元”。这绝对是一个金字塔似的晋阶，正因为其难，所以尽管律令森严，但考试中总免不了有人作弊，这也不足为奇。

话说乾隆九年（1743）又是三年一次的“大比”（就是乡试）之年，刚开春不久，广东一省的秀才便齐集省会广州，早早地租了房子或在客栈开了房间住下，悉心温习功课，以候本年八月八日正式开考。时年四十二岁的张元瑞也不例外，四月便从老家南海县赶到广州，借住在广州城西门外一个朋友处。在温习四书五经之余，总不忘四处打探与乡试有关的消息，看看能不能走走关系，毕竟九年时光，考了三次皆未中举，要再中不了，实在无颜回家见江东父老了。不管采取什么手段，这次总得要有点儿结果。主意既然打定，张元瑞便时刻准备着采取行动。

转眼到广州已有月余，每每想起考试，张元瑞便烦闷焦躁，这日手捧圣贤书，却是如坐针毡，便起身进城散心去了。事有凑巧，张元瑞正在城中漫无目的闲逛之时，突见对面过来一人，定睛一看，不是别人，正是自己的表弟何步洲，何步洲也认出了张元瑞，二人拉住，自是寒暄问候一番。原来这何步洲也是来广州参加乡试的，时年二十二岁，正是青春年少之时。寒暄过后，话题便落在了即将举行的乡试上，老表哥张元瑞不禁长长地叹了口气："考期将近，今科我是以官生的身份报的名，若不进场，不好见亲友的面，要进场去，又怕文理荒疏，发榜时贴出来更不好看了。"张元瑞道出了自己的隐忧。

"那如何是好？"小表弟关切地问道。

张元瑞把何步洲拉到一旁，见四下无人，便说："你我从前同窗，又有亲戚之谊。我晓得你文字好，出笔又快，今科你我同考，不如你到时候给我作几篇文章如何？"

何步洲听了表哥作弊的想法，急忙以自己不是官生，考试时的号舍（省城贡院里专门用于考试的小隔间，考试时一人一间，乡试三日皆在里面答题，考生不许出贡院）不相连来推辞。张元瑞再三央求，又时近正午，忙把小表弟拉到一间酒馆的雅间坐下。酒足饭饱之后，何步洲的话也软了下来。张元瑞趁热打铁，便以今后照顾小表弟家用作诱饵，力图说动这位小表弟。想这张元瑞家里必是有些钱财，题本中说他有个"监生"的名号。本来，这"监生"的称呼只是清朝的最高学府国子监里的学生的专称，后来清政府为了扩大财政收入来源，这个荣誉称号便被用来出售了，于是市面上只要有些钱财的人都可以成为"监生"。据张元瑞后来自己交代，这个监生的名号就是当年政府因为修筑广东沿海海防工程缺钱，他自己捐谷一百二十石买的。

何步洲终于经不住诱惑，答应下来："总要觅得人在场中传递才好！"

张元瑞见表弟答应，满心欢喜，应承道："谋事在人，成事在天，只要表弟你肯作文，其他的还不好办吗？"当场许诺，三场考试下来便谢番银二十四两（番银是当时西班牙的一种大小划一的银元，纯度达98%。时西班牙海上贸易发达，货币全世界流通，有点儿类似于今天的美元。当时清政府又只有广东省可以对外贸易，加之全国货币也并不统一，所以这种银元在当地很受老百姓欢迎），如果中了举，再加谢六十两。何步洲讪讪地客气了几句，表示尽量寻找传递之人，张元瑞更是高兴。二人又吃了一通酒，当日便各自散去。

自从有了何步洲这条线，张元瑞更无心于诗文，三天两头来找何步洲，问传递的人找得怎么样？也是这两人运气好，没过几天，何步洲便在路过“双门底”时，偶遇曾经给自己家做过油漆活计的油漆匠关显客。这关显客本是广东番禺县人，已经六十八岁了，无亲无友，四处打工漂泊，恰巧此时来到广州。关显客以前在何步洲家干活时，偶尔谈及自己曾在广州贡院里干过活，那些考试用的号舍全是自己上的漆，所以对贡院内号舍的布局很是熟悉。真是“踏破铁鞋无觅处，得来全不费工夫”，何步洲急忙叫来张元瑞，一同把关显客叫到没人的地方，让他想办法在考试那几天混入场内作传递之人。张元瑞故伎重施，以事成后谢番银八两相诱，并说自己要中了举，明年“春闱”之时还带他一同上京见见世面。关显客平时打工，得到的都是些散碎银子，一下子有八两银子收入，还有进京旅游的机会，想不答应都难。再者，他自己也有自己的算盘，想想自己都六十有八了，又无儿无女，现在施恩于张元瑞，今后好叫他养老。当下三人便分工明确地达成了一致协议，接下来就是由关显客找人帮忙混入场内，如此，此事便成了八九分！三人分手之时，关显客没忘了叫张元瑞先给一两银子作为活动经费。

当然，让一个油漆匠想办法混入科考场内，这在当时还是有一定难度的。无巧不成书，开考前两天，也就是八月六日，急得团团转的关显客终于找到了一个机会。这日他又跑到考场贡院门口探听消息，有一个叫胡德的民壮（官府服役的差人，没有正式的编制，有点儿相当于现在的民兵）告诉他，说自己本次乡试要在场内充当水夫，但这几天突然患病，身上很不爽快，要回家养病，你就替我去了吧。关显客大喜，满口答应，水夫一差经常要在各号舍走动，恰好可以行传递之便。于是给了胡德二钱银子作为酬谢，拿了他的名牌（出入证），急忙回去把这个消息告诉给了何步洲和张元瑞，二人也是喜上心头。三人便商定八月八日考试点名之后，先在贡院的明远楼下碰头，然后认明各自号舍，以方便传递。

转眼便到了考试之期，三人按计划行事，八月八日一大早，张元瑞、何步洲各自提了饭食菜篮、笔墨纸砚，关显客挑了水担进场了。这里有个

考场贡院内的号舍

小插曲，三人在明远楼下碰头之时，何步洲见表哥张元瑞带有人参，便托说自己身体突然有些不爽快。张元瑞自是明白，便给了他两支人参，劝他“多多进补”，以便作出好文章来，小表弟欣然笑纳。一切还算顺利，三场考试下来，每场都是何步洲把文章作好了叫关显客递给张元瑞抄袭。这里也许有人要问，场中没有人监考吗？当然是有，而且设计得还很严密，每个号舍外站有一个号军（临时监考人员），全场一百九十二个号舍，还有四个“巡绰官”来回巡查，但这在银子面前都没有用处，这里不得不佩服一下关显客的公关能力了。张元瑞三场考试都在一个号舍，何步洲每场一换，但尽管如此，关显客好像还是与每个号军都很熟识，每次传递之时，都给号军一两钱银子进行疏通，并承诺事后再给两三钱银子酬谢。也许你又要问为什么这些监考的号军都这么没有原则呢？实际情况是这些所谓的“监考人员”都是官府临时雇佣的。据事发后这几个号军交代，他们平时不是以佣工度日，就是以肩挑过活，都是贫苦老百姓，哪有那么多原则！加之“巡绰官”平均一人管着四十八个号舍，根本看不过来。

考试过了十来天，张元瑞看迟迟没有发布中式结果，何步洲、关显客又天天来催自己兑现承诺，便先给了何步洲番银二十四两，给了关显客三两六钱，其余监考人员一二钱不等。九月初一是发榜之日，何步洲、张元瑞皆双双高中，其中张元瑞排在了第五十七名。二人皆是大喜，各自回家了。但事情往往越是顺利，便越是容易出现问题。他们都高兴得太早，因为他们万万没有料到，这年大概九月底，顺天府府尹蒋炳给皇帝上了一个奏折，说鉴于往年各省乡试皆有作弊的情况，请求自今年起乡试要实行复试制度，乾隆皇帝随即批准，文件很快便发往全国。十月初二，广东巡抚策楞收到通知后，立即发布文告，要求全省举人于十一月初四再到广州参加复试，地点改在巡抚衙署内，违者严处。收到消息的张元瑞如同当头被浇了一盆冷水：去了，这次考试的监考肯定不同先前，再想作弊是千难万难，自己多半要露出马脚，事情就坏了；但若不去，又怕是有更严厉的处分。两难之际，张元瑞还是怀着侥幸的心理战战兢兢地来到了广州。哪想张元瑞的复试文章“文理既荒谬殊甚，字迹尤潦草不堪”，“复试之时又假装狂疾”，被“面加诘问时，一味含糊狡辩，似乎不肯吐实”，“显有情弊，非严审不能定案”。随后张元瑞、何步洲被革去举人名号，审判之后皆被定罪带枷锁生活三个月，还要被发到云南、贵州这些当时被称为烟瘴的地方做苦力，到了这些地方后，要先挨一百四十大板，不死也得半残了，可怜了这些读书人，真是够惨的！当然，帮同作弊的关显客和作号军的几个监考人也没被轻易放过，为了几两几钱银子，却付出了被统统发边为民的代价。专管这事儿的几个官吏也丢了官，就连巡抚策楞也遭到乾隆皇帝的斥责。

乾隆朝一份伪造的奏稿案

王　澈

“盛世”是近几年来出现频率相当高的一个词汇，看到它，往往会立即令人联想到磅礴大气的盛唐和康乾时期的清朝。盛世应该是什么样子？除了历史书上“政治清明”“经济繁荣”“百姓安居乐业”的辞藻外，北宋时期宫廷画师张择端的《清明上河图》应该是最直观、最形象的盛世写真图。乾隆七年（1742）的春天，当三十二岁的乾隆帝看着皇宫中珍藏的《清明上河图》中薄雾疏林里的茅舍、扁舟和城市中熙熙攘攘的人流，盘点着他的江山社稷，想必心中踌躇满志。他让当时著名的书法家梁诗正将他的御制诗题写在这幅长卷的最后，诗中这样写道：“蜀锦装全璧，吴工聚碎金。讴歌万井富，城阙九重深。感事诚观止，遗踪借探寻。当时夸豫大，此日叹徽钦。”意思是说，在这装裱精美的《清明上河图》中描绘的繁荣景象尽管令人感叹，但与乾隆时代的盛世是无法相比的。来来往往的扁舟和来来往往的商人，承载着东京汴梁的繁华，也承载着乾隆盛世的兴旺。然而，令乾隆帝没有想到的是，就是这来往的船只和商贩，让一纸所谓的奏稿流传大江南北。伪造的奏稿内容居然指责乾隆帝失德，有“五不可解，十大过”，同时，还弹劾了满朝权贵重臣。乾隆帝震怒了，一场历时一年多的追查行动就此展开，这就是乾隆十六年（1751）发生的“伪孙嘉淦奏稿案”。

孙嘉淦何许人也？此人是山西太原府兴县人，他的祖父在清初做过江西崇仁县知县，他的父亲是当地著名的绅士。但在孙嘉淦少年时期，家道败落。康熙五十二年（1713），三十二岁的孙嘉淦考中进士，步入仕途。孙嘉淦在朝野有一定名气，是因为“敢言直谏”，也就是敢于向皇帝说真话。雍正帝即位后，他以区区七品的翰林院检讨身份上书，建议雍正帝

“亲骨肉、罢西兵、停捐纳”，惹得雍正帝大发雷霆，怒斥翰林院掌院学士：“你们翰林院怎么能容忍这样的狂生?”这时，大学士朱轼在一旁不紧不慢地答道：“此人的确很狂，但臣佩服他的胆量。”雍正帝沉默了一会儿，突然大笑起来，说：“朕也不能不佩服他的胆量。”不久，将孙嘉淦提升为国子监祭酒，也就是当时国家最高学府的主管。乾隆帝即位后，当时担任左都御史的孙嘉淦又上了著名的《三习一弊疏》，提醒新皇帝避免三种恶习：一是喜好听阿谀奉承的喝彩，反感听直率逆耳的忠言；二是喜好看趋炎附势的谄媚，反感看不卑不亢的刚直；三是喜好处处顺从自己想法，反感与自己不同的意见。三者归结为一点，就是要避免一种弊端，即喜好势利小人，厌恶正人君子。此后，他历任刑部、吏部尚书，直隶、湖广总督等官。这中间，他也两次受到革职处分，但都没有影响他继续受到皇帝的重用。乾隆十二年（1747），六十五岁的孙嘉淦自请退休，得到允许。只是才过了两年，他又被召回京城任翰林院掌院学士、工部尚书。乾隆十七年（1752），再任吏部尚书，同时，还是协办大学士。孙嘉淦在朝中很有声望，每当听说朝廷中有人提了新的建议，人们就会问：“是不是孙公提的呀?”

正是因为孙嘉淦有敢于直言的名声，这份假托孙嘉淦名义的奏稿，不仅令平民百姓信以为真，就是一些官员也确信不疑，纷纷传抄。于是，所谓的孙嘉淦奏稿，在乾隆十六年（1751）前后迅速在社会上流传开来。

最先向乾隆帝报告发现“伪稿”的，是距京师遥远的贵州。乾隆十六年（1751）七月初二，云贵总督硕色奏报，贵州安顺场普定县（今安顺市）提塘吴士周上报的禀文中夹有一纸密禀，“词殊不经，明系狂悖之徒凭空捏造，而无知小人妄行传播”，传播伪稿的人是六月初八路过普定县到云南去做生意的客商。

乾隆帝看到这份奏折时，已是一个多月后的事了，他似乎很平静，在奏折上的朱批只是简单的“知道了”，对这份出现在西南一隅的“奏稿”没有给予更多的关注，对硕色紧接着用火牌加急递上的办理情况和建议的折子，也只是批了一个“览”字，但接受了硕色的建议，在八月初五发下一道上谕：命京师的步军统领、直隶总督以及河南、山西、湖北、湖南、贵州巡抚派人“密加缉访……勿令党羽得有漏网”，只是办事时要“务须密之又密，不可稍有张扬漏泄”。

当贵州巡抚开泰的具体审讯结果呈报上来时，乾隆帝紧张了：那位去云南做黄连生意的四川商人谭永福供认“伪稿”得自云南的杂货店，既而追查出江西安福县监生、布商朱步兰、左羹陶，这些布商从湖北汉口贩布到贵州，接着去了云南省城，谭永福因此得到“伪稿”。这说明伪稿并非出自西南，而是来自内地，而且随着四处游走、颇识文字的商人的传抄，可能流传范围已很广泛。乾隆帝的紧张化为一股怒火，发泄到开泰的头上：“乃时逾二旬，始据……缮折具奏，甚属迟缓……今迟迟不发，仍循例俟赍折家人入奏，是何居心……倘再不知奋激，或与寻常承缉之案同一办理，不过日久归于子虚，则自取罪戾，将不可逭。慎之！慎之！”指责开泰的奏报太晚，送达奏折的方式也不对，应该让驿站星夜驰递。

接着，山东按察使和其衷密报了山东发现“伪稿”的情况，同时，也检举了他的上司。他的奏折中说，山东省城济南四月二十日已发现了假托工部尚书孙嘉淦本稿一纸，还有“该部知道”的朱批，辗转源自住在南京的江南水利效力州同官贵震。但报告了巡抚准泰后，得到的指示是：这份伪稿既然不是山东人捏造的，把传抄的人处理了就可以了事，不必追究伪稿的来历，也不用报告皇上。这次接到查办伪稿的谕旨后，准泰又不公布谕旨内容，还叮嘱说不要牵涉四月份的事情，企图掩饰过失。乾隆帝更为恼怒，命令立即将准泰革职，锁拿进京，调河南巡抚鄂容安接替了他的职务。

接下来的八九两个月中，湖北、湖南、四川、甘肃、直隶、山西、陕西、浙江、江苏等地发现“伪稿”的密报纷至沓来，乾隆帝的态度也更加严厉。他先是训斥山西、湖南、浙江等地的督抚办案不力，“仅视为寻常事件”，上下回护，办事推诿，“倘再不知激奋，则自取罪戾”。当闽浙总督喀尔吉善奏报福建人中有传抄伪稿之人时，乾隆帝立即下旨责问福建巡抚潘思榘：“此案发自滇南，即僻远如甘肃、四川，一经查拿，传抄之犯，不一而足。闽省与江浙接境，何得独无？而潘思榘从未奏及”，警告潘思榘：“如稍不实心，则有准泰之前车在。”对伪稿的查办，也从最初的“务得实在传抄月日”转为查明始作俑者。

在乾隆帝的督促下，各省督抚迅速展开调查伪稿的行动。从九月到十一月三个月中，各省查抄伪稿的详细情况如雪片般报到京师，抓获的人犯以湖广、江西之人最多，人犯数目并不算很多的四川也抓获了二百八十多人。从档案中可以看到，传抄、传看伪稿的人员身份很复杂，许多地方大吏，如浙江提督吴进义、江南提督武进升、江西道员施廷翰都被卷入。其中既有木行、药行、布行等的商人，也有总兵、千总、同知、道员的长随、幕友；既有在私塾家馆教读的生员，也有在京师国子监读书的学子；既有看破红尘的僧人，也有入关的满人；既有内地的中下级官员，也有西南地区的土司。以至于乾隆帝叹道："此等逆恶之词，蔓延各省，甚竟传入土司内，其流传之广，一至于此。"

在查办伪稿的过程中，乾隆帝也是事事过问。查到山西，恰好有一个落魄文人王肇基为出人头地而献了《恭颂万寿诗联》，遣词用句十分狂妄，乾隆帝立即命令当地官员彻底查明此人是否是伪稿案的党羽，后来虽然查明王肇基是疯子，还是把他杖毙了。查到湖南，乾隆帝怀疑是雍正朝曾静、张熙案的余党还没有清理干净，所以编造了这份大逆不道的伪稿。"据各省传播，多得自木商，木筏由湖南浮江而下……湖南入滇，其途亦便……曾静、张熙皆产自湖南，由此推求，或幸灾乐祸之余党尚未殄绝，首恶即在湖南。"到了乾隆十七年四月，湖北爆发马朝柱起义，乾隆帝又认为起义檄文"文气心思颇与伪稿相类"，"或即群逆所为"？

总之，这时全国十八个行省都发现了伪稿的踪迹，查办伪稿也成了朝野上下的一件大事，一场查抄伪稿的活动在全国各省轰轰烈烈地展开了。

头绪纷繁的查抄伪稿的过程中，比较重要的线索有四条：一是湖南生员传抄的伪稿源自往来贵州的湖南贡生龙乾惕，此人不仅传抄伪稿和伪造的朱批，而且加有圈点；二是江西巡抚鄂昌查出道员施廷翰的长子、贡生施奕度传抄伪稿；三是浙江伪稿是从提督吴进义衙门传出；四是江西省城抄报房提塘章锦传抄伪稿。

经过层层追查，龙乾惕的伪稿来自江西；施奕度的伪稿来自他在京师国子监就读的二弟施奕学，施奕学又得自江西提塘刘士禄；浙江伪稿得自江苏松江小提塘陈公绶。也就是说，江西、江苏两省在这起案子中颇引人注目。但在办案的过程中，被抓获的人或是互相指责，或是将责任推给已故之人，或是在严刑之下认罪，松刑后又翻案呼冤，案子始终没有理出头绪。

乾隆十七年（1752）六月二十九日，乾隆帝命军机大臣将涉及伪稿案的众多线索列出清单，分别寄发各省，让各省督抚按照清单所开各案，"应查拿者，作速查拿；应根究者，作速根究。务得首恶，勿致漏网"。

然而，到乾隆十七年（1752）十月，案子的调查仍然循环往复，没有大的进展。乾隆帝极其不满，发下一道谕旨："各省办理传抄伪稿，本期根究实在来历，逐线追寻，务得首先捏造正犯……一载有余，茫如入海算沙，了无头绪。”他将不满目光投向封疆大吏，认为之所以会形成这样的局面，都是因为各省督抚没有亲力亲为，只是根据下属报上来的口供写奏折上报，敷衍了事。下令将两江总督尹继善、江西巡抚鄂昌这些伪稿案的重点地区的主管官员提调到北京对质办案，警告其他各省督抚，如果办案不力，也照此办理。

事态的发展与督抚等封疆大吏的命运密切相关，在朝臣中引起了震动。十二月十九日，御史书成上奏：为查办伪稿案而将朝廷大臣提解京师，株连太广，应该将现有因涉嫌伪稿被关押而又查无实据的人犯一概从宽释放，再让督抚严密访查真正的首恶。如此，则无异于向天下昭告一年多来在全国范围内的追查的失败，这让乾隆帝感到很没面子，他怒斥这位言官身为满洲奴仆的漠然，对伪稿那样如诅咒父祖般的丧心病狂之言居然无动于衷。这位言官立即被革除官职，送去服苦役。第二天，乾隆帝又下了一道谕旨，对继续追查伪稿的理由进行陈述：“捏造孙嘉淦奏稿之犯，系有心传播逆词，摇惑人心，为王法所不容。该督抚一见传稿即行追究，自属应办之事。若但经具折密奏，而未宣布，朕尚可自为裁酌，即不令查办，亦未可知。乃业由外省查办，远近彰著之事，如此而尚谓可不必办理，则凡命盗等案，牵连难结者，举不必办理矣。”这就是说，追查伪稿案并非乾隆帝一意孤行，而是由地方督抚挑起，乾隆帝是不得已而为之。伪稿污蔑、诽谤之处，不辩自明，但一经立案，就是端正人心、维护风俗的大事，不能因为案情棘手，就草率结案。然而，在办案过程中，地方督抚却暴露出养尊处优、不实心办事的恶习。调尹继善等来京一同审案，他们才能知道自己做得不对的地方。否则，事事知难而退，息事宁人，国家任用封疆大臣有什么用？地方上的吏治能好吗？书成身为言官，尚且不明白此中的道理，各地的传说自然更难保没有浮议，要明白宣示中外臣民知道。

乾隆帝说得振振有词，并且巧妙地将人们的视线引向对地方官员工作作风的整顿，为自己长时间以来的愤懑情绪找到一个发泄点。但经过一年多的查办，他心中明白要查清此案并非易事，如何收场？欲追不能、欲罢不成的乾隆帝急需合适的机会。七天后，这个机会似乎来了。

十二月二十六日，接替鄂昌担任江西巡抚的鄂容安奏报查出江西抚州千总卢鲁生父子传抄伪稿，乾隆帝立即命将卢氏父子解赴京城，并肯定地说已接近伪稿源头。经过审讯，卢氏父子的伪稿得自南昌卫守备刘时达，刘时达则是在乾隆十五年（1750）七月得自他的儿子、前任浙江金华县典史刘守朴。这时，乾隆帝频繁发出结案的信号，或说此案“已有头绪”，或说刘时达“得稿最早，于根源甚近”，或说从卢鲁生一案可“得首逆”。

乾隆十八年（1753）正月下旬，在乾隆皇帝的指引下，军机大臣审出结果：卢鲁生、刘时达为共同捏造伪稿的首犯，见事情败露，又将责任推给刘时达之子刘守朴。二月初五，江西巡抚鄂容安奏报，审讯刘时达之子刘守朴的幕友孔则明，他承认的确给刘时达寄过伪稿，这表明伪稿显然另有来源，似乎又否定了军机大臣的结论。

三月初四，军机大臣会同刑部结案：乾隆十五年（1750）七月，由卢鲁生提议，在南昌卫守备刘时达家中，两人共同编造了所谓奏稿。本来是听说为皇上南巡“办差赔累，妄希停止巡幸”，“凑成五不解十大过名目，复思孙嘉淦肯上条陈，借名耸听，于各帮会议公事时，给众阅看”，因此传开。卢鲁生因病重，在刑部定案前已经先行正法；刘时达拟凌迟处死；卢鲁生的两个儿子拟斩立决；缘坐家属等按律定拟。乾隆帝又表现出“恩自上出”的宽容，他说，卢鲁生是此案罪首，刘时达能将与卢鲁生编造伪稿和串供的实情供出，说明他的良心未泯，从宽改为应斩；卢鲁生的两个儿子也改为应斩，三人均关押至秋后处决。

所谓的伪稿“正犯”抓获后，当初乾隆帝十分重视的两条线索，即道员施廷翰之子施奕度和提督吴进义衙门传抄伪稿之事，都成为子虚乌有，施家父子得到开复，吴进义进京引见。同时，对办案不力的官员进行处分：原江西巡抚鄂昌及按察使、知府三人革职拿问，交刑部治罪；原两江总督尹继善、浙江巡抚雅尔哈善、湖北巡抚恒文以及卢鲁生的上司漕运总督瑚宝，交部严加议处；所有传抄各犯均加恩宽免，但传抄官员，文官交吏部，武官交兵部，照例治罪。乾隆帝运用他娴熟的政治手腕，将一出文字狱案转化为对官僚集团的清理整顿。

伪稿案就这样秘密地开始调查，大张旗鼓地进行了一年，又以令人惊讶的速度在两个多月中迅速结案。然而，水虽落而石并未出，此案实际上仍然疑窦重重。

疑点一，卢鲁生与刘时达的审理过程。乾隆十七年（1752）十二月二十六日，江西巡抚鄂容安报有人供出得稿于卢鲁生父子，此种情况在整个伪稿案办案过程中屡见不鲜，但乾隆帝这时却肯定地说："看来此事已近，勉之。"十八年正月初四日，乾隆帝看到鄂容安再报刘时达父子传抄日期最早的奏折时，又肯定道："甚好，此事看来已有头绪。"正月初五日，卢、刘两案就并为一案，卢氏之稿还得自刘氏。当刘时达供出其子刘守朴等其他得稿之处时，乾隆帝又高瞻远瞩地预测到刘氏父子串供，最终还得到了证实。更为蹊跷的是，卢鲁生经过反复开导，竟从供称得稿于刘氏，改为"自行起意"与刘时达共同捏造。二月初五日，江西巡抚鄂容安的奏折表明伪稿可能另有来源时，乾隆帝又下了一道自相矛盾、让人无所适从的指示：如果伪稿"确有来历，何妨逐层递究"，但"不可凭信前供，遽以刘守朴封寄为实而强求来历"。七天后，即二月十二日，乾隆帝再次传谕：刘氏父子有可能"先期串供"，提前做了"弥缝掩饰"的准备。二月二十七日，乾隆帝的"猜想"得到证实，刘守朴封寄伪稿为事先串供。可见，这个案件的结案过程，实际上是按乾隆帝的意愿和思路进行的，审讯过程中人工斧凿的痕迹相当严重，不能不令人怀疑是军机大臣们仰体圣意的结果。

疑点二，孙嘉淦的官职。乾隆十六年（1751）九月，四川总督策楞的奏折中报告，查获的十五份伪稿中，有两份中孙嘉淦的官职是都察院左都御史，其余十三份的官职都是工部尚书。结案时，军机大臣们并没有就这个问题做出任何说明。我们知道，清代文书制度要求具奏人必须写明自己的身份，满人书奴才，汉人书官职，孙嘉淦是汉人，上奏必书官职。不同官职说明两种情况：伪稿要么并非同一个源头，要么在流传过程中有所改动。而传抄中添加、批注的可能性很大，但直接更改的可能性很小，尤其是对具奏人的官职。因此，伪稿并非同一源头的可能性更大，军机大臣们抓到的就只能是部分"首恶"。只有回避这个问题，军机大臣们才能结案。

因此，乾隆帝完成了对百姓恐吓、对官员整顿之后，将卢鲁生与刘时达等作为他偃旗息鼓的踏脚石和替死鬼。

然而，这场灾难的诱因——"伪稿"究竟是什么样，写了些什么呢？由于乾隆时期正是清代文字狱严酷的时期，尽管当时处理这个案子的官员曾经将"伪稿"原文抄录上报，民间流传也有许多，但我们至今也不曾看到一份"伪稿"的原文，只能从当时存留下来的办案口供中，得知"伪稿"的部分情况。

首先，伪稿的字数。有的史料记载，“伪稿”长达万言。但根据档案记载，伪稿的内容可能是两三千字，这个数字虽然与万字相差许多，但从伪稿流传的范围之广泛、传抄之迅速来看，档案记载的数字应当是可信的。否则，在那个以毛笔为书写工具的年代，多数人能在短时间内一抄而就，还有人能抄写三四十份到处发送，实在不是一件容易的事情。

其次，伪稿的内容。由于伪稿原文佚失，所谓“五不解，十大过”，现在只可略知两条。其一，反对乾隆帝南巡，认为南巡给江南官民带来了严重的骚扰和繁重的负担；其二，认为乾隆帝错杀张广泗。事情的原委是，乾隆十二年（1747），金川土司发生内乱，川陕总督张广泗奉命督师前往征伐。他经过调查，了解到金川之乱不过是土司之间的争夺，并不是与清政府为敌，因此决定采取以抚为主的策略，与军中同僚讷亲、岳钟琪等主战的意见相左；乾隆十三年（1748），以“挟师观望”“伤国体，为四夷姗笑”等罪被逮至京师，由乾隆帝亲自审讯，张广泗据理强辩，被处斩首。在讷亲等人的指挥下，金川之战清政府损兵折将，最终以抚告终。

其实，早在乾隆三年（1738）四月，京城就曾出现了孙嘉淦密奏的传言：“一月以来，京师喧传尚书孙嘉淦密奏在朝多人，如大学士鄂尔泰、张廷玉等皆在所参之内”，但没有指斥乾隆帝的内容。乾隆帝认为，所谓密奏是编造的，也许是嫉妒孙嘉淦的人为了排挤他，也许是拥戴孙嘉淦的人为了宣扬他，没有深究，只是命令严禁。然而，禁犹未绝，到乾隆十六年（1751）前后，就形成洋洋数千言、直指乾隆帝的奏稿，并伪造了“该部知道”的朱批，还有人添加批语。特别是众多官员明知其伪还纷纷传抄，的确是因为伪稿道出了他们的隐衷。乾隆十年（1745）以后，随着政权的日益稳固，皇帝的个人意志也日益突出，统治集团内部矛盾日益激化。乾隆十二年（1747）兴师金川、乾隆十六年（1751）巡幸江南等事件，显露出乾隆帝的专擅骄横与好大喜功，出于维护整个统治阶层利益的愿望或自身利益受损后的怨怼，一些官员希望通过伪稿的激烈言辞对最高统治者进行警示，见到伪稿，非但不予举报，反而辗转传抄。这也是乾隆皇帝最终借伪稿案对包括封疆大吏在内的官僚集团进行整顿的原因所在。

凌迟恶仆　祭奠清官

徐春峰

在山东省即墨城西北的李家营村北侧有一处墓园，原建于清朝嘉庆十四年（1809），1966 年被毁，直到 1996 年冬重修。这处墓园有着传奇的色彩，不仅曾有嘉庆皇帝亲自题写《悯忠诗》石碑，而且坟墓前曾有一个死刑犯被凌迟处死后，心脏被挖出来祭奠墓中人。而坟墓中埋葬的只是一名嘉庆朝“因病自缢”的官员，名叫李毓昌。这究竟是怎样的一个故事呢？

李毓昌之墓

李毓昌，字皋言，山东莱州府属即墨县（今山东即墨）人。嘉庆十三年（1808）戊辰科进士，分发江苏以知县即用，在江宁府候补，九月被指派前往山阳县察视赈银的发放。第二年三月，李毓昌因病自缢身死的消息，经江苏巡抚汪日章奏报嘉庆皇帝。事情也似乎没有什么新鲜之处，旧时官场因病因事自杀的官员也是有的。但是，当嘉庆十四年（1809）李毓昌的叔父李泰清到京城告状喊冤，都察院将诉状上呈嘉庆皇帝之后，所有的真相才逐渐表露于天下。

官吏贪污，是封建王朝无法克服的痼疾。由此所引发的案件，在有清一代不可计数。在经历了康乾盛世之后，与清王朝日益衰败的趋势相反，嘉庆朝的腐败贪污也恰恰进入了“盛世”。

嘉庆十三年（1808）秋，黄河再次决口，淮安一带首当其冲，房倒屋塌，饿殍载道。为了缓和阶级矛盾，避免灾民暴乱，维护封建王朝的统治，清廷发放银粮，赈济灾民。但是，救灾的赈银被层层克扣，放赈者与察赈者共同作弊，从挣扎在死亡边缘的饥民口中夺取粮食。为此，各地派出查赈委员，以监督赈银的发放，候补知县李毓昌、同知林永（又作泳）升等被派往江苏淮安府属山阳县（今江苏淮安）。九月，李毓昌带着长随李祥、顾祥、马连升等人赶赴任所。

山阳县知县王伸汉，时年五十三岁，陕西渭南县人。由监生捐升九品，嘉庆五年（1800）捐升知县，分发江苏试用，题署睢宁县知县，后于嘉庆十一年（1806）七月二十六日调任盐城县知县。时任两江总督的铁保称：“该员心地明白，办事认真。自委署山阳办理漕粮，一切事务均无贻误。”于嘉庆十三年（1808）十月二十八日奏请以王伸汉调山阳知县，“今以之调补，实属人地相宜”。实际上，王伸汉确实是一个“能干”的家伙，自署理山阳知县至李毓昌案发，不过短短一两年时间，竟贪冒赈银两万五千余两。

李毓昌到山阳县，就住在县东门的善缘庵。善缘庵北屋三间，南屋三间。僧人住在北屋东间，李毓昌住西间，李祥等三人则住在南屋。十月初三日，李毓昌亲至各乡巡视，察看灾情，怃恤百姓。灾民们濒死挣扎的惨状使他触目惊心，调集户口清册认真核对的结果也发现了严重的贪冒。二十九日回到寓所后，李毓昌就开始草拟呈文，准备将王伸汉贪冒赈银之事上报藩司。

为了掌握查赈委员的动向，王伸汉密令心腹仆役包祥，设法接近李毓昌的随从李祥。李祥跟随主人赴任，原想得到些好处，没想到李毓昌是两袖清风，作为家人自然也捞不到油水，不免心生埋怨。包祥对李祥许以重利，二人一拍即合。不久，李毓昌写具揭帖、即将检举贪冒赈银的事就传到了王伸汉耳中。

当时，由于官场官官相护，狼狈为奸，官吏因贪污而受到追究者微乎其微。王伸汉依照官场惯例，料想李毓昌此举意在敲诈，只要给些好处就可以万事大吉了。于是，他央人转达李毓昌，若肯曲为掩饰，愿赠白银万两。没想到李毓昌听后严加拒绝，执意秉公办事，并表示定将知县贿买一事呈报两江总督，建议依法惩儆。

王伸汉行贿碰壁，并不甘心，急忙和包祥秘密商议对策。包祥建议用重金买通李毓昌家人，乘机盗出查赈清册销毁。那时李毓昌复命期限已到，万难从头查起，然后再以金钱相赠，或许事情可以了结。对这一计谋，王伸汉表示同意并催促包祥前去办理。

包祥又找到李祥，将计谋和盘托出。李祥恐怕一个人没有办法完成，便邀同顾祥以及马连升一起合作。顾、马二人在重利引诱之下，也都一口应承。但是，由于李毓昌对一切文书清册管理很严、防范极密，李祥等人多次尝试，也无从下手。因此，这种偷盗销毁清册的诡计也没有得逞。

王伸汉得知盗毁清册之计不能实现，决定孤注一掷，杀人灭口。他让包祥联络李祥三人，许以更加优厚的条件，让他们协同杀死李毓昌，事成之后不但加倍酬谢，而且可以给他们谋求更好的差使。李祥、顾祥、马连升利欲熏心，点头应允。一场弑主的阴谋就这样悄悄地酝酿着。

十一月初六这一天，王伸汉在县衙大摆酒筵，声明宴请查赈委员李毓昌、林永升等人。碍于官场应酬的惯例，李毓昌前往参加。席间，互相寒暄劝酒，直至二更天酒席才散。李毓昌回到公馆，因酒醉觉得口中干渴，呼要茶水。李祥早有准备，便把一杯掺有砒霜的茶水送上。李毓昌一饮而尽，倒头睡觉。过了一会儿，药性发作，李毓昌肚子疼痛，叫喊起来。这时，在房外等候的三名仆人一拥而入，顾祥一马当先，将李毓昌拦腰抱住。李祥用手巾捂住李毓昌的嘴，马连升用一根布带往李毓昌颈上一套，用力紧勒。李毓昌无力挣扎，顷刻气绝。三人将尸首吊在梁上，伪造了一个自缢身死的现场。第二天，李祥等三人故作惊慌，声言主人因病自缢身亡。王伸汉得知大功告成，命令包祥和李祥、顾祥、马连升一起清理现场，消弭罪证，自己则急忙赶往淮安府。

王伸汉赶到府衙，开门见山将谋杀李毓昌的缘由始末如实禀告，请求淮安府知府王毂大力回护，表示愿奉送白银二千两。知府王毂十一月初三刚刚到任，在他的治下就发生了这样的大事。一方面担心自己因此受到处分，影响自己的仕途；另外，虽然担心督抚如果彻底究办查赈委员被害之事，难免将他也牵连在内，但终究利欲熏心，答应为王伸汉尽力设法掩饰。

得到了知府王毂的保证，王伸汉便陪同王毂带领仵作等人到场勘验。仵作李标开始并不知道其中的因由，依照规定详验李毓昌尸身。他看到李毓昌的尸身脖子上有勒过的痕迹，面色青紫，种种迹象表明是生前缢死；但尸体口鼻出血，指甲颜色乌黑，又像是中毒。李标一时无法断定死因，这时，王伸汉喝令李标擦去尸体嘴角的血迹。李标会意，以自缢身死填具尸格。王毂照准，一面让山阳县造棺收殓，一面具文上报。当年腊月和第二年的正月，以修理知府衙署为名，王伸汉两次送给王毂共两千两白银。江苏臬司胡克家接到淮安府呈文，轻信禀词，草率认可。藩司杨頀也无异议，会衔上报总督。两江总督铁保按例转到江苏巡抚汪日章处。嘉庆十四年（1809）三月二十一日，汪日章最终以李毓昌因病自缢而死上奏皇帝。山阳知县王伸汉见杀害李毓昌之事已经定案，自己贪冒赈银的事情也将平息，便通知李毓昌的亲属领柩回籍，同时开始处理善后事宜：把李祥推荐给长洲通判当长随、马连升推荐到宝应县，顾祥要回老家，王伸汉厚加馈赠。

一件贪污谋杀重案就这样要被轻轻掩过，李毓昌大有冤沉海底之势。但是，法网恢恢，疏而不漏，李毓昌亲人的介入使得案情“急转直下”。

嘉庆十四年（1809）初，李毓昌的族叔李泰清由山东即墨赶到山阳。他在整理死者遗物时，忽然发现李毓昌亲自拟定的一篇文稿，上面写着“山阳知县冒赈，以利啖毓昌，毓昌不敢受”等语。李泰清顿生疑窦，认为侄子李毓昌恐怕并不是自缢而死，而是另有死因，但是除此以外，一时没有确切的证据，无从翻案。李泰清只好拿上王伸汉赠送的盘费一百五十两白银，护送李毓昌的棺木回乡。

李毓昌的灵柩运抵即墨，全家悲悲戚戚，准备出殡埋葬。妻子林氏在收拾丈夫的衣物时，发现一件随身穿用的皮衣上血迹斑斑，急忙告诉李泰清。李泰清一听，更加怀疑李毓昌的死因，当下作主自行开棺检验。发现李毓昌的尸体指甲及胸腹部都是青黑色，用一根银簪探入喉部，立即变色，擦拭不掉，确是中毒确证。于是，李泰清筹措盘缠，赶到京城去告御状。不知是否有人指点，在李泰清递上的状告逆仆杀害主人的呈状上，有两处暗示：第一，山阳知县赠送路费元丝银一百五十两；第二，据李毓昌的幕友沈廷栋说，有杀人嫌疑的长随李祥三人都被王伸汉妥善安置。

五月十二日，都察院接到诉状后，依照规定转奏朝廷。此时的清王朝，已是江河日下，各种矛盾和危机纷纷爆发。嘉庆皇帝深知整顿吏治为要务，而且事关朝廷官员，因而对李泰清的京控十分重视。他迅速向军机处发下谕旨，指出李毓昌之死疑点很多，一定是有冤情急待昭雪。命令山东巡抚把李毓昌的尸体运到省城详验；同时立即把山阳知县及有关人证调集进京，由军机大臣会同刑部直接审讯。而在五月二十日的奏折中，掌福建道监察御史程国仁就已经指出了该案件的可疑之处：李祥等三人不过是家人杂役，山阳知县（王伸汉）如果不是“授意同谋”，为什么都一一推荐各处，安置妥当？同时提出，因为外省审案弊端，这种州县侵贪赈银、谋害官员的案件，应该交刑部审讯。

一张无形的网逐渐展开。

五月二十五日，巡视南城给事中庆元、茅豫奏：二十三日马连升投首，即日交刑部收审。同一天，两江总督铁保将山阳知县王伸汉解任，与家人胡太、仵作李标及书办朱学礼等一同押送刑部候审。六月初四，署布政使朱锡爵奏报：经传讯现在博山县做长随的原山阳知县王伸汉家人包祥得知，李毓昌在山阳查赈并没有患病，而且与十一月初六曾赴宴席，这与以前江苏所报李毓昌因病自缢等情况不符。随之，山东巡抚吉纶奏报，马连升已于五月初三去京城谋职，请饬步军统领、五城御史查拿。六月初十，两江总督铁保拿获李祥、顾祥，委员解送刑部。六月十六日，署布政使朱锡爵奏报：经有经验的仵作检验发现，李毓昌的尸体已经腐坏，全身骨骼大部分为青黑色，唯独心坎骨为黄白色。因此，确认李毓昌的死因是“受毒后缢死”。

在北京城里，军机大臣们会同刑部官员逐一隔离审讯了王伸汉、包祥、李祥、顾祥、马连升。在确凿的证据面前，马连升、王伸汉等无法抵赖，先后供出了谋杀李毓昌的前因后果及作案手段，情词吻合，昭然若揭。

七月十一日，审讯结果奏报给嘉庆皇帝的同时，两江总督铁保也递上一本奏折，内称他怀疑是王伸汉在酒席宴中投毒害死李毓昌，但是他又一次询问了当时所有的同席之人，毫无线索；逮捕厨役严讯，也无结果，案件尚未见端倪等。嘉庆皇帝看完之后，大发雷霆，怒斥铁保昏愦糊涂至极，不但不能胜任封疆大臣的重任，而且也是不堪列位在朝绅之中！立即降旨将铁保革职，发往乌鲁木齐效力赎罪。江苏巡抚汪日章也难辞其咎，嘉庆皇帝斥其身为巡抚，对于所属之地有此等巨案毫无觉察，和一个聋子无异，实属年老无能，一并被革职。

从嘉庆十四年（1809）春李泰清京控开始，这个案件沸沸扬扬，审理了将近半年，到同年秋天，真相大白。在这期间，嘉庆皇帝本人始终亲自过问案件的审理情况，并且时常发出指令，一一决定如何结案处理。嘉庆皇帝认为：被害人李毓昌奉委查赈，不肯捏报户口，侵冒赈银，居心实为清正，为了以此为楷模、“臣纲”，应该大加褒奖，特令赏加知府衔，优厚安葬，并亲自制写《悯忠诗三十韵》以示褒扬。该诗全文三百字，夹注九百五十一字。嘉庆皇帝为一个臣属作这样的长歌细注，是极其罕见的。诗成之后，嘉庆皇帝又谕令山东巡抚吉纶采石造碑，精工刊刻立在李毓昌墓前，更是绝无仅有之举。全诗（见《清仁宗谕制诗文集》）内容为：

君以民为体，宅中抚万方。
分劳资守牧，佐治倚贤良。
切念同胞与，授时较歉康。
罹灾逢水旱，发帑布银粮。
沟壑相连续，饥寒半散亡。
昨秋泛淮泗，异涨并清黄。
触目怜昏垫，含悲览奏章。
恫瘝原在抱，黎庶视如伤。
救济苏穷姓，拯援及僻乡。
国恩未周遍，吏习益荒唐。
见利即昏智，图财岂顾殃。
浊流溢盐渎，冤狱起山阳。
施赈忍吞赈，义忘祸亦忘。
随波等瘈狗，持正犯贪狼。
毒甚王伸汉，哀哉李毓昌。
东莱初释褐，京邑始观光。
筮仕临江省，察灾莅县庄。
欲为真杰士，肯逐黩琴堂。
揭帖才书就，杀机已暗藏。

善缘遭苦业，恶仆逞凶芒。
不虑干刑典，惟知饱宦囊。
造谋始一令，助逆继三祥。
义魄沉杯茗，旅魂绕屋梁。
棺尸虽暂掩，袖血未能防。
骨黑心终赤，诚求案尽详。
孤忠天必鉴，五贼罪难偿。
瘅恶法应饬，旌贤善表彰。
除残警邪慝，示准作臣纲。
爵锡几龄焕，诗褒百代香。
何年降甲甫，辅弼协明扬。

李毓昌的族叔李泰清，因其义行被封为武举。嘉庆皇帝又亲自为李毓昌立嗣，并赏赐其继子一个举人的头衔。

原任山阳知县王伸汉，承办赈务，捏开浮冒，从中侵饱私囊，甚至起意将不肯协同舞弊之委员毒害，实属凶狡、贪黩残忍之徒，没有比他更厉害、更恶毒的了！罚抄没其家产，处斩立决。由于李毓昌还没有子孙，嘉庆认为王伸汉不仅仅是杀害李毓昌，而且还绝其后嗣，下令将王伸汉的儿子全部都发往伊犁流放，以泄心头之愤。原任淮安知府王毂，身任地方大员，知情受贿，同恶相济，处以绞立决。

王伸汉的仆役包祥，助纣为虐，著即处斩；年纪已经七十多岁的仵作李标杖刑一百，流三千里，而且不能赎罪；李毓昌的家人李祥、顾祥、马连升，一律凌迟处死。其中李祥一犯，尤其是李毓昌案件的要犯，嘉庆皇帝下令派刑部司官一员，将该犯解赴山东，押到李毓昌坟前行刑。处死之后，还要摘心致祭，以泄愤恨。于是就发生了开头坟前行刑的一幕。

其他牵涉王伸汉冒赈案的官员，也都一一被处置。收贿银三百两、家人收一百两的查赈委员林永升和其他委员温南峰、余清扬、龚国烜全部被革职，并且抄没家产。

如同传统戏剧里的结局一样，李毓昌案件中每个人都没有摆脱自己应有的惩罚，最终可谓善恶终有报。但无论是王伸汉贪冒赈银案，还是李毓昌自杀案，都只是当时清王朝这出历史剧中的一个场面。而随着各个独立剧目的落幕，也预示了整出戏剧——大清王朝的最终覆灭。

嘉庆皇帝遇刺案

刘　燕

清代入关后二百六十余年，自顺治至宣统共十位皇帝，据说有两位皇帝曾经遇刺，那就是雍正和嘉庆。雍正皇帝遇刺之说，实属市井传闻，无从查考。而嘉庆皇帝遇刺之事，则有档案为证，确有其案。

嘉庆遇刺　有惊无险

清嘉庆八年（1803）闰二月二十日，嘉庆皇帝从圆明园启銮返回紫禁城皇宫。按照惯例，嘉庆皇帝带领朝中重臣、御前侍卫自圆明园上马车驾，入神武门后换乘御轿进宫。因近日清军镇压白莲教的战争取得了胜利，平定教乱，嘉庆帝一连数日带领群臣在圆明园欢歌宴饮，吟诗作赋，几天前还亲往东陵谒拜乾隆父皇。此时，嘉庆皇帝在返回皇宫的路上还满心欢喜，陶醉在连日的喜庆之中。

嘉庆皇帝像

就在嘉庆皇帝换轿欲进入神武门内的顺贞门时，忽从神武门内西厢房南墙后冲出一条大汉，手持短刀直奔御轿而来。在场的众多护军、侍卫一时都吓懵了，个个呆若木鸡，不知所措。轿旁的御前大臣定亲王绵恩还算清醒，意识到情况不妙，忙迎上前去阻挡大汉，固伦额附拉旺多尔济、御前侍卫乾清门侍卫丹巴多尔济等几人也缓过神来，随即冲上前去与大汉搏斗。此时，嘉庆帝被这突发事件吓得魂飞魄散，慌忙逃入了顺贞门内，先前的喜庆之情，霎时间烟消云散。大汉见嘉庆皇帝逃走，手挥短刀左扎右刺，一心追杀皇上。经过一番激烈搏斗，几人将大汉团团围住，终将大汉擒住，侍卫丹巴多尔济被刺伤三处，定亲王绵恩的袍袖也在拼杀中被刺破。

旧时的神武门

当朝皇帝竟然在皇宫内遇险，惊动了朝野上下，这起发生在光天化日之下的神武门刺杀皇帝案，遂成为嘉庆朝有名的一桩大案。案发当天，嘉庆皇帝立即降旨，命令“军机大臣会同刑部严审定拟具奏”，下令一定要将此案审个水落石出。

刺客陈德　被逼作案

刺客名陈德，四十七岁，北京人，其父母原本是官宦人家的家奴。他幼时与父母随主家迁往山东，成年后也一直在山东有钱人家当差。二十三岁时娶妻生子，三十一岁时因父母先后病故，他带着家人回到北京投靠亲戚，辗转在大户人家当差。案发前，陈德在一孟姓人家做厨役，其间他的媳妇不幸病故，留下八十岁瘫痪在床的岳母和一对未成年的儿子，日子过得十分艰难。当年二月陈德又被孟家解雇，他只好投亲靠友，受人接济。据陈德交代："因无路寻觅地方，一家老少无可依靠，实在情急，要求死路。"遂于二十日在神武门行刺嘉庆帝，为的是犯了惊驾之罪，必定一死，"图个爽快，也死个明白"。

陈德行刺案在朝廷掀起了波澜，大臣们惊恐万状，人心惶惶，有的朝中重臣认为此案背后一定有人指使。嘉庆皇帝更是疑虑重重，随即又连发两道圣旨，旨令添派满汉大学士、六部尚书、九卿科道会同审讯，命令一定要"穷究主使何人，同谋何人，有无党羽"。

据中国第一历史档案馆现存清代档案嘉庆朝上谕档记载，陈德供词交代：这次行刺实是一人所为，没有受任何人主使，也没有同谋，确实是生活所迫。陈德从小生活在社会的最底层，出生八个月后就随父母跟官服役，为人家奴，亲身感受到了生活的艰辛。父母死后，他在山东没有生计，只好回到北京投靠表姐，住在西城能仁寺外甥安六格家中。几年来带着家人先后在工部沈员外、侍卫绷武布、兵部笔帖式庆臣等六户人家做工。嘉庆三年（1798）时，陈德夫妇以十五吊京钱被典给了城北方家胡同孟明家当厨子。嘉庆六年（1801）陈德的媳妇不幸病故，第二年秋天他八十岁的岳母跌伤瘫痪在床，年底他的表姐又病故。一连串的不幸，使得陈德负债累累，只好让当时年仅十三岁的大儿子出外打工。嘉庆八年（1803）二月，孟家嫌他家人口多，干活人又少，据孟家儿子孟啟基的供词交代说，陈德"时常喝酒在院唱歌哭闹"，孟家怕他闹事，就把他解雇了。

被孟家辞退以后，陈德一家唯一的生路被断绝了，无奈之下，只好又和家人回到了外甥安六格家，但因表姐病故，外甥还在服丧期，生活也很困苦，实在无法久住。二月十五日，走投无路的陈德又带着家人投靠朋友黄五福家，在东华门外小甜水井处住下。据黄五福供词交代，陈德搬到他家后每天都出去找活干，但总无果而归，陈德的大儿子陈禄儿供词也交代说，其父"因闲住日久，把衣服当完，愁闷不过"。他找不到活干，仅有的衣服又送到了当铺，心情异常烦闷，只有借酒消愁。据黄五福供词说，一日两人在小馆喝酒，陈德与一不相识人闲话口角，他拔刀就扎对方，还生气地说扎死一人抵命，扎死两人便宜一个，若扎四五个，就便宜好几个。陈德的供词交代说，那次在酒馆与人吵闹后，"心里愈觉气忿，忽然想要求死，又要死的明白，遂乱想胡行起来”。他还交代说，日前看到街上垫道，知道了嘉庆帝二十日要回宫斋戒，因为自己曾跟随包衣管领在内务府服役，经常出入宫中运送物件，熟悉宫内情况，就决定了要进宫行刺嘉庆皇帝。

梦兆签语　铤而走险

陈德的供词令参加会审的大臣无法相信，认为所供情节“出乎情理之外”，于是对他日夜轮番熬审，连日大施酷刑，掌嘴、跪链、刑夹、押杠等等，无所不施。重刑之下，陈德又供出了行刺有“梦兆签语”之因。交待说从乾隆五十七年（1792）到嘉庆二年（1797）期间，一共在正阳门内求了五支签，次次都是上好签，都有“好话”。又供出在嘉庆二年（1797）时曾做过一梦，“梦见一人领路，像是我朋友王福，领我到一个地方，有些房屋，我梦里说是东宫”；供出嘉庆三年（1798）“梦见我在无水桥下躺着，忽似有人拉我上桥，我在桥上站着，看来像是一知府大堂，我身上穿着程乡茧蟒袍”。陈德交代后来看一本《文昌书钞》，悟出这两个梦都是好梦，东宫是守厥的意思，知府大堂是黄堂，在桥下睡的是个虬龙，丝蟒袍是黄龙袍，想来“将来我必有朝廷福分”，于是，“就动了不安分的心，这几年时常胡思乱想”。

陈德一生为奴，侍奉的都是达官贵人，尤其在京跟随包衣管领达常索在内务府服役的三年期间，他经常出入宫中，亲眼看到了皇帝后妃的奢侈生活，联想到自己一生艰难度日，不公平的命运使他心生不满，于是，时时刻刻都在想着改变自己的命运。日有所思，夜有所想，“朝廷福分”的好梦正是他不满现状，追求美好生活的一种梦想。而正阳门求签几次签语中的“好话”也是陈德对未来幸福生活的憧憬。但现实生活的无情，逼迫陈德走投无路，只得铤而走险。嘉庆八年（1803）闰二月二十日，陈德怀揣占卜签语，身藏短刀，带着大儿子陈禄儿在东安门酒铺连喝两碗木瓜酒和绍兴酒后，进了东华门，穿过东西牌楼，从西夹道绕到神武门内，开始了为求生存而进行的果敢的个人反抗行为，从而也踏上了不归之路。

嘉庆赏罚　陈德受死

嘉庆八年（1803）闰二月二十四日，嘉庆皇帝下旨命令将陈德凌迟处死，陈德的两个幼子被处以绞刑。按照大清律大逆罪凌迟处死者之子未满十六岁应发配边疆为奴，陈德的两个儿子陈禄儿和陈对儿都未满十六岁，但嘉庆皇帝为了斩草除根，还是下旨将两个年幼的孩子残酷地杀害了。据《清朝野史大观》等书记载，陈德就刑时从容自若。在菜市口刑场，陈德被绑在木桩上，两个儿子押来向他叩头，他闭目不视。行刑开始，“割陈德耳鼻，及乳，从左臂鱼鳞碎割，次及右臂，以至胸背。初尚见血，继则血尽，但流黄水而已”。割完上体，陈德忽然睁开双眼大叫：“快些!”行刑的刽子手却说：“上有旨，令尔多受些罪!”陈德闭上眼睛再也不曾开口。这虽然是一段流传于民间的颇具传奇色彩的记述，但陈德确实是一条铮铮硬汉，四天四夜的酷刑熬审没能使他屈服，他的“舍得一身剐，敢把皇帝拉下马”的大义凛然、视死如归的英雄气概也就成了一段人间佳话而流传至今。

清代档案记载：陈德行刺案牵连受审的人达十二人，除陈德的两个儿子被处绞刑外，陈德的朋友王四、黄五福等都被严刑究问，黄五福还被杖一百、徒三年。故宫神武门东西两边的护军章京贤福、瑞庆，护军统领阿合保、常青和护军校、护军等六十多人以失察罪分别被处以发配热河披甲当差、革职、降级、罚俸、枷示等处分，当班的肃亲王永锡、副都御史万宁、副都统萨敏等交宗人府及各部议处。御前大臣定亲王绵恩、固伦额附拉旺多尔济两人因救驾有功，赏给御用补褂，封他们的儿子为贝子和辅国公；赏御前侍卫乾清门侍卫丹巴多尔济为贝勒在御前行走，扎克塔尔等几人也都得到了赏封。

清朝统治阶级压迫日益严重、阶级矛盾日趋尖锐是陈德行刺案的起因，陈德行刺案引起了嘉庆皇帝的恐慌，也加深了统治集团内部的矛盾。嘉庆帝一边下令加强圆明园、热河、木兰等处禁地的警戒，一边发布谕旨，安抚臣民，表示今后要“谨身修德，勤政爱民”，但这只不过是嘉庆皇帝的一种表白，实际上改变不了劳苦民众的命运。

嘉庆亲惩太监赌博案

潘俊英

清朝初期，宫内对太监的管理十分严格，赌博的现象只是偶有发生，而且一经发现就要严厉治罪。到了嘉庆朝，自乾隆中叶已潜伏的社会危机开始显露，天灾人祸、官逼民反、农民起义不断。国乱而“家”亦不宁，戒备森严的宫禁制度也逐渐废弛，宫中赌博的现象日趋严重，太监聚众赌博成为当时宫廷管理中一个十分棘手的问题，我们从嘉庆皇帝亲自处理的“永和宫太监李光玉因赌博负欠轻生自尽案”中，可以看出当时宫中的混乱情形。

嘉庆十三年（1808）七月初三，内务府慎刑司奏报了审理此案的情况。案情如下：李光玉现年三十九岁，于本年六月二十五日在民人董三家内同太监杜进才、郝成同赌，李光玉输钱一百余吊。杜进才次日晚间在永和宫门外索取，被该处首领太监陈进喜看见，听说是索讨赌债，恐怕追问生事，故装作不知。是夜起更时，李光玉至德阳门，向坐更太监刘进福诉说杜逼债之事，有今日非他死我活之言，旋即回去。至五更时李光玉欲往御花园自尽，经过德阳门等处，坐更太监等问其何往，李光玉捏称到后面乘凉，太监等未加阻止。李光玉逾刻未归，刘进福因闻有前言心中怀疑，即行告之该处首领太监寻找，发现李光玉已在御花园槐树架上自尽。首领太监陈进喜恐怕说出李赌博欠钱之事牵连自己获罪，又怕说不出李自尽的原因难以呈报。想到从前李光玉曾说过其弟曾来找他要钱之事，即以此事捏词呈报总管，企图搪塞了事。总管太监常永贵并未追究，据以奏报。经内务府大臣审出，李光玉赌博欠债轻生实情。据董三供认，本年六月二十五日李光玉曾与杜进才、郝成在董家赌钱，又供出同赌之景和门太监刘喜、近光左门太监吴进忠、催长七虎、民人何二明。逐一审讯，俱供认不讳，案无疑义。

内务府因此案太监等聚赌起衅酿成命案，未便照寻常赌博之案依律定拟，均应加重治罪，以示惩儆。然而嘉庆皇帝在看了内务府审理此案的奏折后，认为对太监等惩处得太轻，为此在当天就下了谕旨："本日总管内务府大臣定拟太监李光玉因赌负欠自尽，将案内人犯分别治罪一折，所办尚轻。宫廷禁地，岂容下贱太监在内轻生。其致死之由总因赌钱而起，若不严行定罪，殊非辟以止辟之道。太监杜进才引诱李光玉等同赌，其罪尤重。著枷号六个月，满日责六十板，发往黑龙江给兵丁为奴，永不赦回。太监郝成、刘喜、吴进忠一同聚赌，著枷号四个月，满日责四十板。郝成再加发往吴甸锄草一年，刘喜、吴进忠再加发往吴甸锄草半年，满日永远拨在外围当差，不准再入宫内。已革首领陈进喜即有失察之罪，又复隐匿情节，著枷号两个月，满日责四十板，发往吉林乌拉给兵丁为奴。已革首领张进喜、于湄失察该管太监在外赌钱，于所管地面复有投缳之事，著枷号一个月，满日责二十板，永远拨在外围当差，不准再入宫内。太监刘进福因闻李光玉生前有负债，欲寻杜进才拼命之语，即向陈进喜说明，嘱其找寻且到案据实供明，尚知畏法，原拟责四十板，著加恩宽免。总管太监孙进忠、张明得、张进忠、孙得禄失察之咎尚有可原，著加恩改罚月银半年。总管太监常永贵本有督率之责，平日疏于教管，以致太监纷纷在外聚赌，已有应得之罪，且李光玉在伊本宫居住漫无觉察，及闻陈进喜捏称告知，又不查虚实率行呈奏，种种错谬不胜督领侍之任，著降为乾清宫六品总管，仍罚月银一年。民人董三胆敢开场引诱太监聚赌，抽头获利，实属可恶，著先行枷号四个月，满日责四十板，再发伊犁给种地兵丁为奴。其李光玉家属着交山西巡抚查问明确，一面具奏一面既由该省发往伊犁给兵丁为奴。余依议，钦此。"

嘉庆十三年（1808）九月，山西巡抚成宁奏报宫内太监李光玉在籍家属遵旨发往伊犁。奉朱批"内务府衙门知道。钦此"。

通过这一案件，我们清楚地看到赌博所带来的危害，它不仅要了太监李光玉的命，而且株连到他的家人，上至李光玉的老母，下至李光玉的小侄子，全家老小共计 6 人都被发往伊犁给兵丁为奴。这对他们来说真可谓是天降灾难，他们是要到边外去活受罪。而这一案件牵连的太监，大至总管太监常永贵，小至坐更太监等，被处罚治罪的太监多达三十二人。从嘉庆皇帝对赌博太监的定罪，我们可以清楚地看到嘉庆皇帝对这一案件的高度重视，他从严惩办这些赌博太监，表现了嘉庆皇帝禁赌的决心。他是想要采取所谓的“辟以止辟之道”，禁绝赌博之根株。清朝皇帝憎恨太监赌博，作为统治者他们深知赌博是祸根；清朝皇帝更憎恨太监自尽，他们认为太监能进宫已经是天大的“恩赐”了，岂容太监以死反抗。所以，皇帝下令将李光玉尸骸抛弃荒野，其家属发往伊犁给兵丁为奴。使我们深刻地看到清朝皇帝对太监的无情和封建制度下法律的残酷。

荒唐王爷藏匿戏子案

王 玲

清兵定鼎中原后，满洲贵族受汉文化影响喜爱上了戏剧。统治者对待戏剧艺术是既疯狂又痴迷。乾隆五年（1740）在内务府下设立了一个专司宫廷演戏事宜的“南府”，管理音乐和戏剧并培训太监演戏。道光年间，南府改名升平署，清宫戏剧活动更加蓬勃发展，一些出了名的戏剧演员随之成了炙手可热的香饽饽。

升平署旧址

升平署唱花脸的太监神秘失踪

道光朝上演了一出亲王与皇帝争夺戏剧名角的闹剧，并且载入了《清史稿·诸王列传》:“惇恪亲王绵恺、仁宗第三子……嘉庆二十四年，封郡王。宣宗即位进亲王……七年，坐太监张明德私相往来，复匿太监苑长青，降郡王。八年十月追叙苍震门捕贼，急难御侮，复亲王，谕加意检束。”

这个竟敢与皇帝争夺宫廷演员的人就是惇亲王绵恺。他是嘉庆皇帝的第三个儿子，孝和睿皇后生。嘉庆二十四年（1819）封为惇郡王，道光皇帝继位后，将绵恺晋封为惇亲王。道光十八年（1838）去世。《清史稿》里记述的惇恪亲王与太监张明德私相往来，复匿太监苑长青的事情就是发生在这位亲王身上的一段荒唐的故事。

据档案记载：道光朝，升平署里有个唱大花脸的太监，名字叫苑长青，昌平州人，早先是克勤郡王府上的小太监，因聪明伶俐，腿脚功夫好，十一岁的时候被主子送进升平署，学习唱花脸。

道光六年（1826），苑长青二十六岁，经过十几年的专业培训和勤学苦练，他从一个默默无闻的小太监成为皇宫里较有名气的大花脸演员，在奶声奶气的太监堆里，忽然冒出个粗声大嗓的大花脸，是何等抢眼！

惇亲王算得上是苑长青的头号忠实“粉丝”，大概是大花脸高亢豪放的唱腔特别符合惇亲王狂傲不羁的性格。这位生性顽劣的亲王不仅要捧红这个戏剧名角，还要将其据为己有，其癫狂程度已经超出一般戏剧票友的狂热。为了得到这个太监花脸，惇亲王不惜降低其显赫的身份，低声下气地先与苑长青的师傅——同样是升平署太监的张名德交好，然后通过张名德递话给苑长青，让他从升平署逃到惇亲王府当差。

道光六年（1826）八月的一天，张名德、苑长青这师徒俩在升平署里吊嗓子，张名德乘周围没人的工夫，对弟子苑长青悄悄说道：“有一人甚喜爱你，要叫你到他那里去，必有好处待你”。

清宫戏画《斩子》

苑长青早就厌烦了升平署每天枯燥劳累的穷苦日子，太监那点月银还不够填饱肚子，更何况家中还有老母和四个弟弟靠他养活呢。听到师傅的一席话，心里一阵狂喜，也不打听是谁在暗地里喜欢自己，他当即就应允了。经过周密策划，道光六年（1826）十月十一日，苑长青与师傅张名德分别找了个理由请了假，一脚前一脚后出了升平署。张名德带领苑长青七拐八绕秘密潜入惇亲王府，在张名德弟弟张永贵和王府太监刘双安的带领下，见到了这位王爷。直到此时苑长青才知道：原来暗地里喜欢自己的那个人竟然是惇王爷！

初次见面，惇亲王非常客气地询问苑长青："是否愿意在王府当差？"

这唱戏的苑太监小时候曾经在克勤郡王府当过差，知道王府里得势太监的小日子比升平署优越舒适许多，关键是除了固定"工资"，还有额外收入。而且早就听说惇王爷待人很好，此时王爷对自己说话这么谦和，一点儿都没有对下人说话的语气，苑长青感动得几乎要落泪了，巴不得赶紧离开升平署，投奔到惇亲王门下，于是忙不迭声地说："愿意！愿意！"当下惇王爷与苑长青相谈甚欢，一起商定好帮助苑太监逃出升平署的具体方案。临分手前，惇王爷千叮咛万嘱咐：千万不要让人知道你跑到我府里来。否则走漏了风声，咱们都没好果子吃。

苑长青回到升平署，安安静静待了一段时间，看到周围没什么动静，就于道光六年（1826）十二月初六找了个机会，在师傅张名德的掩护下逃离了升平署。当晚，他先回昌平老家住了一夜。次日一早，什么话也没说就走了，家里人还以为他回升平署去了。

苑长青离家后，只身潜往惇王府。这回他可是轻车熟路，径直找到张师傅的兄弟张永贵和王府太监刘双安，二人从后门将苑长青悄悄引进王府，见了王爷。

惇亲王反复盘问：有人知道你跑到我这来吗？

苑长青回答：王爷放心，此事绝对无人知晓。

于是，惇亲王将苑长青安置在王府后楼西配房角落的一间小屋里居住，这里外人是不会来的。从此，苑太监在王府当差，拿着每月是他在升平署收入一倍的五两银子，陪伴王爷及其眷属寻欢作乐，过上了衣食无忧的安逸生活。

离奇的案情　尴尬的抓捕

话说升平署总管太监发现大花脸苑长青神秘失踪，立刻将此事上报内务府，内务府即刻立案，四处派出番役追查苑长青下落，并将苑长青师傅张名德拘捕到案进行审讯。

起初，张名德一口咬定：不知道苑长青跑到哪里去了，此事与我无关。后来，在总管内务府大臣禧恩、穆彰阿、敬征、耆英、达三等人再三究诘并在审讯时对张名德边抽嘴巴，边用刑具进行恐吓的情况下，张名德方才招供。

档案中保留着当年的原审供词："苑长青系我徒弟。我因惇亲王素日相待甚好，时常见面。我兄弟张永贵于上年即在王府当差食钱粮，上年王爷曾经向我提及苑长青为人如何？或可引其到府跟随？令我告知苑长青。我即向苑长青商明设法逃走，即令其到惇王府内当差……"

为了减轻自己的罪责，张名德还主动向内务府大臣提供了惇王府里对此知情的太监名单。

总管内务府大臣查知苑长青下落后，当即行文王府，立传对此案知情太监王安、刘双安、张胖子，首领刘得、刘进禄及民人张永贵，逃走太监苑长青等人到内务府候审。

惇王府接到内务府传讯公文后，只将张胖子一人咨送到案，并且明确告知内务府大臣：本府并无苑姓太监这么一个人。至于其余传审太监"或系逃走，或现在患病及已经革退逐出"。

耍赖，是惇亲王的特长。总管内务府大臣只得联名向皇上报告，想把这个棘手的案子推出去。

可是，道光皇帝却在报告中批示："务必要出苑长青方能结案。汝等若不从实审究，则是汝等无天良也！"并且用朱笔在王府"并无苑姓太监之人。至所传审王安等五名，据称或系逃走，或现在患病及已经革退逐出"字样旁边，重重的写了四个大字"一片谎言"。

内务府大臣领旨后，只得继续承办此案。但是，内务府大臣只能管太监，绝对不敢招惹皇亲贵戚，更不敢闯进王府中随便抓人，只能派几个人轮流在王府外面候着，等案犯出府再上前拘人。

可是，从道光六年（1826）十二月底"访闻该太监在惇亲王府藏匿"，到道光七年（1827）七月初，内务府番役在惇亲王府外面，风餐露宿整整守候了半年的时间，也没看见苑长青的影子。

内务府官员们心里直纳闷：既然皇上已经知道苑长青逃进了惇亲王府，为什么不直接传讯惇亲王，跟惇亲王要人呢？或者将此案转交专管王族事务的宗人府审理，直接给惇亲王定个罪名，了断此事不就结了。原来，这宗人府的最高长官——宗令就是惇亲王本人，难怪不交宗人府办理呢！那就将此案交给刑部或者吏部查办，为什么偏偏认准了内务府呢？

道理明摆着，这点儿家庭丑事，皇帝不愿意大肆声张。如果被误解成他们哥俩为了争一个会唱戏的太监闹翻了脸，岂不让满朝文武笑话，皇上也郁闷着呢。

正当内务府大臣费心揣摩道光皇帝心思的时候，这边惇亲王也真算得上一个胆大包天的主儿，事情都到节骨眼上了，他仍然把苑长青藏在王府后院中。

绵恺仗着自己是当今皇帝的亲弟弟，料定只要不让官府抓住确凿证据，没人敢招惹本王爷。再说，他已然诱拐藏匿了哥哥宫里唱戏的太监，只好百般抵赖死不认账。只要苑长青不跨出王府的大门，除了升平署的人，普通官差谁能分辨得出台上满脸油彩的大花脸卸了妆是什么模样！

清宫戏画——空城计

道光六年（1826）十二月底王府太监被传唤，等着抓捕苑长青的内务府番役一直在府外守候着。惇亲王心里还真有点儿打鼓，快过年了，万一哪天皇帝哥哥到府上来巡视一遭，那岂不要漏出马脚？这可不是好玩的。想到此处，惇亲王后背直冒凉气，不能让苑长青再在王府呆下去了。

道光七年（1827）正月，王府里办年货和来拜年的人进进出出，惇亲王让苑长青装扮一番，将他送到郊外惇亲王的园子——熙春园躲避去了。

正月里，躲在熙春园后楼的苑长青听着人们举家团圆的欢声笑语和远处劈啪作响的爆竹声，不禁潸然泪下，他想家了。

这惇王爷还真是个性情中人，从案发到现在，这么长的日子里，皇帝哥哥对自己并没有捅破面前的这张纸，当面呵斥他。也许哥哥并不在意宫中少了一个戏子呢，他不会为了一个小小的太监撕破亲兄弟的情面与自己相争。想到这里，惇亲王心头释然了许多。于是，他做出了一个大胆决定，叫王府太监刘双安带苑母进园，节日里让苑长青他们母子相聚，还特别关照准许苑母在王府院子里住一晚。不仅如此，惇王爷和福晋又拿出赏银重赏苑母赵氏“五两重银锞十个，福晋赏了绒花一对，玉耳环一副”。

给一个唱戏太监的家属，一次出手五十两赏银，比年底皇帝哥哥给的都多，这个花脸太监有何魅力使得惇亲王夫妇不惜为他抛金舍玉？真让人有些不解，以后发生的一连串事情更是让人不可思议。

苑母自从见了王爷和福晋，得了赏银和物件，心花怒放地回了家。苑母赵氏一辈子做梦都没见过这么多银子，暗自庆幸自己的大儿子攀了一个王爷当靠山，这回苑家再也不用为吃穿发愁了。于是，老太太不时打发她的儿子五儿、六儿去王府园子看看他们的哥哥。

说来也奇，苑五、苑六每次进园探视他们的哥哥，都能得到惇王爷的赏银，有时候给一两，有时候给二两，从来没有空手而归。正当惇亲王园子里面接连上演母子团圆、兄弟相聚的亲情场面的时候，园子外面抓捕苑长青的风声也一阵紧过一阵。

道光七年（1827）七月，眼瞧着时光在飞速流逝，升平署花脸太监失踪案从案发之日算起，至今已经半年过去了，仍旧没有了结。本来道光皇帝顾念着兄弟情谊，想给弟弟一个自觉反省的机会，谁承想这个冥顽不化的浪荡公子，竟然在皇帝哥哥面前装得像个无事人一样，照常上朝奏事。

道光皇帝再也按捺不住心中的怒火，对总管内务府大臣禧恩等人发出抓拏案犯苑长青家人的缉捕令。

八月，内务府番役将苑长青之母赵氏、苑长青之弟苑五、苑六访获到案，并进行突击审讯。

毕竟，苑家是老实胆小的庄户人家，不用大刑伺候就从实招供了。苑长青的小弟弟苑六还毛遂自荐主动要求到熙春园寻觅哥哥。

内务府大臣似乎早就看穿了道光皇帝的心思，这案子拖了大半年才让抓人，按常理说，惇亲王为了一个唱戏的太监，偷人竟敢偷到“皇家剧团”里，皇帝早就应该严厉惩戒一下这个荒唐王爷了。很明显，道光皇帝拖到这会儿才下定决心要教训自己这个胆大妄为的兄弟，肯定还存有一丝恻隐之心。

这皇帝的家务事，旁人不必过于认真。没准过些日子，皇帝的火气消了，这哥俩指不定哪一天又和好了。两位主子都不是好惹的，我们还是表面上应付着，小心办案就是了。

于是，当苑六进王府园子找人的时候，内务府番役只是在熙春园门外守候着，没人敢擅自进园搜查。再说皇帝也没给他们进园搜人的尚方宝剑，说明他还念着兄弟手足情分，他们也没必要把事情做得太绝。候着吧！谁承想这一候，竟然候了两个多小时。

这苑六独自一人进了熙春园，由张永贵带着，见了惇王爷。起初王爷以为苑六又想念哥哥了，岂料苑六扑通一声跪了下去，哭着对惇亲王说："我求王爷将我哥哥放出，救救我们母子三人。"

惇王爷一下子就明白了：藏匿苑长青的事包不住了。

他当即给苑六撂下一句话：等我与你哥哥商量回来再说。抬起身就走了，苑六只好乖乖地等着。

过了好长一段时间，惇王爷终于从里面出来，对苑六冷冷地说道：你哥哥不能出去。苑六知道王府外面，内务府的官员还等着要人呢，于是便苦苦哀求惇亲王：那让我与哥哥见上一面。我想问问我哥，官人查拿的话，他也说不能出去？

苑六的这句话可把惇亲王惹恼了，"你小子真够一个昧良心的，忘了平日里本王爷是如何待你的？来人！给我把这臭小子捆起来送到官府去，告他一个私进王府的罪名"。

在一旁立着的张永贵真的拿出一条绳子，苑六见状吓得两腿直发软，带着哭腔说："我实因我哥哥在府内躲藏，我来找寻，不敢私进王府。"惇亲王道："那你就给我闭上你的臭嘴，不许胡说。滚出去!"苑六赶紧从地上爬了起来，仓皇而逃。

苑六走后，惇亲王把苑长青找来，告诉他：园子里你已经不能再住下去了，赶紧收拾好东西，明天装扮成跟役，随格格进城。

还真让惇亲王说对了，台上风光有名的大花脸，卸妆后改扮一下，愣是让人认不出来了。

九月二十八日，苑长青跟随格格的轿车，光天化日之下大摇大摆回到北京城，由于王爷还在园子里呆着，谁会想到王爷能让这个太监跟着小格格的车回来呢，苑长青仍在王府西院小屋住下。

你说这惇亲王是吃了豹子胆了吗？官役都堵到家门口了，他还在与人家玩捉迷藏。后来内务府慎刑司向惇亲王行文催交太监苑长青，惇亲王这下真的害怕了。玩火玩大了，眼看着要引火上身。惇亲王就是这么一副狗脾性，皇帝哥哥对他稍微好一些，他就蹬鼻子上脸，撒着性子闹着玩，一看哥哥真的气急了，他总算感觉到事态严重，赶紧想辙开脱自己。别看他平日里嘻嘻哈哈没个正形，心里可跟明镜似的：就算哥哥宅心仁厚，毕竟还有大清国的律例约束着呢。

清宫戏画——定军山

《则例》明文规定：内廷供役太监原不应与诸王大臣交结，各大臣更不得任令宫中太监私入府第。

十月十六日凌晨三点，正当人们沉睡之时，苑长青在睡梦中被人推醒了，有人在他耳边轻轻的呼唤：快起来！

他揉着惺忪睡眼定睛一看，原来是王府伙计苏凌阿。半夜三更王府伙计潜入我的房间里，一定是出大事了。苑长青一激灵，睡意全消，赶紧坐了起来。

苏凌阿急匆匆地说道："快穿上衣服，趁着天还没亮，赶紧跟我走。"

苑长青再次扮作跟役模样，随苏凌阿第三次从内务府番役眼皮底下成功逃出。

走到一个僻静处，苏凌阿环顾四周，确定无人跟踪后，他让苑长青脱下王府跟役衣服，换上刚从升平署逃走时穿的太监服装，并转告苑长青：我家主子说了，倘若被官府拿获，千万不要说出实情，免得拖累其他人。这里离清河不远了，咱们就此分手吧。

这时天已大亮，一个穿着太监服装的人急匆匆走在清河地界的土路上，立刻引起官人注意，还没等苑长青回过神，就有捕役扑过来，将他五花大绑捆送官府。

至此，为时一年之久的升平署太监失踪案，主犯苑长青终于落网。

花脸太监一审供词激得龙颜震怒

内务府大臣在慎刑司审讯完苑长青，即刻将此案一审供词呈递上去。道光皇帝展开苑长青供单，上面写道：“我是升平署太监，年二十七岁。因穷苦，于上年十月向我师傅太监张名德借钱未遂，起意逃走。因知张名德素来常往惇王府，央求他将我荐在王府当差，他就应允我，即于十二月初七由升平署逃走。找着张名德之弟张永贵，将我带进府去。王爷并不知道我是升平署的太监，就将我留下当差，每月给我五两钱粮，叫我在府内居住。

“今年正月，我到园子，在后楼居住。我母亲进院子看过我一次。王爷赏我母亲银两物件都是有的。我兄弟苑五、苑六也常进府看望我，给他们银子一二两不等。

“十月初九进城，我仍在戏院小屋居住。

“现在闻得外边拿我甚紧，王爷疑惑我就是升平署太监，很害怕。于十六日寅刻，叫苏师傅带我出府，算是我逃走，将我交给官人送案的。实系我自己糊涂，只求从重治罪，所供是实。”

苑长青在供词中避重就轻，把自己的师傅和惇亲王开脱得干干净净，将所有罪名都揽在自己头上。

道光皇帝耐着性子看完苑长青的供词，不禁龙颜震怒。他用朱笔愤愤写道：“一味狡展，甚属可恶！务要互相质证，严行审讯。务得实情，不准稍有蒙混。一有确供，即行具奏。”

内务府大臣领旨后，将所有案犯会齐，当堂对质。

慎刑司大堂上，苑长青望着六十五岁的母亲新近急出的满头白发，望着弟弟们哀怨凄楚的眼神，他心痛得落下了眼泪，从亲人的眼神中他读出了求生二字。他明白了：反正众人均已坦白交代，案情真相再也遮掩不住，何不给亲人留条活路。师傅自己已经认罪，我再为他开脱，也没人相信。惇王爷对不起您了，事到如此，就看您自己与皇上有多深的情份儿了。于是，苑长青推倒一审供词，如实交代了被惇亲王诱拐的经过。

至此，升平署大花脸太监神秘失踪案终于真相大白，水落石出。

张名德怂恿苑长青从升平署逃走一案，触犯好几条宫中规定。道光皇帝下令将太监张明德、苑长青先在升平署左近枷号示众，满日即行发遣黑龙江，赏给官员为奴。升平署受此案牵连的总管太监、首领太监均被罚俸处罚。

对惇亲王的处理，道光皇帝是雷声大，雨点小，以吓唬和警告为最终目的。他明知惇亲王咎由自取，还是顾念手足之情，只将绵恺亲王爵位削去，降一等为郡王，给弟弟保留了一个饭碗。

荒唐王爷弄出的这么一场荒诞离奇、近似八卦的游戏至此落幕。

清末内务府银库被盗案

潘俊英

内务府，是清代掌管宫廷事务的机关。由于它直接为帝后和皇室生活服务，所以它具有独立而特殊的地位和作用。内务府下设“七司”“三院”等机构。广储司是“七司”之一，是内务府管理库藏及出纳的机构，下设皮、瓷、缎、衣、茶、银六库。整个内务府经费全部出入于银库，它也是皇帝的小金库，银库对于内务府和清宫至关重要。银库有一定的起闭时间，如有急需，经请示内务府堂郎中后方可开库。开库时要有库官二至三人监视，闭库也要由库官二人画押封黏锁眼，钥匙统一交至乾清宫侍卫处管理。

紫禁城不仅是帝后的起居之所，也是全国封建专制统治的中心。清朝拥有严格的宫廷警卫制度，保卫着以满人贵族为主体的封建政权。紫禁城的警卫值班制度当时叫“宿卫”制度，是一项重要的安全措施。在禁城内各宫、各门、各库、各隅都安排有数量不等的护军官兵值守。午门、神午门、东华门、西华门都是重点值守的地方，由镶黄、正黄、正白三旗护军官兵轮流值班，内务府银库也是由这三旗护军官兵按班值守。内廷禁卫人员均由景运门值班统领负责管理和稽查。银库在紫禁城内，可以说是层层把守、戒备森严，然而在同治八年（1869）竟发生了银库大批元宝银两被盗案件。

同治八年（1869）二月初二，景运门值班大臣克兴阿奏报了该月初一，东华门内银库值班护军校换班时竟无一人接班，经派员严查，发现该班官兵故意躲藏起来的情况。皇帝得知后大为震惊，当日就下谕要求彻查此事。

很快，步军统领衙门报告拿获偷盗内库银两的要犯。二月初四，皇帝又下谕旨："步军统领衙门奏拿获偷盗内库银两要犯请交刑部审办一折，护军德蕴等胆敢起意纠伙偷盗内府银两多次，实属目无法纪。该犯等供词闪烁，显有不实不尽，亟应严行根究。德蕴、明幅、秀昆、玉来、富谦、何升、德钱氏、郭白氏、花庆阿、吉舜均着交刑部审讯。逸犯穆腾额、惠淋等仍著严拿，务获归案审办。至拿获此案出力人员着交刑部于定案时声明请旨。钦此。"

经步军统领衙门将德蕴等犯及续获之穆腾额、惠淋先后解送到刑部审讯。据该犯等供认，伙盗属实。正在审讯间，管理三库事务衙门奏报钦派大臣盘查内库银两亏短情形。二月初六，皇帝又下了谕旨："惇亲王等奏遵查内库银两亏短一折，东华门内银库经惇亲王等逐细盘查，共计亏短银两九千余两之多，与步军统领衙门前奏起获银两不符，著刑部再行严切根究按律惩办。所有失察值班弁兵之该管大臣应得处分并著刑部于定案时声明请旨。嗣后如何设法稽查益昭严密之处。著前锋统领、护军统领等衙门妥议章程具奏，余依议。钦此。"

同治八年（1869）二月二十三日，密云副都统景丰奏报将逸犯松凌拿获归案。皇帝又下了谕旨，命景丰妥派人将松凌解送刑部严刑审讯按律惩办。刑部以事关重大，必须严追归款，随会同都察院、大理寺亲提复审。缘德蕴等均是正白旗护军，穆腾额是护军校。每逢轮应该旗值班，是穆腾额带领护军十人接班看守。护军内惟存寿、群磬、明幅是署差，其私自帮给穆腾额钱文并不到库值班。每遇值班该护军等白昼在库外坐守；傍晚放入银库头层门内住宿，即将库门封锁，待次日开封启门复行放出。同治七年（1868）十二月十二日，德蕴等八人值班，共道贫难，德蕴起意偷窃库内银两，穆腾额等允从。因恐日后泄露，该护军等联名立下"同心合意"字据交德蕴收存。德蕴买得铁锉、铁钳等物备用。十八日，轮应值班，德蕴将铁锉等物藏在身边，同穆腾额等进库。至傍晚时，吉升将木栅栏抽落一根，秀昆等在外等候。德蕴与穆腾额侧身走进栅栏内将护锁木斗摘落，用酒将封条润透揭开。德蕴取出铁锉将铁梁锉断，开启库门。德蕴等三人进库将存银木桶上所钉竹片撬开，揭去桶盖盗出元宝三锭，仍将库门木斗并栅栏照旧安设。次日开封启门，德蕴将脏银暗藏身边运出。十九日，德蕴等值班，又进库盗出一口袋，计元宝二十锭。二十四日、二十五日德蕴等又分盗六口袋，计元宝一百二十锭。德蕴还唤其子全福在库外接运回家，穆腾额等将元宝也分运回家。同治九年正月初一，德蕴等又进库盗出元宝二十锭，因不敷分用，又复进库盗出元宝二十四锭。以上该犯等轮值三班五次，共盗出元宝一百八十七锭。因恐再窃必致破案，德蕴随即买钱锁铅块，将库门封好化铅灌锁，照旧安设。事后，德蕴等将所分元宝陆续在聚盛等钱铺换钱花用。其余银锭经德蕴向伊胞姐郭白氏、玉来向伊姐丈富谦捏称托存；穆腾额等携银逃往昌黎、密云、涿州等处藏匿。

同治八年（1869）五月二十九日，刑部、都察院、大理寺奏报遵旨审明定拟内府银库被盗案的奏折。此案已革护军德蕴等在内银库值班，即有监守之责。德蕴胆敢起意商同穆腾额等偷窃库银九千余两之多，实属藐法已极。该犯首先起意偷窃，倡立“同心合意”字据，计入赃银已至三千两以上，尤属罪情重大，德蕴应请旨即行正法。德蕴、穆腾额、秀昆、惠淋、玉来、松凌均应削去旗档，穆腾额等五犯合依监守盗仓库钱粮一千两以上拟斩监候，均入本年朝审办理。该犯等在禁城内库伙窃得赃近万两，若照例勒限追赃全完减等未免与寻常盗案无所区别，自应均不准其完赃减等。全福帮同伊父运赃，应削去旗档，杖一百、流三千里，交顺天府定地发配。已革护军存寿不到库应差，复令穆腾额署差帮给钱文，拟杖八十，鞭责发落。郭白氏、富谦代德蕴、玉来帮存赃银，拟杖八十。每班验封开门各员等查无故纵情事，唯究是失于觉察，应由各衙门查取职名照例办理。至失察弁兵之该管大臣及拿获此案人犯出力人员相应一并遵旨声明。三法司审案的奏折上报当天，皇帝又下了谕旨，批准报告审明内府银库值班官兵伙盗银两按例加重定拟的奏折。

通过这一案件，我们清楚地看到清末宫廷宿卫制度的废弛。在皇帝眼皮底下，警卫官兵纪律涣散，值班护军花钱买通就可以不上岗；守库护军胆敢空班、当班之日竟无一人到岗；甚至守库护军监守自盗，无人觉察，并且盗银次数之多、数目之大，这可能是宫中绝无仅有的一个案件。这真是胆大包天，目无法纪。难怪同治皇帝在数日之内为处理此案连续下了五道谕旨，钦派惇亲王亲审此案，并且下令让刑部、都察院、大理寺严审重惩。

从表面上看，发生盗案是清朝末期宫禁松弛、守城官兵纪律涣散，宫廷失于管防的结果。然而，实际上宫廷失禁是发展至颠峰时期的封建社会走向没落的征兆。清末宫廷宿卫制度的废弛，是整个清王朝腐朽没落的一个表现。清廷颓势积重难返，封建帝制的日趋腐败，才是造成内务府银库被盗的根本原因。

清朝命案的尸体检验

郭春芳

众所周知，尸体检验是刑事命案侦破过程中的一个重要环节。古往今来，皆是如此。尸体检验在我国有着悠久的历史，早在南宋时期，便产生了世界上第一部法医学专著《洗冤录》。本文根据有关档案材料叙述清代命案验尸过程。

清代验尸，以宋朝宋慈所撰《洗冤录》为准。由刑部规定验尸图格，颁发各省。清代制度，地方上如发生人命案申报到官，地方正印官随带刑书、仵作（相当于今天的法医），立即亲往现场相验。仵作根据伤势报部位分寸，行凶器物，伤痕的长短浅深，一一填写验尸图格。若死者亲属控告伤痕有异处，允许再行复验，但不得违例三检。自缢、溺水、事主被杀等案，死者亲属可以呈请免验。京城内城正身旗人及香山等处营房命案，由刑部当月司员往验，街道及外城人命案，无论是旗人或民人，都归五城兵马司指挥相验。检验不属实者会受到处罚。

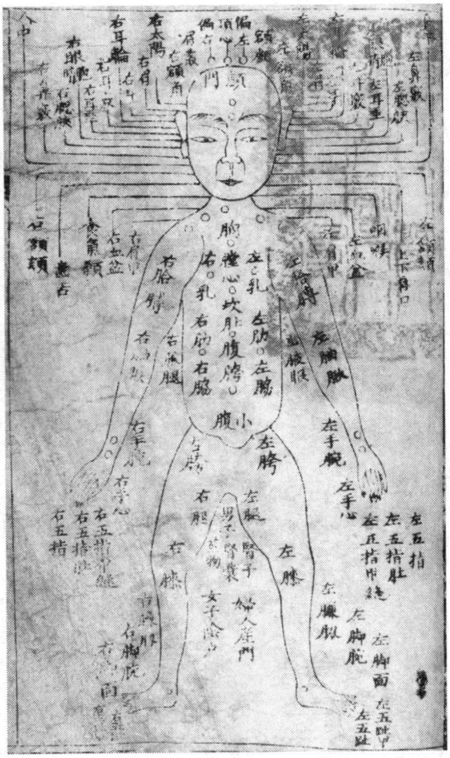

验尸图格正面

刑部规定验尸顺序，先是当地地方官，接着是正犯、干证、邻居、尸亲、房主、仵作、如法、仰面，还有致命或不致命部位的格式，仵作验尸完后一一填写相对部位，并有人体正反面两张或四张穴位图，标有男女全身所有穴位，最后写验尸小结附上填好的人体图一并呈送，听候刑部的判决。

例如，光绪二十一年七月（1895 年 8 月），珲春地方发生了一起抢劫杀人案，民人刘彦兴家财物被劫，一家四口被杀。接到报告后，该处官员带领仵作亲往现场，详验死者刘彦兴等，将每一名死者验伤结果填注尸图格、钤盖印信并同原案卷一并送该省核查。验尸结果是：死者刘彦兴，自两臂膊两胳肘连及脊背，两脊背、两后腰眼、两臂被用已燃木柴火烧，伤色焦黑；除此，沿身上下细验并无别伤，系生前被贼缚两手、两脚腕，按在地上，用燃木柴火烧伤脊背等处，越二日致命身死属实。以上仰面自肚腹连及两肋、两胁、脐肚、小腹、两胯、产门被盗匪用棉花沾酥油烧伤，色焦黑。除此，仰面沿身上下细验并无别伤，委系生前被盗匪用棉花沾酥油燃火烧毁产门，火毒内攻，次日致命身死属实。

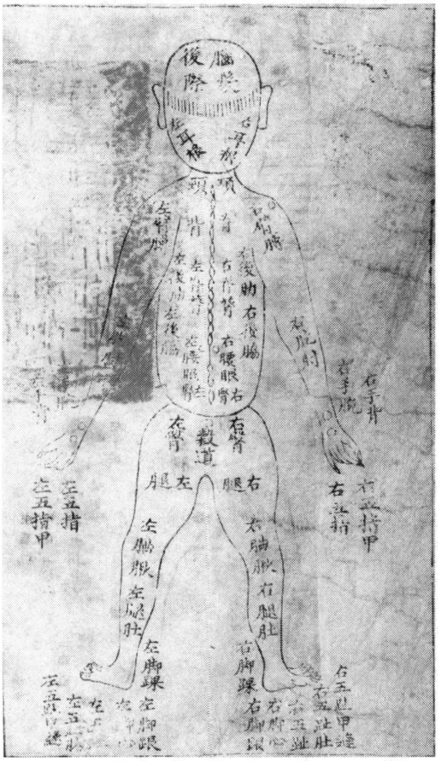

验尸图格背面

又如光绪十五年五月（1889 年 6 月），珲春四道沟地方，雇工柴克谦夫妇二人与雇主因口角辱骂殴打，致使柴克谦被雇主用铡刀砍伤头颅、太阳穴、脖颈等处毙命一案。该处骑都尉等带仵作前往现场相验，与上案不同的是先检查其住处是否有可疑之处，再查死者身穿衣服、鞋袜等颜色，最后验尸将验明结果一一填注图格，写小结附人体图一并上报，听候刑部判决。此案验尸结果是：仰面咽喉及左颌颏被人用铡刀砍伤一处，斜长二寸九分，宽五分，深二寸，五分色红，食、气嗓俱断，合面颈皮肉尚连，除此仰面沿身上下细验并无别伤，委系生前仰面咽喉被铡刀砍伤，食气嗓俱断致命身死属实。

此外，还有不同的用木棒、洋枪等凶器打伤命案，也详细验尸，致死部位深浅尺寸等填入图格，同样写小结附人体图呈报。从这些验尸经过看，与现在法医验尸经过相似。所以，从以上不同命案验尸经过来看，清代对案件的审理还是很严谨的，不放过每个细节。但是，由于当时科技水平所限，以及验尸人员的素质高低不同，也难免会出现一些差错，造成冤假错案。这一点也很难苛求古人。

趣事奇闻

金榜题名考状元

王　澈

蟾宫折桂、金榜题名一直是封建社会读书人梦寐以求的理想，而状元更是他们希望达到的最高目标。

“状元”一词，最早出现在汉代。当时实行察举征辟制，由三公等国家重臣推荐人才，经过考核，授予官职。征辟时需要举状，在状上写着被举荐人的姓名、事迹，但不排列名次，状中有名的都称为状元。唐代至元代，状元渐渐被民间用作科举取士中成绩骄人的进士的称谓。直到明代初年，才由政府明文规定，殿试一甲第一名称为状元。中国唐宋以后一些话本、小说、戏曲的作者都以状元为重要题材，演绎了许多家喻户晓、感人至深的故事，并在故事里实现了自己的理想。清代女作家邱心如写的长篇小说《笔生花》，就讲述了这样一个故事：美貌聪慧的姜德华为逃避应选秀女入宫的命运投水，被人救起后，女扮男装来到京师。适逢大比之年，考中状元，官至宰相，最后与未婚夫文少霞团聚。故事在皆大欢喜中结束。然而，历史上中状元是否真的如此简单呢？

众所周知，隋唐至清末，科举制度成为众多文人进身的重要途径，这是中国封建社会选拔人才制度的重大改革。在汉代察举征辟制下，长官意志起着决定性的作用，许多名不见经传的人才不能施展抱负，正所谓“说你行你就行，不行也行；说你不行你就不行，行也不行”。而魏晋的九品中正制，只有门第高贵的人才有可能出人头地，正所谓“龙生龙，凤生凤，老鼠生子会打洞”。而科举制实施后，只要身家清白，无论出身市井还是生长豪门，无论家徒四壁还是腰缠万贯，读书人可以通过公开考试、平等竞争、择优录取的方式跻身官场。这中间，文章才艺固然是博取功名的必要条件，但参加科举考试的士子还必须经过重重筛选，才能获得踏上通往京师参加会试、殿试道路的资格。

前面讲到的“大比”，原是周代考查人口、官吏政绩的制度。据《周礼》记载：“三年则大比，考其德行道艺，而兴贤者能者。”隋唐至清末，人们以“大比”一词泛指科举。到了明清两代，每三年进行一次乡试（即全国统一命题，在各省首府举行的考试），在子、卯、午、酉年举行，称为正科。举行乡试的这一年，就称大比之期。

参加乡试，也是很麻烦的。首先要完成由童生到生员（即人们常说的“秀才”）的转变。清代要达到这个目的，必须通过童试，包括县试、府试和院试三个阶段的考试。第一阶段为县试，是由各县知县主持的科举考试，大多在二月举行。考前一个月，知县宣布考试日期，参试童生向本县礼房报名，填写姓名、籍贯、年龄、三代（曾祖父、祖父、父亲）履历，与共同赴考的五人相互签立甘结，由本县一名廪生做保人，证明考生确为本县籍贯，身家清白，不是娼妓、戏子、差役、奴仆的子孙，未居父母之丧，才可以参加考试。考试内容是八股文、试帖诗、经论、律赋等。经过四五场考试，合格者的名单送县儒学署备案，证明他们获得了府试资格。第二阶段为府试，由知府（或直隶州、直隶厅的主管官员）主持，考试多于四月举行，报名手续、考试科目与县试大体相同，合格者取得院试资格。第三阶段为院试，是由各省学政（原称提督学院，是主管各省文化教育的官员）主持的考试。学政三年一任，逢子、卯、午、酉年八月由皇帝亲自选派，到任后，依据距其驻地远近，由近及远，依次按临各府县考试。第一年为岁试，第二年为科试，正场、复试各一，考中者即为生员，送入府、州、县办的学校。被录取的新生员，还要写出亲供，内容与报考县试相同（姓名、籍贯、年龄、三代履历），同时注明身材、相貌，由主管官员审核，加盖印鉴，报送学校。入学后，生员还要经常接受当地考官的监督考核。

清代生员又分廪膳生员（简称廪生）、增广生员（简称增生）和附学生员（简称附生）三等。廪生是岁、科两试考试成绩为一等者，每年可由国库支领白银四两，同时要承担一定的责任，主要职责是具结保证童生身家清白、非冒名顶替等；增生没有廪银，也不承担职责，地位次于廪生；

附生是府、县学额外录取的生员。当考官考核生员时，依据六项标准：文理平通为一等，文理亦通为二等，文理略通为三等，文理有疵为四等，文理荒谬为五等，文理不通为六等。生员参加科试后，只有名列一、二等和三等中名列前茅者（大省前十名，中小省前五名），才能直接取得乡试的资格。其余名列三等的生员和因故未能参试的生员，在乡试之年七月下旬，可以参加学政主持的录科考试；录科未中及没有参加科试、录科的生员，可以参加录遗与大收考试，被录取者，都可以参加八月举行的乡试。

乡试每三年举行一次，称为正科；遇有皇帝登基、万寿庆典等大喜之事，皇帝也下诏举行乡试，称为恩科。如果庆典恰逢正科，就以正科为恩科，正科则提前或推后一年，偶然也有正科、恩科合并的情况，称为恩正并科。清代的乡试定制于八月举行，初九为第一场，十二日为第二场，十五日为第三场。每场均于第一天领卷入场，第三天交卷出场。乡试取中名额的数量，根据各地文风高下、人口多寡、丁赋重轻而多少不一，顺天府最多，达一百六十八名；贵州最少，仅四十名。九月放榜，名列正榜的称举人，他们要参加次年三月由礼部主持的全国性考试——会试。

会试前，与试者要经过礼部的磨勘，也就是对考试人、试卷的一系列核实，还要经过各省巡抚、学政的复试，考察他们的文章是否文理通顺，是否冒名顶替等，防止舞弊。会试也分三场，三月初九为第一场，十二日为第二场，十五日为第三场，也是第一天领卷入场，第三天交卷出场，第四天再进行下一场考试。三场为期九天的会试后，合格者为贡士。

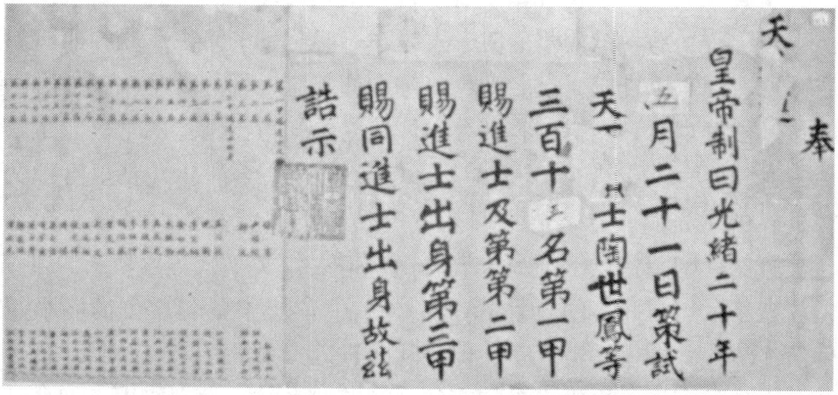

光绪二十年（1894）殿试大金榜

新贡士还要经过磨勘、复试，才能取得殿试的资格，参加当年四月份举行的为期一天的殿试。考试内容为对策，以皇帝的名义出策问题目，贡士对策不限字数，但不得少于一千字。最后，由皇帝亲自定出前十名的次序，与其余合格贡士的名单一起交填榜官依次填榜，这就是人们所说的“金榜题名”。榜为黄纸，表里两层，有大、小金榜的区别，大金榜张挂于东长安门外，小金榜交奏事处进呈皇帝。前三名为一甲，赐进士及第；后七名入二甲，与其余入二甲者赐进士出身；第三甲赐同进士出身。一甲一名，即为状元。

可见，要成为状元，不仅要经过童试、乡试、会试、殿试等数十场考试，还要通过无数次籍贯、年龄、相貌的甄别，这种甄别，贯穿从县试至殿试的始终，也是相当严格的。《笔生花》中女扮男装的姜小姐要通过这样的审查，也只有冒名顶替这一条路可走，而且，要与被顶替者的口音、年龄、相貌完全相符，否则，一旦被发现，就会受到清代法律的制裁：“枷号三个月，发烟瘴充军。”

在清宫档案中，这种冒名顶替事件屡屡发生。乾隆五十一年(1786)，就有两起这样的案件，一起发生在山东。山东学政赵佑在兖州进行科试，点名时，具保廪生孙烈、张树勋指认一名并非名叫荣舒元的考生本人，经过审讯，原来是年貌与荣舒元相似的书生乔汝襄被雇顶名代考。为此，荣舒元遭通缉，乔汝襄被拘审。学政赵佑重申了廪保的责任，要求他们在考试前不许无故规避，也不许无故更换；一旦发现问题，廪保予以举报者可以升等，否则，也要受到惩罚。这一做法得到了乾隆皇帝的赞许。年貌相似尚且被发现，年貌不符就更是在劫难逃。另一起发生在广东。广东学政平恕科试潮州府时，发现一名叫陈勋的童生年貌与府试册籍所载不符，经审讯查明，这名童生是陈勋的叔叔，因陈勋病故，他冒名前来应考，被发现后，交提调官惩办。即使是熟知考试情形的学官，也未必能从中占到便宜。光绪三年（1877），曾经当过县学训导（县里管理文教的官员）的尹光照，冒名混入广东罗定州考场，准备替人考试，挣些银两，被廪保卢南阳指供，因尚未议定代替何人作文，减等发落，“枷号两月，徒三年”。经过如此这般的审查，《笔中花》中冒名顶替的姜小姐如果生活在清代，即使学富五车，但她从未进入家乡的府、州、县学，不可能取得生员的资格，更没有参加京师会试前的乡试，没有取得参加会试的通行证，这样，大比之期，她将注定与金榜无缘。状元及第也只能是阳光下善良的人们慰藉自己而吹起的五彩斑斓的肥皂泡罢了。

清代八旗谁排第一

关精明

很多人都把清代八旗中的正黄旗冠以八旗之首，其实不然。1601 年，努尔哈赤初设有四旗，旗以纯色为别：曰黄，曰红，曰蓝，曰白。后添设四旗，参用气色，黄、白、蓝镶红边，红镶白边，共为八旗。八旗分为两翼：左翼则镶黄，正白，镶白，正蓝；右翼则正黄，正红，镶红，镶蓝。“其次序皆自北而南，向离出治”。两黄旗位正北，取土胜水；两白旗位

正黄旗军旗

镶黄旗军旗

正白旗军旗

镶白旗军旗

正红旗军旗

镶红旗军旗

正蓝旗军旗

镶蓝旗军旗

清代八旗

正东，取金胜木；两红旗位正西，取火胜金；两蓝旗位正南，取水胜火。

自顺治元年，世祖章皇帝定鼎北京，“分列八旗，拱卫皇居”。镶黄居安定门内，正黄居德胜门内，并在北方。正白居东直门内，镶白居朝阳门内，并在东方。正红居西直门内，镶红居阜成门内，并在西方。正蓝居崇文门内，镶蓝居宣武门内，并在南方。

据顺治朝内国史院满文档案所载，八旗的顺序为镶黄、正黄、正白、镶白、正红、镶红、正蓝、镶蓝。其中，镶黄、正黄、正白由天子自将，为上三旗，镶白、正红、镶红、正蓝、镶蓝为下五旗。所以，八旗中位居第一的是镶黄旗，而非正黄旗。

说说清代无处不在的假冒伪劣

哈恩忠

《红楼梦》里有句很上口的话，“假作真时真亦假，无为有处有还无”。不过，真真假假之间，古今中外又发生过多少“无为有处有还无”的事呢？就拿“假冒伪劣”的事来说，国人并不陌生，而且每每痛心疾首。从假冒名牌产品，到生产劣质日常用品，从掺杂使假到伪造货币、支票，乃至批文、批件，简直是无孔不入，无所不在。其实，翻一翻尘封岁月的清代皇家档案，与今日的“假冒伪劣”颇为相似的案子也着实不少。

就说清代皇帝强壮身体所需的人参吧，那时候东北地区是野山参的主产区，朝廷实行官办采参，但是很短时间里辽东近处的人参就被采得差不多了，人参产量越来越少。采参者就把不足重量的野生小参集中移种到适当地方，加以看护，待长到规定重量时挖出，交官充数或上市出售，这是所谓的“秧参”。秧参和真正的野山参比起来是明显的“功力浅薄”，清政府为保证宫中用参的质量，屡屡下令禁种秧参。然而当时好的人参越来越少，采参的人还是偷偷地逐渐扩大秧参的栽种，搀混在交官的人参当中，算是以假乱真吧，这种参连当地地方官也不能辨别真与假。嘉庆十五年（1810），清宫廷内务府统计：盛京（今沈阳）四等以上人参六斤内有秧参二斤；吉林四等以上人参三斤二两，大枝人参十支竟完全是秧参。栽培秧参最盛的要数吉林的俄木索罗（今敦化）和珲春，简直到了明目张胆、肆行无忌的地步。最后清廷严令地方官查拿，出兵清除种植秧参的地界，连养参人住的营地都给烧了，真可谓是恼羞成怒。但是，禁令时紧时松，秧参并没有禁绝，直到野生小参都难找了，有“聪明”的人就人工种植人参，称作趴参，继续掺进官参上交。到后来竟然还有商贩用它来冒充野山参牟利，行销国内，甚至远涉南洋。

皇宫大内的用品尚且有人敢假冒，那么一般市场上的商品呢？河南孟县是制造、贩卖白布的地方，所产的布宽一尺二寸，长至三丈八尺，在市场上非常畅销，后来地方官府把这个尺寸设为定制，被人们称作“孟布”。但到了乾隆年间，一些人“截买民间自用短窄布匹”，私买老百姓自己家里用的布，以次充好，转卖给商贾取利。于是，重利之下，一些以织布为营生的人专门织出窄而短、首尾宽密而中间稀窄的伪劣布匹冒充孟布，扰乱了布匹市场，孟布的良好信誉受到影响，一段时间里连真正的孟布都销量大减。后来，经几任知县清理整顿，重申机户织布的尺寸，禁止无执照的人经营孟布，对违规的商人也可以告发，官府依法处置，孟布才又逐渐恢复了声誉。宣统三年（1911）六月，杭州商人韩镛用棉纱作纬生产丝绸面料，本无可非议，韩镛却将所生产出的面料称作真丝面料连厂标也不标识，企图鱼目混珠，巧取暴利。真相败露后，引起社会舆论的广泛谴责，连当地官府也不得不出面干预。长沙是著名产烟地区，却有不法商人用次烟充好烟，或者买来外地烟叶冒作本地所产，最后烟行不得不规定，制烟丝叶时，“无论何地头烟及秋伏，脚叶头尾，均须好歹索用，扯筋折净，不得草率”，以维护本地烟叶的声誉。其实，当时假冒伪劣已经渗透到了许多行业。像在食盐中掺杂泥砂硝盐，桐油、菜油中掺枯渣，“鹿茸冒充鹿茸，桔梗冒充洋参，料货冒充水晶、玉器，洋铜首饰冒充银器”，以假乱真，获利就不是一倍两倍的了。更有甚者，不法商人在外销商品中也大玩“假作真时真亦假”的游戏。河南、河北等地所产棉花，优质优价，经天津海关出口，远销欧洲，历年不衰。不料，到了宣统三年（1911）四月，出口停滞，棉价大跌。个中原由实为一些不法商人贪图小利，在棉花中注水，或掺入泥土，结果堵塞了棉花外销之路，损失巨大。为此，河南劝业道紧急制定了《整顿棉业章程及惩罚条例》，以图挽回残局。

好多人至今还会有印象，前些年著名商标“娃哈哈”被仿冒注册，什么“哈娃娃”“哈娃哈”等一拥而上，很是让生产厂家头痛。其实假冒名牌商标的案子清代就有了。顺治十六年（1653），苏州等地有以沈青臣为首的一拨人，假冒畅销市场的“金三阳布店”字号，制造、贩卖伪劣布匹。为此，地方政府对沈青臣等人进行了处罚，并发布告示“严饬永禁，不许再行混冒”。乾隆元年（1736），苏州又发现此类假冒事件。苏州布业兴盛，名牌字号“可以租价顶售”，“乃有射利之徒，并不自立字号，觊觎他人字号盛行之时，或以字音相同，或以音同字异，窃冒垄断，以伪乱真”。于是，地方官府再次出面，禁止“布商冒立字号招牌”，“不许假冒雷同”。光绪年间，长沙“钱清汉楼香粉”很受市场欢迎，结果引来“冒者不下数十家，同在省城青石街开业者，居三分之二”，假冒者大有后来者居上之势。光绪末年成立的京师丹凤火柴公司，以生产“丹凤”牌火柴著称，产品价廉物美，然而好景不长，到了宣统元年（1909）前后的时候，产品的销售出现了下滑。公司不知道什么原因，就派有关人员到市场上走访，用今天的话说就是市场调查，在四五月间，就发现有人“用蓝纸为包，外贴‘丹凤’商标，沿街求售”，而且售价极低。无奈之下，丹凤火柴公司多次呈请清民政部、农工商部，请求官方采取措施查禁。这也是近代生产企业自发地保护名牌商标的早期案例之一。

丹凤火柴商标

光绪三十二年（1906）三月，河北商人李庆春在北京做白面、香油生意，白面、香油倒是货真价实，但李庆春贪图钱财，用部分白面、香油换取不法分子的私铸铜钱，还要运到外地使用。在火车站被巡警查获，受到杖责，并处以重金的惩罚。其实，私铸铜钱在清代并不鲜见，但在这个案件中，以货易“钱”，企图在异地使用，是不是能够找出几许现代贩卖假币案件的影子呢？

还有更令人惊叹的假冒和贩卖“官府文书”的案子。湖南人朱瀚臣在北京的菜市口等地多次贩卖假冒“户部捐官执照”，屡获暴利，被查获时从其住处起获了大量赃物，包括数十枚私刻官印和数十块刊印执照用的字板。此人竟敢在京师重地私售假冒官府文书，受到严惩自不必多说，却也会让人想起时下的一些不法分子贩卖假文凭、假护照的做法。

应该说，假冒伪劣是商品经济发展到一定程度的产物，大概“无利不起早”就是这样应运而生的，追逐金钱利益是经商的本质，但是在市场上玩弄“假作真时真亦假”的游戏，最终会把不法之人自己“玩”进去。

“一胎三男”获重奖

刘　诺

乾隆八年（1743）四月初七清早，在直隶（今为河北）三河县仁义乡信家庄人们奔走相告：范家媳妇一胎生了三个儿子，多福气呀，快去看看吧！这一消息惊动了全庄人。人们纷纷走出家门，说着笑着：“不知他们家哪辈子积大德了，一下子得仨儿子……”贺喜的人们使范家应接不暇。保长赵守仁知道了这件喜事，他也带着贺礼亲自进行了探视。第二天，将这件罕见的事逐级向乡里作了汇报：“今本庄住民范从常，年四十七岁；妻王氏三十二岁，于乾隆八年四月初六戌时（5 点）生产一男，亥时（晚 9—11 点）又生二子，实系一产三男，现俱存活育。”随之附上了左领右舍及保长等的印甘各结。这件报告被送到了时任三河县知县赵康的桌面上。县令赵康接到具报后，亲率简从，自备礼品至信家庄验看查明，

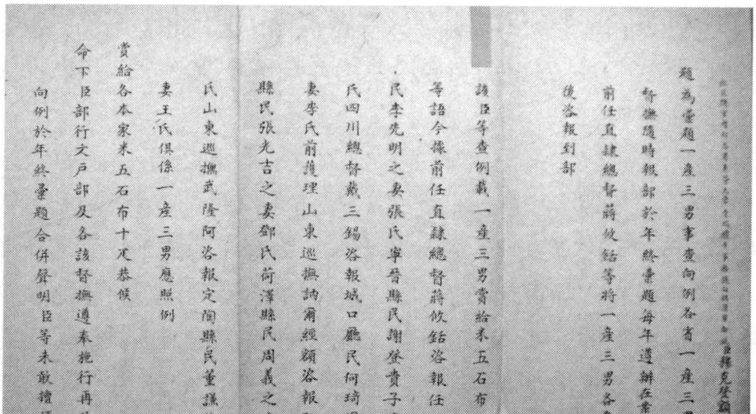
題為彙題一產三男事查向例各省一產三男由
督撫隨時報部於年終彙題每年遵辦在案今據
前任直隸總督蔣攸銛等將一產三男各案先
後咨報到部
該臣等查例載一產三男賞給米五石布十疋
等語今據前任直隸總督蔣攸銛咨報任邱縣
民李先明之妻張氏寧晉縣民謝發貴子媳李
氏四川總督戴三錫咨報城口廳民何琦周之
妻李氏前護理山東巡撫訥爾經額咨報聊城
縣民張光吉之妻鄧氏荷澤縣民周義之妻張
氏山東巡撫武隆阿咨報定陶縣民董謙梅之
妻王氏俱係一產三男應照例
賞給各本家米五石布十疋恭候
命下臣部行文戶部及各該督撫遵奉施行再此本
向例於年終彙題合併聲明臣等未敢擅便謹

道光五年十二月十五日礼部尚书穆克登额为奖赏任丘张氏一产三男题本

一致认同确系一产三男，而且个个都存活并养育着，他先说了些祝福的话，然后也送上礼物。回到县衙，也以书面报告的形式上报给东路同知梁万稷。同知梁万稷以最快的速度，用公文又上报到直隶布政使沈起元，沈起元又呈文上报给直隶总督高斌。高斌知道了这个喜庆之事，又见到了翔实的证言证词，而且是经“查核无异”后，随将布政使沈起元派人查明的三个男孩儿现在都存活等这些证人、证明、印结等作为依据，查阅了相关赏赉一产三男的具体规定：“凡一产三男，若是八旗由都统咨报，直省由该省督抚报到部。”由掌管全国户籍与财政经济的户部行文各处照例“赏给米五石（500斤），布十匹（100尺）（《礼部则例》关于钦定一产三男第48卷第26页）。”用汉文、满文题报给乾隆皇帝，并谈了自己的感想。“该臣看得：太和翔洽，闾阎微富庶之休，大化涵濡民物荷生成之德。聚骈脂一索，斯人瑞迭兴；协景运于三阳，则多男衍庆。况于首善之地，覩兹毓秀之繁，尤足彰圣朝之仁育，昭盛世之嘉祥者也。”高斌看到这件事符合国家的具体规定，就按照正常的程序将题本上交到掌管典礼的礼部衙门。不久，范从常一家收到了由县长赵康遣官送来的米、布匹和免除孩子父亲劳役的公文，全庄人都替他们高兴，并传为佳话。

当时，朝廷还考虑到蒙古等少数民族地区以牲畜等为养生之资的具体情况，赏赉给这些人家米和布匹，本家均不适用。于是，责令该地区都统、督抚按照当地米、布所值的时价给予马、牛、羊等牲畜以资生计。

康熙十三年（1674）就曾规定：“凡男女并产及一产三女者则不必具题。”也就是明确表示了，国家对男女并产以及一产三女的家庭均不给予任何奖励。由此，我们能够感受到，清朝政府只有对一产三男的家庭给予的奖励规定。另外，对男女并产及一产三女则根本不容许具题，可见从国家政策的角度就不加任何掩饰地反映出重男轻女的态度。可见，一产三男的妇女和家庭在当时社会受重视的程度，甚至连康熙皇帝也在《朱批奏折》奏报一产三男的折子上亲笔批上“好事”两个大字。乾隆皇帝也亲自过问对一产三男的赏赉，并有一套切实可行的措施加以保护。据笔者整理乾隆朝内阁题本的统计，自乾隆元年至乾隆十年内，全国就有五十五名妇女一产三男，都受到了从地方到国家的奖励。当时认为生三个男孩子是：“太和翔洽，兆盛世之嘉祥，邪气旁流，微闾阎之蕃育，庆见生齿昌盛，喜见多男茂盛”的大好事。

雍正御赏匾额

刘桂林

雍正处于康熙和乾隆之间，对清代蓬勃发展的康乾盛世起着承前启后的重要作用。然而，由于雍正鲜明的个性和严于治理的苛刻态度，也得罪了一些人。加之野史逸闻的渲染，因而世间对雍正其人其事多有非议。殊不知，雍正是一位颇有作为、政绩显赫的君主，尤其是一位不可多得的改革家。在康熙末年由于他年迈体衰，诸子争夺储位，在贪官污吏横行，形势急转直下的情况下，是雍正登基伊始，全面实行改革，有力地扭转了康熙末年开始衰退的势态，从而使政局稳定、经济发展，把康乾盛世推向了一个新阶段。

在全面改革的内容中，吏治是雍正首先着眼的一个重要方面。他深知各级官员对于国家的重要作用，任何一位有作为的君王，不管他怎样兢兢业业，不敢荒废，因家庶政也绝非一人所能办理。为此，在总体上，雍正利用各种机会教育官员，严守官箴，为国家效力。他曾在雍正元年春正之日，针对吏治和各级文武官员的职责范围，连发十一道谕旨，劝诫督抚提镇府道州县等各级官员，逐级申儆训饬，提出从政要求。而对每一个官员，则通过多种手段进行训导，严格管理，加紧控制，使其不断顺应朝廷的需要。诸如，令其进京，予以召见，当面谕以为官之道，赐以“福”字、珠宝和宫廷实物，给以鼓励和恩赏，用以笼络人心；为衙署和臣工赏挂御笔匾额，明确职掌，提出要求和希望等。本文仅就雍正赏赐衙署和臣工匾额一项漫议如下。

一

雍正四十五岁始继皇位。由于久居藩邸，对官场积弊了如指掌，于朝廷各衙署的职能作用知之甚明。多年的观察了解和协助其父康熙处理政务的社会实践，使雍正深知中央各衙门辅助皇帝的重要作用，而主管各衙门的堂官，更是不可缺少的左膀右臂。

雍正根据各衙门的职能特点，经过深思熟虑，于雍正四年（1726）二月初七，在圆明园连续书写匾额十七面，分别赏给六部和其他府、寺、监等中央各衙门，训令各衙署明确职责，竭尽忠诚。紧接着，又于三月十六日为銮仪卫、仓场衙门、提督衙门和钦天监书写匾额四面。此外，雍正还为八旗书写了匾额。连同日前所题匾额，共计二十二面。

雍正赏赐臣工御笔匾额，多是在雍正初年书写，而大部分写于雍正元年（1723）四月至十二月。据不完全统计，雍正先后为京内外各级文武官员书写匾额六十余块，其中包括怡亲王胤祥，步军统领兼吏部尚书隆科多，大学士马齐等总理事务大臣，大学士嵩柱、张鹏翮、王顼龄，六部尚书张廷玉、朱轼、田从典、张伯行、励廷仪和佛格，各部侍郎蒋廷锡、王景曾、李旭、史贻直、黄叔琳、高共佩、李绂、牛钮；川陕总督年羹尧、两江总督查必那、云贵总督高其倬，直隶、山西、广西、云南、福建等省巡抚李维钧、诺敏、孔毓珣、杨名时、黄国材；河南布政使田文镜，乌拉将军哈达，四川提督岳钟琪，云南提督郝玉麟，云南永北总兵马会伯；河南副总河嵇曾筠；河北襄阳府同知廖坤；内大臣马尔萨、马武；开国勋臣额亦都之孙、清初名将遏必隆第四子殷德，遏必隆之孙阿尔松阿；内阁学士查嗣庭、吴士玉，侍讲学士张照、张廷璐，侍读刘于义、陈世倌等。从中央到地方，从文臣到武将，从外官到内臣，从豪门名将之后到侍读学士，赐赏御书匾额的范围相当广泛。当时全国京内衙门和京外道府参将以上文武官员，共有七百五十余名，而雍正赐赏御笔匾额的臣工，尚不足十分之一，可见雍正赏赐臣工御匾是有选择的，并非随意题名。

二

雍正为各衙署和京内外各级官员所书匾额，绝非由着天子之性，无的放矢，随意书写；相反，不仅内容丰富，寓意深远，针对性强，而且多有所本。

以雍正所书清代六部匾额为例，有的指出为政标准，有的提出殷切希望。在书写各衙署匾额之后，均作小序，稍加简要注释，或注出匾额名称所出典故。

赏吏部挂御笔匾额为“公正持衡”。作为选拔官员的准则，雍正提出的要求是正确的。他在序中说：“能虚中之谓公，能端己之谓正。以才以器，循名责实。铨选之法，莫重于此。”雍正在这里不仅明确提出了公正的尺度，而且要求吏部官员应该重用人才，按其名而求其实，名实相符。这才是铨选官员的关键。

赐户部挂御笔匾额为“九式经邦”。雍正在序中引用《周礼》之言指出，“以九式之法，均节国之财用，职綦重焉”。并且要求掌管财政大权的户部，“平准出纳，阜成兆民，毋旷乃守”。

给礼部挂御笔匾额为“寅清赞化”。雍正在序中明言“特取《虞书》‘夙夜惟寅，直哉惟清’二语示之”。作为“掌管宗庙祭祀之官，必心存寅畏，志气清明，始无忝厥职”。因此，雍正将敬谨廉洁之意，引为礼部堂官箴戒之辞。

送兵部挂御笔匾额为“整肃中枢”。雍正认为，掌管军政和军赋的司马之官为“枢衡重任”。“国家武备修明，道在整肃”。如果没有严肃的军令，何谈武备修明？

恩赏刑部挂御笔匾额为“明刑弼教”。雍正在序中指出，“司寇掌邦禁明刑，所以弼教也。必轻重咸宜，始成协中之化”。刑狱之官掌国家法规禁令，必须以刑律晓谕民众，令其知法、畏法而守法。即使违法判刑，也要量刑得当，才能达到辅助教化的目的。

赏赐工部挂御笔匾额为“敬饬百工”。雍正用《考工记》“以饬五材”（金、木、皮、玉、土——笔者注）之说，《书经》六府（水、火、金、木、土、谷——笔者注）之典，表明掌管工程制作的“冬官”职掌之所在。宗理核实，审度程工，都要体现此意。

此外，雍正还为宗人府赏挂了御笔匾额“敦崇孝悌”；为理藩院御书匾额“宣化遐方”；给通政司书写匾额“慎司喉舌”；送大理寺匾额“执法持平”；赐给太常寺的匾额是“祇肃明禋”；为太仆寺题匾为“勤字天育”匾；为鸿胪寺赏挂“肃赞朝仪”匾；给国子监书写了匾额“文行忠信”；送顺天府的匾额是“肃清畿甸”；赐内务府匾额“职思综理”。雍正四年（1726）三月十六日书写的四幅匾额分别是：銮仪卫的“恪恭舆卫”，仓场衙门的“慎储九谷”，提督衙门的“风清辇毂”和钦天监的“奉时敬授”。

三

雍正对衙署、臣工赐赏匾额，总的目的是加强对官员的控制和管理，但是雍正所书匾额内容又不尽相同。从所赐匾额来看，大体有以下几个方面。

第一，对臣属声名、操守的赞誉和鼓励。

怡亲王胤祥是雍正继位伊始任命的总理事务四大臣之一。在雍正昆仲之中，胤祥与他的关系最为密切。初用为大学士，总理户部事务，后来又任命为军机大臣。怡亲王胤祥的确是雍正的一位好兄弟，也是忠心耿耿、勤勤恳恳、颇为能干的一代亲王。雍正登基后书写的第一块匾额“藩氏宗英”就是送给胤祥的，充分表达了对怡亲王的高度信任和无限宠爱。此匾对胤祥来说，是当之无愧的。雍正于四年（1726）七月二十一日，又书写“忠敬诚直谨慎廉明”八字匾额，赐给胤祥。雍正为此专发上谕，列其九项功勋事迹，颁示朝廷内外，对胤祥的品格给以全面高度的评价。

忠于君王，是封建社会臣工的天职。雍正对此极为重视，要求臣属忠诚无私，永效朝廷。雍正的舅舅隆科多是雍正继登大位之后最为崇敬的大臣。众所周知，雍正的继位，隆科多是一位关键人物。因此，雍正在勤政开始的文书中，都是直书“舅舅隆科多”的字样。清代初年在文书中直呼称谓的，除了顺治开始称多尔衮为皇叔父之外，满朝文武，只有隆科多一人享有如此殊荣。雍正在赐给胤祥匾额的同时，亲书“世笃忠贞”四字，赏给隆科多，冀其永世忠诚。这是对隆科多的莫大鼓励和希望。

川陕总督年羹尧在雍正初年颇受宠爱，谕令管理抚远大将军印务。雍正曾把与他的关系誉为“千古君臣知遇榜样”。雍正元年四月书写了“青天白日”匾额赐之，望其如青天白日，纯洁无瑕，清廉无私。

老臣马齐自康熙初年入仕，居官谨慎，始终如一。雍正继位之后，降敕褒谕，也是总理事务四大臣之一。雍正御书“朝之隽老”匾额赐赏，以示对才智过人的朝廷老臣的赞美。

命充《清圣祖实录》总裁的朱轼，老母年已八十，被雍正封为一品夫人，赐银两千两。雍正于元年（1723）五月十三日亲书“淑范崇年”匾额一面，赐给朱轼。并御书对联：“松府清风贻令子，萱堂永日庆高年。”这不仅是对朱轼老母的高度赞颂，也是对朱轼在康雍两朝忠心为主、朴诚事君的充分肯定。是年十月二十日，又赐给朱轼御笔“朝堂良佐”匾额一面，无疑是对朱轼一心辅佐君王的再次赞誉。

吏部尚书田从典先后任知县、云南道御史、通政司参议和左都御史等职。康熙末年擢户部尚书，雍正元年（1723）九月调吏部尚书。田从典任知县即尽革陋例，任御史时直言上疏，遇亏帑者请限年带销。曾奉旨查办安徽布政使年希尧、凤阳知府蒋国正婪取案件。最后使蒋坐斩令年夺官。雍正于元年（1723）十月初五赐给田从典匾额一面，名曰“清谨公方”，以表彰他的清廉公正、不徇私情的高尚品格。

再如，雍正给病老致仕、陛辞归里的吏部左侍郎李旭升的御笔匾额是“衡平耆硕”，对视为股肱的宠臣张廷玉，赏给亲书匾额“世笃纯勤”；嘉奖赴山西清理钱粮亏空、赈济灾民颇有成效的诺敏御笔匾额是“泽润蒸黎”，赐给武英殿大学士张鹏翮的匾额是“嘉谟伟量”。武英殿大学士王顼龄乃先朝旧臣，勤劳岁久，学识优裕，谙习典章，雍正赐予匾额“朝堂元老”，时年八十二岁。被雍正称为“向日居官有声”的云南巡抚杨名时，所赐御书匾额为“清操夙著”……

居官清廉，忠诚为国，品格高尚，功绩显赫，是封建社会最理想的官员。雍正之所以给予声名、操守好的官员以赞誉和鼓励，原因就在于此。

第二，表达对臣工接任新职和对各衙署的要求和希望。

新官上任，雍正多在官员离京前予以召见，提出要求和希望。雍正还利用赏挂御书匾额的方式，时刻提醒和告诫官员，勤理政务。

新任直隶巡抚李维钧是在原任巡抚赵之垣被革职后任命的。元年八月初五，雍正在养心殿西暖阁召见李维钧，亲赐“清明抚御”御笔匾额一面。这是对新任巡抚李维钧的告诫，也是对所有地方大员的要求。

原署陕甘巡抚、光禄寺卿卢询，雍正元年（1723）三月被任命为刑部右侍郎。上任不到半年，九月初六即擢为兵部尚书。雍正于是年九月二十四日赐御笔“清白纯正”匾额一面，以表示他的殷切期望。

励廷仪是雍正元年（1723）二月由兵部侍郎任命为刑部尚书的。雍正在元年十月十七日赐给励廷仪的御笔匾额是“矜慎平恕”。同时，又亲书“钦哉恤刑”匾额，赏给新任满尚书佛格。三日之后，又给刑部侍郎高其佩御书匾额一面，名曰“精明法律”。雍正要求刑部官员坚持严肃慎重的态度，宽严得宜，以精明法律为天职，恪守勿忘。

雍正元年（1723）十月二十二日，给原左副都御史升署为兵部侍郎的李绂御书匾额“奉国磬心”，鼓励其倾尽全力，为国奉献。接着在二十四日，又为另一位原左副都御史调任为兵部侍郎的牛钮，题写御笔匾额一面，名曰“勤劳宣力”，即旌其治理永定河之功，也冀其继续效力国家。

吏部侍郎黄叔琳，于雍正元年（1723）三月由原刑部侍郎调任是职。十月二十四日，雍正赐给“冰心玉尺”御笔匾额一面，希望其忠于职守，廉洁为公，为国选拔优秀人才。

翰林院侍读学士陈世倌，曾督理顺天学政、江西学政。雍正在元年（1723）十一月初八赐给四字匾额一面，句曰“栽笔清时”，鼓励其在太平盛世为国家培养人才，多做贡献。

雍正在给中央衙署赏挂的御书匾额中，同样表达了他的要求和希望。雍正经过深思熟虑，因而言辞精当，内容准确，思想鲜明，为以后各朝所沿用，直到清末。

根据各个职能部门和不同官员的实际情况，雍正帝常在御书匾额中明确职责范围，针对性地提出各种要求，如同道道谕旨，高悬头上，令其仰视观瞻，警钟长鸣在耳，这必然对各级官员产生深远影响。

第三，对才华出众的官员予以称颂，表示对臣下的宠爱之情。

吏部侍郎史贻直，少年即娴熟掌故，十九岁考取进士。雍正初年命值南书房，奉旨从事文字撰拟，起草诏令等文书。雍正于元年（1723）十月初五，赐给史贻直御笔“文昌清望”匾额一面，喻其如文昌星斗，十五望日，清明无比，以示对这位一代名臣的宠爱。

翰林院侍读刘于义才华出众，“在翰林院文誉甚著。凡有撰拟，辄称旨”。雍正元年（1723）命值南书房。为了强调刘于义和翰林院地位的尊显，职司重要，雍正在给史贻直赐匾的同时，又写了“玉堂清要”四字匾额，赐给刘于义，表达对他的喜爱之情。

礼部侍郎蒋廷锡，初以举人供奉朝廷，后被康熙赐为进士，屡迁转至内阁学士。雍正元年（1723）擢为礼部侍郎。也是元年十月初五，雍正御书“黼黻丝纶”匾额一面，赐给蒋廷锡，以示对润色诏令、文饰丝纶的表扬和赞美。

庶子张照书法、文学皆优，康熙年间即在南书房行走。雍正初年累迁侍讲学士。张照聪敏好学，富于文藻，精工书法，为海内所共推。雍正也于元年（1723）十月初五赐给御笔匾额一面，名曰“瀛海仙班”。这是对张照过人才华的高度赞誉。半个月之后，雍正又为侍读学士王傅御书

"讲幄清斑"匾额一面，赞赏他为文学侍从的清高华贵。

任何官员的文化修养都是至关重要的。雍正自幼研读古籍，深受其父康熙的文化熏陶，对才华出众的官员给予称颂和赞誉是很自然的。这是对臣下的表彰和肯定。对于国家倡导文化，鼓吹休明，促进官员的文化修养，也都有一定的影响。

第四，对国家勋臣名将之后的希望和武将战功的嘉奖。

都统殷德是清人关前随努尔哈赤征战拓疆、忠勇无畏的功臣额亦都之孙，清初名将、康熙辅政大臣遏必隆之子。他曾随康熙征讨噶尔丹，后来自都统升为领侍卫内大臣。殷德事君恭谨诚朴，宿卫十余年。雍正于元年（1723）十月二十五日，书写"高门令望"御笔匾额一面，赐给殷德，希望这位出自显贵名门的都统，永远恪尽职守，保持世族大家的名望。阿尔松阿为遏必隆之孙，曾任领侍卫内大臣。雍正在为殷德书写匾额的同时，御书"世臣英秀"匾额一面，赐给阿尔松阿，表彰其世世代代为国立功效力的功绩。

世子弘升是康熙第五子胤祺之子，康熙五十八年（1719）封为世子，而班禄则视为贝子。雍正御书"天朝屏翰"匾额一面，赐给弘升，用以肯定这位天朝的卫国重臣。

四川提督岳钟琪，康熙五十八年受命前驱，抚定里塘、巴塘；翌年奉命进军西藏，平定准噶尔部对西藏的袭扰；康熙六十年（1721）还师后，授为左都督，擢为四川提督；雍正元年又师征青海，屡建战功。雍正于元年十一月二十七日亲书"干城伟略"四字匾额，以表彰这位有着雄才大略，又有显赫战功的国家捍卫者。

云贵总督高其倬，于雍正元年以云南中甸为人藏要道，进军查木多，师定青海、西藏，平息青海台吉罗卜藏丹津对西藏的叛扰。雍正御书"表率方隅"匾额一面，赐予高其倬，表扬他在西南边陲的功绩。

提督郝玉麟是云南边疆的最高武职官员，有勇有谋。在平定罗卜藏丹津叛扰西藏之际，率三千人进驻查木多，为师定西南做出了贡献。雍正赐给"纠桓伟略"御笔匾额，嘉奖其勇武威风、谋略超群的军事才干。

云南永北总兵马会伯，康熙五十九年（1720）师入西藏，与总兵赵坤率绿旗兵从征，西藏始定。雍正元年入觐，二年二月初五，雍正御书"有儒将风"匾额一面，赐予马会伯，对这位文武双全的将官给予充分的肯定和赞扬。

雍正还赐给乌拉将军哈达御笔匾一面，名曰“秉心诚谅”，表彰这位真心实意、诚信秉公的将军。

雍正满怀对勋臣名将的崇敬之情，通过赏赐御书匾额，寄希望于名门望族之后。赐予卫国将士亲书匾额，是对守边戍国官兵的表彰和嘉奖。

四

在雍正元年、二年所赐六十余面匾额中，元年书写的就有五十余面。这表明雍正初政伊始，对臣工的高度重视。有时在召见臣工之际，当场挥毫，有时一日之内连写五六面或七八面之多，在纤纤笔端倾注了对臣属的一片真情。即使在雍正元年岁阑之际，他也没有忘记为朝廷效力的臣工。腊月二十九日，雍正亲祭太庙，遣官祭陵，还抽暇挥笔，书写七面匾额字迹，赏赐辅国公阿布兰、文华殿大学士嵩柱、武英殿大学士张鹏翮和王顼龄等人，表达他对内廷重臣的眷宠之情。

对于赏赐衙署和臣工匾额，雍正甚为重视，因而对此也十分认真。有的是他自己依照中国古籍引经据典，精心选择；有的则指示大臣恭拟，他再认真修改，字斟句酌，力求精当准确。为了表示对赐赏衙署和臣工御笔匾额的重视，每每书写完毕，均在御笔匾额墨迹之上，认真钤盖“雍正御笔之宝”御印。

雍正赐赏衙署和臣工匾额，是对各衙门和臣属的告诫、鼓励和鞭策。对臣工来说，则是感激、恩宠和荣耀。然而，事实上也并非像雍正所希望的那样。有几位官员甚至宠臣，不仅未达到雍正心目中的标准，相反却走向了反面。

当初被其赐赏御笔“青天白日”匾额的年羹尧，与雍正的关系甚为密切，曾被雍正誉为“千古君臣知遇榜样”。然而，好景不长，由于年羹尧骄横自恃，虚狂妄为，最后落得个降职法办的下场。被赏赐御笔“世笃忠贞”匾额的隆科多，是红极一时的“国舅”，雍正三年（1725），突然被解除职务，永远禁锢。阿尔松阿曾被赐御匾“世臣英秀”，后因结党乱政被夺职，雍正四年（1726）终被诛戮。为了表示对翰林学士们的希望，雍正曾赐赏内阁学士查嗣庭御笔匾额“木天清望”。然而，由于在江西主考，犯了“维民所止”，即斩去雍正两个字头的大罪，结果被逮捕入狱。

还有奇者，侍讲学士钱名世曾因写诗赞美年羹尧军功，惹恼了雍正，结果被逐回原籍。雍正竟然书写“名教罪人”匾额一面相送，令其高悬于大门之上。堂堂君王，一气之下，竟然如此不择手段，其整人有术，治人有方可见一斑。

雍正题写衙门和臣工匾额，正面也好，反面也罢，都是激励和控制官员的重要手段。这些匾额像紧箍咒一样，时刻约束着官员，使其按着自己的旨意办事。不管怎样，雍正所赐匾额，虽出于君王统治的需要，但大多切合实际。有些赐赏匾额，不仅当时适用，即使在今天，也有一定的参考价值。

乾隆朝的几件奇闻与笑谈

哈恩忠

听起来是奇闻，说起来是笑谈。大千世界，千奇百怪，人有秉性各色，事也有荒诞无奇。生活中耳熟能详，报章里不绝于目。现代社会如此，古代亦不乏其事，这里掇拾清代乾隆朝几件有意思的事，或可称之为荒诞。

家牛与麒麟

已经是乾隆四年（1739）三月的时分了，初春的暖阳懒懒地斜挂在天上，猫了一冬的人们抖抖身上的灰尘，走出家门竞相享受着阳光的抚慰。就在这时候，从盛京（今沈阳）海城县钟阳堡传出了一件怪事，一时间众说纷纭，居然还有猎奇者纷至沓来。什么事呢？简单地说，是家养的牛生下了一只“麒麟”，再详细点，是当时镶黄旗内务府掌关防八格佐领下庄丁虞国朝家的黄牛没有生下牛犊而产下了一只“麒麟”。当时，盛传这只麒麟“鳞甲遍身，首、尾、趾不类群品，与绘像同”。就是说，这只本应叫牛的“麒麟”全身披满鳞甲，头、尾和蹄与一般的牛很不一样，像图画上麒麟的样子。

没有不透风的墙，很快，县城、府城的大街小巷传得沸沸扬扬起来，更有好事者绘声绘色、添油加醋地进行一番渲染，暖阳下无聊的人们又有了一段茶余饭后的乐子。在当时来讲，麒麟是象征着吉瑞、吉祥的大事，是好运、好事的兆头，地方官府自然不会怠慢。当地的牛庄掌印防御德格、海城县知县戴惟檽听说后连忙将这件怪事上报，而且仅仅过了两天，接到报告的奉天将军额尔图就亲自下了“基层”。这位将军围着那只新生物转了几圈，定睛细看，眼珠间或几轮，努力想把眼前的怪物和印象中的麒麟联系起来，这叫什么麒麟？恐怕连他自己也难以相信，只是这能直接恭维皇帝的机会实在难得，不由得心中暗暗措起辞章，准备上奏天听："麟之为物，原不易见，今一旦产于龙兴之地，实于我朝圣圣相承万载无疆之征兆也。臣等所庆幸者，观瞻之次，目击军民人等欢声雷动，额手呼嵩，咸称我皇上圣德如天，特降祥麟于盛世，恩膏泽沛，永庆天子于万年。""可见我皇上好生之德洽于民心，照临之恩遍于四海。虽圣主不言符瑞，而百姓安居乐业，四方协和时雍，实属太平景象。唐虞三代之隆，重熙累洽之盛，复见于今日矣。"恭维讨好之心溢于言表。

麒麟为何物？书上讲是古代传说中的一种动物。它形状像鹿，头上有角，全身鳞甲，古人用它象征祥瑞。几千年在传说中出现的动物怎么会惊现于世？这里一看便知，一方面，那家牛产下的被称为"麒麟"的动物或是一个畸形怪胎，或是一降生便得了重度"牛皮癣"，更或有"狸猫换太子"之嫌；另一方面，也是最根本的原因，就是地方官欲依此"奇功"讨好皇帝。

应该说，如果此事发生在乾隆皇帝的父亲雍正皇帝在位的时候，就是一件大事了，因为雍正皇帝看重和喜好祥瑞之事，在当时屡屡出现过许多诸如祥云、祥雨、瑞谷之类的事，而其真不真、假不假天知道，信不信就由你了。幸好，而立之年的乾隆皇帝这种爱好不多，没有把它当成事，此事也就不了了之了。可以想象一下当年乾隆皇帝手中翻看着这件讨好的奏折时，心中会有怎样一番哭笑不得的慨叹。

再说几句关于麒麟的题外之话，有人考证出所谓的麒麟其实就是长颈鹿。据史书记载，在明朝永乐十二年（1414）的时候，榜葛剌（今孟加拉）国王曾经派遣使臣来中国进献过"麒麟"，当时引起了轰动，那真是"臣民聚观，欢庆倍万"。画家沈度还用写实的手法画出了"榜葛剌进麒麟图"，图中的"麒麟"分明就是长颈鹿。

男扮女装三十载

这是乾隆九年（1744）发生的一件事。

这一年的六月，天气已经很热了，湖南安福县的大堂上的氛围却比天气还要热些，这里正在审理民人熊尔谅状告其兄熊尔圣不是女人却男扮女装的大案。在重教持礼的封建社会，这可算是不得了的一件大事。知县张浚一审下来，好家伙，此人已年逾六十，据他交代“少年未曾娶妻即行外出。至二十六七岁，蓄发穿耳缠足改装为女”，从年轻时就男扮女装了。雍正元年（1723），他才来到安福县定居，对别人讲自己“丈夫死后，叔伯逼嫁，剪发逃出为尼，后又蓄发还俗”。雍正四年（1726），经人说合收养武陵人彭天若为继子，成人后又为他操办了婚事。以后其弟熊尔谅来投靠，也为他娶了家室。平时则“为人家产妇收生，并有干女儿三人，称为熊姆姆”，干些接生稳婆之类的事为生。

说到这里，读者肯定会有疑问了，为什么熊尔圣男扮女装过了三十余年其弟才告官呢？这里面当然有原因了。原来这熊尔谅也不是省油的灯。他眼见熊尔圣经营有年，置办了些田产，就犯了“红眼病”了，心生歹意，图谋霸占。被熊尔圣识破了，两人发生了激烈争执，熊尔圣一气之下“将弟占姊产为词控县”，把熊尔谅给告了官。由此，男扮女装一事才被“曝光”。

不久，此案转到了湖南巡抚蒋溥手中。他分析，“熊尔圣男扮女妆、收受干女儿，捏称熊姆姆三十余年，则平日奸污之事不问可知”。但是，对熊尔圣罪行的认定又颇为其难，“尔圣所犯情罪多涉闺门暖昧，若必一一根究，不但株累无穷，而妇女等闻知未免有羞愧轻生之事，所伤实多。又查男扮女装，律例并无明文，而该犯阴奸作匿，情无可原”。闺门内事本来就不好说，不可能一一调查清楚。最后反复商议研究，判定：“宜即杖毙，以儆奸邪。”其“所有住房六间、水田三十三亩查无应得之人，相应入官充公”。至于那个图占兄产的熊尔谅，也没有得到什么好结果，被官府胖揍一顿，“其弟尔谅，朋奸容隐，积有多年，既不得援亲属容隐之条。今以争产之故首告情节，又未得拟举首免议之例，应予重杖”。

这就是男扮女装一事的经过。乾隆皇帝得知此事后，认为“此人罪尚不至死，但不可仍留本地。薙其发，解部，发黑龙江可也”，将熊尔圣发送到东北“劳动改造”去了。

此事主角熊尔圣，如果抛却其可能涉及的闺门内事，顶多是一个无论如何也不会被那个社会所容忍的“双性人”或有易装癖的“性变态”。倒是那个忘恩负义的熊尔谅，令人感到厌恶。

饿毙成佛

民谚有“二月二，龙抬头”之说，但无论龙抬头与否，此时也已经是春光将临，各行业的人们应该收拾家伙，迎接一年中最好的时光了。可是乾隆九年（1744）有这样一些人，却干出了一件荒唐事。

二月初二，宜兴县民蒋祖法等男女老少一行十五人驾着船前往太湖内西昂山禹王庙烧香拜神，之后回到船上“即坐清功绝食，于初九日后陆续饿毙十三人”，拜神之后就不吃饭了，居然陆续饿死了十三个人。最后只有朱顺天、宗正乾两人跑回家报信，“即有亲属赶赴太湖，连船带人一并焚化，声言成佛”。死者及亲属都走火入魔了。

事情一传出，立即就惊动了官府。江苏巡抚陈大受“因其荒诞，必有异端左道煽惑愚民之人”，命令吴县、宜兴县调查事情经过，捉拿涉案人等。

这种民事案件的涉案人不会像杀人越货的罪犯那样会四处躲藏，所以，很快吴县拿获了禹王庙庙祝吴绍文。他供称：“蒋祖法已死，小的欲报官，未死之朱顺天、宗正乾两人说他们出来有整百人送他归天的，不必报官。小的随同朱顺天到宜兴周山前化地方蒋家报信，他家也不啼哭，说有缘法归天了。就有五六十人雇船，同个和尚，到山起火焚化，将尸骨埋于庙侧。”并交出了蒋祖法所留下的书信、诗抄。宜兴县拿获了朱顺天等人。他们供称：“已死之蒋祖法、秦顺龙归在龙华会里，阖家诚心吃素，念佛修行，众人都是他们劝入会的。他说今年要归天，约了小的们同去烧香。初二日起就坐清功，不吃东西，饿死的……这龙华会教头是个和尚，叫时济，他总是叫人吃素念佛。”随后又在蒋家起获了经卷、图像。

几个人的供词中不约而同都提到了和尚时济，说他装神弄鬼害了十几条人命，令乾隆皇帝十分愤怒：“时济断不可疏脱，须重处，以警邪教也!”直到四月初六，时济方被抓获。这是个什么人呢？其“现年七十六岁，自幼披剃，因曾念《梁王忏》内有龙华三会之语，所以起此龙华会名目。在丹徒、丹阳、金坛、溧阳、宜兴各县云游，劝人入教。持斋念佛，修行作善，并无邪术符咒惑众情事”。他供称：“蒋祖法等于五年前投拜为师。因伊问及果报，曾答以至诚持斋、拜佛修行原可成佛，并将从前祖师参禅坐功口吐三昧白日升天功行讲述。今年正月内到蒋祖法家，但闻欲往西昂山烧香，并不曾说去归天成佛，实无用术诱骗。”为自己进行表白。

对于此一供述，江苏巡抚陈大受不相信：“左道惑众，其初亦未必即有他意，迨至愚民信从者多，奸宄之徒每每混迹其间，酿成大患……况乡愚受惑轻生，戕命人数多至十余，毙及幼孩，有伤天地好生之德。”两江总督尹继善同样也不相信：“贪生恶死，人之常情。今蒋祖法等均系乡愚，一旦自称成佛，不惜捐躯。若非惑于时济邪说，何以一迷至此？今据供但劝人持斋念佛，并无邪术符咒，明系狡展，岂容宽纵！”

两位封疆大吏的话，勾勒出了邪教发展的简单规律，也说明了封建统治者对邪教戕害人命、泯灭人性的态度，结果不言而喻。而误入邪教的人们企图升天、成佛，结果却又有着多么相似的归宿。

纷扰寒山寺

这里所说的寒山寺，就是历史上闻名的“姑苏城外寒山寺”。只是到了乾隆年间，“古刹寒山寺久经坍废，只存破殿，并无僧尼住持”，寺里已经是荒废已久了。一些贫寒之人就在寺内破殿前后搭棚盖房暂住栖身，做些小本生意，而富绅蒋恭棐更是在寺中建房出租。各人占各人的地盘，幸好一切都相安无事。

转眼到了乾隆八年（1743）年初。一天，寺中不知从哪里来了个尼姑，自称法号“东悟”。她“造言募建寒山寺”，就是要募集资金重新修建寒山寺，还收下一名姓蒋的男子为徒。为了达到目的，东悟竟然买动游手好闲的“棍徒”四处宣扬，重修寒山寺“于枫镇卖买风水有益”，引得商贩纷纷解囊出钱集资。一时间，大有动工修寺之势。然而此举却招致了住在寺内贫民的不满，巧的是“东悟又将所收蒋姓之妻王氏强羁寺内，欲为披剃”，强行要将徒弟的妻室剃度出家，王氏的家里人得信后不干了，于是“约同各穷民，以妖惑控县”，把东悟告到了县衙。四月十二日这天，县令姜顺蛟升堂审案。正讯问间，突然一群“棍徒”，就是游手好闲之人闯入县衙，哄堂喧闹，县令、衙役百般斥责也控制不住局面，慌乱之中仓促退堂，“竟任东悟走脱”。接下来，那些“棍徒”又以“寺内有蒋恭棐租房，疑其嘱县偏私，群往蒋家，泼粪打人，毁其门壁，又将寺内之酒肆茶棚尽行拆平，击梆吓令各铺户罢市”，大闹寒山寺，破败的佛寺又平添了许多躁乱。

江苏巡抚陈大受得到消息，当即派兵抓捕闹事之人，结果一连十余天，“只获一二棍徒”，“东悟及首棍尚未全获”。坐镇京师的乾隆皇帝看到此事的奏折，颇为恼怒，提笔批示：“此风甚为地方民俗之害，须严惩以警其余。”

有了皇帝的严令，此事结果自不必多言。但就此事而论，不仅可略见当时的民风和社会状况，而且对寒山寺来说，多少也有了少见的笑料。

和珅与双料补服的故事

李　刚

和珅因得“天下第一贪”的称号而“名扬四海”，并凭借所贪的巨额财富进入2001年美国著名的《亚洲华尔街日报》所评的上千年全球最富有50人榜单。和珅贪婪的行为及富可敌国的财富一直为人们津津乐道，几百年来谈论不休。

在清宫影视戏剧大行其道的今天，和珅更成了热门人物，影视作品除了对其谜一样的财富继续演绎外，对和珅贪婪狡猾的形象做了更为细致生动的刻画，展现出这位天下第一贪费尽心机敛得神话般财富的历程。

电视连续剧《梦断紫禁城》里面就有这样的情节：和珅乃文武二品大员，管理内务府。恒善是文武五品官员，任内务府采办之职，负责圆明园工程采办工料事宜，这可是一个肥差。其上司和珅自然也想从中捞得好处，然而二人并不一条心，恒善并不听和珅的。为了控制恒善，老奸巨猾的和珅想出一计，和珅有一件双料补服，该补服迎光看是文二品锦鸡图案，背光看是武二品狮子图案，显得与众不同，可谓是一件奇服，就是在今天恐怕也很难寻的。和珅在家中约见恒善，并在其面前有意炫耀该补服的奇特，吸引恒善的注意，恒善果然上钩，并在和珅的蛊惑下也去做双料补服。不过，恒善遍寻店铺并未找到，在一个工匠建议下，干脆就将文五品白鹇与武五品的熊直接绣在一起。后来乾隆皇帝召见他询问圆明园工程事宜，恒善身穿新补服——文五品白鹇坐在武五品熊身上，众人看到忍俊不禁，大笑起来。乾隆见后甚为生气，怒斥其违背典制有失官员威仪，并命其上司内务府总管和珅严办，以儆效尤。和珅因此得以控制恒善，对其威逼利诱，最终二人同流合污侵吞工程款项。可见，和珅为贪财真是挖空心思。

电视剧中关于双料补服的情节是剧作者凭空编造的，还是于史有据呢？笔者在整理翻译清宫满文档案的过程中，接触到一件有关官员补服违制的满文档案，其所载内容与剧中和珅利用补服设计陷害属下的情节十分相似。

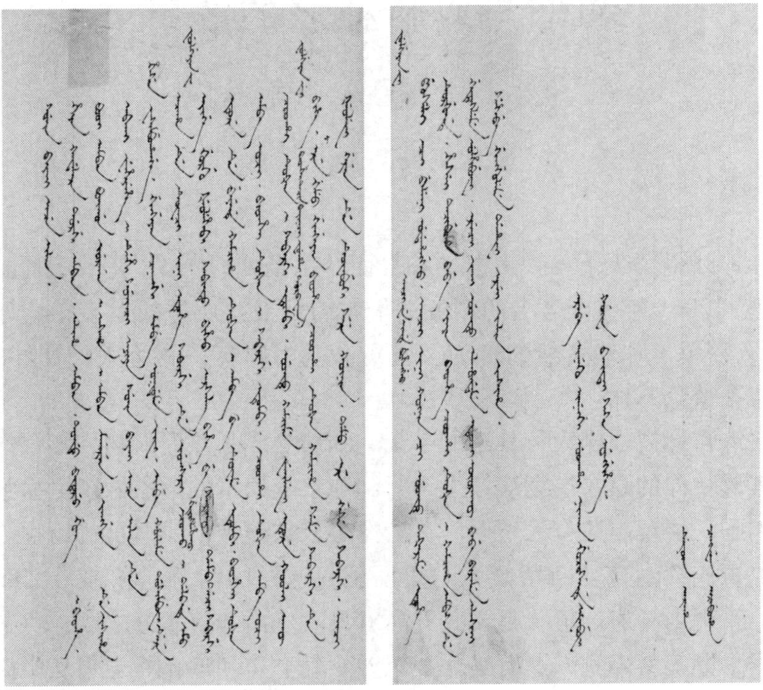

《军机处乾隆朝满文寄信档》

《军机处乾隆朝满文寄信档》为清代一种机密档案，一直深藏于皇宫大内，加之懂满文者极少，故鲜为人知。该档案内有如此记载：乾隆四十五年五月初一（1780 年 6 月 3 日），乾隆皇帝南巡海宁回京，内务府总管兼户部侍郎副都统金简，作为身边近臣前去接驾，金简自以为身兼文武，独具匠心地在补子锦鸡旁边绣了一个狮子，穿着别出心裁的补服在乾隆皇帝面前炫耀。不料两天后，五月初三乾隆皇帝降谕，询问其补服来源，“惟似此补服，或买于铺，或他人给予，或伊有意穿错”。并严厉斥责“向穿补服时，须看身兼职任之大。文职大员穿文职补服，武职大员穿武职补服，向无如此兼制穿用之例”，并特别强调“此种风气，断不可滋长”，同时通谕身兼文武之诸大臣，自此无再混淆。可见，乾隆皇帝并不喜欢这位官员的别出心裁之举。

看来《梦断紫禁城》里面官员穿着双料补服这样的事，历史上还真曾发生过。只是历史上的金简远远没有和珅有名气，经过演绎后都凑到和珅的头上，以此来吸引观众的眼球罢了。

官员别出心裁擅穿双料补服为何使得乾隆皇帝龙颜震怒呢？因为清代对官员的服饰穿着有着严格的规定，有意违反，当然会遭到皇帝的训斥。

清代典制规定，补服是一种圆领、对襟、平袖和下摆略短于袍的外褂，门襟有五颗纽扣，其颜色用石青色。补服胸前和背后缀有一块方形饰物，称为“补子”，前胸的补子分两半缀于两面，后背的补子是完整的一块。补子的不同文饰反映着官员的不同品级，依此区别出官位的高低。

一般文官绣禽，武官绣兽。文官：一品大员的补子上绣有鹤。二品绣锦鸡，三品绣孔雀，四品绣雁，五品绣白鹇，六品绣鹭鸶，七品绣鸂鶒，八品绣鹌鹑，九品绣练雀。惟都御史、副都御史、给事中、监察御史绣獬豸。武官：一品绣有麒麟，二品绣狮，三品绣豹，四品绣虎，五品绣熊，六品绣彪，七品、八品绣犀牛，九品绣海马。关于补子古人诗曰“一二仙鹤与锦鸡，三四孔雀云鹰飞，五品白鹤惟一样，六七鹭鸶鸂鶒宜，八九鹌鹑与练雀。风宪衙门专执法，特别獬豸迈伦夷。”“一二麒麟狮，三四虎豹优，五品熊罴俊，六品定为彪，七八是犀牛，九品绣海马。”同时也规定各级品官员的补子，由本人依据典章制度自备。

清代官员补服的补子，并非国家统一定制发放，而是官员依据典制规定自己到铺子购买，偶尔也有幸运者会得到皇帝的赏赐。飞禽与走兽绣在同一块补子上，典制上未有严禁此举的明确规定，这就给了喜欢炫耀的官员发挥创造的机会。虽然典制没有规定禁止，但并不意味着允许，向来文职大员穿文职补服，武职大员穿武职补服，习惯此种规定的乾隆皇帝，自然视双料补服为违背典制。该官员要了个聪明，想钻个空子，借机炫耀身受双重恩宠，反而受了处罚，成为笑料。

和珅之子丰绅殷德的悲喜人生

刘 源

一个人出身贵胄，再通过婚姻攀附于至高无上的帝王之家，会有怎样的人生际遇与心路轨迹？是得享幸福无限荣光还是天上地下甘苦备尝？这一点，并非是其本人所能左右的。清朝历史上的丰绅殷德通过其传世诗集《延禧堂诗钞》作了最真切的讲述。

身不由己的额驸

丰绅殷德，是清代权臣与贪官和珅的儿子，姓钮祜禄氏，正红旗满洲人，号润圃，自号天爵，生于乾隆四十年（1775），卒于嘉庆十五年（1810）。丰绅殷德出生时，正是和珅官场发迹之时。此时二十六岁的和珅已擢御前侍卫、值乾清门，并兼任正蓝旗满洲副都统。次年正月，和珅便被擢为户部左侍郎。三月，任军机大臣。八月，兼任镶黄旗满洲副都统。十一月，充国史馆副总裁。十二月，总管内务府三旗事务，赐紫禁城骑马。该年全家又被抬入上三旗的正黄旗。而后，和珅的官越做越大，先后任崇文门税监，总理行营事务，授御前大臣、正白旗都统、户部尚书、议政大臣、御前大臣、领侍卫内大臣、四库全书正总裁、兼理藩院尚书。此时的和珅，几乎年年加官，岁岁晋爵，成为乾隆皇帝最为宠信的权贵。

丰绅殷德有这样一位地位显赫的父亲，自然是沾光的。丰绅殷德的原名已难以考证，当其六岁时，乾隆皇帝因其“俊逸可喜”，钦赐“丰绅殷德”，即取“福禄”“兴盛”之意，并将相貌酷似自己并视为掌上明珠的和孝公主许配给了丰绅殷德。据乾隆四十五年（1775）五月二十日《清宫起居注》档案记载，“尚书和珅之子着赏为丰绅殷德，指为十公主额驸。赏戴红绒结顶帽、双眼孔雀翎、金钱花褂。俟年及岁，再行出派原配大臣指行额驸礼。”于是，懵懂之中的丰绅殷德又成为无限荣光的当朝驸马（额附）。

和珅画像

和珅与至高无上的乾隆皇帝成了亲家，更加红得发紫。管的事也越来越多，官职爵位随之越来越高。紧接着他不次升迁，先后被擢升为太子太保、充经筵讲官、国史馆正总裁、协办大学士兼户部尚书与吏部尚书、文华殿大学士、赏戴双翎、一等男爵、晋封为“三等忠襄伯”并赏三等轻车都尉世职。短短的十几年间，和珅青云直上，位极人臣，权倾朝野，所有政坛要职，无不踏足涉猎，这在清朝历史上，也是绝无仅有的。时人称之为一人之下万人之上的“二皇帝”。

与此同时，丰绅殷德在这个钟鼎玉食之家已成长为一位翩翩少年，转眼到了成婚的年龄。乾隆五十四年（1789），丰绅殷德十五岁时，正式与和孝公主成婚。乾隆皇帝出于对和孝公主的宠爱，兼以对和珅的宠信，在公主与丰绅殷德成婚时，超乎定例，给了这对新人极为丰厚的赏赐。

正式成为额驸的丰绅殷德，当年即步入仕宦之途，受命在御前行走。乾隆五十五年（1790），授散秩大臣。乾隆五十六年二月，管理御茶膳房、造办处事务。同年四月，兼武备院卿。乾隆五十八年，调奉宸苑卿。乾隆五十九年，擢正黄旗护军统领。乾隆六十年，兼总管内务府大臣。嘉庆元年，总理行营事务。嘉庆二年二月，兼銮仪使；八月，授正白旗汉军都统，仍兼护军统领，监督崇文门税务。

从上述所列丰绅殷德的任职看，这位少年额驸得到的都是肥缺、美差。例如，管理崇文门税务一职，是可以大把捞钱的。这一职务从乾隆四十三年（1778）至乾隆五十一年（1786）间，一直由和珅把持。后来，和珅被免去此职，是因为御史曹锡宝弹劾其管家刘全生活腐化奢侈。一个管家都那么富有，更何况是主人呢？树大招风，乾隆才不得不下令免去了和珅的这一职务。而今，乾隆又将这一肥差交给了自己的女婿——和珅的儿子，实际上是换汤不换药。丰绅殷德的个人能力先不谈，他并不像大多满蒙额驸那样只能分管一些闲散差使，而是掌管着当朝内廷的实缺要职，这不能不说是得益于岳父乾隆与父亲和珅这两棵参天大树的庇荫。

天有不测风云，嘉庆四年（1799）正月初三，太上皇乾隆病逝。嘉庆见除掉和珅的时机成熟，宣布了和珅的二十大罪状。短短的半个月里，即以“和珅情罪重大，实有难以刻贷者”，很快就将和珅赐死。顷刻间，丰绅殷德的两座靠山轰然倒下，其人生轨迹不由自主地滑向了灰暗的低谷。

在查抄和珅家产时，丰绅殷德明知家里存有只有皇上才能使用的正朝珠，而“不行举发，照大逆例缘坐。今经绵恩等讯究，实不知情，加恩免其追问。但不应仍叨世袭，著革去伯爵，赏给散秩大臣衔”。这其中还是和孝公主的面子，向哥哥嘉庆皇帝求了情，希望能减轻丈夫罪过，才得以从轻发落。既是如此，丰绅殷德被圈禁在家，从此一蹶不振。直到嘉庆四年（1799）十二月，才以三等轻车都尉系其祖上军功所得，仍赏还丰绅殷德承袭。

难以排遣的苦闷

丰绅殷德自小在和珅的精心培养下，受到了很好的教育，善书画、工诗文。他的堂兄，和珅的弟弟和琳的儿子丰绅宜绵在丰绅殷德病逝后，于《挽弟诗十首》中的一首中赞誉道：“步骑由来夸善射，诗坛旗帜擅风骚。更兼学得万人敌，枪法争如书法高。”评价未免过于溢美，但综览丰绅殷德诗文，通俗流畅，还是颇见功力的。所以，在清人陈康祺笔记中评价道：“驸马亦工诗、古文。”

丰绅殷德的诗，后来由丰绅宜绵整理结集，名为《延禧堂诗钞》，与和珅的《嘉乐堂诗钞》、和琳的《芸香堂诗钞》合称《英额和氏诗集》，一起保存了下来，但一直没有刊行过（该诗集现存国家图书馆，一函三册）。其中，丰绅殷德的《延禧堂诗钞》共录诗文一百一十七篇，起自乾隆五十八年（1793）直至丰绅殷德病逝时的嘉庆十五年（1810）。观其诗文，对比和珅获罪的前后，明显看出丰绅殷德的思想变化是很大的。

嘉庆四年（1799）以前，也就是和珅获罪前所作的诗文，流露出他闲逸舒畅、带有诗情画意的心境。乾隆六十年（1795），“丰绅殷德已补授内务府大臣，仍著管理奉宸苑事务”。他于所在公署东西隙地，着人平整数畦，种了些时令蔬菜。公余闲暇，偶至园中，学为农事，而且吃上自己亲手种出的菜蔬，颇感逸趣自适。正如他在《种圃》诗中写道：“种菜数畦绿，尽含生意深。岂甘学老圃，偶一散幽禁。野簌堪供馔，渴醪时自堪。颇谐蔬食趣，不是卲平心。”显然，丰绅殷德并不像其父亲和珅那样钻营官场，他对于官场上的事并不太感兴趣，倒是更喜欢博览群书，沉浸在鸟语花香之中，吟诗作赋自娱，闲情逸致无穷。

嘉庆二年（1797）十月十八日，他在一场大雪过后，写下《雪晴偶吟》：“雪后轻寒砚水凝，沿阶积素玉层层。闭门摹罢时晴帖，乐意翛然在曲肱。”更是诗情画意，令人神往。

同年，又在《读韩信传》一诗中写道：“淮阴昔未遇，不较胯下羞。漂母饱一饭，千金聊作酬……兔亡走狗死，鸟尽良弓收。令人千载下，高风慕留侯。”落笔处，表现了他此时的胸襟。

在和珅获罪前，丰绅殷德的生活一帆风顺，地位也很高。在清朝档案中有一份文件，是乾隆六十年（1795）十月十八日赏赐《八旗氏族通谱辑要名单》，名单内总共八十人，其中“固伦额驸拉旺多尔济、丰绅殷德”的名字，仅排在了阿哥、亲王、郡王之后，甚至还排在了他的父亲军机大臣和珅的名字之前。在他任职期间，并没有什么功劳可言，但也没有什么大的错悖之处。这一时期，正是他人生最美好的阶段。他读书写诗，充溢着“牡丹”“玫瑰”写情写景等内容的诗句，充分表现出寄情诗书的浪漫情调和较为乐观、积极的生活态度。

陡生变故，和珅这棵大树顷刻间倒下了，虽说“概未株连”，但是丰绅殷德的生活还是受到很大影响。从官位到家产一落千丈，化为乌有。他闲居在家，经历了家族的盛衰激变，从巅峰跌到低谷，这种人生落差是可以想象的。素来“持重老成，不苟言笑”的丰绅殷德更加郁郁寡欢。这时门庭冷落，他独自在家中除吟诗作赋、写字作画、习武健身之外，就只能以酒色自娱了。丰绅殷德虽喜读书，但是当读书习字成为其自我保护、自我封闭的避祸方式时，读书的乐趣也就变得苦涩乏味了。

他在嘉庆六年（1801）的《读书吟》中是这样写的：“世间何是乐，惟有读吾书。既达古今理，能令心性舒。万金质蠢尔，一卷妙无余。惟德孔颜东，灵台似太虚。”另外，还有《学书乐》《静中有感书以见意》等诗作，都表达了他沉浸在书史中的真实心情。当其徜徉书史之中，可以物我两忘，而一旦回到现实中又有着无限的苦闷和惆怅，仍不免黯然神伤，对自己的生活起伏波澜伤感无比，恰如其《自咏》诗中所述：“朝亦随群动，暮亦随群动。荣华瞬息间，求得将何用。形骸与冠盖，假合相戏弄。何异睡着人，不知梦是梦。”

读书习字无法排遣苦闷时，那就干脆醉眠，但愿长醉不愿醒——“梦里不知身是客，一晌贪欢。”于是，在他的诗中多次用到“梦”和“眠”，或许只有睡眠，进入梦乡，忘却人间许多愁，才能给他带来片刻的愉悦和快乐。然而当他走出梦境，回到现实生活中时，又会更加感到心灰意冷。他在《安稳眠》中写道：“家虽日渐贫，犹未苦疾冻。身体日就衰，幸无疾病痛。眼逢闹出合，心向闲时用。既得安稳眠，亦无颠倒梦。”或许，他真的希望世间所有的一切都是一场梦。可以看出他无法排解的愁苦忧伤，更加透露出他内心的孤独寂寞、无聊无绪的哀怨。

读书习字乃至片刻寻梦，对于此时此境的丰绅殷德仍难以真正地解脱。闲居在家的他，又接受了佛教慈悲为怀、生死轮回的思想。“溟渤无如苦海深，茫茫彼岸几人寻。可怜生死轮回业，空负慈悲济度心，”以此来消极度日。他在一首《静中偶吟》的诗里写道：“过眼浮云幻，观空妙谛真。宣尼称至圣，佛祖号能仁。善矣慈悲念，钦哉教育恩。静中无限乐，万类总熙春。”此时的他想要与世无争，祈求无边的佛法来帮助他化解诸般尘缘俗念的纠缠，以此求得解脱，消极度日。

丰绅殷德的诗篇笔法是含蓄的，他深知自己的处境，稍有不慎，必会招致更大的灾难。因此，他以一种低调、落俗、不着痕迹的笔法来表现出他难言的苦衷、不满与无奈。

新旧创伤总未了

嘉庆七年（1802），因镇压川楚白莲教起义告捷，嘉庆大封功臣，重新赏给丰绅殷德民公品级，仍在散秩大臣上行走。经过数年的沉寂之后，丰绅殷德的命运似乎有了转机。但是，丰绅殷德自己也很清楚，在这种境况下，自己的这些官衔只不过是徒有虚名。

嘉庆八年（1803），丰绅殷德又遭受新的打击。和孝公主府长史奎福，因被辞退，对丰绅殷德怀恨在心，所以告发他演习武艺，谋为不轨，并欲加害公主，还将小妾带入坟园于国服内生女等情状。七月二十三日嘉庆皇帝谕令："丰绅殷德演习白蜡杆子尚有何人同习"，须经查明再论。"于国服一年内生育实属丧尽天良，王大臣等仍当细将伊女年月日溯查。如实系在一年之内，即此一端，丰绅殷德已属罪无可辞。即著革去公衔及现在职任，交慎刑司圈禁。"

七月二十七日，又谕："……其奎福所控额驸送公主饮食，疑心下毒一款，既据众供，额驸与公主平日和睦，实无其事，可无庸再究。至所进诗文稿八件，朕详加批阅，尚无违悖语句。其《青蝇赋》一篇，亦不过忧谗畏讥，并非意存怨望。著将原稿发还。"

七月三十日，复谕："……至丰绅殷德，经奎福控告，设使伊果有怨望不法情事，其罪岂止斥革圈禁？今既讯无别情，伊作诗文亦无违碍字句，业经发还。其在国服内生女一节，亦已将伊斥革示儆。著缊布亲诣慎刑司，将丰绅殷德释放，令其在家闭门思过。即带伊至公主府面见公主，传朕恩旨，以安公主之心。并谕知公主，嗣后除公主仍听照常出入外，丰绅殷德不许出门。并著缊布专派内务府兵丁在彼长川看管。"

八月初一日又谕："……兹据王大臣等连日详细鞫问，惟丰绅殷德在国服内侍妾生女一节，业已自认不讳……今爰书已定，丰绅殷德并无谋为不轨之事，毫无疑议。其罪惟在私将侍妾带至坟园，于国服一年内生女，实属丧心无耻。前已降旨将伊革去公衔及所管职任，仍著在家圈禁，令其闭门思过。如此惩办，已足蔽辜。其他俱属轻罪，不议。"

嘉庆连续几道谕旨的下达，对丰绅殷德本人又是一个打击。尽管从轻处理，最起码表明在嘉庆的心目中已存有很大的戒备心。让他在家中圈禁，闭门思过，实际上，就是被软禁起来了。

检阅所有丰绅殷德的诗篇和有关的记载史料，均未见嘉庆谕旨中所提到的《青蝇赋》一篇。大概这篇险些招祸的文字，在发还后即被销毁了。

从此以后，丰绅殷德的情绪更为悲观、消极、颓废，低落的情绪难以消散。在这种状态下，他的身体也随之日趋衰弱。

丰绅殷德心底的幽怨，都反映在他的诗作之中，其诗中原先的那种鸟语花香、风花雪月情怀此时已荡然无存。流露在诗句中的仅剩下情绪低落、萎靡不振、怨天尤人的情调。加之丰绅殷德自小体弱多病，这时更是疾病缠身。他患上了哮喘、肺病、经常咳血，严重的失眠、耳鸣，也时常纠缠着他。除此之外，还有严重的痔疮折磨着他，让他愈加坐立不安。身心的创痛使他痛苦不堪、愁怀难解。他在《耳疾自遣》中写道：“非是先生酒德高，不闻人语乡胶胶（这里指耳内时作蝉鸣风声）。笔端逸少虽尝遇，何处能寻田鼠膏。”

可能是受身体与心理的双重影响，丰绅殷德此时开始经常与地方方士、道士接触，转而崇尚“无为”的道家思想，并自号“天爵道人”。据时人记载，他“中年慕道，与方士辈讲养生术”。

嘉庆十一年（1806）正月，因在和珅获罪的几年中，丰绅殷德在家软禁闲居，并无过错，所以嘉庆谕令开恩授予他“头等侍卫”。四月，擢正白旗蒙古副都统、赏戴花翎。可是，无论怎样，丰绅殷德的心情也好不起来，他在诗中写道：“泥饮厌厌夜少眠，酿成赘疾久淹煎。风称乱性斯能信，浪诩为仙谅不然。”依然心无所居，身无所附。

嘉庆十二年（1807）二月，丰绅殷德重新被起用，调任镶黄旗满洲副都统。十二月，军政届满，赏伯爵衔。然而，丰绅殷德似乎已看破红尘，无心恋栈。因为他知道荣华富贵已成过眼云烟。在《赠丽斋姐丈》一诗中，有这样的诗句：“茅舍竹篱偏得趣，清风明月不须邀。布衣蔬食吾犹愿，况有花时酒一瓢。”虽然哀而不伤，但悲凉的情怀仍未能平复。

是非恩怨转头空

不久，丰绅殷德以散秩大臣之职奉命出京到边远的乌里雅苏台任职。“行驰瀚海，日近斗魁。”此行几近放逐，但对于丰绅殷德来说，在长期的幽禁压抑之后，身心得以放松，不由得使他感到少有的轻松，精神略为振奋，对人生产生新的希望。所以，在任期间丰绅殷德先后又写了《自警》《自励》《自乐》的诗来警示自己。其中，他在《自励》中写道：“悬崖撒手全无着，败子回头悔未迟。疾向者时单骑入，因循少刻便差池。”

嘉庆十五年（1810）二月，本来就体弱多病的丰绅殷德在塞外边陲地区遭风寒病情加重，只得请求卸任回京。回京后，他多方求医诊治，不见效果。此时的病痛使他白天睡觉、晚上清醒、日夜颠倒、魂不守舍，情绪上也更为悲观、低落。在《失血稍愈歌以自警》中写道：“人命呼吸间，百年类风烛。戒慎葆天真，岂宜纵嗜欲。酒色等斧斤，功名皆桎梏。

神清光明天，炁绝黑暗狱。倘被业风吹，闭眼知何属。钦彼古贤达，守身期如玉。名毁无足惜，体伤实为辱。”这时的丰绅殷德迷离恍惚，已预感到自己将不久于人世，哀叹自己的薄命。

嘉庆十五年（1810）四月十三日，当嘉庆得知丰绅殷德病重时，发下谕旨：“丰绅殷德前于嘉庆四年赏给公爵，在散秩大臣上行走。嗣因已革长史奎福控告革去公爵，赏以头等侍卫补放副都统。尚能勤慎供职，复赏给伯爵衔。近年来，于一切差使，俱能小心无误。现在抱病未痊，著加恩赏给公爵衔，用示眷念。”这道谕旨下发没过几天，四月十七日，丰绅殷德即病故。嘉庆又谕：“昨因丰绅殷德报病未痊，特降旨加恩赏给公爵衔，用示眷念。今竟尔溘逝，念其系和孝公主之额驸，人素谨慎，著派英和带同侍卫十人前往奠醊，并赏赐陀罗经被，赏给和孝公主银五千两，俾资料理丧务，由广储司发给。仍照公爵衔给予丰绅殷德恤典，该部查例具奏。”

丰绅殷德的灵柩由丰绅宜绵等护送到蓟州，与和珅等家人葬在一起。其世职“三等轻车都尉”，因无子，由丰绅宜绵承袭。

丰绅宜绵与丰绅殷德自幼感情笃厚，在《挽弟诗十首》提到了“插架牙签罗万卷，青箱莫继欢无儿。可怜二女犹娇小，一尚垂髫一尚嬉”。（此时大女儿十一岁，二女儿五岁）可见，丰绅殷德家庭生活的惨淡凄凉。

丰绅殷德三十六岁终，但是他短暂的一生却经历了大喜大悲，大起大落，盛衰荣辱，阅尽了人世沧桑。他留下的《延禧堂诗钞》成为他人生的最好注脚。

乾隆时期的监狱什么样

哈恩忠

“凡到我们这里的，都是犯了罪的，你只好怪你自己不是。无论你大官大员家太太奶奶、小姐姑娘，进得此门，就得服我们的管……都要叫你吃点苦、受点罪。皇帝家王法如此，谁叫你犯他的法呢?”扯上几句清人李伯元小说《活地狱》开篇的话，言语间却是对清代监狱中狱吏与人犯、罪犯与刑律状况的粗粗勾勒。这部反映清末监狱的小说，容纳的不仅仅是清末时期，而更应该说是对清初状况的延续。据资料记载，清朝在全国设立的监狱有两千多座。这其中既包括中央刑部监、盛京刑部监、宗人府空房、慎刑司监、步军统领衙门监，也包括地方监狱，诸如顺天府监、奉天府监及其他各省按察使司监。监狱所属机构有异，其中的人与事却相类同，乾隆朝的监狱就是这个样子。

监牢：人间地狱的写实

乾隆朝由于种种原因，流民遍地，社会动荡，因而监狱有着较高的“入住”率。这一点，从乾隆帝登基伊始频发的谕旨中便可看出。如乾隆元年（1736）六月十三日的上谕：“乃闻各直省于一切案件仍行提审、驳审，严刑酷夹，恣意株连，使无辜之人困于囹圄，细微之事刻为锻链，含冤称屈所在多有。夫罪名未定，案情未协，或有仍需审详者，但既非犯在不赦，则断谳亦易成招。若使合于赦款之人不得即邀赦免之泽，而以酷刑毙命，或因拖累破家，则后即审明援赦亦已无及。是朝廷已生全之，有司故戕害之，藐视功令、残害民生莫此为甚。且颁诏之后已逾半年，而题结、咨结、批结之案尚属寥寥，迟玩已极。”说出了当时各地严刑峻法、冤狱丛生的现状。

众多的人犯，给监狱带来很大的压力，那么监狱是什么样子呢？我们以现仍保留完整的山西洪洞县监狱为实例。监狱离县衙大堂很近，有过厅相连，总面积约六百平方米，分为普通监和死牢两部分。进入监门后，要走过狭窄多弯的通道，穿过数道门，才到达普通监。

监狱虎牢

普通监由东、西相对的两排监房组成，形成一条宽不过五尺的狭长南北通道。通道南端另有禁房两间，是禁卒的居处。监房房门低矮，窗户很小，还竖着几根粗粗的窗棂，只剩下几条小缝，采光条件很差，里面终年阴森霉潮。监内小土炕离地不足一尺，只有倚墙而坐，腿才能伸直；蜷缩一团，方能睡觉。通道上面罩着铁丝大网，系着许多铃铛，以防人犯脱逃。通道南尽头通死牢。死牢门高约一米，墙厚八尺，双门双墙，非常坚固。进门必须弯腿下蹲走五、六步，才能钻到里面的另一道门坎。门坎内是一个独立小院，有供人犯用的水井和石槽。院内东边的监房与普通监相似，北边有两孔砖窑，没有专门的窗户，只在窑中间开一小门，门顶留一小窗，安着双层窗棂。清律中对监狱的建造格局、尺寸有明确规定，但无论中央、地方，应该说都是大同小异。

监狱的建造位置有一个特点，一般来讲离办公衙署较近。为什么会这样呢？乾隆六年（1741）十一月广东按察使潘思榘请求移建司监时说："只缘司监远隔外城，若人犯审讯至夜，即不能出城归监，必须发县暂寄，人犯未免艰苦。况每年热审之际，各属解到重犯多寄司监，其防守尤宜严密。狱卒之玩忽、人犯之疏虞每在深夜，虽有司狱一官专司其责，而与臣署内外悬隔，遇夜不能出城稽查，终为未便。"再如乾隆二十四年（1759）十一月云南巡抚刘藻在为移建司监、云南府监、昆明县监事所上奏折中谈道："至按察司司狱暨兼管府监移驻司狱衙门之云南府经历并昆明县典史俱系管狱之员，其衙署应一并迁移。"都说明了监狱建造位置的选择，主要是为了看守严密和审案安全。

而对于监狱的维护和管理，各级官员也是很重视的。这不仅体现在清律中对监狱的建造和各级管狱官吏有严格地规定，更表现在各级官员对监狱的时时管理。如乾隆三十年（1765）三月贵州按察使熊绎祖命令各属修缮监狱："通饬各府、州、县及分防佐贰等官，共计八十五处监狱，围墙宜加高厚，宜石宜砖。如必不可得，方用土坯土筑。其房间宜数进，分别内外、男女各监，并地方冲僻、人物多寡各情形，上檐下脚均宜坚固。更宜有井，以备饮食、洗涤之需，或于围墙之上、监门之旁凿洞设枧，以便进水贮用，免致启户疏忽。管狱官署宜在切近，否则设法改移，或就近赁居民房，一切务期合式。"他还向皇帝请求："应请嗣后，有狱各官平日如式修补，务必实力奉行；各上官随时查勘，务必实心董率，每年将官署住址远近、围墙高厚丈尺、监房深浅多寡，分晰砖石瓦棘，有无水进洞枧，逐一据实绘图造册，由府、道加结送司详院，岁底汇册咨部存案。凡遇新旧交代及上官盘查，随同仓库、城垣定例，确实细造图册结报。如有因循倒毁、修理草率、不合式者，分别本任废弛及新任捏饰，并上官徇隐，严定处分。"从以上可看出清政府的高级官吏对监狱的管理还是比较重视的。

监犯：人满为患

乾隆一朝，皇帝曾经屡屡颁谕恤刑，就是减免刑罚或是提前省释人犯。其原因或是遇国事大赦，或是为"感召天和"，或是为清理滞狱。"明罚赦法国之大典，而肆赦所加，原以法外之仁也。恩诏之颁，期以息事宁人，使远迩咸知迁善改过，共为良民，以成太平之治"。乾隆四年（1739）十一月十六日所颁上谕："但此等人犯淹禁既久，积案日多，朕再四思维，清理滞狱亦法外之仁。"乾隆九年（1744）四月二十二日，因天气炎热颁布上谕："今年各省雨泽尚属应时，惟京师及畿内数府甘霖未降，二麦歉收，目下

受刑的犯人

已届布种大田之时，望恩尤切。朕修省祈祷，宵旰靡宁，因念清理滞狱亦感召天和之一端。”这样类似怜恤监犯的谕旨在乾隆时期屡屡下发。

各级官员根据不同的情况，有时也会提出清理监狱的建议，部分谕旨即是应这些建议而发。乾隆五年（1740）十二月初一日漕运总督常安奏请清理监狱：“合无仰请圣谕，敕下督抚诸臣，严饬司、府、州、县，将现在刑狱逐一清厘，有尘案经久未结者，勒限审详；有一案牵涉多人者，速为开豁，或应省释宁家，或应取保候质。其已经问拟应行监禁各犯，务饬该管官不时下狱清查，无使禁卒凌虐，扫除污秽，不令薰蒸，将来春气上腾，可免疫疠传染。”十二月十二日便有谕旨颁布：“用是特颁此旨，著各该督抚严饬司、府、州、县，将现在刑狱逐一清理。”

此外，清理监狱的一个现实原因是监狱地少人多。“每有一案人犯证佐未齐，或拘唤不至，或关解不前，有司又不上紧催提，以至经时累月囚系不释者有之。又有事涉牵连，因人挂误，有司不分轻重，概与正犯同系囹圄，遂有无辜受累滥被拘禁者有之。是以圜扉之内，常见充盈，屋既湫隘，人复众多，浊气薰蒸，疾病传染，因此致毙者不一而足。”有时上级监狱人犯过多会向下级监狱分羁。乾隆四十五年七月，福建巡抚富纲便因为监狱人犯过多，“省城司、府、县监不下数百名之多”，而提出将部分人犯分羁。

管狱：狱吏与犯人的较量

人犯入监，只能被动地接受狱吏的管理，听天由命。按照清律的规定，人犯会得到一定的生存保障，如衣食供给、诊治病囚、禁止虐待、清理监房等。“每犯每日给米一仓升、灯油薪菜制钱五文。”乾隆二十五年1760）山东按察使沈廷芳曾建议“囚衣宜定用红色，以昭画一”。乾隆四十四年（1779）六月二十六日，因“罪囚在夜间本无需灯火，且小民常时入夕寝息不留灯火者居多”，“并恐奸徒因有灯火或至放火，以图越狱”，颁布上谕停止供给灯油。甚至在乾隆十一年（1746）二月福建布政使高山还有请定军流人犯取保出监医病之请：“嗣后除免死减等人犯及所患病轻易于调治者均不准取保外，其余平常军流患病沉重者，请照徒罪之例，该管有狱官亲身验明并无捏诈情弊，取具狱官、医生、禁卒，各结亲属、地保，内则报明刑部，外则详明上司，准其保出医治，病痊之日即行还禁。”为保证监狱需求，各地官员还会挪用款项，如乾隆三十四年（1769）山西各属“共用狱囚棉衣、煤炭等银一千零四百五十两”，其中不敷银一千一百七十七两便在司库耗羡银内挪用。

站笼

但是由于种种原因，清律中的规定往往不能认真执行，狱吏会使用各种手段盘剥克扣，以至动用非刑。乾隆十五年（1750）八月，署四川按察使齐格就曾反映狱吏动用非刑：“日则止用杻镣，夜则或用撑棍，或用木闸，以防逃越，使监犯彻夜不能屈伸转动，最为惨苦。”对此，湖北巡抚陈弘谋做过考查：“一有疏虞，则又人人藉口严防，必致有非刑凌虐之弊。此中利弊，地方有司骤难分肖，上司尤难细为分晰。”也正是因为此中之利弊，使得监狱中出现了种种贿赂现象。如“全包”（即买通监狱及有关衙门全部人员）、“两头包”（即买内不买外，买上不买下）、“撞现钟”（即人犯在狱中用现钱买通胥役狱卒）、“一头沉”（即只买通狱内牢头免受皮肉之苦）。甚至还出现了一些荒唐事，如乾隆三十八年（1773）的狱卒贿纵同逃一事。浙江湖州府孝丰县监狱里关押着伤人致死拟斩监候的人犯陈永加，此人自知罪重“时买酒肉与禁卒王永、许武并同监人犯丁松牙等饮食，又借给王永、许武银两代做衣服。王永、许武利其银衣口食，随相交好”。是年四月初七日，陈永加起意越狱，于是纠约同监人犯及王永、许武，“俱各允从”，遂于十一日，“掘洞逾墙越狱，禁卒王永、许武亦先后随同逃走”。

监狱中的狱吏为了广开财路，还会纵容牢头狱霸凌虐其他人犯，在监狱内横行不法。《活地狱》中对此多有描述，这里再试举一事。乾隆九年（1744），浙江长兴县监狱内关押着人犯费云海，“该犯在禁年久，称号“牢头”，同监罪犯无不听其指挥，后来禁卒俱属新充，凡遇罪犯进监，并由该犯吓诈钱文，将钱分给……如无给予，即加荼毒”。乾隆二十三年（1785）五月，费云海嘱令探监的捕头施明“置备钥匙二把，至夜自行开锁，并将同监相厚之命犯徐文学、杨文炯、管世选等代为开放”。牢头一句话，连同监的犯人都不带枷铐了。这年六月，又有命犯王国治进监，因没有钱“孝敬”，即遭费云海殴打，并用“紧铐加扣”，无奈之下，伊婿“措钱三千文送给。该犯将钱八百文分给禁卒姚升等，自得钱两千二百文”等诸事，“非寻常监犯强横不法者可比”。因此有人作诗云：“此鱼肉耳好诛求，闭置空房饬速筹，有钱者宽无钱仇，欲壑不填怒不休。”

狱吏等人的贪利枉法，致使监狱的管理混乱不堪，监狱中乘机脱逃及自尽之事屡屡发生。乾隆五年（1740）九月十日四更天，“蒙古人犯达赖、西僰人犯拨里奇乘黑夜风雪，暗地将锁铐扭断，越墙脱逃”。乾隆五十一年（1786）七月二十四日三更时分，巨野县人犯许四等“拧断铐镣，打开木笼，抽取天棚杉槁接脚上墙跑逸”。看似严密的监狱，人犯能够轻易逃脱，这本身就很能说明问题。乾隆四十六年（1781）闰五月二十日黎明，湖北监利县监狱中女犯夏氏用裹脚带自缢身死。五十七年（1792）二月初十日夜，福建南靖县斩犯许葵在监服药身死。审验之官员连问，“如果杻锁未松，何能手系脚带悬枋自缢”？而对于后案，则断言：“但任听许祥（许葵之弟）带鸦片进监，致囚自尽，非寻常疏玩可比。”这种情况下，狱吏也会受到责罚议处。

这里只是对清乾隆朝的监狱状况略作介绍，而其中的种种现象直到清朝结束统治也没有绝迹，也许应该说也不可能绝迹。

别具一格的祝寿方式

葛会英

祝寿是人生一件乐事。在我国人们一般是从五十岁开始的生日，才称做寿，而“三十不做，四十不发”，六十岁、七十岁、八十岁以上的老人的寿辰，又称“做大寿”。届时要宴请宾客，馈送礼物，高掛“寿”字、寿轴、寿星和寿联等。在清朝档案中有关祝寿的故事有很多，奇妙的寿联、寿诗为寿辰增添了无限的喜庆，而“两坛寿礼酒”和“慈禧庆寿楼”却反映了清朝时政的腐败。

构思奇妙的寿联

乾隆五十年（1785），乾隆皇帝继皇祖康熙帝之后，在“乾清宫”也举办了一次“千叟宴”。“千叟宴”是皇帝办的宴会，以倡敬老，表率臣民。全国不论官民，凡年逾花甲者都有幸来吃一顿皇帝请客的大餐。这次应邀赴宴的人数达三千九百多人。其中有一老者一百四十一岁，乾隆便以此为题，与大学士纪晓岚对句。乾隆首先出了上联：“花甲重逢，增加三七岁月。”此联出得可谓奇妙。按我国古代纪年法，六十为花甲。“花甲重逢”，即两个“花甲”，为一百二十岁，三七岁月，即三七为二十一岁，这样一百二十岁再加上二十一岁，共为一百四十一岁，可谓称奇。纪晓岚思索片刻，当即对出了下联：“古稀双庆，更多一度春秋。”我国俗语“人生七十古来稀”。那么，古稀双庆，就是两个七十为一百四十岁，再加上一度春秋，即为一百四十一岁。君臣合作，给后人留下一副对仗工整，构思完美的寿联。

别具一格的寿诗

郑板桥是扬州八怪之一，说其怪也真够怪。有一次，他应邀参加好友李君寿辰宴请。怎奈天公不作美，大雨滂沱。宴后，主人捧出文房四宝，诸宾客相继献诗、作画贺寿。最后，轮到了郑板桥。只见他提笔就写下了“奈何”二字，周围观看的人不由得稍稍一震：贺寿理应写些恭维之词，少不了吉庆之语，怎么能以“奈何”二字起句？大家正在纳闷之际，又见郑板桥接着写了“奈何”二字。此时，主人见了，也暗暗称怪，但又不好意思说什么。郑板桥写罢两个“奈何”后，接着又添写了“可奈何”三字。此时，大家不由得面面相觑，有些人也顾不得礼仪纷纷议论起来，也有人开始指责他。但是郑板桥毫不理会，蘸了蘸墨，继续挥写下去，顷刻间一首绝妙的贺寿诗写成了：“奈何奈何可奈何，奈何今日雨滂沱。滂沱雨祝李公寿，寿比滂沱雨更多。”此诗真是别具一格，众人不禁拍案叫绝。

无可奈何的寿礼

清朝乾隆年间，送礼之风盛行。一次，有个副都统赫老爷五十寿辰，下帖摊派送礼。据说曹雪芹也去了，他送去两坛酒和一副对联。听说曹雪芹也来了，人们不觉一惊，因为曹雪芹从不趋炎附势。都统老爷更是喜出望外，觉得自己身价提高了很多，可以在客人面前显摆一下自己了。酒席开始，都统亲自将曹雪芹送的酒打开，命人给每位客人斟上一盅。奇怪，这酒怎么没味，和水差不多？客人们使劲咂着嘴，但谁也不好说出不吉利的话来。都统自己也觉得不对劲，可也不好意思说破，只好自欺欺人地说：“好酒啊！”“对，对，酒是不错呀！”客人们也都跟着瞎捧场。曹雪芹哈哈大笑起来，说：“我再送上副对联，请挂上吧。”都统忙命人拿来两根挂竿，将对联挂在“寿”字两边。客人们抬头一看，只见上联是：“朋友之交”，下联是“淡淡如水”，顿时大眼儿瞪小眼儿，全都哑口无言。都统老爷更是叫苦不迭，但又不得不硬充风雅。他一本正经地解释说：“圣贤有言：君交淡如水。水淡而情浓，更显交情之深厚。朋友之交，如水，高，高，实在是高！”客人们都随声附和说：“是呀，水淡情浓，水淡情浓，来，干!”结果，曹雪芹带来的两大坛清水，被喝了个精光。

徒劳一场的寿楼

在北京西四十字路口的西北角和东北角，各有一座曲尺形的两层转角楼，现在西楼是新华书店，东楼是工商银行。此二楼于1894年建成，是慈禧太后为庆贺六十岁大寿而兴建的庆寿工程。

西四寿楼

光绪二十年（1894）是慈禧六十岁生日，为了举办一次隆重的庆寿大典，早在一年前就开始着手各项筹备工作。她的目的是想模仿乾隆皇帝行事做派，摆大排场，风光一回。乾隆晚年营建了宁寿宫，以备将皇位传给儿子嘉庆之后，当太上皇时养老居住。慈禧也于1889年五十五岁时，宣布了撤帘归政，把权力交给已经大婚亲政的光绪皇帝之后，搬入宁寿宫居住。乾隆过生日时，要去圆明园庆贺，并在沿途大摆排场，慈禧则打算去颐和园风光一回。具体计划是，到了六十岁生日那天，早上先在皇宫接受王公大臣的朝贺，然后大排銮驾，浩浩荡荡，出皇宫西华门，走北长街，折向西安门大街，经西四路口，往北沿西四北大街，经新街口，出西直门，直奔颐和园。然后在颐和园内听大戏，开大宴。为此，慈禧命军机大臣礼亲王世铎担任寿典总办，不但要按照当年乾隆皇帝的气派，把皇宫、颐和园布置妥善外，还要在西华门至颐和园的几十里大道旁，沿途点缀景观，搭建经坛、戏台、彩殿、牌楼，组织僧道念经，戏班演戏，夹道欢迎，供她途中观览，这就是庆寿的“点景”工程。西四路口的两座转角楼，就是在这次“点景”工程中营建的。建此楼的作用，一是增添喜庆气氛，二是可以遮掩后面不够美观的民居，三是可以在楼上制高点设置警戒。不料，在庆典筹备工作紧锣密鼓进行的过程中，1894

年 7 月，日本舰队在黄海挑起甲午战争，搅乱了慈禧的庆寿计划。8 月 1 日，中日互下宣战书。众所周知，慈禧的颐和园，是挪用海军经费建成的，所以后人有作诗讽刺说：“北洋水师的铁舰全军覆没，倒是颐和园的石头船永不会沉”。没了心情、也没有脸面再大事铺张的慈禧，不得不在 9 月 25 日下旨，取消在颐和园的寿典及沿途的“点景”工程。光绪十月初十（1894 年 11 月 7 日），慈禧的六十岁生日，只好在宁寿宫中黯然度过。

现在西四路口西北角的转角楼还是当年旧物，自中华人民共和国成立后一直是新华书店。此楼是砖木结构，东、南两翼各面阔五间，成曲尺状连接，屋顶为灰瓦起脊，檐柱为朱红油饰，梁柱檩柁用材壮硕，有别于一般民居，虽已历经一百多年风雨，仍能显出不凡的气势。东北角的那座转角楼，虽然大体保持着原貌，但已由工商银行加高重建，不再是原来的建筑了。

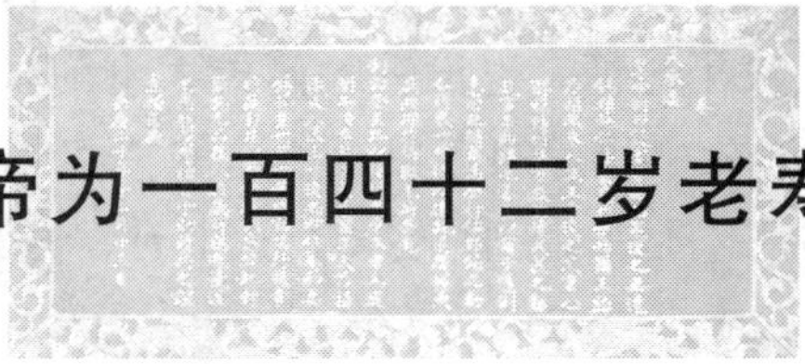

嘉庆皇帝为一百四十二岁老寿星祝寿

王　玲

近几年随着世界人类养生学持续升温，有媒体报道：清代嘉庆皇帝曾给一位一百四十二岁老人蓝祥题诗祝寿。一百四十二岁，这个冲击人类生命极限的数字保持着世界最长寿记录，引起人们的普遍惊叹和质疑，社会舆论界一片哗然。

如果真有其人，这恐怕是迄今为止世界上最长寿的老人了。为了考证媒体传闻，笔者仔细查阅了中国第一历史档案馆的馆藏档案和资料，希望能找出几份记录老寿星蓝祥生平的档案。功夫不负有心人，笔者有幸从浩瀚的清代文档中寻觅出四件与寿星蓝祥相关的档案，其一是广西巡抚钱楷给嘉庆皇帝上的奏折，其二是军机处抄录广西巡抚钱楷奏折，其三是广西巡抚钱楷给嘉庆皇帝上的另一道奏折，其四是嘉庆皇帝上谕。这些珍贵的历史档案详细记录了蓝祥老人出生年月和当时的生活状况。

让我们把历史的镜头回溯到大清王朝，打开封存已久的记忆。嘉庆十五年（1810）十一月初十那天，广西巡抚钱楷兴奋地给嘉庆皇帝写了个奏折，报告一件天下奇闻：

兹据广西宜山县知县周冕禀报，该县永定土司境内寿民蓝祥生于康熙八年正月，届今嘉庆十五年一百四十二岁。现存曾孙二人，元孙一人。侍养。因该村在崇山峻岭之中，人迹罕到，以致曩时失于查报。今闻见确切，理合取具族邻甘结赍报等情前来。臣查，该寿民蓝祥秉性淳良，持躬朴素。沐四朝之雨露草木增荣，轶三寿之年华鲵鲐拔萃。曾元绕膝已皆白发苍颜，作息治家不异康衢击壤。古稀重届春秋又阅两三番，花甲再周岁月还余廿二载。视绛年之书亥数倍蓂旬，欣吉日之符庚祥开椿纪。且也，精神矍铄，言动安闲。虽步履稍倩鸠扶，而饮食无烦鲠视，善称乡里久孚月旦。公评：家集寿康。饶有天伦之乐，作山中之佺羡嘉征特应于熙朝，领海内之耆英盛事希闻于前史。

要用今天的话讲就是：在嘉庆十五年十一月（1810 年 12 月）广西宜山县知县周冕发现永定土司境内有一位一百四十二岁的寿星，他的名字叫蓝祥，生于康熙八年正月，现存曾孙二人，元孙一人，目前都已白发苍苍。现在蓝祥老人与其曾孙，元孙住在一起，生活起居靠他们服侍，享受着天伦之乐。由于住在崇山峻岭之中，人迹罕到，以致过去没有上报朝廷，而今寻访确切，并经过族人和邻居证明，出具甘结，上报给朝廷。蓝祥老人秉性淳良，持躬朴素，精神矍铄，言语行为都很安闲。虽然走路需要人搀扶，但饮食正常，视物清晰，在当地享有很高的声望，被乡里百姓当作老神仙。蓝祥老人亲历了康熙、雍正、乾隆、嘉庆四朝，应当是当时海内外年龄最大且德高望重的老人了。

广西巡抚这一纸奏折仿佛把南国的暖风徐徐吹入滴水成冰的紫禁城，这一天下奇闻触发了那些冬季围着火炉进补的帝王后妃们祈求长生不老的欲望。

嘉庆皇帝看到广西巡抚钱楷的奏折非常高兴，于嘉庆十五年（1810）十二月十六日发出一道谕旨："寿民蓝祥加恩赏给六品顶戴，并特颁御制诗章及匾额外，著礼部查照旧例加等拟赏具奏，以示惠锡敦庞至意。"

接到谕旨后，广西巡抚钱楷又给嘉庆皇帝写了一道奏折："再臣于嘉庆十六年正月十五日（1811 年 2 月 8 日）钦奉谕旨：赏给宜山县寿民蓝祥六品顶戴，并颁发御制诗章、御笔匾额。臣当即发交藩司转发该地方官，传唤寿民传旨给赏，以仰副皇上锡福引年至意。"

为了进一步查明嘉庆皇帝颁给蓝祥老人的御制诗章、御笔匾额的具体内容，笔者又查阅了《钦定大清会典事例》《大清实录》和《清仁宗御制诗》。

据《钦定大清会典事例》记载：嘉庆十五年谕：钱楷奏耆民年届一百四十二岁恳请旌表一折。广西宜山县民人蓝祥，寿逾百龄，饮和食德。绛年倍衍鲐颜喜见曾元，花甲再周鹤算尤增岁月。洵难老之殊征，亦寰区所罕觏。熙朝盛事，宜沛恩施。寿民蓝祥加恩赏给六品顶戴并特颁御制诗章及匾额外，着礼部查照旧例加等拟赏具奏，以示惠锡敦庞至意。又奉旨：广西省寿民蓝祥着于加赏建坊银一百五十两外，再加赏银五十两，缎五匹，俱着于该省藩库动用。发去御制诗章、御笔匾额一并赏给。"《大清仁宗睿皇帝实录》嘉庆十五年（1810）十二月记载：“赏广西一百四十二岁寿民蓝祥六品顶带，及御制诗章匾额。”

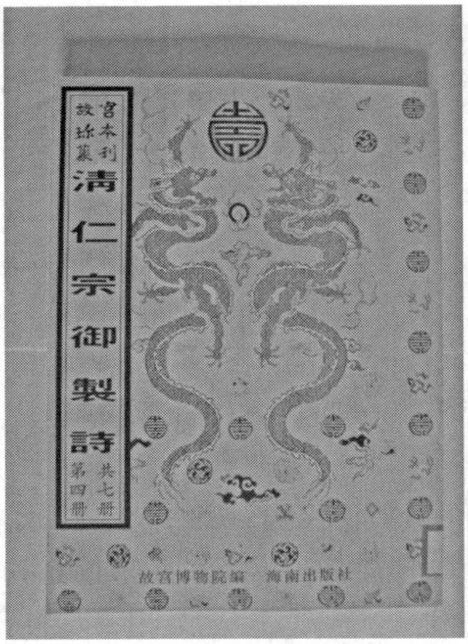

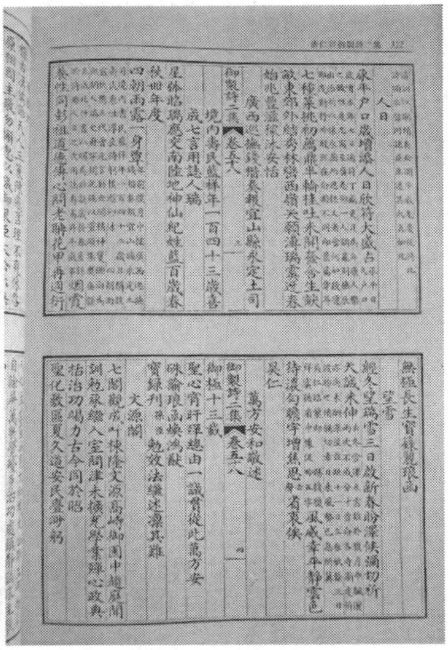

记载嘉庆皇帝为老寿星蓝祥祝寿的御制诗文

清代人们把年龄过了一百岁的老寿星称作“熙朝人瑞”，要由地方官员逐级上报中央政府，并同时取具族邻甘结，由礼部核实，请旨旌表，适当给予奖励。礼部按照会典则例给建坊银三十两。一百零一岁至一百一十岁再加恩赏给上用缎一匹，银十两。并赐御制诗章及御书匾额，以示宠荣，随年事增高，得到的恩赏愈高。蓝祥老人是清代最年长的寿星，享受的自然是最高待遇。嘉庆皇帝为这位史册罕闻的寿星除“加恩赏给六品顶戴并特颁御制诗章及匾额”外，破例赏给银子二百两，缎五匹。嘉庆皇帝赏赐蓝祥一块“重颐吉庆”御制匾额，用以隆重表彰这位长寿老人演绎的生命奇迹。

说说嘉庆木兰秋狝

刘桂林

自古以来，春蒐、夏苗、秋狝、冬狩，是帝王们重要的日常活动。以神武开基的清王朝崛起于白山黑水之间，对行猎习武的重视，比以往的朝代尤胜一筹。努尔哈赤率臣下讲武校猎，奋迹东陲，皇太极踵行不误。[①]顺治年间，福临出巡口外，始创秋狝之礼。康熙二十年（1681），康熙亲临塞北，率属踏勘地形，“相度地势，酌设围场”。[②]每岁巡幸塞外，习武行围，逐渐形成制度，遂有木兰秋狝之典。康熙一朝，康熙木兰秋狝达四十次之多，并使秋狝大典日臻完善。乾隆承继祖业，不遗余力，六十余年围场哨鹿五十余次，秋狝规制更为详密。[③]嘉庆效法康乾，与康乾盛世的秋狝大典相比，在有清一代本非重点。然而嘉庆一朝（1796—1820）处于康乾盛世之后的衰落时期，其木兰秋狝，则从一个重要方面反映了这一时期的时代特征。

一

对于木兰秋狝，嘉庆帝颙琰并不陌生。早在乾隆三十年，颙琰六岁时即随驾木兰围场。此后，“岁行秋狝，恒侍行幄”。[④]直到嘉庆初年，才终止了乃父的耳提面命和言传身教。孩提时代对于秋狝之礼的耳濡目染，及青少年时期的学习实践，不能不在颙琰心中留下深刻印象。这对他后来坚

① 《清史稿》卷九十“秋狝”。

② 《康熙起居注》第一册。

③ 《清史稿》卷九十“秋狝”。

④ 《仁宗实录》卷一。

持木兰秋狝大典产生了重要影响。

“肄武习营，怀柔藩部”，① 岁举秋狝之典，此乃康、雍、乾各帝的一贯教诲，并作为家法垂训后世，致令代代相传，永世不忘。嘉庆帝曾经多次阐述“意至深远”的秋狝大典，② 每每历数圣祖“岁时举行秋狝，著为恒典”；皇祖倡导“习武木兰，毋忘家法”；皇考“校猎木兰，久而弗懈，垂训尤详”，使得“家法相传百有余年，行之勿替”。甚至在死于避暑山庄行殿寝宫前夕，嘉庆依然表示“倡率戎行，不忘旧俗”，并谕令后世“万年遵守勿替”。③ 可见家法在历代皇帝心目中的重要位置。

康乾盛世之后，清王朝明显出现了衰落趋势。不少官兵好逸恶劳，不愿习武行围，部分官兵产生了厌烦情绪，甚至连皇帝身边随围的侍卫领班，在演射布靶时，三箭中竟有两箭不能到靶。④ 对于举行百余年的木兰秋狝，在各级官员中，上至首辅大员，下至给事中，都曾以种种理由劝阻嘉庆停止进哨。⑤ 其偷安好逸，可见一斑。更有甚者，在嘉庆二十年颙琰即将自热河赴围场之际，身兼御前大臣、领侍卫内大臣、管围大臣并总理行营大臣数职的庄亲王绵课，竟然无中生有，制造谎言，声称热河及北的二道河副桥已被冲塌，正桥已过水一尺有余。妄图阻止颙琰进哨。其实，河水尚低于桥面一尺有余，桥梁也甚稳固。颙琰乘马渡桥，直抵中关。⑥ 总之，无论以何种借口和方式谏阻嘉庆进哨行围，他都一一批驳，坚持祖宗家法，始终未能动摇他举行木兰秋狝的决心。

二

嘉庆四年正月，太上皇弘历崩逝。颙琰开始亲政，从此摆脱了儿皇帝的地位。在果断地处置了和珅、福长安之后，颙琰踌躇满志，大有力挽衰败、振兴国家之势。在“敬遵成宪，不敢偷安”⑦ 的思想指导下，颙琰竭尽全力，举行秋狝大典。嘉庆七年（1802），颙琰独立完成了继承帝位后

---

① 《仁宗实录》卷一〇一。
② 《仁宗实录》卷一〇一、一一四、一一八、一三二、一三四、三二〇、七四四。
③ 《仁宗实录》卷九三〇。
④ 《仁宗实录》卷一一四。
⑤ 中国第一历史档案馆藏《内务府来文》3056，《仁宗实录》一三四。
⑥ 《仁宗实录》卷三〇八。
⑦ 《仁宗实录》卷一〇一。

的首次秋狝之礼。此后，在嘉庆一朝尽管出现种种困难，他依然力求木兰秋狝不断。嘉庆一朝在二十五年内，木兰秋狝举行了十一次。这十一次是嘉庆七年（1802），十一至十三年，十五至十八年，二十至二十二年。当然，嘉庆与康乾两朝“岁时举行秋狝”相比，不可同日而语，然而，从嘉庆的这十一次木兰秋狝，也不难看出他是继承祖业、敬遵成宪的结果。作为木兰秋狝之典，启跸路线、行围时间、围猎场所、规制仪礼、颁赐宴赉等项，皆有定制。嘉庆正是严格遵循这个定制从事木兰秋狝的。以出行时间、行围住宿为例，嘉庆每年都是在中秋节后的八月十六日从避暑山庄出发，八月十九或八月二十日准时行围，一般围猎十二至十四天。每次行围时住宿大营的日子和围猎场所，几乎年年一样，同在一日，九月上旬回到避暑山庄。每次出行前后，必定在避暑山庄内的永佑寺行礼，以表示对先祖家法的承继和对肄武习劳的忠悃。

对于木兰秋狝，嘉庆总是满腔热忱，全力投入。一旦有人劝阻他进哨行围时，他都特别气愤，给予严肃处理。当得知牲兽稀少，或因雨水过多而不得不停止行围时，他总是深感遗憾；而当进哨行围发现牲兽甚多时，又是那样高兴，并对管理围场的官员加恩赏赐。[①] 嘉庆二十年（1815）木兰秋狝，颙琰乘丹巴尔济所进黑鬃黄马射鹿，“颇有收获”，[②] 并高兴地传旨：“告诉皇后等喜欢喜欢。”[③] 其欣悦之情，溢于言表。

为使家法常传，永垂后世，颙琰还在嘉庆十六年（1811）特降谕旨，命于木兰东哨门伊逊崖口内，建立敦仁镇远庙一座，[④] 每当秋狝经过此处时亲诣拈香，以求举行秋狝大典时“风日暄和，诸臻顺吉”。[⑤] 由于木兰围场东西哨门是隔岁经由，颙琰又在嘉庆二十二年（1817）下令在西哨门布克崖口内，建立山神庙一座，以备临幸木兰进西哨门时，“躬亲瞻礼，用备明禋”。由此也不难看出嘉庆帝对木兰秋狝的一片赤诚。直到嘉庆二十五年（1820），为了完成秋狝大典，最后死于避暑山庄。

---

① 《仁宗实录》卷二四六。

② 《仁宗实录》卷三〇九。

③ 中国第一历史档案馆藏：《内务府上谕》2。

④ 《仁宗实录》卷二四六。

⑤ 《仁宗实录》卷三三二。

三

在嘉庆执政的二十五年中，尽管当政的颙琰极力遵循祖宗成宪，举行了十一次木兰秋狝，但尚有十四个年头未举行。其中，嘉庆四年（1799）、五年（1800），是为太上皇帝乾隆服丧时期，不好举行秋狝典礼；嘉庆十年（1805）、二十三年（1818），前往盛京恭谒祖陵，无暇前往木兰围场；嘉庆二十五年（1820），颙琰刚刚抵达热河便疾病染身，在第二天当晚即病逝于行殿寝宫，还来不及举行秋狝大典。其余九年，未能举行木兰秋狝，大体有两种原因。

其一，雨水过多，不得不停止行围。

嘉庆元年（1796）八月初四，蒙古王公等因哨内雨多，泥泞难行，奏请暂停进哨。颙琰准其所请，谕令停止行围。① 嘉庆二年（1797）也因雨水过多，又有闰月，时气较早，迨八月尽，已届深秋。由于时令寒冷，哨内业经落霜，已逾哨鹿之时，只得下令停止进哨。② 嘉庆三年（1798）则“奉太上皇帝敕谕，以寸多霜早，停止进哨。③ 嘉庆六年（1801）六月上旬，京畿地区连降大雨，数十州县被大水所淹，宫门也水深数尺，屋宇倾圮者不可计数；桑干河决口，洪水漫溢，京师西南地区几成泽国，村落荡然，④ 热河一带山水暴涨，德汇门外东边迎水坝南及东草市一带山水陡发，水势汹涌，越堤泛溢，高至六七尺不等。流杯亭门外沿河一带石堤被水冲刷，闪裂坍塌近三百丈。⑤ 颙琰不忍重费民力，遂令停止巡幸口外。此后，嘉庆十四年（1809）也因哨内春夏雨多，嘉庆二十四年（1819）雨连绵，山水异涨，桥座复搭复冲等，颙琰均下令停止秋狝。

其二，鹿只稀少，也不得不停止进哨。

木兰围场本是牲兽繁衍、孳生茂盛的理想场所。为了保证秋狝大典每年如期举行，清廷设置专职围场总管，负责管理木兰围场。嘉庆八年（1803），颙琰一行浩浩荡荡地来到避暑山庄，诸藩部也“络绎来廷”，正

---

① 《仁宗实录》卷八。
② 《仁宗实录》卷二十。
③ 《仁宗实录》卷三三。
④ 《仁宗实录》卷八四。
⑤ 中国第一历史档案馆藏：《内务府来文》。

拟率领蒙古王公及八旗官兵前赴木兰围场，讲武哨猎。岂料获悉围内天气较寒、水涸草枯，鹿只甚觉寥寥。对此，颙琰声称未可尽信，于是前后派出两批官员，赴围场查看，结果“十数围绝不见有麋鹿之迹”。① 如此情形，令颙琰“殊堪诧异”！如若执意行围，所谓讲武肄劳，也是徒有其名。为此只得下令停止，且明白晓谕，“非本意也”。鉴于嘉庆八年（1803）秋狝未成，嘉庆九年（1804）颙琰很早就降旨，“必当进哨”，并饬令预为查察，结果派赴围场的官员回报“鹿只仍少”。对此颙琰尚不深信，又特命御前大臣亲往查勘，结果回报情形与前无异。颙琰无奈，不得不仍旧停止本年木兰秋狝。② 此后，由于加强了围场管理，鹿只稀少情形曾一度稍有好转，但并未根本扭转。嘉庆十九年（1814），由于木兰“各处围场牲兽较少”，而且考虑“亦应略为孳息”。因此，颙琰也谕令“本年秋狝典礼，著暂行停止”。③

嘉庆一朝，由于鹿只稀少而未行木兰秋狝，虽然只有三次，但明显地暴露了木兰围场的衰落。

四

嘉庆停止木兰秋狝有各种原因，诸如恭谒盛京祖陵，或多雨难行，或闰月早霜，天气寒冷等，而最突出的原因，还是国家纲纪松弛造成木兰围场的衰落。

木兰秋狝为圣祖康熙所肇兴，且“著为恒典”。④ 百余年来，在康熙、雍正、乾隆各帝的积极倡导下，岁以为常，并定为家法，代代相传。然而，随着战争的减少和社会的安定，在部分官兵中产生了贪图安逸的思想，加之举行秋狝大典劳民伤财，因而在清廷内部出现了对木兰秋狝的厌倦情绪。各级官员以不同理由劝阻颙琰停止木兰秋狝。

嘉庆七年（1802），给事中鲁兰枝上奏颙琰，以本年麦收不足六七分，现在面价仍贵等为理由，请旨木兰行围展期。颙琰对此逐条批驳，并

① 《仁宗实录》卷一一八。
② 《仁宗实录》卷一三二。
③ 《仁宗实录》卷二八九。
④ 《仁宗实录》卷一一四。

指责鲁兰枝沽名钓誉，而后将鲁兰枝原折掷还。① 嘉庆八年（1803），兵部尚书汪承霈奏请停止行围。颙琰认为汪“全不顾国家习劳肄武大典，其偷安好逸之情已可概见，② 因而将其罢退，授为左都御史。嘉庆二十二年（1817）颙琰东巡谒陵，身为首辅的大学士松筠因畿辅小旱，也上章阻止，结果被降谪示惩。③ 虽然颙琰对谏阻行围者以阻挠大典的罪名革职惩办，但厌倦木兰秋狝者依然大有人在，如随扈和管围官兵以及木兰围场的驻守人员。从嘉庆木兰秋狝开始，至最后一次进哨行猎，以各种方式抵触秋狝和破坏围场的行径不断发生，使嘉庆时期的木兰秋狝大受影响。

颙琰曾随驾乾隆屡次进哨，亲见“长林丰草，牲兽最多”，“所放鹿只动以千百计”。④ 自乾隆五十七年（1792）以后，由于弘历年事已高，兼以连年雨水过大，因而屡次停围。在此期间，牲兽“自应生息蕃滋，倍加充初”，然而事实并非如此。十年之后，颙琰于嘉庆七年（1802）首次进哨行围时，“鹿只已属无多”。嘉庆八年（1803）连续查勘十数围，竟然未见麋鹿踪迹，致使颙琰不得已只好下令停围。此后，又有嘉庆九年（1804）和十九年（1814），也因木兰围场鹿只稀少而停止秋狝。即使颙琰进哨行围，所获鹿只也是少得可怜。之所以造成如此后果，不外以下原因：

乱砍滥伐。嘉庆初年，奏准在围场承办大工木材，原定于莫多图等十四处无碍行围地方砍伐。因大件木料不敷应用，竟擅自移至行围处所，乱砍滥伐四十余处。未运之木堆积路边不可胜数。车辆往来如同大路，拉运车马嘈杂喧闹。当闻知皇帝行围派员修治道路时，又将散弃林木任意焚毁，致令牲兽惊逸四散。⑤ 在砍伐官用木材之外，还有私砍偷运牟利者。⑥ 显然是某些官员假借工程木料为名，通同舞弊。因此更加快了木兰围场的破坏。

嘉庆十七年（1812），本有巡查缉匪之责的正红旗马甲恭纳春，率领贼众多名，私进围场偷砍树木。等到官兵将该犯等八名偷伐者捕获并收缴

① 中国第一历史档案馆藏：《内务府来文》。
② 《仁宗实录》卷一三四。
③ 《仁宗实录》卷七四四。
④ 《仁宗实录》卷三三二。
⑤ 《仁宗实录》卷一三三。
⑥ 《仁宗实录》卷一三二。

大车二十三辆之后，贼众多人竟然乘夜夺回，并击伤官兵九名，且官兵中尚有伤后身亡者。具有讽刺意味的是，此事发生在八月二十五日，恰在颙琰行围期间，[1] 可见国家典制废弛已极。

偷猎牲兽。在砍伐木材的同时，因管事者办理不善，任令兵民乘间潜入，偷打鹿只，私取鹿茸，盗卖营利。如此习武场所，竟然稽查不严，姑容私砍树木和偷打鹿只情弊出现，造成“禽兽逃匿”，“鹿踪远逸”。难怪“习劳讲武之典连岁阙如”了。[2]

五

“偷捕野兽，砍伐树木”，[3] 是围场外部因素影响鹿只稀少，令颙琰不得已停止进哨。木兰秋狝中的种种弊端，是从内部制约秋狝大典的重要原因。

首先，管围大臣疏懒不堪，失职擅离。每当皇帝进哨行围，管理围场大臣理应忠于职守，随围进哨，到位督阵。嘉庆十一年（1806）八月二十九日，颙琰在墨尔根行围，管围大臣明志、舒明阿擅离所管地方，由围外行至看城竟未进围。[4]

其次，官兵队伍不整，放纵鹿只。由于多年疏于习武，马上功夫平常，加之官兵队伍散乱，常有鹿只从圈内纵逸逃出。嘉庆十三年（1808），颙琰举行秋狝大典，八月二十日进哨行围时，在看城已遥见鹿十余只，乃至行围时仅剩有三只，又被迫出围圈之外。[5] 与此同时，围外却有不少捕猎者等待射猎。管围官兵不听管围大臣约束指示，任意行走，对行围阵式毫不留心，随意纵放鹿只，在颙琰木兰秋狝中是常有之事。

嘉庆帝自称“宵旰敬勤，诚求治理”。考查他的勤政，此话当不为过。他的一生确实勤勤恳恳，谨慎从事，力求挽回康乾盛世后的衰落势头。然而，清王朝的衰落趋势已不可逆转，颙琰的一切努力都是徒劳的。综观嘉庆一朝的木兰秋狝，正是在这样的大背景下进行的。作为国家的一

① 《仁宗实录》卷二五九。
② 《仁宗实录》卷一三二。
③ 《仁宗实录》卷一〇二。
④ 《仁宗实录》卷一六五。
⑤ 《仁宗实录》卷一九九。

项重大行武措施，颙琰“敬承祖考，肄武习劳”，依靠盛世之后的余威，在条件具备的前提下，举行了十一次秋狝大典。在嘉庆七年还添设副都统一员，驻扎唐三营，专管围场事务，力求加强管理，挽救木兰围场的衰败。此外，颙琰还就“意至深远”的木兰秋狝，反复多次发布谕旨，宣示中外，并几次严惩谏阻行围和疏于围场管理的官员，即使在地方农民起义烽火腾烧之际，依然按照祖宗定制，坚持举行秋狝之典，由此足见颙琰对木兰秋狝的良苦用心，但依然无济于事。随着木兰秋狝的衰落，清王朝习武、绥藩的初衷受到极大影响，直至道光朝，木兰秋狝大典废止。

档案中赏心悦目的菊花名

关精明

秋天，一缕缕凉风清爽宜人，沁透心脾。人们刚刚告别炎炎酷暑，倏而感受到秋露滋润的同时，又迎来了一年一度的九九重阳节。在这金色的季节里，正值菊花盛开，赏菊便成为北京人的一大乐事。菊花在农历九月开放，因此，北京人又叫菊花为“九花”。每到秋高气爽之际，人们走出家门，到各大公园欣赏丰富多彩的菊花展。在老北京，每逢重阳就有登高赏菊之习俗。在重阳节前后设宴会友，称之为迎霜宴。席间食兔谓之“迎霜兔”。有的养菊人家把菊花摆成塔形“望之若山坡，五色灿烂，环围无隙，名曰花城”。邀请亲友赏菊，饮菊花酒，吃重阳糕。

在皇宫里也有菊节，届时筵宴百官数日。每年九月，在禁城及皇家园囿均摆设菊花等花卉，供皇亲贵族欣赏。如同治年间，“在南苑等处行宫各殿内外，安摆花卉……其中菊花一百五十棵”。由此，宫内就产生了许多与菊花有关的档案史料。笔者在宫中杂件内发现一本上奏皇帝的菊花名单，读来颇有趣味，菊花名有：

赤金晚霞、佛前花、荷花玉兰、金钱莲、素海针、墨牡丹、白瑶台、紫鳌、墨虎须、黄宝刹福土、寿仙楼、紫诰金泥、玉堂金马、赤金盘、雪青荷花、杏黄钵、墨庄、蓝田玉、一捧雪、鹅毛大片、翠云球、紫金玉带、白玉楼、雪青栏杆、紫凤朝阳、日照乾坤、墨蓝霜、洋蝴蝶、青水莲、金蝴蝶、香白梨、东洋蝴蝶、鹅黄牡丹、撒花蝴蝶、新毛菊、玉孔雀、赤毛泥、紫燕寒球、粉毛菊、金狮子、薇风换彩、雪照乾坤、银佛花、鹭鹤毛、西施采莲、银线垂楼、秋江西照、春风面、老君眉、雪照梅、一点竹兰、紫燕寒霜、代子上超、羚羊挂角、金鸦出语、杏花春雨、黄奎龙、金黄针、西施粉、鸳鸯谱、大鹏金翅鸟、三面芙蓉、墨麒麟、宝

在宫中菊花前合影的瑾妃（中）等人

刹福土、凤管鸾笙、素霜球、黄鹤仙人、金背霞环、平沙落燕、紫凤荷花、美人舌、寒玉芙蓉、天龙舒指、清水鹅毛、天宫紫衣、金链花、金孔雀、金盘托月、金丝桃、金领管、金凤翎、赤金生光、玉笋长、水晶如意、徐家紫、仙衣鹤氅、金贝莲、八卦仙衣、方金印、荔枝红、寿仙衣、阖家欢乐、春风玫瑰、酒醉灰瓶、灰鹤管、雪打红桥、草上霜、白美人扇、黄英、绿菊、金鹦、金边大红、向日蕉、墨蓝、海红莲、桂花心、翠香莲、燕渡横阳、天女散花、金台喜照、金万字、白云出岫、金蝉脱壳、佛子金勾、海献鹅毛、金钩勾鱼、白牡丹、黄仙人掌、盖蓝瓶、粉薄花、紫龙探海、云龙探海、十二金钗、二色莲台、竹墨双灰、灰鹤翅、西洋楼、德国白、玉芙蓉、麦芽菊、粉金花、黄瑶台、银落须、桐阳居柱等。瞧瞧，称得上是争奇斗艳、五彩斑斓了吧，别说是亲临其境去赏花了，就是看看这些赏心悦目的菊花名也几乎令人陶醉了。

清末的失物招领

哈恩忠

“路不拾遗，夜不闭户”，常被用来形容社会安定、民风淳朴，至今学校课本中还有“乐羊子妻”的故事。然而，在国破民衰的时代，老百姓连衣食温饱都难以得到保证，仅仅以传统道德来约束人们的行为，“路不拾遗”或许只能是一种空想。

譬如，旧日的京城有一种类似于今日旧货市场的集市——小市。因其多在黎明时分开市，故一般称其为晓市，后误写为小市。其中比较有名的有崇文门外的东小市和宣武门外的西小市。小市上的旧货非常便宜，“归来嬉笑夸同辈，小市便宜买得来”，许多人赶小市多能有所收获。对于小市旧货的来源，人们却鲜有问津，其实也可以说是心照不宣。这里卖的东西或从捡拾，或从偷盗，抑或有专贩旧货者充斥其间。货品可以说是杂七杂八，什么东西都有，像旧车铃、旧磨电灯、旧衣旧衫、洋铁盒子、锅碗瓢盆……对有钱人说是可以扔弃的旧东西，穷苦的人或许就可以使用。偶尔也会有捡拾或偷窃的别人丢失的东西被原主人认出的事，结果不免会有一番纠纷。

时间长了，这样的事情可就愈来愈多了。

光绪三十四年（1908）二月，管理京城警政事务的京师内城巡警总厅颁布了一部地方性法规——《取缔遗失物简章》。目的是为了加强对捡拾遗失物品的管理，约束人们的某些不良行为，就像《简章》中所云：“遗失乃必有之事端，一芥不欺，报酬亦应得之权利，”“驯至太平，辇毂风清，无愧首善。”说得明白一点，就是捡到别人丢失的东西要还给本人，而捡东西的人也有得到报酬的权利。随着这部法规的推广，其中的若干规定也逐渐为人们所了解。这部法规共分八条，主要有：（一）捡拾的遗失物品必须上交到巡警机关，由其开具收据，然后登报招领。（二）招领期一年，如果物品不便保存，则由巡警机关变价，以备招领。（三）招领期满无人认领的物品，奖励给捡拾的人。（四）认领物品的时候，失主须交纳遗失物品价值的5%至20%，作为酬金。（五）巡警捡拾到遗失物品，不给予酬金，只按功行赏。（六）淫秽书籍、字画等物品不能招领。（七）保存遗失物品及登报招领的费用，由失主负担，如果没有失主认领，则由捡拾人负担。（八）对于捡拾到物品不报官者，除追缴归还物品外，并不支付酬金。

这部法规颁布后，人们褒贬不一，各执一词，但质疑都是围绕着其中的若干条款，对于其颁布的目的，一般来讲没有太多的争议。但其究竟能起多大作用，则是难以定论。但是，应该说，这是一部有划时代意义的法规。它将数千年来约束人们某些行为的传统与道德转变为法律条款形式，特别是在捡拾遗失物品这类看起来很小的事情上，反映了近代西方思想对中国传统思想的影响。可以说从一个微小的侧面上标志着“法治”时代的来临，至少是已具雏形。从另一方面看，也说明了清末老百姓饥寒交迫，挣扎在生死线上，而不是由于主观原因而造成了思想道德水平下降。仅仅维持了四年时间，清王朝便灭亡了，而这部《取缔遗失物简章》或许在中国近代法制史上，应该占有一席之地。

从皇宫走出的勋章制度

哈恩忠

勋章是由国家或政府职能部门颁发的一种荣誉性的标志。它起源于欧洲，却伴随西方列强的隆隆炮火进入中国。一般来讲，勋章为中国人普遍接受与认同是1840年以后的事。这一点，许多影视剧给了我们最直观的印象：当侵略者以胜利的面目出现时，往往是衣着华丽，胸前多佩挂着闪光夺目的勋章。而与此同时，中国官民所渴望的、与勋章有着相近意义的则是御赐的黄袍马褂和顶戴花翎。

鸦片战争以后，尽管当时的清政府十分不情愿，但事实上，天朝大国的神话已被逐步打破，中国与国际间的交往日趋频繁，这一趋势首当其冲地表现在外交方面。咸丰十一年正月二十日（1861年3月1日），清政府设立了总理各国事务衙门，“负责对外交涉事宜”。不久又设立同文馆，培养外语翻译人才。同治七年二月初三（1862年2月25日），清政府派出第一个外交使团，出访欧美11国。光绪二年十二月初八（1877年1月21日），清政府第一个驻外（驻英）使馆建立。

双龙宝星头等三级勋章

在日趋频繁的中外交往中，中国与国际间的一些礼仪的差异突显出来，诸如国书、致礼方式、国歌、国旗等，本文所述及的勋章也是其中之一。在这种形势下，以恭亲王奕䜣为首的总理各国事务衙门首先拟订了《宝星章程》，把建立勋章制度问题提上了议程。这里的宝星，即是勋章的早期称谓。“宝星”勋章外形为星状，图案仿照清朝国旗，以龙为标志，共设五等十一级。《宝星章程》中对宝星的颁赠对象有明确规定：“头等第一专赠各国之君；头等第二给各国世子亲王、宗亲国戚等；头等第三给各国世爵大臣、总理各部务大臣、头等公使；二等第一给各国二等公使等；二等第二给各国三等公使、署理公使、总税务司等；二等第三给各国头等参赞、武职大员、总领事官、总教习等；三等第一给各国二、三等参赞、领事官、正使随员、水师头等管驾官、陆路副将、教习等；三等第二给各国副领事官、水师二等管驾官、陆路参将等；三等第三给各国翻译官、游击、都司等；四等给各国兵弁等；五等给各国工商人等。”对于佩挂宝星所用绶带，也做了具体规定：“头等应用赤金地，法蓝双龙。第一嵌珍珠金龙，金红色带；第二嵌红宝石，第三嵌光面珍珠，俱银龙，大红色带。二等应用赤金地，银双龙，中嵌起花珊瑚黄龙，紫色带；三等应用法蓝地，金双龙，中嵌蓝宝石红龙，蓝色带；四等应用法蓝地，银双龙，中嵌青金绿龙，酱色带；五等应用银地，法蓝龙，中嵌砗磲蓝龙，月白带。”最后，对宝星、绶带的尺寸、大小也作了规定。

双龙宝星二等三级勋章

光绪七年十二月十九日(1882年2月7日)，《宝星章程》得到批准。从上述的条条规定中，我们可以看到此次制定勋章制度主要从与国际礼仪接轨的角度来考虑，有利于开展外交活动与联络中外政府及高级官员的感情，因此，从制定宝星制度的开始。它就带有浓厚的外交色彩。《宝星章程》获得批准不久，恭亲王奕䜣便奏请颁赠宝星，“英、德、法各国使臣等，均经先后奏明，照章给予”，首先赠予驻在中国的外国使臣。

此后二十余年时间里，宝星勋章随着清政府外交活动而广为颁赠，它的不足之处也逐渐暴露出来。如宣统元年闰二月十二日（1909年4月2

日），训练禁卫军大臣载涛在奏折中说得最直接："中国出洋各员，游历所经，其国君每以赠遗，藉联睦谊，往往收佩多种而灿然胸际，独无本国勋章……外务部（即前总理各国事务衙门）所制之宝星，昔仅用以奖励外宾，近虽颁赏外务部堂官及出洋各使，其非办理外交人员，尚未能获此美观……"此说实际上表明宝星勋章适用范围过于狭窄，不能普遍满足国内外各级官员的需要，同时也反映出西方思想对清朝官员的影响及清朝官员崇尚虚荣的心态。旋即，载涛等人重拟《勋章章程》，奏请实施。

二等嘉禾勋章

应该说，这次拟定的《勋章章程》较之《宝星章程》更为全面具体，摆脱了囿于外交的羁绊。从实际意义上讲，则更接近于国际礼仪，更符合国际惯例。《勋章章程》中决定在内阁专设一勋章局，负责颁赠勋章事宜。勋章颁赠范围则无论官民，"各种勋章由特旨赏给及奏奉特准者"，"凡京外各衙门奏请赏给中外臣民勋章"，只要是皇帝的特旨和各衙门奏请都可以颁赠，也不仅仅限于外交人员、军事人员，颁赠对象"自一品至九品文武官员之著有勋劳者"，"绅民之著有勋劳者"，"农工商业人等于事业、学问上著有劳绩，国家、社会受其利益者"。勋章共分为十一等十九级，分为大宝章、黄龙章、赤龙章、青龙章、黑龙章五种勋章。其中，"大宝章，皇帝佩带；黄龙章，皇族之爵位最崇、勋劳卓著者佩带之；赤龙章，以赐皇族之有勋劳者。”青龙章、黑龙章各分八等，黑龙章次于青龙章。至于绶带，则更趋于简洁使用。如规定：“大宝章大绶，色明黄；黄龙章大绶，色金黄红缘；赤龙章大绶，色金黄白缘……”而对于佩戴勋章的方法也有了具体规定，如“带绶自右肩斜至左肋下”。此勋章也采用星状，以团龙为主图，但较之宝星勋章图案精美，颜色亮丽而不失稳重。

一等青龙、黑龙勋章及绶带

然而，清末政局动荡，清政府内忧外困，疲于奔命，勋章制度再怎样可以“激励官民”，清政府也无暇顾及了。因此，载涛等人拟订的《勋章章程》一拖再拖，过了两年才获批准，而此时坐镇皇宫的清朝统治者耳边已经听到革命军的炮声了。1912 年 2 月 12 日，清帝退位，清朝覆灭，勋章一事自是无暇再提了。但是，无论宝星也好，还是勋章也罢，它们都经过了政府的批准，而且宝星勋章在外交活动中广为颁赠。尽管其有缺漏之处，但终究表明了勋章制度的建立，它应该是中国近代勋章制度之先河。

清宫电报档案里的逸事

雁 旭

清光绪五年（1879），电报传入中国，最初使用的是洋文，后来出现了汉字编码，逐渐成为朝廷不可缺少的通信手段。

密电失密　赔款割地

清朝的密电，最初是使用暗号的。光绪十年（1884），曾国藩之子曾纪泽，在出使英国期间，千里迢迢发出电报，建议总理衙门使用暗号，防范间谍。中法战争以后，越来越多的军机要事，都需通过电报传送。这样

电报房

一来，电报负载的信息量加大了，“暗号”退出了历史舞台，取而代之的是专门用于电报的“密电码”。

晚清的电报密码，说起来简直就是个笑话，对外无密可保，对内却层层设防。密码本，很多地方大员都不得接触，遇到急事，手拿电报却不能解读，只好眼睁睁地坐失良机，误了大事。光绪二十一年（1895）甲午海战清军失败，究其原因，除了清政府的腐败外，清军电报被日方破译也是导致北洋水师全军覆灭的重要因素。日本对清廷准备承认赔款的底线情况了如指掌，最终迫使清廷签订了近代史上中国损失最为惨重的《马关条约》。

张之洞办厂　李瀚章买单

光绪十五年（1889），张之洞提出在湖北炼铁的主张，获得朝廷批准。张之洞由广州动身之前，使用广州经费，重金召募了英国矿师、比利时矿师，还有大量德国技工，此时全部带往湖北。这还不够，他在广州时，还向英国订购了全套炼铁设备。由于当时根本没钱，所以用广州捐税抵押，向汇丰银行借款购办。接替张之洞的是李鸿章的哥哥李瀚章，他费尽周折，谋得了捐税充盈的两广职位，心中暗暗高兴，但没过几天，就发现情况不妙。先是负责炼铁的海军衙门致电粤督：订购机器、建造工厂，约银五十三万两，张之洞在粤筹有专款，捐税自光绪十五年至十七年，大

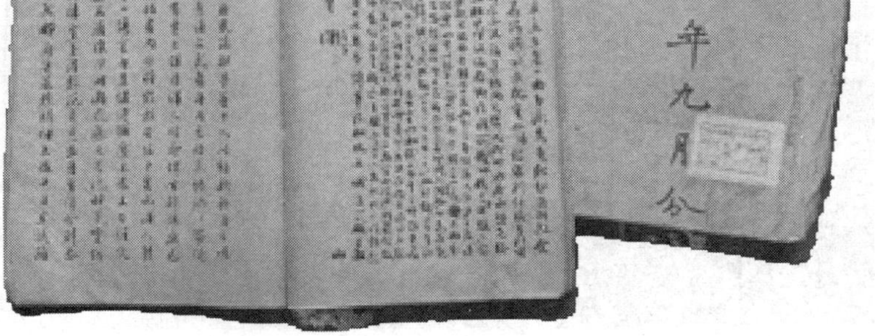

清宫电报档

约可收八十余万两，专用购机造厂。现暂垫付，粤省归还。后又接户部来电：粤有捐税，鄂督指此借贷工部款项二十五万两，至光绪十八年夏间还清。随后，机器运输费、保险费、建厂购地费等，催逼还款的电报纷至沓来。李瀚章实在招架不住了。光绪十六年（1890）八月，苦恼万分的李瀚章电告朝廷，希望与张之洞共同负担欠款。而张之洞此时心满意足，致电朝廷，“续付货款及造厂经费，假如粤省为难，可由户部划拨”。张之洞竟然开始命令户部了。其实，户部根本没钱，最终还得由李瀚章买单。

俄国太子坐轿如钻地道

光绪十六年（1890）冬，经过俄皇太后从中斡旋，俄国太子获得了沙皇的准许，通过驻华使节传递消息，表示希望次年春天游历中国，初步确定访问五个地方，重点是湖北汉口。清朝政府当时正想借助俄国的力量来抗衡日本，所以对俄国太子的来访，喜出望外，高度重视。主管外交的总理衙门，更是紧锣密鼓，布置迎接。可是，这位俄国的太子人还没到，就先给总理衙门出了一个不大不小的难题。原来俄国太子为显示身份，给自己订做了一顶中国帝王乘坐的黄色轿子。俄国太子这种做法在当时叫作“逾制”。按大清律例，官员逾制，性命难保，所以总理衙门进退两难。若是同意，对朝廷不好交代；若不同意，则有碍邦交。况且俄国使臣多次声明，所谓黄轿，实为金色。经过反复交涉，直到光绪十七年（1891）二月，俄国方面仍然坚持：太子自备黄轿，欲与疆帅稍示区别，绝无他意。看来这轿子是非坐不可了。时任湖广总督的张之洞主管接待，对俄国人的固执非常恼火。俄国水师官员先期赴鄂，张之洞竟然拒绝接见，引起俄国人极大不快。后经总理衙门赔礼道歉，又电示张之洞，派员修好，才算不了了之。但轿子事件还没解决。张之洞向总理衙门建议，沿途搭建布棚，遮挡众人视线，避免扩散影响。在张之洞的精心安排下，俄国太子虽然如愿以偿，乘坐了自己花费重金定做的轿子，但像钻地道一样，索然无味，内心不满，却又说不出来。可见，张之洞确实是很有办法，竟让外国人也交了一回“学费”！

中外交往

不愿开启的国门

覃 波

18世纪的中国海充满了诱惑与梦想，在那个航海贸易的时代，富饶的中华帝国是传奇与时尚的代名词，琳琅满目、美不胜收的各种名产，把海洋变成物品运转的通道。当时来华商船回程获利高达200%以上，开往中国的船只就意味着财富。然而，欧洲人在发现中国而惊喜的同时，他们

油画，行驶在南中国海的西方船队

也看到，“在这个奇异而神秘的王国里，人们过着绝对自给自足的生活，与外界老死不相往来”。

一道从紫禁城发出的上谕

在东南沿海，面对势不可当的海上贸易狂潮，审时度势的康熙皇帝，断然解除三百余年的海禁，创立粤海、闽海、浙海、江海四大海关，作为外国商船来华贸易的指定地点，这是中国历史上正式建立海关的开始，也是清朝海疆政策的一次历史性转变。

乾隆二十二年（1757），大清国正处于乾隆盛世，就在这一年，一道从紫禁城发出的上谕，使形势骤然发生了变化。乾隆皇帝突然宣布：“口岸定于广东，洋船只准在广东收泊贸易。”清廷把中西贸易的地点限定在南国边陲，沿海其他三个海关对西方商船关上了大门。措施强硬，态度异常坚决。

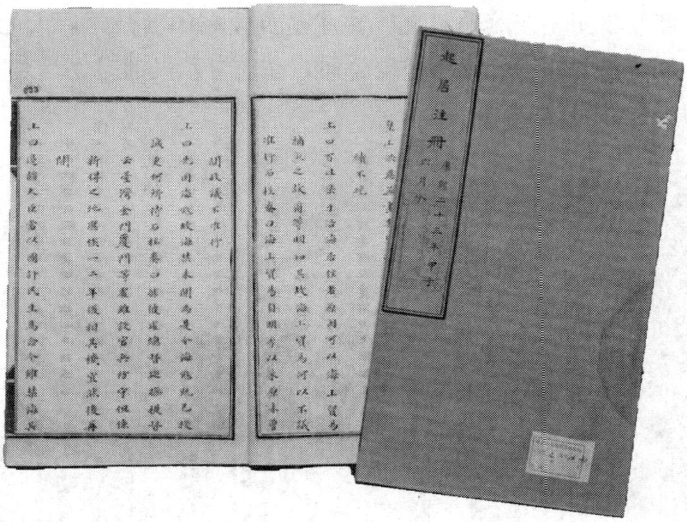

《内阁起居注》中康熙召集朝臣商议开海贸易的记录。康熙二十三年七月十一日（1684年8月21日），中国第一历史档案馆藏

中国有漫长的海岸线，走向全盛的清政府为什么要在海外贸易蓬勃发展的时候，对西方世界关闭其他口岸，仅留粤海一关对外通商呢？一桩轰动一时的“外洋通商案”，是清廷做出这个决定的直接原因。

康熙解除海禁之后设立的粤海关

就在清政府试着敞开国门，为海外贸易划出地盘的时候，印度洋那边，一个商业集团正在蒸蒸日上，它就是英国东印度公司。十七八世纪，欧洲与东亚贸易的机构统称东印度公司，在航海殖民的时代，东印度公司是最使西方世界目眩心仪的组织。

英国东印度公司在伦敦的总部

对于重商主义的英国人来说，赚钱发财始终是他们来华的目的。英国皇室的鼎力资助，使高风险、高回报的海外贸易极富刺激性。在第一艘英船到华之前，英国东印度公司的商船已在数次东方探险中遭遇海难。英国人“愿意为可能获得的利润冒最大的风险”。中国是英国东印度公司赢取厚利的所在，中英贸易为英国和它的印度殖民地提供着每年500万英镑的进账。由于人文地理上的优势，英船都选择到广东的粤海关贸易，形成了固定的贸易路线和通商惯例。英国驶往广州的帆船，堪称是当时欧洲最大型的商船。随着来华船只的与日俱增，贸易数字直线上升，到18世纪中叶，许多问题开始凸显出来。

刻版画，黄埔帆影。此图描绘的是英国东印度公司商船停泊在广州郊外黄埔港的景致。威廉·哈金斯绘，爱德华·邓肯刻印，香港艺术馆藏

广州远离内地，专供出口的茶叶、丝绸、瓷器，千里迢迢地从产地运来，路上要花费一到两个月的时间，长途贩运肯定比就近开港价高质损。最负盛名的中国生丝是长江三角洲的湖丝，在广州装船，自然要远距离地吸纳丝货。为了获得较为经济的中国出口货物，英商渴望在长江流域的丝茶产区增开商站。

广州的对外贸易被少数商业巨头把持，交易对象仅限于几家洋行官商，他们有权制定价格，垄断售卖，中国官吏染指其间，任凭价格上扬，西方商船别无选择。粤海关掌管着贸易大门的钥匙，作为来自皇室的权贵，海关的最高长官——粤海关监督一职，几乎无一例外地一上任就横征暴敛，这是因为粤海关监督这一利益丰厚的职位，是要每年更换人选的。

清代绘画：广州英国商馆前的码头。帕里斯绘，海姆利刻，香港艺术馆藏

税收上的纷乱随意性，不合理的繁难手续，使极端重视契约的洋人惊骇不满。西方自由贸易的需求与广州的通商体制两相冲突，英国东印度公司将如何去做呢？

乾隆二十年（1755）六月，英国东印度公司派出英国的第一位“中国通”，开始到浙江投石问路。这个英国人在广州贸易多年，通晓汉语，熟悉行情，他的汉语名字叫洪任辉。他此次和英国东印度公司大班汉森，乘船直抵浙海关宁波口岸。宁波在康熙年间是开放的口岸，后来因海岸滩浅水急和商人资本薄弱，被英商逐渐放弃。

英船久不北上，忽然闯入海滨要地，乾隆最直接的反应就是对浙江海防的忧虑。我们现在依旧能从当时的清宫档案中，找到乾隆对此事的关注。

乾隆二十一年（1756）八月，闽浙总督喀尔吉善接到上谕：近年乃多有专为贸易而至者，将来熟悉此路，进口船只不免日增，是又成一市集之所，恐积久留居内地者益众。海滨要地，殊非防微杜渐之道。

浙江虽有海关，但一向不是洋船聚集的地方。为了阻止英船北上，乾隆帝采取了一种折中的方案：不宣布禁令，而是提高浙江关税，让外商无利可图。如此费尽心思，是想用不禁自绝的手段限制开往浙江的洋船。然

英国画师绘制的宁波古港图

而，奇怪的是，浙海关税额的增加并没有吓跑英国商人，不久，乾隆得到信息：英商宁可多交税也要到浙江贸易。乾隆二十二年（1757），又传来英船在浙江定海出现，准备登岸贸易的消息。

面对英商急于打开中国内地大门的试探，乾隆帝在浙江加税这一设想没有奏效的情况下，该如何制定对策，他需要在开放还是封闭之间做出抉择。要不要维持多口贸易？乾隆帝此时不无犹豫。

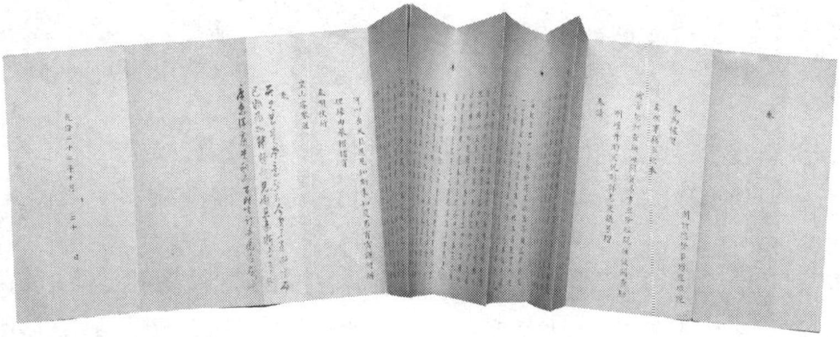

闽浙总督杨应琚奏折：广东海口防务严密，洋船应归广东贸易。乾隆准备实行限关政策，这份奏折是他做出决策的重要依据。乾隆二十二年十月二十日（1757年12月1日），中国第一历史档案馆藏

为了处理浙江海关事宜，乾隆帝将熟悉广东外贸的两广总督杨应琚调

任闽浙总督。刚刚离开广东的杨应琚，上呈了两份调查报告，其中回顾了广州洋行设立的原因和经营情况，并对虎门、黄埔一路的地理形势做出分析，最后的结论是：对外通商应仅限于广东粤海关。他认为，外商赴浙贸易，是因为他们所要采购的货物以江浙的丝绸、福建的茶叶及江西的瓷器为主，就近置货价格差异悬殊，海关税的高低不足以抑制外商赴浙贸易。他还提出，浙江洋面的天险与防务都不如广东，不便听任洋船自由贸易，应强令停泊广东才是万全之策。

杨应琚的奏报娓娓动听，洋船高大如屋来去无常，尤其是船上装载炮械，云集天朝商港，这对于沿海清军水师是个巨大的威胁。在清朝沿海的封疆大臣看来，海防的宁静高于一切。乾隆当即用朱笔批示道：“所见甚是。”

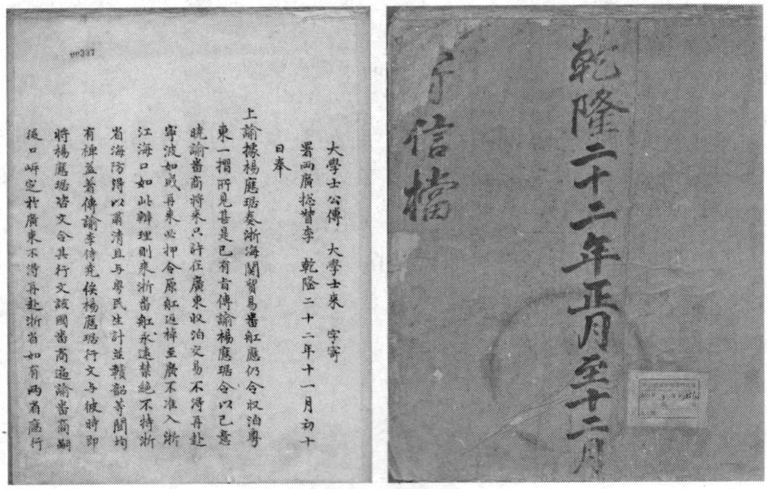
大學士公傅 大學士來 字寄
署兩廣總督李 乾隆二十二年十一月初十
日奉
上諭楊應琚奏浙海關貿易番舡應仍令收泊粵
東一摺所見甚是已有旨傳諭楊應琚令以己意
曉諭番商將來只許在廣東收泊交易不得再赴
寧波如或再來必押令原舡返棹至廣不准入浙
江海口如此辦理則來浙番舡永遠禁絕不特浙
省海防得以肅清且與粵民生計並贛韶等關均
有裨益著傳諭李侍堯俟楊應琚行文與彼時即
將楊應琚咨文令其行文該國番商遍諭番商嗣
後口岸定於廣東不得再赴浙省如有兩省應行

乾隆二十二年正月至十二月
字信檔

乾隆皇帝“一口通商”上谕：洋船只准在广东停泊交易。乾隆二十二年十一月初十（1757 年 12 月 20 日），中国第一历史档案馆藏

乾隆二十二年（1757）十二月，四十七岁的乾隆帝南巡回京，他没有耐心等到部院大臣议奏结果形成，便断然决定沿海封关。乾隆在中国全图的南端画下一个红圈，然后分别密谕两广总督李侍尧和闽浙总督杨应琚：“口岸定于广东，不得再赴浙省”。那个红圈就是乾隆帝认为唯一可以对外开放的广东粤海关。这就是给大清国的海疆政策带来划时代变动的“一口通商”上谕。在“朕即国家”的封建专制时代，皇帝的决策具有绝对的权威。在明清三百余年禁海之后，康熙帝开创的四港通商局面，此时

已走过了七十余年，到他的孙子乾隆时代，仅剩下粤海关一个口岸。在当时，限关实际是一个还不失为强盛的国家对外来势力所采取的一种本能的戒备和排斥。毕竟西方商船的纷至沓来，为清政府平添了无穷的忧虑，在乾隆看来，海防比通商更为重要。那么，对于清政府的决定，英国方面又将如何应对呢？

天津大沽海口，一艘三桅小洋船上的英吉利四品官

英国东印度公司并不甘心他们对华贸易计划的受挫，他们多方活动希望挽回局面，然而，英国向北开港的商船在浙江一再被逐。看来获得新商站是不可能的了，他们必须按照老规矩回到广州，于是，转而集中力量扩大在广州的权益。英商认为“大王易见，小鬼难求”，粤海关的腐败是地方性的，希望由北京的皇帝来纠正广州通商制度的陋规。经两年的酝酿，乾隆二十四年（1759）七月十八日，一艘三桅小洋船“成功”号出现在天津大沽海口，这是第一艘到达中国北方海岸的英国船。英国东印度公司派洪任辉北上京师，向清廷控告粤海关腐败勒索和广州洋行垄断贸易。

英国船只抵达天津港

清军驻守大沽营的游击赵之瑛发现了海面上的英船，随即上船查问。洪任辉自报他的身份是英吉利四品官，远涉重洋来到天津，奉本国政府命

令到北京申冤。天津的地方官明白，他们面对的不是一个普通的欧洲商人，而是英国的官吏，此事他们没有权力决定，只能层层上报。

一个西洋人胆敢跑到天津指控广州海关，这在当时是极为罕见的，这使清政府感到广东的问题不可忽视。清廷受理了这桩“洋人反腐案”，洪任辉的第一个目的达到了。

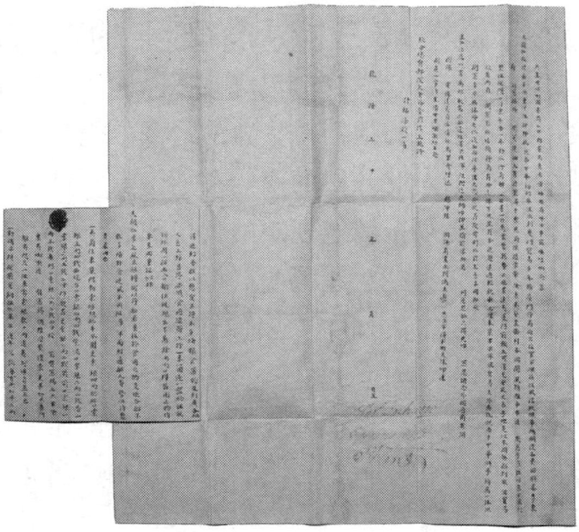

英国东印度公司“中国通”洪任辉状文，控告粤海关和广州洋行，状文的下方是英商洪任辉的英文签名。乾隆二十四年六月二十四日（1759 年 7 月 18 日），中国第一历史档案馆藏

第二步，洪任辉呈上了一份长篇控状，罗列出粤海关随意加税和广州洋行欠款不还等七项罪状。全文以一种委婉谦卑的笔调写成，而隐含于其中的，则是对开放门禁、自由贸易的要求。这种要求正是英国东印度公司，也是英国政府的意图。

由外国政府官员上诉中国政府，揭发地方当局的积弊恶习，这在乾隆年间是骇人听闻的。对于地处南国边陲的粤海关，清政府所重视的是海防事宜、外贸税银及新奇的洋玩意儿，至于当地官商如何办理的真实情况，清廷难以详知。清统治者向来把开洋贸易当成是“招来远人，宣扬圣德”的政治活动，此次由西方人冒险闯关而揭开沿海地方黑幕的举动，引起了乾隆的惊觉。对外贸易上的腐败，有损天朝的形象，乾隆帝开始怀疑边远地方大吏在蒙骗中央。事关国体，必须彻底根究。

乾隆二十四年（1759）七月，乾隆召开军机大臣会议，决定派遣京官朝铨押解洪任辉从陆路返回广州，福州将军新柱从福建前往广州，会同两广总督李侍尧一起在广州会审。乾隆的满心疑惑都集中在了广州税务官——粤海关监督李永标的身上。

广州的会审是对粤海关种种制度的全面审查，它的结果不仅关系到当时的中外贸易，其影响一直延伸到19世纪40年代的鸦片战争。

当朝铨、新柱还在奔赴广州的途中时，两广总督李侍尧便先走了一步棋，他召集英国商贸负责人大班到总督衙门受训。李侍尧避开洪任辉告状一事，斥责英商赴浙江一带贸易。李侍尧的意思是：广州的通商制度不会因一纸状文而改变，英商如不遵守规矩，将得不偿失。受训的英国人并不在乎总督大人的态度，他们关心的是洪任辉北上告状是否成功。

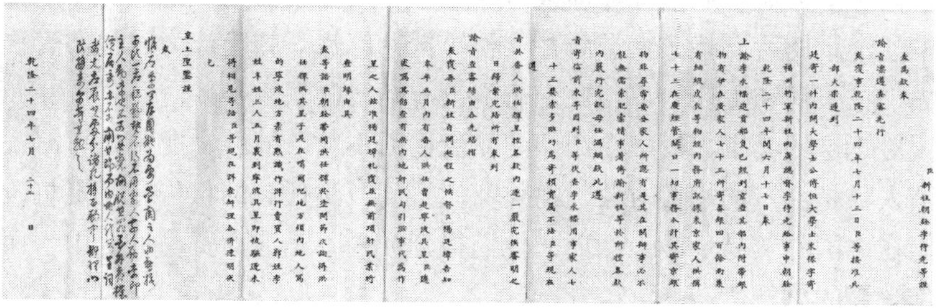

钦差专案组新柱、朝铨、李侍尧三人合写的奏折。（中国第一历史档案馆馆藏）

钦差专案组新柱、朝铨、李侍尧三人合写的奏折：粤海关监督李永标家奴贡船即将进京，遵旨密查有无赃银。奏折的末尾有乾隆对洪任辉控告粤海关腐败一案做出的具体批示：“惟应秉公存国体为要。管关之人非督抚可比，一应税务势不得不用家人。家人勒索即主人勒索也，不可以失察开脱其罪。至外夷抬价居奇，亦不可开其端，而内地人代写呈词者尤应严其处分。诸凡持正酌中办理，以防将来。尔等其勉之。”乾隆二十四年七月二十二日（1759年9月13日）。

在皇上的钦差大臣还没有来到的时候，李侍尧抢先上呈了一份有关案情的调查报告，这一举动可说是当时官场中精明圆巧之举。李侍尧的导向基本上是在替属下申辩，他认为，外商拿舶来的新奇之物漫天要价，广州海关在交易中起着持平的作用；行商拖欠外商债款，实际是承销外商货物不能马上出手所致，这是两厢情愿历久相沿的惯例，从来都是双方自行清理，官府不必过问。李侍尧的用意是想说明海关是公正的，行商是无奈的。但李侍尧深知不可能把海关的勒索腐败全部隐瞒，于是，他把责任推给了粤海关监督李永标的下属和家人。李侍尧要告诉皇帝的是：他的地方政府完全遵奉清廷谕旨，并无越轨之事。如果说在办事过程中出现漏洞，要么是历史遗留的问题，要么就是外商困扰造成的，因此，他管辖的区域廉正无私，海关制度只能维持现状。

乾隆在接到李侍尧的奏报后，第一个反应就是“李永标不能免罪”。于是，乾隆派人暗中秘密监视李家的活动。内务府人员在李永标家人进京时终于查出了破绽。1759 年 8 月，李永标的家人七十三人随海关贡船进京，船内私带的四百余两洋银和皮衣、绸缎等物被查获。七十三人在广州经营关口，这些银物都不是寻常安分家人能有的，李家贪污的劣迹败露，李永标粤海关监督的职务随即被解除。

几个星期后，特派大员新柱、朝铨抵达广州。乾隆认为，他们受钦命而去，在人情和责任上都与广东衙门没有横线联系。

对于这场会审，聚集在广州的欧商们无不欢欣鼓舞，尤其是粤海关的首脑人物是会审的主要对象。在外商们看来，洪任辉的状告，无疑将改善他们在中国的贸易环境。然而，他们得到的并不是通商贸易的春雨，而是海禁政策的冰雹。

钦差专案组的调查报告

新柱等对洪任辉的状词逐一调查，一个月后，洋洋万字的会审报告被送呈给朝廷。有关口岸勒索一条，会审官认为：海关货税是否合理与首脑无关，海关监督李永标仅是执法而已。海关人员的勒索是李永标约束不严办理不善的原因，看来力不从心是可以谅解的。关于状词中对海关不接见外商的指控，结论判断为：外商状告此事的目的是在于希望能自由出入广州城。可是在清朝方面，外国人禁止进入省城是一条不可更改的制度，此项控告李永标不负责任。关于广州行商黎光华拖欠外商款项的问题，黎光华所欠的是法国商人之款，洪任辉帮助法国人讨债，主要目的是借题发挥，攻击广州的行商制度。至于广州的行商制度，这是洪任辉状词中攻击最激烈的问题。新柱等认为：行商制度由来已久，外商来广贸易，语言不通，不懂中国的税法体制，设立行商代理无可非议。

办案期间，是什么人为洪任辉起草状文，也触发了乾隆的怒火，成了要调查的重要内容之一，追查遍及浙、闽、粤三省。出于对沿海居民的疑虑，清政府对此事的重视不亚于对案情的关注。他们认为，南方各省居民远比朴实的内陆百姓刁悍，如果与海外商人串通，对海防是个很大的隐患。洪任辉对于官员的盘问，开始报以回避态度，但终究抵不过审问的压力，供出了为他写状文的四川人刘亚匾，刘亚匾厄运当头了。

乾隆帝对于会审的结论没有提出更多的异议，此时他更关心的是如何处置刘亚匾和洪任辉。两广总督李侍尧在执行皇帝旨意时表现得确实精明干练，乾隆二十四年（1759）十二月，他以“教授夷人读书，代作控词”的罪名，下令将刘亚匾斩首示众。

此案最后的结果是双方各打五十大板，粤海关监督李永标被撤职查办和抄家流放，洪任辉以“沟串内地奸歼民，违例别通海口罪”，被遣送澳门圈禁三年。

乾隆虽然处置了李永标，满足了英国人的部分要求，但在这场官司之后，海关制度并没有变化，广州的行商制度依然，外商仍不准进入内地，英国公司实质性的要求并没有实现。膨胀的贸易胃口，带来的却是缩小了的通商关卡，清廷的既定政策没有丝毫退让，英国公司的目的化成了泡影。两年之后，英国请求释放被囚在澳门的洪任辉和减免关税。当时的两广总督已换成苏昌，他拒绝了英方的所有要求，因而得到乾隆的赞赏。

洪任辉案结束后，两广总督李侍尧认为，英商驾船直抵天津，主要原因是由于内地汉奸图财串通，广州行商没有尽到稽查的责任。于是，他提出了一个“防范外夷”的规章制度，得到朝廷的批准，这成为开海贸易之后，清朝第一个全面管理外国人的正式文本。至此，乾隆的强硬政策发

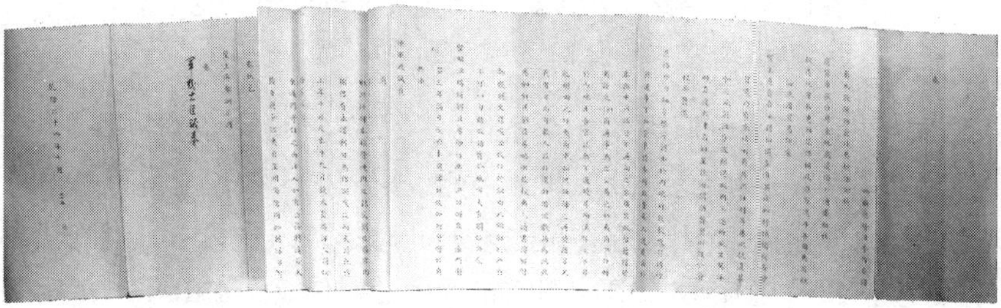

清朝管理对外贸易的最初文本：两广总督李侍尧奏呈《防范外夷规条》。乾隆二十四年十月二十五日（1759年12月14日），中国第一历史档案馆藏

展到了极点。

以后，英方接二连三地想要冲破限令，而由乾隆帝一手制定的限关政策和广州通商制度，并不是轻易可以动摇的。乾隆帝批示：“如此决断办理不可姑息”。当时清朝处于鼎盛时期，英国也还没有强大的海上力量，以后的八十余年间，英商一直在沉默和适应的态度中积蓄着力量。

邦交途径阻隔不通，垂涎欲滴的需求又无法遏制。1637 年，首次强行抵达中国海域的英国船长威德尔，曾在他的《对华贸易备忘录》中写道：“中国可以提供丰富的贸易，但不准外国人进入其国家。我们谦卑地去敲门，当被享以闭门羹时，则破门而入。”

经贸的发展不顾政治的壁垒而顽固地滋生着。清朝皇帝禁止外商进入广州以外的海关，却挡不住中西商战的渗透蔓延。英商洪任辉的“外洋通商案”在乾隆时代如同石头相撞迸发出火星，到了八十年以后，矛盾激化，事态扩大，最后终于导致了一场改变中国历史进程的鸦片战争。

清代油画：从珠江南岸看广州全城。约 1800—1840 年，
美国麻省萨勒姆皮伯第·伊赛克斯博物馆藏

中国历史上第一个屈辱的外交条约——中英《南京条约》在 1842 年签订，条约的第一款即是开放广州、福州、厦门、宁波、上海五口对外通商。战争爆发之前，英国政府在事先拟就的对华条约草案中，当割让岛屿的名称、赔款的数额和期限等均用空格标示的时候，而对五口的指定却是相当明确不含糊。这一条款被英国政府视为绝对必要的条件而列入条约的第一款。这正是英国人在一个世纪前的愿望，他们如愿以偿。

宫廷中的西洋画师郎世宁

陈宜耘

康熙五十四年（1715），年仅二十七岁的耶稣会士意大利画师郎世宁从大西洋、经小西洋搭乘贸易商船，抵达广州。广东巡抚杨琳奏报了此事。康熙皇帝即批：知道了。西洋人着速催进京来！

由于没有档案记载，郎世宁在康熙朝的绘画活动，无从得知。而从雍正元年（1723）开始，到乾隆三十一年（1766）郎世宁逝世，每年都有其绘画活动的详细记录。

郎世宁，字若瑟，历奉清代康熙、雍正、乾隆三朝的宫廷画师，在宫廷生活五十余年。他潜心学习汉语和中国文化，大胆探索、实践中西结合的绘画方法，创作了题材广泛、形式多样的绘画作品。其中有：人物画、花鸟动物画、风景画、年节画、扇画、珐琅画等。郎世宁凭借高超的画技和勤奋忘我的工作精神，深受当朝皇帝的青睐和赏识，在众多宫廷画师中，是一位极具影响力的代表人物。究其原因，有主观因素，也有客观因素。来华之前，郎世宁在当地已是一位崭露头角的青年画家，这无疑为他日后的宫廷绘画生活奠定了基础。雍正元年（1723），郎世宁三十五岁，乾隆元年（1736）郎世宁四十八岁，正处于风华正茂，人生最富创造力的大好时光，是一个

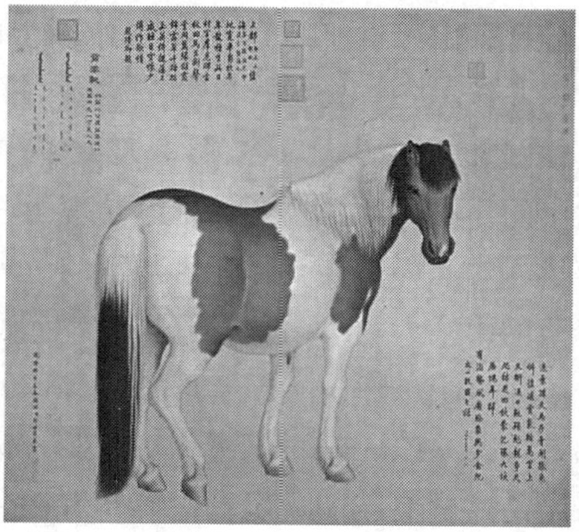

郎世宁画作

人思想成熟、精力充沛的黄金时期，也是郎世宁绘画艺术炉火纯青的阶段。同时，郎世宁所在的雍正、乾隆两朝，适逢清朝鼎盛时期，经济繁荣、国泰民安。书画艺术素为历代帝王所推崇，太平盛世之下，更是受到皇帝的厚爱。故此，郎世宁在宫廷里受到皇帝的重用，也就不足为奇了。

郎世宁绘《瑞谷图》

雍正三年（1725），河南、陕西和北京先农坛产的谷子大获丰收，三地分别将各自的优质瑞谷送到宫里，向皇帝报喜。雍正皇帝见到颗粒饱满、金色耀眼的谷穗十分高兴，为纪念这个祥瑞之年，命大学士张廷玉传旨，由郎世宁照瑞谷实物作画。画完之后，雍正皇帝特为该图降旨，并颁示各省督抚，以警醒官员，再接再厉，无私奉献，勤政为民。这幅图文并茂的《瑞谷图》，现藏于中国第一历史档案馆。今天，当郎世宁的作品与雍正皇帝的朱谕同现于一个画面，展现在人们眼前时，不禁让人想起郎世宁昔日在宫廷里的辉煌。同时郎世宁也是那个朝代享此殊荣的第一人。

郎世宁虽然是学西洋油画出身，但他画的中国画同样深得雍正皇帝的喜爱。一次，雍正皇帝正在欣赏一幅兰花绢画，并用赞许的目光打量着眼前这幅兰花图，发现没有作者姓名，他立即下旨查明作画人。经核实，此画为郎世宁所画。雍正皇帝知道后，“急催速速呈进”。由此，郎世宁的这幅兰花图便留在了雍正皇帝身边，而他的名字也深深印在了雍正皇帝的脑海。春节是中国的传统节日，是一年中最重要的一个喜庆日子。每年为迎接春节，宫内西洋画师都要作画，以示祝贺。郎世宁当然也不例外。一年春节前夕，他用中国画手法，精心创作了一幅山水画，构图巧妙，气势恢弘，描绘出一派山河壮丽、欣欣向荣的景象。雍正皇帝看后，很是欣赏，即命送往“西峰秀色”（圆明园内）张贴。不仅如此，雍正皇帝对郎世宁的油画，也表现出极大的热情。雍正四年（1726），雍正皇帝首次使用西洋油画装饰四宜堂（圆明园内），便是最好例证。而这幅被雍正皇帝选中的油画作者就是郎世宁。但是，并非郎世宁的每件作品都能得到雍正皇帝的赏识。一次，郎世宁奉旨画一只品种叫者尔得的小狗，画完之后，即呈送雍正皇帝。雍正端详一番后，指出“尾上毛甚短，其身亦小些，再著郎世宁照样画一张”。至此，郎世宁已是第三次画这只叫“者尔得”的小狗了。

乾隆皇帝继承了父皇的爱好，喜欢绘画，尤其对郎世宁的画情有独钟。宫内多处悬挂的装饰画均出自郎世宁之手。其中，还有一幅郎世宁的自画像。特别是许多大画动笔前，乾隆皇帝都指定由郎世宁起画稿，亲自审定后，再召集有关画师合画。郎世宁在宫廷中是最繁忙的画师，也是最受皇帝尊崇的画师。有时，他不仅在宫内作画，还奉旨前往瀛台、香山、热河等地作画。一次，乾隆皇帝下旨由郎世宁画一幅《九龙图》。乾隆皇帝在谕旨中竟征求郎世宁意见，习惯用绢还是纸都可以。乾隆皇帝的任何朱批里从未有过如此商量的话语，可见其对郎世宁的尊敬程度。但是，原则问题乾隆皇帝决不客气，他在谕旨结尾，特别指示此画“不要西洋气”。

由于受到雍乾两朝皇帝的重用，郎世宁在宫廷的绘画工作量也常常是超负荷的。而两位皇帝对他生活上的关心更是无微不至。十一月的北京，已是寒气袭人。雍正皇帝下旨给郎世宁作画的屋，铺上地炕，炕上再加一块羊毛毡以防寒取暖；为了更好地防风，将郎世宁作画屋内的窗户、墙壁重新补糊。乾隆皇帝对郎世宁更是爱护有加。平日，乾隆皇帝经常单独奖赏给郎世宁一些绸缎、人参等东西，以示鼓励；特别在其生病期间，赏其银两，补养身体。病好后，乾隆皇帝专门为此下旨，允许郎世宁病好后在家作画。一位宫廷画师竟能得到皇帝如此关爱，实属不多见。而郎世宁也没有辜负两位皇帝的厚爱，他一生忠心耿耿、鞠躬尽瘁，作画到生命最后一息。甚至在逝世前的几个月，他还在奉旨作画。

郎世宁在宫廷的绘画生活是紧张、忙碌而又充实的，由于备受雍乾两朝皇帝的关注，郎世宁生活无忧、心情愉快，始终保持旺盛的创造力，为后人留下许多绘画艺术作品，也为那个时代培养了一批年轻画家，为传播东西方文化艺术做出了杰出贡献。乾隆三十一年（1766）六月郎世宁病逝，享年七十八岁。乾隆皇帝特下谕旨：“西洋人郎世宁自康熙年间入职内廷，颇著勤慎，曾赏给三品顶戴。今患病溘逝，念其行走年久，齿近八旬，着照戴进贤例加恩，给予侍郎衔，并赏内务府银三百两，料理丧事，以示优恤，钦此。”乾隆皇帝这道谕旨，后被刻在郎世宁的墓碑上，为郎世宁的一生画上了圆满的句号。郎世宁若在天有灵，应该感到欣慰，在他停下画笔离开这个世界的时候，他再次享受到了皇帝赐予的殊荣。

坐在轿子里的西洋妇女

陈宜耘

1830 年，英国东印度公司大班（外国公司驻广州商馆的商务负责人）盼师不顾清廷禁令，携其妻子坐着轿子来到广州商业街上。轿子里面的大班妻子身着袒胸露背的长裙、雪白的肌肤、金发碧眼，她一会儿指着外面好奇的人群，一会儿与身边的丈夫相视而笑。大班陪妻子坐轿子逛街的事，在城内外引起轩然大波。这位坐在轿子里面的西洋妇女，便称为“番妇”。所谓“番妇”，一般多为大班或商人所携带的女眷。

19 世纪的西洋妇女

西方妇女的着装、发饰、生活习惯多与中国的传统观念和风俗迥然不同。她们没有裹缠的天足，身着胸部暴露过多的服装以及随意同男人握手的动作，被认为既有伤地方风化，又有损天朝礼教。诚惶诚恐的广州将军、两广总督、粤海关监督和广东巡抚联名上奏，认为此事“有违天朝体制”。《广州番鬼录》曾详细地记录了这段历史。1830 年是外国人在广州的生活史中前所未有的一年。这年 10 月，有几位英国和美国妇女从澳门来到商馆。她们当中，英国东印度公司大班盼师的妻子是最美丽的一个，她穿着正宗的伦敦时装。晚上，她们同一群先生走在当时最繁华、时髦的广州十三行商业街上，并公开违反规定，乘坐轿子进入商馆。白种人无论走到哪里，就有一大群好奇的中国人跟到哪里。为了看得清楚，各家店铺纷纷打起灯笼，惊异的人们在窗畔、门户中观看西洋人。官员们被洋人这突如其来的公开越轨行为弄得不知所措，立即下令采取有力措施，坚决制止这种行为。并四处张贴告示，重申禁令。洋人的这番举动，对当局来说犹如世界末日般惊恐。“番妇”进城，现在是个不足为怪的事情，但在一百多年前的清朝，却是一个很大的问题，是一个每每让中英两国走到战争边沿的问题。

广州开埠之初，“番妇”就和枪炮一样被拒之城外。当时少有远涉重洋而来的西洋妇女，来华女子可以暂时生活在船上。乾隆十一年（1746）开始，两广总督准许“番妇”居住澳门，广州城和十三行商馆仍然禁止她们入内。此时正处于四口开放时期，也就是说，清廷在实行“一口通商”之前，就已经厉行对外国妇女的查禁制度。把洋妇与枪炮等同看待，在今天看来很荒诞。我们不禁要问，清政府为什么要长期奉行防范外国妇女的政策呢？

首先，是一种戒备心态。饱受儒家思想浸染的中国官僚认为，西洋妇女进入口岸，势必伤风败俗。清政府要用隔离的措施，控制“奸邪”的渗透。

英国东印度公司大班和他的家人在澳门

其次，是出于限制外商的需要。禁止洋妇入城，以防其生养子嗣在口岸安家落户。没有温暖稳定的家庭生活，有意造成两地分居，必然让“番鬼”对定居广州产生反感，也就不用担心他们长期滞留不走了。清朝的卫道士采取这种制裁措施，让决心在广州发财的洋人付出代价。

最后，出于礼节、安全的考虑。西方妇女的异样异服，常引来好奇市民的围观乃至滋事。当时就有人愿意出钱去观看潜入商馆的白种妇女以满足好奇心。禁令有保护外国妇女、防止中外事端之意。然而，“番妇事件”又是怎样引起中外之间的轩然大波呢？

禁令对居住在广州的男性洋人形成了强烈的约束，对于每年有一半时间居住在广州商馆的洋人来说，不许妻子随同丈夫安居，这是极难接受的戒律。他们对此深恶痛绝，屡屡想有所突破，矛盾逐渐凸现。外商违抗禁令的最早记录是乾隆十六年（1751）七月，荷兰大班携妇进入广州瑞丰行居住，被广东大吏严厉驱逐。在广州商馆生活了二十多年的美国人亨特在《旧中国杂记》中记述道：我们这些可怜的广州外国人，都是身不由己的修道士，就连女人的声音都是一种奢侈品，广州的官员是不允许他们的外国同性们享有的。

随着来华者剧增，广东官府对外来人毫不含糊的高压，和外商对清朝旧体制的挑战，使中英对峙不断升级。两相冲突，进而在中外关系史上酿发争端。

英国东印度公司在一份致两广总督的抗议书中，引用了“四海之内皆兄弟”的中国古典名言，并表明全部大班都是本国绅士，有的还是不列颠国家议会成员。公司人员每年需要六个月以上的时间留在商馆，不准携妇乘轿进入，使他们感到被贬为卑贱种族的侮辱。为了夫人，盼师从停泊在黄埔的英船上召集武装水手百余人，携带枪炮登陆广州商馆。“番妇”纠纷使中英关系剑拔弩张，大有一触即发之势。

实际上，双方都不愿意把局面弄僵。广东官员怕涉外事件激化，难以向朝廷交代，于是急忙派中方行商做疏导。英方也因百余人的武装根本不可能与中方抗衡，更由于贸易所系，利之所在。夹在官府和外商之间左右为难的行商，以盼师夫人患痰疾未愈，需要调理为由，请官府同意等她病愈后返回澳门。广东官员只好接受这一托词以做圆场。盼师夫人在商馆共住了五十七天，随着盼师的离任，“番妇”与枪炮的僵局暂时平息。

“番妇事件”成了英国自由商人煽动反华情绪的口实之一，战争的因素由此急剧膨胀。鸦片战争之后，英国人可以“带同家眷”寄居通商口岸的条文被明确载入《南京条约》。条约第二款开头的一句话就是：自今以后，大皇帝恩准英国人民带同所属家眷，寄居大清沿海之五处港口，贸易通商无碍。

至此，“番妇”终于可以名正言顺地陪伴夫君在广州生活和经商了。

越南国号的由来

屈春海

中越两国关系源远流长，嘉庆八年（1803）嘉庆皇帝册封“越南”国号，一直沿用至今。

嘉庆朝以前越南国名的历史演变

越南国名，历史上曾经历过数番变动。我国历史文献中就有关于羲叔“宅南交”的说法，神农、颛顼、尧舜等南至交趾，或南抚交趾的记载。羲叔、神农、颛顼等是传说中的人物，通过传说反映了早在西周甚至更古的时候，中原地区就已经和南方的交趾有直接或间接的联系。公元前 214 年，秦平南越，曾将南越列入中国版图。公元前 207 年，秦龙川令赵佗，趁秦末天下大乱之机，割据自立，建立“南越国”，都番禺，号“南越武王”。唐调露元年（679 年），设置“安南都护府”，治所在交州，即今日河内，这是有关“安南”之名最早的记载。安史之乱后，唐将安南改为镇南。唐大历三年（768 年）再改为安南。宋朝史书，一般称越南为“交趾”。直到宋淳熙元年（1174）这种情况才发生了根本性变化。淳熙元年二月一日，李朝国王李天祚遣使入贡，南宋孝宗王正式诏赐“安南”国名，封南平王李天祚为安南国王。安南国名自此开始。从此以后，安南初步取得了独立。但从严格意义上讲，这种独立还不是真正意义上的独立，而是处于中国藩属的地位。此后，除 1406—1428 年间一度为明朝统治外，两国的宗藩关系一直维持到光绪十一年（1885）越南完全沦为法国殖民地为止。明初，明政权曾将安南等十五个国家列为“不征之国”。永乐五年改安南为交趾，把安南重又并入明朝版图。永乐十六年（1418），安南清化府俄乐县巡检黎利在蓝山起兵抗明，苦战十年，推翻明朝统治，恢复独立。于宣德二年（1427）四月，黎利即位，定国号“大越”。

1644 年清军入关，中国开始了清王朝的统治，清廷和当时称之为安南的黎朝继续保持着封建宗藩关系，前后维持了一百多年。当时，安南虽然在名义上属于黎朝统治，但实际政权却由南北两个对立的封建集团所控制，北方是郑氏，南方是阮氏。郑氏紧紧控制的黎氏朝廷，则作为统一安南的象征，与清朝政府保持着封建宗藩关系。清廷承认并册封黎氏为安南国王。至于南方的阮氏势力，当时中国一般都称之为广南国，其实力较弱。

越南顺化阮氏王宫午门

进入十八世纪，清朝国力渐臻鼎盛，史称“康乾盛世”。在安南黎朝，郑氏父子相继把持朝政，任意废立黎朝君主，黎氏为王，郑氏执政的局面依然如故；对外，依然打着黎氏的旗号向清朝定期朝贡，而且每当清朝即位皇帝登基时都上表庆贺，以加强同清王朝的联系。虽然黎朝君主任其废立，但一直打着黎氏的旗号，仍有限度地告哀、求封，以免引起清朝的怀疑和干预。这种状况一直持续到乾隆五十四年（1789）正式被西山起义军灭亡为止。乾隆五十四年正月初一，安南黎朝被阮惠（也称阮文惠）领导的西山起义军所推翻。并于乾隆五十四年六月二十日颁诏册封阮惠为安南国王，正式承认阮惠在安南的统治地位。

阮朝的建立与国号请封

乾隆五十七年（1792）秋，安南西山朝阮光平病逝，其子阮光缵即位。乾隆六十年（1795）乾隆禅位，嘉庆登基。嘉庆初年，粤、闽、浙三省洋面海盗频繁出没，形成了颇为严重的海患，实际上海盗是得到了阮光平、阮光缵父子的支持，因为自乾隆朝后期，通过内战推翻黎朝，夺取了政权，但在财政方面却陷入了困境，因而企图利用海盗劫掠来增强国力。他们对海盗或资以兵船或授以官号，甚至还派安南官兵直接参与其事。

对于此事的处理，嘉庆降谕两广总督吉庆：这些海盗出洋劫掠，安南国王并非不知情，如果不出兵捕获，这些海盗是不会束手就擒的。为了避免引起两国之间的军事冲突，只有当安南海盗内犯，方可全力拿获，即行严惩不贷。大可不必兴师征讨该国。从这一道谕旨来看，嘉庆处理安南海盗是理智的。第一，他并没有放弃打击海盗侵犯我领海的原则，没有向安南西山朝示弱，只要是在中国的领海内拿获海盗，即可根据清朝律法就地正法。第二，他没有意气用事，没有因为安南敢于冒犯“天朝”而轻率出兵，这和以往历朝动辄兴师征伐邻国相比较，是嘉庆对待周边国家外交政策的一大进步。

其实，当时阮光缵在安南的统治并不稳固，割据南方原安南国王黎维祁的外甥阮福映，正借暹罗兵为黎氏复仇，号称“旧阮”，而称篡夺黎朝王位的阮光缵为“新阮”。他们之间的内战愈演愈烈。

当清廷获悉以阮福映为代表“旧阮”与西山朝构衅交兵，嘉庆立即确立了只要与内地无涉，就不许介入的方针。嘉庆七年（1802）五月，阮福映建国称帝，年号嘉隆，建都于富春

阮福映像

（今越南顺化）。以阮光缵为首的西山政权此时已处于朝不保夕的境地。六月十五日，"旧阮"军队攻占升隆（今河内），俘获安南西山朝国王阮光缵。嘉庆七年（1802）十一月初，阮福映派请封使黎光定、黎正路、阮嘉吉前往中国，请封国号为南越。

对于阮福映请以"南越"封国号，嘉庆首先是以警惕的目光来看待这个问题。他认为：其所请以"南越"二字锡封一节，断不可行，南越之名，所包甚广，今广东、广西地界也在其内。阮福映边缴小夷，此时即全有安南，也不过交趾故地，何得遽称南越？同时，"恐其心存叵测，所有广东、广西一带海道边关，俱著密饬地方官留心防备，不可稍涉懈弛"。我们可以看到，当时嘉庆在尚未摸清阮福映的真实意图之前，在主动请求册封的情况下，不急于解决，而是预为防备，提出不同的意见，是大有必要的。

嘉庆八年（1803）四月初六，嘉庆在经过深思熟虑后降旨："以该国既先有越裳旧地，后有安南全壤，天朝褒赐国封，著用'越南'二字，以'越'字冠于上，仍其先世疆域，以'南'字列于下，表其新锡藩封。且在百越之南，与古所称南越不致混淆，称名既正，字亦属吉祥，可永承天朝恩泽。现已令陪价等诣阙请封，所颁敕印，即以此二字称名。该国膺此嘉名，备位藩服，更足显勿替。"有了嘉庆的谕旨，接下来就是举行册封大典了。

齐布森赴奉命赴越南册封国号

根据清朝《会典》规定，册封越南等外藩国王要举行隆重的册封大典，其礼节为：册封使进入升隆（今河内）后把诏敕及颁赐器币安于册封使驿馆，待到约定的册封日，该国国王率文武百官到使馆"肃迎，奉诏赐御龙亭，行礼毕"，该国王先回王宫。"诏赐龙亭及颁赐器币"由仪仗前导，正、副使随之同行，行至册封殿前，"由中门入，正、副使从，奉诏敕升殿，置正中黄案上，奉诏赐币器陈于旁案"，然后该国王率群臣行三跪九叩之礼，"天使"宣读册封敕文，读完以后放在黄案上，该国王在率群臣行三跪九叩之礼，礼毕，该国王率群臣正、副使退出，册封仪式结束。

就越南而言，对于清廷所派出的册封使团的接待极为重视，花费也很大。册封使团到达前，每个驿馆都精心安排。如当时规定每个驿馆应准备的器具包括：床十二张，座椅、桌子各四件，竹笆四十件，大盘二十件，茶盘二十面……除了这些器具以外，在册封使团入关后还要备办水牛、黄牛、猪各一头，羊一只，鹅、鸡、鸽鸟各二十只，鸭蛋二百个，鲜鱼四十尾，酒十斤，芭蕉三百果，柑子二百果，槟榔五百果，芙叶二千叶等；并规定倘若地方官觉得供应不够敷用，临时可以酌量增加。此外，“凡清使初到日、行礼日、回程日均有宴款，各一次”，对酒席的标准也有明确的规定。

可以看出，为接待清廷册封使团，越南阮朝贽见、供顿的物品在品种上是丰富的，数量是较大的。这一方面说明统一后的阮朝的国力得到了加强，另一方面也表明阮朝对接待中国册封使团这样的邦交大事是极为重视的。

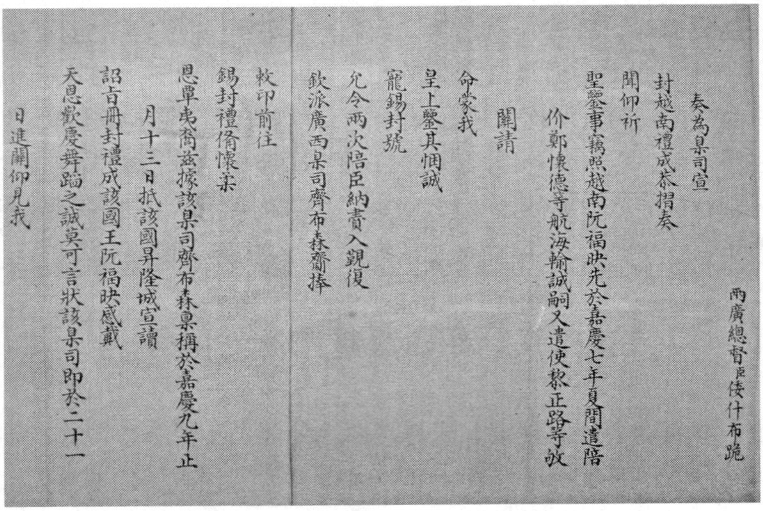
兩廣總督臣倭什布跪
奏為臬司宣
封越南禮成恭摺奏
聞仰祈
聖鑒事竊照越南阮福映先於嘉慶七年夏間遣陪
价鄭懷德等航海輸誠嗣又遣使黎正路等敬
闡請
命蒙我
皇上鑒其悃誠
寵錫封號
允令兩次陪臣納責入覲復
欽派廣西臬司齊布森齎捧
敕印前往
錫封禮備懷柔
恩覃禹裔茲據該臬司齊布森稟稱於嘉慶九年正
月十三日抵該國昇隆城宣讀
詔旨冊封禮成該國王阮福映感戴
天恩歡慶舞蹈之誠莫可言狀該臬司即於二十一
日進關仰見我

两广总督倭什布奏报册封越南礼成折

嘉庆八年（1803）十一月十六日，册封使齐布森与越南请封使自省城水路起程。南宁府同知黄德明、太平府知府王抚棠及佐杂二员跟随前往，嘉庆九年（1804）正月初四出镇南关。根据清朝《会典》规定，越南迎接册封使的礼仪是“使者将入境，国王遣陪臣祗候，恭迎诏敕、龙亭，行三跪九叩礼；见正、副使，行一跪三叩礼”。

这一天，越南举行了隆重的受封大典……由阮福映率领文武大臣向龙亭行“三跪九叩礼”，册封使齐布森宣读敕文，阮福映等跪在香案前恭听，读完后即授予阮福映，由册封副使取过新颁越南国王印玺，再由齐布森转授予阮福映，阮福映接过敕书递给受敕官阮文诚，将国王印玺递给受印官范文任。最后，赞礼官宣布册封礼毕。嘉庆九年（1804）正月二十一日，齐布森一行回到镇南关，顺利完成册封越南国号大典。

嘉庆帝册封越南国号，从“南越”到“越南”，虽说只是两个字的倒置，但其意义已经完全不一样了。这次越南国号册封充分反映了嘉庆处理外交事务，既异常审慎，又十分机敏。而这一改变，在道理上也是完全站得住脚的，而阮福映亦乐于接受，其结果是两国皆如所愿，皆大欢喜。从此，清朝与越南的关系进入了一个稳定的宗藩关系发展时期。这也是中国历史上中外成功交涉的典型范例。

越南古都顺化，举行传统的祭天仪式

嘉庆册封越南国号，有两点值得注意。首先，我们应当承认中国与越南宗藩关系的建立，的确存在着上下尊卑的封建等级关系，这种关系是不平等的。但是，这种不平等的关系更多的只是体现在两国君主之间，而且只是局限在外交礼仪方面，在其他方面并不存在，比如，越南君主在本国称为皇帝，有自己的年号，奉自己的正朔。在维持宗藩关系方面，清政府也只是关注该国在礼仪上的“恭顺”与否，并不过问该国的内政，力图以“怀柔远人”的特殊形式尊重该国的主权。

越南国王阮福映之所以接受这种不平等的宗藩关系，而且还是主动要求建立，维持这种关系，除了两国文化心理的认同、宗藩往来的历史传统外，更重要的是因为越南统治者由此获得了中国统治者的承认，从而在本国国内稳定了自己的政治地位，巩固了统治秩序；该国在获得了与一个大国发展双边关系的同时，与中国虚拟的“君臣关系”并未损害本国的领土完整、主权独立和国家利益，只是多了个表面上的“天下共主”和虚拟的藩属，以及烦琐的外交礼仪活动而已。

弄清越南国名的确立，有助于我们进一步了解中越关系史的来龙去脉，同时也有助于我们探索中越文化交流的共同渊源。

清代幼童去留洋

刘 燕

清朝同治十一年（1872）七月初九，上海黄埔港的码头上，30名身着蓝色长袍，酱色马褂，头戴黑色缎帽，脚登缎靴的孩子引起了人们的注目。他们一个个痛哭流涕，各自提着小行李箱，在轮船汽笛的催促下依依不舍地离开亲人，登上了从上海黄埔港起航的轮船。这是清朝政府派出的第一批留洋幼童，他们将驶往日本，再东渡太平洋，远赴美国留学。从清同治十一年（1872）起，清朝政府陆续派出了一百二十名幼童先后赴美国留学，对我国近现代的政治、科技、外交、文化等方面产生了很大影响。

一

这次留学的发起人是我国“第一中国留学生——毕业于美国第一等大学者容闳先生”，他是中国人留学的先驱。容闳，字达萌，1828年出生于距澳门四英里的广东香山南屏镇一个贫寒的家庭。他七岁时进入英国传教士在澳门开办的小学学习英文，六年后进入马礼逊教会学校读书。1847年，十九岁的容闳与班里另外两名学生随马礼逊教会学校校长美国人缪塞尔·布朗先生去美国学习。在美国，容闳先入孟松学校，继入耶鲁大学学习，异国八年寒窗苦读，于1854年毕业。当年，容闳放弃继

1854年耶鲁大学毕业生容闳

续深造，拒绝了在美就职的荣华富贵，回到了多灾多难的祖国，决心用所学知识报效国家。他深知留学教育对中国近代化的重要性，遂立下平生之愿：“以西方之学术，灌输于中国，使中国日趋于文明富强之境”。

容闳回国后，先后从事过律师、海关译员、公司书记员等职。他的学识和才能得到了清廷大学士两江总督曾国藩的赏识，为曾国藩打开了了解与学习西方的全新窗口，曾国藩接受容闳建议，设立了安庆内军械所和建立江南机器制造局，还先后设立了译馆、印书处、兵工学校和机械制造学校，拉开了我国洋务运动的巨幕。容闳很快成为洋务派的幕僚，在协助曾国藩、李鸿章等人办洋务时，不失时机地提出选派学生去西方学习的建议，在容闳的提议和帮助下，派遣学生出洋留学在十九世纪六十年代末开始酝酿。

1870 年春，天津发生教案，清政府派曾国藩、丁日昌等四大臣出面办理，容闳赴津担任译员。办理天津教案，曾国藩深感国家外交、外语人才匮乏，此时容闳通过丁日昌向曾国藩又重提留学教育的计划，他以此案件为例，加强论据，并恳切地坚持此事刻不容缓，他的提议得到了曾国藩的首肯。当下，由曾国藩领衔，四大臣联名上奏，请求清政府采纳容闳所提意见，选派幼童出国留学。1870 年冬，幼童留学获得朝廷首肯，曾国藩驰书召容闳共商此事。容闳来到了南京，他向曾国藩阐述了自己酝酿已久的留学计划，提出了选派幼童数额、留学年限、成立预备学校和筹定留学经费等四件事；提出了成立留学事务所、选派监督、教习和翻译等应办事宜，并开始起草招考章程。

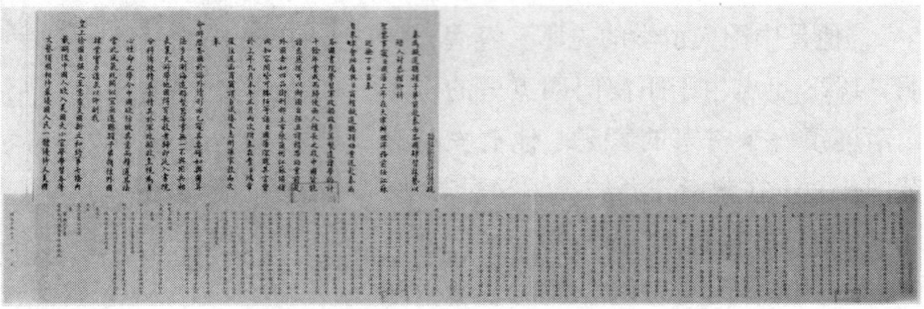

曾国藩、李鸿章《奏为拟选聪颖子弟前赴泰西（西方）各国肄习技艺以培人才》奏折

中国第一历史档案馆存有曾国藩、李鸿章两名清廷封疆大吏 1871 年 8 月 18 日联名上书《奏为拟选聪颖子弟前赴泰西各国肄习技艺以培人才》

奏折，奏折奏请朝廷派出幼童出洋学习西方技艺，奏报了奉命派出大臣志刚等人去西方考察，发现西方各国“舆图、算法、步天、测海、造船、制器等事，无一不与用兵相表里其于军政船政直视为身心性命之学。”指出：使西人擅长之技，中国皆能谙悉，然后可以徐图自强。曾、李二大臣还向朝廷呈上容闳拟就的《挑选幼童前赴泰西肄业章程》，章程共十二条，规定了每年招考幼童三十名，四年共一百二十名，学习年限为十五年；届时量材选入军政船政两校肄习；规定幼童经过文化考试后，先入预备学校学习一年，合格方可出洋留学，并需签字画押，留学其间，疾病生死各安天命；还规定了学员肄业由政府奏赏官阶差使，不准入籍外洋及华洋自谋别业；留学师生官费所需银两，规定均由江海关洋税拨出等。

部分留美幼童1881年被召回国前合影

朝廷旨准了曾、李二大臣的奏折，并在上海设立了“总理幼童出洋肄业沪局”，同时在美国麻省春田成立了“选带幼童出洋肄业局”，调派翰林刑部主事陈兰彬为正监督，容闳为副监督，负责办理选派幼童赴美留学事务。1871年，容闳开始招收第一批学员，由于当时达官贵人对外国情况不甚了解，其子弟仍沉湎于考科举入仕途，所以招收的幼童大多数为广东知识分子和洋务分子子弟，连同江苏、福建等地竟然没能招足三十个名额。为此，容闳急赴香港英国人所开办的学校招选学员，后来的铁路工程师詹天佑就是他从香港补招来的，詹天佑的父亲还出具了“情愿送赴宪局带往花旗国（美国）肄业学习技艺，回来之日，听从差遣，不得在国外逗留生理。倘有疾病，生死各安天命”的保证书，由此可以看出当时中国朝野对出国留学还视为畏途的情形。

二

三十名幼童第一次离开祖国，轮船上的一切让他们感到陌生与好奇，他们在甲板上互相追逐，围着蓝眼睛、长鼻子的外国人好奇地打量，面对盘中的西餐不知如何入口；当海上刮起大风的时候，巨浪滔天，轮船上下颠簸，孩子们个个吓得面如白蜡，躲在船舱里号啕大哭；为了赴美求学，这些孩子吃尽了苦头。经过近一个月的海上航行，终于到达了美国，宽敞明净的马路、高耸入云的楼房、到处奔跑的汽车令孩子们目眩。而身着长袍马褂、脚蹬缎靴，脑后扎着小辫子的三十名清一色的中国孩子则令美国人惊讶不已，他们称这些留美幼童为“中国女孩”。

留学地点选在了美国教育最发达的新英格兰中心地带，也是容闳深受文明教育的故地。他安排这些孩子住进美国教师家庭，每家二至四人，先熟悉英语和西方生活方式，然后入学校学习。这些孩子与美国家庭的老师建立了深厚的感情，多少年后仍保持着书信往来。1873 年，第二批三十名幼童由委员黄平甫带领来到美国，这批学生大多仍为广东籍知识分子和科技人员子弟，有的还是兄弟二人同来求学。1874 年由司马祁兆熙带领的第三批三十名幼童来到美国，这批学生以江、浙籍居多，最小的学生还不到十岁。民国首届内阁总理唐绍仪也在其中，时年十四岁。从这两批学员情况不难看出，当时社会风气已逐渐在转变，人们开始重视科技、实用专业的学习，对子弟出洋留学也抱有很大希望。1875 年最后一批三十名幼童由参军邝其照带领如期赴美，仍多为广东籍子弟。

一百二十名幼童先上中学，再上大学。应清朝官吏办洋务的需要，他们选读了物理、机械、军政、经济等学科，有一部分选学了法律专业。他们不负期望，努力学习，刻苦攻读，各科成绩优异。美国前总统格兰德在给李鸿章的信中说：“幼童在美颇有进益，如修路、开矿、筑炮台、制机器各艺，可期学成。”1876 年美国独立百年纪念，在费城举办有中国参加的三十七国博览会，展会大厅辟有中国留美幼童的课程窗，展出了幼童的绘画、地图、算法、人物、花木等作品，受到参观者的称赞。幼童用中英文撰写的作文《游美记》《哈佛书馆记》《美国土地论》等数篇文章，内容生动，文笔流畅，得到了大家的好评。8 月 21 日，幼童在中国教习和美国老师的带领下，从哈特福德来到费城展会参观学习。那天，展馆升起了中国的黄龙旗，乐队奏响了欢迎的乐曲，早已从报上得知消息的各地观众，纷纷赶到展会，他们要亲眼见一见从遥远的东方来到美国的中国孩子。幼童们来到展会，早进晚出，中午在馆内简单用餐，为的是抓紧时机认真汲取、学习。他们聪敏好学，彬彬有礼，受到美国人民和教育界人士的欢迎。第二天，清朝政府海关税务司宁波海关李圭作为中国工商界代表前赴美国参加展会，他见到了在美留学的这些孩子“于千万人中言动自如，无畏怯态……吐属有外洋风派”，“见人礼数言谈彬彬然”。李圭问他们可否想家，孩子们的回答令他心生敬意：“想也无益，惟有一意攻书，回家终有日耳！”从这些留学美国的幼童身上，李圭看到了西方教育的优越，也看到了中国教育改革的希望。8 月 24 日，美国总统拉瑟福德·海斯在费城接见了海关总署税务司赫德和李圭，得知中国幼童也来费城非常高兴，当天即在总理会务官公署接见全体幼童，与他们握手交谈，鼓励他们好好学习。当时随行的翻译称赞说，幼童在美读书两年，远胜在香港读书五年。

留学生事务所最初设在哈特福德城森孟纳街的一幢洋楼里，年租金一千七百两白银。1874 年，容闳申请得到李鸿章的批准，他亲自设计图纸，在哈特福德城克林街建造了一座坚固壮丽的三层楼房，作为留学生事务所的永久办公地点。留学生事务所建有餐厅、卧室、浴室等，还有一间用来教授汉文的特大教室，经容闳提议，教室的墙上悬挂了曾国藩、李鸿章、丁日昌三人的画像。请求政府出资建造如此坚固的留学事务所，容闳的初衷并非“为徒壮观瞻，盖欲使留学事务所在美国根深蒂固，以冀将来中国政府不易变计以取销此事”。但七年后，清廷封建顽固派根深蒂固的传统观念占了上风，幼童留学计划受挫。

三

清政府规定：幼童留学期间，每三个月要到留学事务所学习汉文，每次十二人，十四天为一学期，一批批轮番更替，由汉文教习讲述《孝经》

《五经》和宣讲《圣谕广训》。规定：恭逢三大节日以及每月朔、望等日，由监督率领教习和全体幼童“望阙行礼，俾娴仪节而昭诚敬”，为的是不忘祖宗，防止西化。教育这些身在异国的孩子们不忘中国的传统文化和礼教，倒也无可厚非，但是，孩子们一旦呼吸到美国民主、自由、科学的新鲜空气，对这些旧的观念和做法就难以接受。他们在学习西方科学技术的同时，也受到西方政治、文化及信仰等方面的影响。他们开始脱掉长袍马褂，变得西装革履，开始打棒球、踢足球，渐渐融入美国的社会中去，有些人还随家庭教师去教堂瞻礼。这些做法引起了陈兰彬及后来上任的监督、旧学派的代表吴嘉善等人的恐慌，他们认为剪掉发辫、身着西装是对朝廷的不忠，游戏健身则是目无规矩，教堂瞻礼就更是离经叛道。在这些问题上，容闳与陈兰彬等人意见相左，这些琐碎细事在容闳看来再正常不过，但对陈兰彬等人来说则是不能容忍的。对于这些孩子，陈兰彬等人不是循循教导，而是横加阻挠，所以每每与幼童发生冲突。容闳兼任了除汉文以外的各科教习，他和孩子们朝夕相处，谆谆教导，和他们建立了深厚的感情。容闳对孩子们的理解和宽容，引起了陈兰彬等人的不满，他们攻击容闳“偏重西学，致幼童中学荒疏，”称幼童“他日纵能学成回国，非特无益于国家，亦且有害于社会”。容闳与陈兰彬等人的矛盾愈来愈深，1881 年 3 月 5 日，陈兰彬上奏朝廷，请求中止幼童留学。

1881 年，容闳致函美国国务院，请求安排数名留美幼童转入陆海军军校学习，遭到拒绝。时年，美国发生经济危机，美国国会企图转移美国民众的视线，掀起反华之风，通过了禁止华工的议案。美国国会违背 1868 年中美两国签订的中国入美学校学习应享受最优国民待遇的条约，拒绝幼童进入军校学习，这件事使得李鸿章不甚满意，陈、吴等人又就此事借机大做文章，给李鸿章写信诽谤容闳，破坏留学计划。清廷一贯反对出洋留学的大臣们趁此提出：撤回留学生以回击美国的反华之风。1881 年 6 月 8 日总理各国事务大臣奕䜣上奏清廷《奏请将出洋学生一律撤令回华》，折奏报：幼童“远适异国，路歧丝染，未免见异思迁是外洋之长技尚未周知，彼族之浇风早经习染”，奏请亟应将留学事务所裁撤。留美幼童遂被下令全部撤回，清代首批幼童留美学习半途而废。

1881 年秋，一百二十名留美幼童除因故提前召回、在美病故和几名拒不回国的幼童之外，九十四名幼童分三批撤回了上海。他们被押送到一座已经关闭十年的“求知书院”，寒冷潮湿的环境令他们的心中无比失望和愤怒。他们之中只有詹天佑和欧阳赓二人大学毕业，六十多人正在上大学，其余人还在上中学，这些过早开放的花蕾最终沦落到夭折的境地。

这批留美幼童后来被清政府陆续安排在翻译馆、机器局等处，从事电报、铁路、矿务、商业、教育等事业，虽然有的所学专业不对口，但大多数人都坚持在洋务企业中工作，为中国社会政治经济发展和祖国的富强做出了贡献，许多人成为杰出人物。

如：最享盛名的“中国铁路之父”詹天佑，他主持修建了闻名的京张铁路；第一位著名矿务工程师吴仰曾，为建设开滦煤矿做出了卓越功绩；唐绍仪担任过外务部大臣、奉天省省长等职，后来担任了民国首届内阁总理；梁敦彦担任了驻欧美公使，1908 年他把儿子梁致祥送往美国留学；第一位获准在美国开业的华裔律师张康仁，回国后曾担任法政学堂的总教习；蔡廷干是民国时期著名的海军将领，他所翻译的《唐诗集》至今仍为英美流行的唐诗译本；兄弟两人留学的，哥哥黄仲良出任中国驻旧金山领事等职，弟弟黄季良在福建水师服务，1884 年随“扬武”号舰出海作战，英勇牺牲。在近代反侵略战争中，留美幼童不少人被载入了爱国者的史册：薛佑福、杨兆楠、邝泳钟等在中法战争中英勇殉国，陈全揆、黄祖莲、沈寿昌等战死于中日甲午战争；吴应科在中日海战中表现勇敢，被清廷授以“巴图鲁”之荣誉。

清代幼童留学，对封建社会闭关自守、足不出户的顽固思想有很大冲击，开创了我国幼童官费留学的先河。到二十世纪初期已形成留学运动，出洋留学已蔚然风，出国留学人数有三四万人之众，大多数人回国后投入了当时的洋务和新政运动。

清朝派出代表团赴美参加世博会

沈　原

光绪二十八年六月（1902 年 7 月），美国总理会务大臣巴礼德来到中国觐见清朝光绪皇帝，代表美国政府表示：美国为了庆贺“购得鲁西亚纳地方”一百年，准备于 1904 年在圣路易斯举办世界博览会，集天下百工技艺、土产、矿务、材木、海味珍品等，一展天下，特别邀请中国派团参加。光绪皇帝非常高兴地接受了邀请，当面允准届时简派大员前往。

随后，晚清政府派出了由政府官员与海关洋员组成的赴美参加圣路易斯博览会的代表团。贝勒溥伦担任正监督，副监督是上海候选道黄开甲和在华二十二年的东海关税务司美国人柯尔乐。随员有：内务府员外郎诚璋、户部主事彭谷孙、候选通判全森、江苏补用知县冯国勋、供事候选知县周祖彝、候选笔帖式锡瑄、分省补用县丞彭清平、翻译为分省补用道程大澄。

溥伦一行在美国各地参观

溥伦率领的政府官员一行，于光绪三十年正月十八日（1904 年 3 月 4 日）乘坐火车经天津、到秦皇岛，乘船到上海，转船抵日本神户、东京、横滨。在日本短暂停留期间，觐见日皇，接受日皇赐给的勋章及礼物（赐溥伦一等旭日大绥章，赐黄开甲二等旭日章，赐随员诚璋等四等、五等瑞宝章及七宝花瓶）。并且参观了日本盲哑学堂、日本帝国教育会、留学会馆、神户学堂、清华学校等处，并捐助银两。随后继续乘船，经美国檀香山、旧金山、抵美国首都华盛顿，受到美国总统西奥多·罗斯福的接见，溥伦向美国总统呈递国书，并且拜会总统夫人及各国外交使节。美国外交部设午宴盛情招待，前外交部官员福士达再设茶会，来客达数百人，场面极其隆重。溥伦等在美国总统所派总管大臣赛门的陪同下，畅游美京名胜，并且先后参观檀香山医院、纽约学堂、马赛白十字会等，也依次捐助银两。经过近两个月的舟车劳顿，4 月 28 日，溥伦一行抵达圣路易斯。

美国圣路易斯万国博览会于光绪三十年三月十五日（1904 年 4 月 30 日）隆重召开，历时约七个月，至 11 月底闭幕，其规模和形式都大于美国以往举办的各届博览会。当开幕式举行时，德国、法国、英国、意大利、英属锡兰、英属加拿大、日本、高丽、波斯、墨西哥、秘鲁、阿根廷、尼加拉瓜等国家，都纷纷派遣高官前往，并且先后拨巨款，在占地一千二百四十亩的会场中各自勘定地方，或建造仿古宫殿、或建造仿古离宫、或建造茶馆、或建造亭台、或环植花木等，各争巧艺，各竞新式，千姿百态，各显其能。充分显示各国工业革命的成果，技术革命的先进，商业的繁荣，人文的进步。中国由黄开甲副监督带领员役建造了一座亭舍。美国除满足各国用地需求外，还特意开辟一块农田，种植美国各处上等植物，如：五谷、波萝、橘柚、烟叶、甘蔗、棉花、小麦、芋艿、野草、荷兰豆、槐树、蛇卵草、沙窝窝等，分东南西北四区，各象征其本地所产，以便纵览。

世博会“中国村”入口

光绪三十年四月二十一日（1907 年 6 月 4 日），美国圣路易斯博览会举行各国人士大游行，各国乐器无不具备，有六千余人，穿各色衣服，光怪陆离，炫耀人目，其中中国人、日本人、俄罗斯人、土耳其人、波斯人、缅甸人、菲律宾人、埃及人、印度人、苏鲁人、犹太人、波希米亚人、摩洛哥人、阿拉伯人、南美洲巴达尼亚人、西班牙人、意大利人、南非人，人种各异，呈一时盛观。博览会中有罗马教皇的书籍两卷十分珍贵，一卷为叙述希腊罗马时代的历史，一卷为叙述罗马教皇政变史。还有耶稣教最初的圣书一卷，有古图、古钱数种。古图详记古时土地道路与战事之疆域；古钱有罗马各代教皇肖像。博览会期间还召开各种会议：如万国新闻记者会议、妇人总会同盟会议、国内教育会议、第四回万国齿术科会议、第五回万国电气会议、技艺及科学会议、万国律师及法律学会议、万国机械会议及万国运输会议。

对于这次参加美国圣路易斯博览会，晚清政府给予了足够的重视。除派政府官员参加外，在直隶、山东、江苏、江西、湖南、湖北、四川、广东、浙江、安徽、福建十一个省，筹集七十五万两库平银，作为参赛经费。对于商品，由琼海、粤海、潮海、闽海、浙海、杭州、江海、金陵、芜湖、九江、江汉、宜昌、重庆、津海十四个关口出口，全部免税（共关平银一万两千九百六十四两四钱一厘）。如此这般，极大地鼓舞了各地官私商人，他们“或挟资前往专事考求，或办货同行兼图贸易”，十分踊跃。仅溥伦呈报的赴会商人名单，就有七十五人。上海南洋公学会按照全堂建置形式制成一具木质模型，送往美国博览会会场陈列，各国观赛者莫不称羡。北京工艺商局赴美博览会者共五人，赴赛商品以珐琅、地毯为大宗，兼有古玩、玉器、雕漆等物。各省备办的商品有：江西景德镇定造的各种瓷器、徽州所产的金豆、以及全红小瓷瓶、平金椅靠、锻靴、折绢画、竹葫芦、平金衣料、缎机、扣带、官帽、朝帽、缎、绒、绸、贡缎、金罗缎、库缎、摹本缎、棹帛、手帕、绣货、缎联、棉缎、绣屏、牙雕柜子、金漆茶盆、金漆挂架、银烟盒、银叉、银针盒、银咖啡壶、银花瓶、银胡椒盅、银糖夹、银烟灰盒、银盐盅、银调羹、银五味架、银扣带、银茶瓶、银酒盅、银相片架、银糖盅、银牛奶壶、银大酒盅、雕云母壶、雕牙扇、金漆工夫箱、金漆莲花、古瓶、绣花屏、炉屏等。上海茶磁公司准备了上等茶叶赴美博览会，经万国评议官、农学博士等会场督办、总办考验评论，各茶分数均在九十五分以上，获得超等文凭，于是除会场零售的茶叶外，全部由美国白兰克公司购去，并订立销茶合约。广东参展的竹器物件，巧不可言，其竹丝织造的软帘及画图引人争购。中国历史悠久，物产丰富，虽然没有工业产品参加博览会，但仅凭小农与家庭手工业的结合，湖北的茶叶、江西的瓷器、浙江的丝、茶等，在圣路易斯博览会就获得头等赏牌九个，江宁的花缎、江西的夏布、四川的货物等，获得金牌九个，银牌三个，纪念牌十一个，共计三十二个；中国政府及官员获得头等赏牌十六个、金牌二十个、银牌二十三个、铜牌十二个、纪念牌五个。圣路易斯博览会颁给的金牌，是由美国铸币局监造，与呈送美国总统的纪念牌相同。所有特派大臣、赴会的各国皇帝、国君、总统、赛会首事，也一律呈送此金牌。

在圣路易斯博览会期间，黄开甲精心料理一切事宜，与华人及各国商界友好往来、和睦相处，促进中美人民之间的友谊、中国与世界各国人民之间的友谊，做出了巨大的努力。11 月 28 日，美国总统罗斯福亲临中国亭舍，黄开甲代表大清国热情迎接，礼仪优佳，美国总统对中国前来赴会深加褒奖。12 月，黄开甲遵谕将中国建造的亭舍，赠予博览会会长，“该会长不胜欣感，愿将原房另行择地移置，作为永久纪念”。

中国参赛的瓷器

应该特别提到的是，由美国女画师凯瑟琳·卡尔为慈禧太后所作的油画像，在圣路易斯博览会期间，由专人护送到美国，在美国国家画院正厅悬挂，供世人瞻仰。大清国母后圣容让洋人瞻仰，这一举动打破了中国几千年传统的封建礼教所奉行的妇女不能在大庭广众下抛头露面的习俗，创中国封建王朝之最。圣路易斯博览会闭幕后，驻美大臣梁诚将慈禧太后油画像赠予美国政府。

晚清政府此次派团参加 1904 年美国圣路易斯博览会，其赴会官员品级之高、商人之多、经费之充足，都是中国历史上前所未有的。而且在发展同世界其他国家的友好往来、扩大我国物产在世界各国的声誉、提高中国民族资本工商业的社会地位等方面，也起到了很大作用。

1908年美国舰队首次正式访华

屈春海

2008年，是美国海军舰队首次正式访华一百周年，当年人们用照相机拍下的《美国舰队访问厦门历史照片集》，记录了1908年10月30日至11月5日美国舰队访问中国福建厦门的全过程。时至今日，关于这一段历史，人们还可以从英文网站上零星查到相关资料和照片。但源自清宫所藏清朝政府档案中有关的原始资料，由于各种原因却很少被人参考引用。本文依据馆藏档案和相关资料，力求客观真实地再现这段历史。

美国组建舰队进行环球之旅

十九世纪末二十世纪初，美国的综合国力迅速崛起，赶上了老牌帝国主义强国英国和法国，成为世界上最富裕和最强大的工业国家。

1905年，曾作为美国前海军部次长的西奥多·罗斯福连任美国总统，罗斯福对海军一直情有独钟，他入主白宫后，一心要通过建设海军来提高美国的实力和国际威望。

罗斯福总统上任后给国会的第一份咨文中就强调："在美国面前有两种选择：或者是建立并保持一支强大的海军；或者是自甘落后，处于次要地位。"

在罗斯福总统的坚持和努力下，美国海军于1907年时，已经拥有战列舰二十艘。这些战舰组成了两支强大的舰队：一支是大西洋舰队，主要由八艘战列舰和一些小型战舰组成；另一支是太平洋舰队，主力是三艘战列舰。同时，美国在亚洲还保留了一支小规模舰队，用来在中国内河（主要是在长江）执行任务。

这时，美国海军仅排于英国皇家海军和德国海军之后，位居世界第三，为组建强大的美国海军舰队奠定了坚实的基础。

但在亚洲，日本正在崛起成为新的海权国家，日本沉醉在战胜俄国的气氛之中，进一步扩大了它在远东和太平洋地区的影响，严重威胁美国的利益。

因此，1907 年，美国海军决定派遣一支由十六艘精锐战列舰和七艘后勤保障舰组成的美国舰队，编成两个分舰队，每个分舰队又分为两个分队，共四个分队，每分队四艘战列舰，由罗比埃文斯担任舰队总司令。舰队官兵达一万四千人，进行了一次环球访问，其最终目的地是日本和中国，来显示美国的海上实力。

当这支强大的舰队在美国东海岸出现时，为了让整个舰队更为显眼，罗斯福特别下令所有舰只一律漆成华丽的、具有喜庆意味的白色，于是又被人们称为“大白舰队”。不过，在航行中，人们还发现白色的舰体在装煤时极易受到污染，于是美国军舰从此以后不再采用白色涂装，舰体改为深灰色，烟囱附近为黑色。作为此次航行的一个意外结果，“大白舰队”从此在海面上失去了踪影，这可说是历史上唯一一支白色舰队。

清政府为邀请美国舰队访华做精心准备

1907 年 12 月 16 日，美国舰队从弗吉尼亚州的汉普顿海军基地起航。罗斯福总统亲自率领政府官员到现场送行，可见白宫对此行的重视。舰队浩浩荡荡出发后，便沿着大西洋一路南下，由于当时巴拿马运河尚未开通，舰队绕道南美洲，先后访问了巴西、阿根廷，然后穿越麦哲伦海峡北上，经过智利、秘鲁、墨西哥，抵达美国西海岸城市旧金山。休整两月后，由旧金山出发，先后访问了新西兰、澳大利亚、菲律宾等国，直抵亚洲重要一站——日本的横滨港。

在美国舰队前往日本的途中，1908 年 3 月 22 日，清政府驻美国大臣伍廷芳致电外务部：“美国遣水师舰队游历环球，澳洲政府特请前往，日本亦请赴横滨等处，我政府似应照请。”外务部接到伍廷芳的电报，立即表示同意邀请美国舰队访华。第二天，清政府便致电南洋大臣端方：“美国舰队环球游历，既有澳洲、日本等国邀请，我国亦当照请前来游历。除电复伍廷芳照会美国外交部代为邀请外，希转提督萨镇冰酌量考虑何地相宜，预备接待美国舰以访华。”紧接着，外务部于3月31日致电驻日本大臣李家驹：“美国遣舰队出访日本横滨等处，我国已邀请美国舰队访华，希注意探询日本是如何接待，并随时报告，以备参酌。”

1908年4月30日，美国政府接受了中国政府的邀请，并由美国驻华公使柔克义照会清政府外务部：“美国水师提督伊摩利（Admiral Emory Sperry）将带领第二队装甲舰八艘，于西历10月29日开至厦门，停泊六日。”

刘易斯安那号舰海军官兵

这八艘美国军舰组成的舰队访问中国，成为这次环球访问日程中重要的一部分，它们分别是：美国海军舰队司令伊摩利少将的座舰“刘易斯安纳”号、“弗吉尼亚”号，“俄亥俄”号、“密苏里”号、施罗德（Seaton Schroeder）少将座舰“喊士肯车心”号、“伊利诺斯”号、“肯塔基”号、“凯尔刹臣”号。

清政府这么快就痛快地邀请美国舰访华，应当是事出有因的。在前几年的时间里，中美之间先后经历了“八国联军侵华”“粤汉路权之争”“抵制美货”“连州教案”等一系列事件，使中美关系一度十分紧张。而美国舰队此次进行环球之旅，适逢“庚子退款”一事获得美国国会及参、众两院通过，因此清政府对能够邀请美国舰队访华，借以改善中美关系一事非常重视。

清政府最初选择以山东烟台作为接待美国舰队访华的港口，因为这里离北京相对较近一些，方便美国舰队司令伊摩利少将前往北京访问。但美国海军部认为，一方面烟台离日本占领的旅顺港较近，另一方面美国舰队从日本横滨至中国烟台未免过于绕道，最好能定在福建厦门。清政府很快同意了美国海军部的这一要求，以厦门作为接待美国舰队访华的港口。

接下来，清政府外务部开始紧锣密鼓地筹划安排接待美国舰队的到来，5 月 25 日发文给北洋大臣杨士骧、南洋大臣端方和闽浙总督松寿，对接待美国舰队的到来进行了周密的布置："美国舰队访华约在 10 月初期，现拟派司员谦豫、道员麦信坚（招商局总办）迅赴福建，并由闽派员会同前往厦门。相度情形、估计用款、应需各项事宜，会同该处地方官分头准备。所有用款应当在四十万两上下，由闽估定后电奏饬部筹拨。提督萨镇冰要先期到达厦门，指挥各员筹办一切。应在美舰队到厦门三个月前，在海关人员内请美国人马尔芬和美国驻闽领事馆内派一两人同往厦门商议接待办法。由南北洋海军内挑选快船数艘出港迎接美舰到来，从省内选派陆军一标到厦门，以壮军威，并负责武装防卫，保护来访的美国舰队官兵。修整地方街道、寺观名胜均加修葺、告诫居民美国海军官兵所到之处切勿喧扰。美国舰队应需食品、淡水等物均须认真接济。操场、运动场亦需预备。所有该处官商应搭建彩棚、彩坊。并修整美舰队停靠码头，张挂形色统一的龙旗，以彰国徽，而壮观瞻。"为显大清帝国之尊严、中华物产之丰盛，清政府还筹巨资在厦门南普陀寺前的演武亭广场修建了豪华会场，安置电灯一千多盏，这也是厦门历史上第一次使用电灯照明。

1908 年 9 月 27 日，清政府以光绪皇帝的名义降旨派军机大臣毓朗，外务部右侍郎梁敦彦前往劳问，闽浙总督松寿前往妥为照料，广东水师提督萨镇冰率舰队先期前往厦门迎候。随同前往厦门的人员还有外务部郎中曾述棨、主事联治、直隶候补道严廷璋、广东候补知府周玺、候补知县唐国安、县丞胡有良等人。同时，美国驻华公使馆派武官黎富斯作为美方代表抵达厦门。总税务司派出四等帮办莫澜前往厦门担任翻译。

如此庞大的美国舰队访华，这是破天荒第一次，外务部就接待礼仪方面考虑得十分周密，就连由谁首先宴请都考虑到了，唯恐不合礼仪。10 月 1 日，外务部发电报给司员豫谦、道员麦信坚："此次贝勒毓朗赴厦门，美方提议美国舰队抵达厦门第一天由伊摩利率队首先拜访，并由美国驻厦门领事馆宴请中美双方代表似有不妥，不如改为由中国首先宴请。”

10月20日，驻日大臣胡惟德将日本接待美国舰队具体办法电告外务部：美国舰队访问横滨期间，舰队司令官觐见了日本天皇。日方举行盛大宴会招待美国舰队的到来，内阁总理、外交、陆海军各大臣暨海军司令部部长、东京市市长，以及民间各团体均分别设宴欢迎美国舰队的到来。东京、横滨高悬彩灯，提供专用火车、电车用于美国海军官兵来往日本名胜古迹之间，所到之处一律不收费用。日本接待美国舰队的办法，为清政府迎接美国舰队的到来，提供了非常及时的借鉴和参考。

中美海军联谊活动

1908年10月30日上午八时，美国舰队顺利抵达厦门（比原计划晚到一天），舰队共有官兵七千两百余人，当时美国舰队司令伊摩利将军认为厦门港的岸上有相当数量的中国军人，存在极大的潜在敌意，决定带领两千五百名官兵首先登岸，而其他人员则仍旧留在船上，被解释为需要继续完成舰队有关的训练任务。在国际社会，它会被解释作为外交上故意的怠慢和敌意。但是，清政府所派出的钦差大员们似乎忽略了有关的含意，

美国海军舰队抵达厦门

仍给予美国舰队盛大的欢迎。

军机大臣毓朗、外务部尚书梁敦彦等清廷高官大吏守候在临时搭建的厦门港口演武亭彩楼周围，隆重迎接来访的美国舰队。广东水师提督萨镇冰率领“海圻”号、“海容”号、“海筹”号、“海琛”号四艘巡洋舰，并令驱逐舰“飞鹰”号训练舰“通济”号，炮舰“福安”号、“元凯”号及海关巡洋舰“并征”号、海关海底电缆铺设船“福州”号编队出港迎接，仪式隆重，盛况空前。此后，“福州”号和“并征”号还作为展示舰，在厦门港口接待了来访美国海军官兵的参观。

军机大臣毓朗在厦门临时搭建的迎宾馆宴会厅宴请美国舰队海军官员

有英文资料记载：清政府为了在厦门迎接美国舰队来访，在离厦门港口不远的地方修建了一座临时的迎宾馆，一度被美国海军官兵称之为“乐趣城市”。中国人在该处花费的建筑费用达七十万美元（中方最终统计数字为近五十万两白银），迎宾馆宴会厅大棚在 10 月 12 日和 10 月 13 日被台风吹毁，厦门地方官兵又紧急进行了重建。中方出动超过八千名军人，在接待美国海军官兵驻地附近提供严格的武装防卫，保护来访的美国舰队官兵。接待用的一些必需品，如晚宴的食物和饮料，是用船从上海运来；部分人力车、中式椅子、马匹和货车，用船只或车辆从中国北方的省份运来。

10 月 30 日下午两点，美国舰队司令伊摩利将军等首先拜见了军机大臣毓朗、外务部尚书梁敦彦等清政府官员。晚七时，毓朗、梁敦彦等在厦门临时搭建迎宾馆的宴会厅宴请美国舰队海军官兵代表，美国舰队司令伊摩利将军及士官一百二十七人，水兵三十人应邀出席了晚宴。摆设都是英式的长台，一共有两排，上面挂有彩带装潢。出席宴会的美国海军军官都穿着整齐的礼服，留着长辫的中国侍应生紧张而有序地忙碌着。在宴会上，中方还安排了文艺演出，当厦门十四岁的周淑安小朋友领唱美国国歌时，深受美国舰队司令伊摩利的赞赏，他说："就是美国小孩，也很少能唱得这么好！"宴会菜单上的菜式，包括了欧洲人喜爱的食品和中国传统的菜式，如烤牛肉、烤鸡等，客人还品尝到了独具风味的厦门美食土笋冻、油葱糕等。宴会的菜单上还提供了啤酒和冰激凌。清政府向来访的美国舰队各舰赠送大小银杯各一件，大件赠本船，小件赠舰长，杯面用中英文写有"大清国政府特赠大美国某船某船主以为军舰到华之纪念，某年某月某日赠于厦门"的字样。而到访的士兵则获赠当地的花瓶。席间中美双方代表发表热情洋溢的演说，大力颂扬中美国之间的友谊。

中美双方代表在演武亭前合影留念

10 月 31 日上午，毓朗、梁敦彦等中方代表拜会伊摩利将军，并出席美方在军舰上举办的午宴。晚宴由中方仍在接待场所宴会厅宴请美国舰队伊摩利将军一行。

11 月 3 日，萨镇冰还在旗舰（“海圻”号）上设宴，欢迎美国舰队的来访。美国舰队的主要官员包括伊摩利将军、施罗德将军等高级将领应邀出席宴会；中方则有军机大臣毓朗、外务部尚书梁敦彦等高级官员作陪。

美国舰队棒球队

我们从当年留下来的照片还可看到，在厦门期间，美国舰队官兵还组织了体育比赛活动，参加棒球和橄榄球比赛胜出的队伍，可以获得价值相当一千两百美元的奖品。

中方还安排了美国舰队官兵游览厦门，包括著名的普陀寺，还拍照留念。

访问的最后一天，即 11 月 4 日，厦门还盛放烟花，这是福建厦门有史以来规模最大的放烟花活动，美国舰队官兵度过了一个令人难忘的夜晚。略感遗憾的是，放烟花失火烧毁了美国海军官兵部分等待寄出的明信片。

值得一提的是，军机大臣毓朗曾专门抽出时间，前往鼓浪屿会见美国驻厦门领事，就居住在菲律宾的华侨回国探亲期限过短、返菲时遭受刁难一事提出交涉。此事在当时双方友好的气氛中很快便得到了解决。中美双方为这次美国舰队访华取得圆满成功均感到满意。

美国舰队于 11 月 5 日 8 时离开厦门，1909 年 2 月 22 日回到美国弗吉尼亚州汉普敦海军基地。

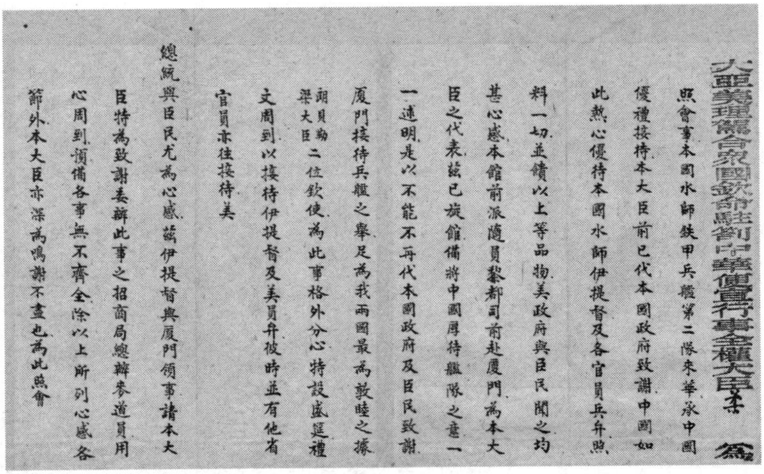
大亞美理駕合衆國欽命駐劄中華便宜行事全權大臣柔　爲

照會事本國水師鐵甲兵艦第二隊來華承中國
優禮接待本大臣前已代本國政府致謝中國如
此熱心優待本國水師伊提督及各官員兵弁照
料一切並饋以上等品物美政府與臣民聞之均
甚心感本館前派隨員黎都司前赴廈門為本大
臣之代表茲已旋館備將中國厚待艦隊之意一
一達明是以不能不再代本國政府及臣民致謝
廈門接待兵艦之舉足為我兩國最為敦睦之據
朗貝勒 梁大臣 二位欽使為此事格外分心特設盛筵禮
文周到以接待伊提督及美員弁彼時並有他省
官員亦往接待美
總統與臣民尤為心感茲伊提督與廈門領事請本大
臣特為致謝委辦此事之招商局總辦參道員用
心周到預備各事無不齊全除以上所列心感各
節外本大臣亦深為鳴謝不盡也為此照會

美国驻华公使柔克义为感谢中国热情接待美国舰队访华致外务部照会

1908 年 12 月 5 日，美国驻华公使柔克义照会外务部，称：……厦门接待美国舰队之举，足为我们两国最为敦睦之举，（毓）朗贝勒、梁（敦彦）大臣二位钦使为此事格外分心，特设盛宴，礼文周到，以接待伊提督及美国员弁，彼时并有他省官员亦往接待。美国总统与臣民尤为感动，兹伊提督与厦门领事，请本大臣特为致谢。

1909 年 2 月 20 日，军机大臣毓朗在上呈朝廷的奏折中也对这次美国舰队访华取得圆满成功表示由衷的满意。他称这次美国舰队访华，美国海军以中美邦交笃厚不惮，波涛万里，展驾来游，迥非寻常，交谊可比为纪念中美海军早期交往中的这一段佳话，清政府将此次交流活动的过程题刻于福建南普陀寺后山摩崖之上，以示永久纪念，现石刻依存。

这次前所未有的美国舰队对亚洲进行的访问，历时十四个月、航程数万海里、横穿三大洋，一方面极大地震慑了当时英国的海上霸主地位和削弱了日本企图进一步扩大它在远东和太平洋地区影响的企图；另一方面对

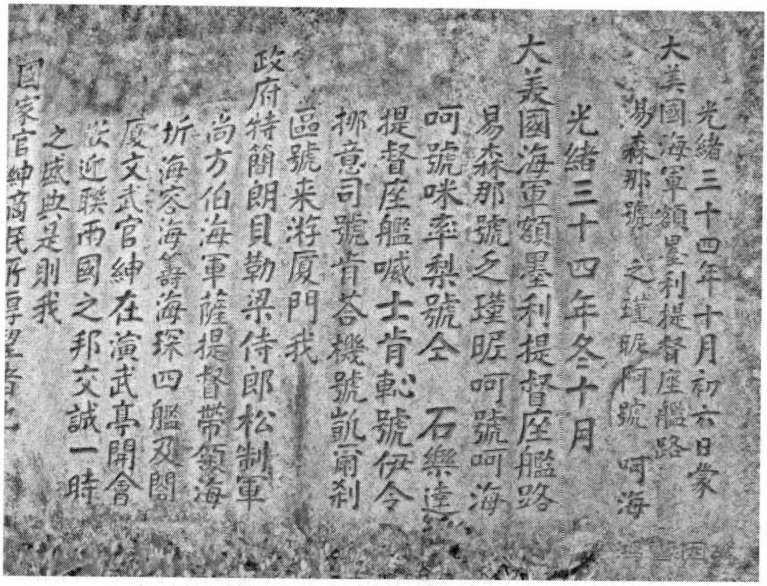

记录 1908 年美国舰队访华的福建南普陀寺后山摩崖石刻

改善中美关系，加强中美两国人民之间的了解，起到了一定的积极促进作用。

1911 年清海军远航欧美

哈恩忠

距今一百多年前，中国清海军曾经有过一次远航之旅：横穿三大洋，途经四大洲，跨越两个朝代，历时四百多天，途经八国十四港，总航程三万零八百五十海里。这是自 1866 年中国近代海军诞生，中国军事外交史和海军远航史上绝无仅有的一次。只不过，史海烟波让它淡出了人们的视线。

档案史料中透出的远航缘由

这是清朝实录中记载的一条上谕："明年五月为英君加冕之期，著派贝子衔镇国将军载振充头等专使大臣，前往致贺，以重邦交。"1910 年 12 月，这件上谕发送到了内阁总理衙门，其中的意思很明白，是说清政府接到英国邀请，决定派镇国将军载振为专使参加英王乔治五世的加冕典礼，目的也很简单，主要是按国际惯例增进国家间的交往。1911 年 3 月初，海军大臣载洵为了这件事又上奏折："英皇加冕，大阅兵舰，拟派巡洋舰队统领程璧光率领海圻巡洋舰前往，以将敬意而敦睦谊。"加冕典礼上要举行检阅海军仪式，于是清政府批准调派"海圻"号巡洋舰参加。此外，

身着大礼服的统领程璧光

清政府还派“海圻”号顺便访问美国和墨西哥。1908 年美国舰队环游世界时，曾在厦门受到中国海军的优待。事后，美国海军部多次邀请中国海军回访美国，一直未能成行。此次“海圻”号前往英国，正好可以借此机会访美。而前往墨西哥，是因为那里发生了严重的排华事件，中国驻墨公使请求派军舰前往保护华侨。

“海圻”号巡洋舰

即将远航的“海圻”号巡洋舰是什么样的军舰呢？这话还要从头说一说。鸦片战争以来，清朝在一系列战争中屡屡失败，割地赔款，丧权辱国，政权摇摇欲坠。为了保住自己的统治地位，清政府大力整治武备，其措施之一便是重新拼凑了巡洋、长江两支海军舰队，并不惜重金购置了新式舰船，还任命清政府第一批游学欧洲学习海军的萨镇冰为舰队统制（总司令）。两支舰队中，巡洋舰队下辖舰船十五艘，包括清政府新从英国、德国购置的大部分舰船，以“海天”“海圻”“海筹”“海琛”“海容”等巡洋舰最为引人注目；长江舰队则以小型炮舰和运输船为主，共有舰船十七艘。“海圻”号巡洋舰在当时被称为“穹甲快船”，由英国阿姆斯特朗船厂建造，总造价计三十二万八千二百四十二英镑，排水量四千三百吨，舰长约一百三十二米，舰宽十四点三米，吃水深度六点一米，最大航速二十四海里每小时，马力一点七万匹。舰上装备有各种口径的舰炮三十四门，鱼雷发射架七座。“海圻”号于 1896 年 5 月开工建造，1898

年下水，1899 年从英国起航回国。在当时清政府官员的眼中，“海圻”号可称之为“镇海之宝”，这也使它有机会赴英参加海上检阅仪式。此举在清朝二百六十多年的外交史上，也是绝无仅有的特例。

1911 年 4 月 21 日下午二时三十分，上海黄浦江杨树浦码头锚地，在欢腾热闹的锣鼓声中，“海圻”号巡洋舰起航了。

汽笛长鸣，轮机飞旋，“海圻”号官兵或许还未意识到，他们和心爱的战舰将要改写中国海军的历史，新的篇章由此写下第一笔。

海风阵阵，浪头涌动，此时，“海圻”号上心情最为澎湃的恐怕就是巡洋舰队统领程璧光和“海圻”号管带汤廷光了。他们分别毕业于马尾船政学堂驾驶班第五期和黄埔水师学堂第一届驾驶班，应该说驾舰远航是海军分内之事，但此一行远跨大洋，参与国际间的交涉，对他们来说也是第一次，心情自然可知。

此次远行，“海圻”号共载官兵四百五十人左右。自管带以下，配有帮带，总大副，驾驶大副，枪炮大副，粮饷大副，鱼雷大副、二副、三副，中医官、西医官，正、副电官，总管轮、大管轮、二管轮共计二十四人。因程璧光驻舰办公，增设参谋、副官、英文秘书三人。另搭载有十六名来自烟台海军学校、马尾海军学校的实习学员，临时由一名大副和一名教练官统管。出国期间，全舰官、生、兵均按月领取比国内多一倍的双薪，仿照英国海军军服样式订做了军服。可见此次远行受到了清政府的格外重视。

天随人愿：从上海安抵普利茅斯

“海圻”号从上海黄浦江杨树浦码头起锚，出长江口进入东海，穿过台湾海峡，直下南中国海驶出国门，按计划经过马六甲海峡进入印度洋，由亚丁湾进入红海，再经苏伊士运河进入地中海，最后过直布罗陀海峡进入大西洋。

在这跨三大洋的漫漫航程中，“海圻”号先后顺访新加坡、科伦坡、亚丁、塞得港和直布罗陀五大海港，分作一至三天的短暂停靠补给。进入大西洋后，“海圻”号沿大洋东岸北上，进入英吉利海峡，首先驶入普利茅斯港。在此，“海圻”号停泊两周，直到 6 月 20 日，按英方要求驶抵普利茅斯军港，系泊于港外斯匹赫德锚地，静候多国海军编队海上大检阅。

从上海到普利茅斯，航程约一万零四百七十海里，历时近两个月。由于沿途所经港口都是英属地，所有进出港手续、系留泊位、补购给养以及官兵登岸洽谈公务与游览，都由英国海军预先安排妥当，所以尽管一路上进出港口频繁，涉外事务繁杂，倒也轻松顺畅。

但航程中也出现过几个意外的插曲。

剪辫子。“海圻”号刚刚驶离国门，舰队统领程璧光便下令剪掉了所有军官和实习学员的辫子，他说“既然服饰仿从英制，留着一条发辫反倒显着不中不西，不伦不类了”。此举在全舰引起强烈反响。“海圻”号在从新加坡港驶向科伦坡途中，一天，程璧光在后甲板集合全体水兵，训令：“长发污衣藏垢，既不卫生，又有碍动作，尤以误害海军军人为甚，故实无保留之价值。为此，本统领下令，自即日起，凡本舰之兵士，一律仿照官生，应予剪短发至颈际为度，以符合世界潮流。”话音刚落，立即得到了全体水兵的一致拥护。不过一个时辰，四百多名水兵脑后的长辫子便一剪而光。

停放礼炮。在亚丁港，中英军舰依照国际惯例，升旗鸣放礼炮。先是互敬礼炮二十一响，随后英国军舰又鸣放礼炮十五响向统领程璧光致敬。但这时程璧光却命令中止鸣炮，中、英两国海军官兵都不知道发生了什么事情。不一会儿，英国海军联络官便来到“海圻”号探问缘由。程璧光令翻译官传话：“叫英国人看清楚我舰桅杆上的将军旗是什么衔级再行礼，不要乱放炮！”英国人这才恍然大悟：“海圻”号挂的是少将旗，而英方行的是中将礼——多放了两炮。英国海军立即发出国际灯光信号，向中方道歉，并重新按少将规格鸣放礼炮十三响。程璧光这才准许回敬礼炮十三响。此事不仅没有酿成外交风波，反倒令英国海军官兵纷纷称赞中国海军的将领有“君子之风”。

但插曲终归是插曲，对“海圻”号并没有什么影响。一抵达普利茅斯，各种外交礼仪活动便纷至沓来，应接不暇。清政府驻英国大使刘玉麟也从伦敦驱车赶到普利茅斯，迎接慰劳来自祖国的特殊外交使者。普利茅斯市市长为欢迎“海圻”号访英，特别举行盛大游园会，“海圻”号自程璧光、汤廷光以下军官及实习学员三十多人应邀参加。

1911 年 6 月 24 日：完成英王海上校阅

1911 年6 月22 日举行乔治五世继承王位加冕庆典，并于24 日在斯匹赫德水域举行隆重的海上多国舰队检阅仪式。

斯匹赫德水域，位于普利茅斯港外南面二点二海里处，是当时英国举行重大庆典时皇家海军舰队集结检阅之地。“海圻”号6月20日就已锚泊在此。

6月21日，“海圻”号与各国前来参加受阅庆典的军舰以及英国皇家海军的舰队，按预定计划，在斯匹赫德水域集结完毕。同一天，各国率舰将军及舰长均接到英方请柬，获邀出席英王加冕典礼。程璧光、汤廷光及随员立即同车前往伦敦，以会同应邀出席典礼的清政府特派专使载振、驻英大使刘玉麟等。

22日，加冕庆典隆重举行。上午10时30分，英王乔治五世和玛丽王后同乘由八匹白色高头大马牵引的四轮大彩车，离开白金汉宫，前往位于坎特伯雷教区的西敏寺接受加冕。国王身着深红色礼服，彩车四周有二十名仪仗兵护车，彩车近旁还有八名年轻英俊的侍卫官护驾，紧随彩车的是皇室高级人员的车队，殿后则是威风凛凛的二十名宫廷卫士。不过半小时的路程，沿途所经街市由五万部队担任警卫，数十万群众一起涌上街头，夹道欢呼，争睹新王与王后之风采。这一空前盛况着实让程璧光等人大开眼界。

6月24日，乔治五世国王偕王后在斯匹赫德水域检阅多国舰艇编队。据称，这次检阅参与国之多，舰艇之众，军容之盛，为英国历史之最。上午十一时，乔治五世国王与玛丽王后在海军第一大臣的陪同下，与各国专使及本国阁员并皇家贵族，乘着大型豪华游艇三艘，自普利茅斯港徐徐驶出。中国专使载振和程璧光应邀乘坐英王所在的第一艘检阅艇观看海上检阅。

当三艘检阅艇驶出普利茅斯港口时，英国皇家海军旗舰首先施放礼炮一响，接着，所有参阅舰艇按规定时间间隔，同时鸣炮二十一响。霎时，隆隆炮声响彻碧海，滚滚硝烟弥漫蓝天。

之后，英王乘坐检阅艇检阅军舰，每到一舰，随舰乐队高奏英国国歌和本国国歌，官兵肃立致敬。奏乐完毕，官兵们一齐挥动军帽，三呼万岁！乔治五世国王与玛丽王后神情怡然，频频挥手，含笑答礼。

隆重壮观的海上检阅仪式进行了一小时二十分钟。回港途中，乔治五世国王及王后接见了程璧光统领，并向其颁赠“加冕银牌”。

为增进英国皇家海军与各国海军的交流，英方为所有参阅的外国军舰指定了对应的陪访舰。担任“海圻”号陪访舰的是英国皇家海军大西洋舰队旗舰“威尔士亲王”号战列舰，舰队司令官杰利科中将驻舰指挥。当晚，杰利科中将在“威尔士亲王”号上设宴招待程璧光、汤廷光及官、生以上人员。25 日，程璧光也在“海圻”号设宴答谢杰利科中将及“威尔士亲王”号来宾。

6 月 22 日，英国皇家海军为庆祝英王加冕，也为了加深各国海军的友谊与交流，在普利茅斯港举办了一次多国海军田径运动会。中国海军临阵准备，挑选了数十名体格健壮的官兵组织参赛队伍。虽为即兴娱乐之举，但也堪称一项“国际赛事”，因此引得普利茅斯市数万民众前来观战。“海圻”号官兵因缺乏相应的训练而与奖牌无缘，但比赛中无一人犯规，无一人中途退场。在两百米跨栏比赛中，“海圻”号信号兵孟广吉在连跨两栏后，被木栏绊倒，“仆地裂肤，流血满胫，仍奋勇到达终点，获得在场观者掌声如潮”。为此，在颁奖仪式上，“海圻”号官兵组成的中国队获得了大会主席的表彰。“海圻”号圆满完成了英王海上检阅仪式。

远涉大西洋：回娘家后赴美洲宣慰侨胞

1911 年 6 月 26 日，参加完庆典的“海圻”号回到普利茅斯港补充给养。休整两周后，“海圻”号再次沿英吉利海峡东行，穿过多佛尔海峡进入北海，驶抵纽卡斯尔港。纽卡斯尔市为英格兰东北部沿海工业重镇，著名的阿姆斯特朗船厂就坐落在该港。“海圻”号这艘远“嫁”中国的巡洋舰算是真正回到了娘家。在此，“海圻”号停泊将近一个月，进行了全面维修保养。

之后，“海圻”号又踏上了访问美国、墨西哥的航程。

8 月 10 日，“海圻”号迎着汹涌的浪花，悄然独行了四千海里，抵达美国纽约。

中国军舰首次出访美国本土，在全美上下引起了强烈的反响。为欢迎中国军舰到访，美国海军部派出万吨级巡洋舰“北达科他”号作为陪访舰，与“海圻”号并舷而泊。次日，美国国务卿、海军部部长分别会见了程璧光统领和汤廷光管带等人。第三天，美方又举行盛大招待酒会款待“海圻”号官兵。第四天，程璧光、汤廷光等应邀前往波士顿，觐见了正在休假的塔夫脱总统。在美期间，“海圻”号官兵进行了几项重要的活

“海圻”号官兵在美国纽约前往美国第十八届总统格兰特墓地献花途中

动：(1) 拜会已故美国总统格兰特之子、驻纽约区陆军最高司令官小格兰特将军，并由格兰特将军夫人陪同拜谒了格兰特总统墓，参观了格兰特纪念馆。(2) 参观访问美国海军纽约造船厂，厂长罗伊泽认定程璧光必将成为未来中国海军的“掌门人”，便送给程璧光一只名贵的波斯猫，笑谈这只猫能在关键时刻帮程璧光“做出正确的抉择”，显而易见，目的是讨好程璧光，争取中国军舰订单。(3) 参观访问伯利恒钢厂。(4) 中国驻美大使张萨棠为使“海圻”号访美达到预期效果，在上层进行了卓有成效的工作，在美华侨华人商会团体更是全力以赴，各种联欢会、招待会一个接着一个，这也是“海圻”号在美最重要的活动。

一星期后，“海圻”号从纽约起航，沿美国东海岸南下，穿过佛罗里达海峡，驶抵古巴首都哈瓦那。古巴华侨总商会闻讯，组织数百人到港口迎接，并停业三天表示庆祝。侨领联名邀请舰上实习学员以上官兵，至中华总商会参加隆重的欢迎宴会，为远道而来的祖国亲人接风洗尘，“一时宾主咸集，如逢老友，如归故乡，无不开怀畅饮，谈笑风生，极人生之乐事”。更令官兵们感动的是，每当离舰登岸，一遇侨胞，无论男女老少，都竞相请至家中，盛情招待。临别，还赠送各种纪念品。如遇同乡同宗官兵，更是一请再请，情真意切，溢于言表。

抵达古巴第三天，古巴总统接见了程璧光和汤廷光。在谈及华侨问题时，总统表示："古巴军民决不会歧视华侨，因为古巴对西班牙战争期间，华侨曾与古巴军民共同战斗，为古巴的独立解放做出了重大贡献。这一历史事实，将为古巴人民所永志不忘。"但实际上古巴华侨仍受到不同程度的歧视，许多侨领与侨民一致认为，"海圻"号的到访，为改善旅古侨民的处境产生积极而重大的影响，这也正是"海圻"号再赴美洲的主要目的。

在古巴逗留十天后，"海圻"号原计划继续西行八百多海里，访问墨西哥。但因墨西哥政府已就排华事件与清政府驻美、古、西特命全权大使张萨棠签订了协议，正式向中国政府赔礼道歉，偿付受害侨民生命财产损失，又正值墨西哥与邻国发生战事，因此，经请示清政府，中止前往。

至此，"海圻"号经过近一百二十天的航行，完成了所有外交使命，就要返航回国了。

巴罗港升起五色旗：回家路上的重生

1911 年 9 月初，"海圻"号离开哈瓦那，踏上了回家之路。本来，"海圻"号计划从巴拿马运河进入太平洋回国，这样不仅能完成中国海军第一次环球航行，而且航程也比沿原航线回国整整缩短三分之一。但考虑到"海圻"号的存煤量及给养有限，单舰横跨广袤的太平洋存在一定风险，最终还是决定原路返航。在顺访位于大西洋中的英属百慕大群岛首府哈密尔顿后，"海圻"号于 9 月下旬抵达英格兰西北岸的巴罗因弗内斯港。

而与此同时，国内以推翻清朝统治为目标的资产阶级革命已风起云涌，成燎原之势，并爆发了辛亥革命。全舰官兵得知这一消息，顿时群情激昂。"海圻"号三副黄仲煊，1908 年在烟台海校学习期间，就秘密参加了孙中山先生领导的同盟会。此刻，同盟会在国内发动辛亥革命，黄仲煊立即在舰上展开地下活动，争取"海圻"号在海外易帜，加入革命阵营，扩大国际影响，一举获得全舰官兵的积极响应。

程璧光、汤廷光经过协商，勇于面对现实，同意领导全舰官兵加入革命阵营。为此程璧光专门集合全舰官兵训话："各位近日所议，我已皆知。你们任何人如欲回国参加革命工作，请站到右舷，不赞成的站到左舷。待我唱出'一、二、三'末一字时，即请各位按自己的意愿，决定行动。"言毕，程璧光略为停顿了一下，接着高声喊出"一、二、三"。

只见站在甲板左舷的官兵全部移至右舷，就连访美时纽约海军造船厂厂长罗伊泽赠送给程璧光的那只白色波斯猫也不例外。一时间全舰掌声雷动，官兵们欢呼雀跃。

身着新式水兵服的"海圻"号官兵

1912年1月1日，是新成立的中华民国元年元旦，"海圻"号在巴罗港举行了隆重的易帜仪式。全舰官兵军容严整，列队后甲板，由四十名水兵组成的仪仗队持枪站在最前列。在雄壮的军乐声中，黄色青龙旗缓缓降下，代表中华民国的五色旗徐徐升上旗杆。

之后，因国内情况多变和需要维修，"海圻"号并没有立即回国，而是继续留在英格兰。1912年3月末，"海圻"号终于踏上了归国的航程。由巴罗港南下，穿过爱尔兰海峡和圣乔治海峡，在位于威尔士西端的卡迪夫港补足煤水给养，沿出国航线原路返回，于5月末抵达上海杨树浦码头——终于回家了！

行程万里，时逾一年，"海圻"号开中国海军远航欧美之先河，堪称壮举。"海圻"号的归来，受到了中华民国临时政府的热烈欢迎和表彰。然而，遗憾的是途中有三名水兵因病去世，未能回到祖国，永远地留在了蔚蓝色的大海中。

方苏雅与昆明教案

吕　坚

1998 年北京天安门广场东侧的中国历史博物馆人头攒动，当年法国外交官奥古斯特·费郎索瓦（中文名字方苏雅）所拍三百六十幅照片在此展出。照片中清代人物的木然表情、褴褛衣衫，使人们真切感受到当时中华大地的水深火热。

照片的来历，说来话长。1985 年某天的法国乡间，人们清理一座古老别墅的时候，在地窖里发现了一包老照片。历史学者根据照片的内容，以及别墅主人的身世，认定这是一组一百年前中国晚清时期，记录中国西南边陲风土人情与政治、经济、文化情形的老照片。其数量之多，内容之广，保存之好，令世人瞩目。

1998 年在北京历史博物馆展出的《世纪回首》展览的宣传海报

方苏雅所拍照片在京展出的海报

照片的作者是谁？别墅主人的祖辈是法国外交官奥古斯特·费郎索瓦（Auguste Francois）（1857—1935），1893 年在法国外交部任职，1896 年来到中国。来华后，起了个中文名字叫方苏雅。他相继担任法国驻广西龙州领事、驻云南铁路委员会代表等职，1904 年任满回国，在华生活、工作近十年。

正是这个“方苏雅”，一百年前曾引发了震动东西方的“昆明教案”。

根据清代档案记载：光绪二十六年（1900）五月十四日（6 月 10 日），时任法驻滇总领事方苏雅在华以修建铁路需要自卫为名，擅自携带十余驮军火至昆明，被昆明南关厘税局发现后扣压。方某不服中国政府管束，亲率数十法国士兵“闯关闹卡”，将军火抢回。

由于方苏雅的蛮横无理，激起民愤，当地百姓聚集万余人，包围昆明法国总领事馆，导致“省城内平政街法国老教堂一所及城外狗饭田法国学馆全院，又溯源宫新教堂及法文书馆二院、教民刘姓住房一所，均被焚劫拆毁，法员方苏雅行李亦被抢劫”，并涉及两处英教堂被毁。

方苏雅在中国

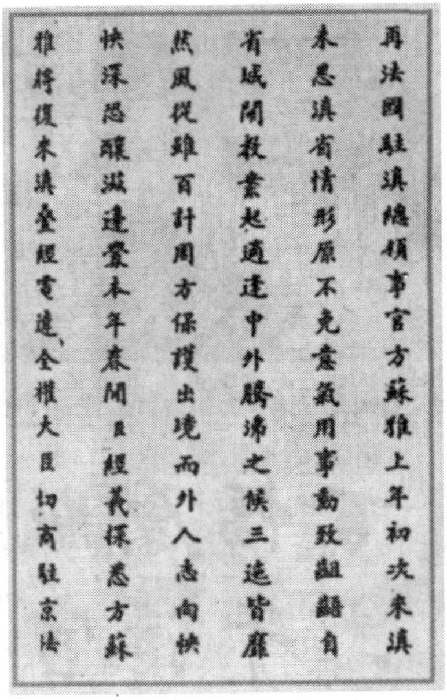

再法國駐滇總領事官方蘇雅上年初次來滇
未悉滇省情形原不免意氣用事動致齟齬自
省城鬧教案起適逢中外騰沸之候三送皆靡
然風從雖百計周方保護出境而外人志向怏
怏深恐釀滋邊釁本年春閒臣經羲探悉方蘇
雅將復來滇叠經電達、全權大臣切商駐京法

李经羲报告方苏雅活动情形的奏片

“昆明教案”发生后，法以保护法国侨民的安全为由，派兵到中越边界，声称入滇救护方苏雅回国，并扬言“就势剿灭强民”。法国外交部也数次来电威胁。清朝云南地方当局在派兵护送方苏雅出境后，一方面下令加强边境戒备，“如果法兵过界……悉力抵御”；另一方面致电两广总督，请其转告法国外交部、法驻越南总督都梅，表示昆明教案“一定公平议结，路工（指铁路）设法妥办”，希望法方不要“孟浪派兵”。

法方见方苏雅平安出境，法国外交部又告请清朝出使欧洲大臣裕庚，致电云南地方当局表示感谢。这样一度紧张的云南边界形势得以缓和。

“昆明教案”最后是如何“公平议结”的呢？一为“惩凶”，二为“赔款”。兼署云贵总督、云南巡抚的丁振铎，紧急派兵镇压并驱散昆明民众。将当场擒获的两名“要犯”立即正法。丁还亲赴方苏雅的住处慰问，答应赔偿法方损失。之后，迅速派兵保护方苏雅等二十余人平安离境赴越南河内。

关于“昆明教案”赔款，清政府根据以往办理教案的惯例，指示云南巡抚等官员与法、英等领事就地议结。教案中被毁的法、英教堂，因法、英方面所持态度不同，完结有先后之分。开始英教士就教堂被毁案，提出赔偿白银一万余两，经过双方交涉，最后议定赔偿滇平银九千五百两，双方签字盖印，于光绪二十六年六月（1900 年 6 月）议结。此时与案发时间相距不到一个月。

法教堂一案议结则颇费周折。开始时，方苏雅等人愿在云南当地议结，法国使馆拟在京城议结。经云南巡抚请示清帝后，奉旨：“所有教案著一并由滇议结”。当时因当地法国主教等人离华回国，致此案一拖再拖。直到第二年即光绪二十七年（1901）春天，法主教及教士先后回滇，此案议结工作才开始进行。

法主教开始提出的赔偿清单是三十三万两白银，清官员提出云南“地瘠民贫，万难筹措”。法方答应减至三十万两，不肯再减，议结陷于僵局。之后，法驻云南总领事方苏雅因议修滇越铁路一事再来昆明（1901 年法国成立滇越铁路公司，承建由老街到昆明的铁路。1903 年法国与清政府签订《滇越铁路章程》三十四款）。此时，法驻华公使授予方苏雅以议办滇省教案全权。从光绪二十七年六月至十月，双方谈判历时四个月之久，法方答应将赔款减至十五万两。清地方督抚又向方苏雅提出，拟将历年来未结旧案一并完结。方苏雅“初有难色”，之后终于同意清地方政府的要求。双方议定，此案中方先筹交六万两给法方，余款分三年交清。双方于光绪二十七年（1901）十一月初二在中法文本上签字画押。至此，中法昆明教案议结，历时一年半方告结束。

从清朝档案记载来看，方苏雅不遵清政府法令，“闯关闹卡”，“蓦运军火，激愤滇民”在先，导致法、英教堂被毁，交涉时又“办事躁急，意气用事”，但到后来“深知悔悟”，向清方官员表示请将滋事人犯从轻惩办，意在不与百姓结怨；以至于最后结案时，同意清方提出赔款减半及分年赔交要求，“颇尽心力”。前后表现判若两人，其原因何在？

清朝档案的记载是，方苏雅在昆明教案发生后，受到法驻华大使训斥，要其“遇事公平熟商，勿涉躁急”。似乎这是变化的原因。其实真正的原因是，“昆明教案”发生前后，义和团运动在我国北方蓬勃兴起，中国人民表现出来的不畏强权、誓死捍卫民族尊严的英勇气节，不能不使方苏雅深受触动，这是使方苏雅不得不改变强硬态度，与清政府合作的主要原因。

“昆明教案”发生后，法国殖民者曾企图派兵沿滇越铁路入侵云南，后来并不是因为清朝云南当局派兵护送方苏雅安全出境而罢手，只因天津义和团运动已成燎原之势，北方事紧，法兵抽调北上，进兵云南的企图被迫作罢。

百年烟云已过，一百年前的方苏雅，这个当年不可一世的法国驻云南总领事，却因用世界上刚发明不久的玻璃干片照相机，拍摄了若干记录当时中国西南风土人物的老照片而再度成为中国公众注目的焦点。1997 年中国云南爱国人士殷晓俊、罗庆昌得知这批老照片的消息，数度专程赴法，倾其家财，终于购得这批老照片的使用权，并于 1998 年在北京中国历史博物馆举办了以“世纪回首”为题的影展。

慈禧、光绪——中国最早的蜡像模特

雁　旭

中国第一历史档案馆2005年向社会公布了清代军机处电报档案，其中记载了清朝末年法兰西博物馆制作并展出慈禧、光绪蜡像的一些情况。当时的中国人对蜡像艺术了解不多，堂堂大清国皇太后、皇帝，即使王公大臣也不敢直视，却被洋人做成蜡人公开展览，任由百姓随便观瞻，一时间清廷上下，直至慈禧本人，都无法接受这种所谓的艺术形式。由此导致了中国外交部与法方的多次交涉，成为一起不大不小的外交事件。

蜡像是近代起源于法国的一种新兴艺术，创始人是法国的杜莎夫人。当时为了医学教学，开始制作解剖用的肢体，后来才逐渐发展为制作头像，王公贵族、巨商富贾，纷纷定制，成为时尚。蜡像的制作过程非常复杂，要先画草图，然后制作出人头黏土雕像，用石膏做出模子，将融化的蜡倒进模子，等蜡冷却以后再将模子去掉，一个蜡人的头就初步成形了。接下来要往蜡像上嵌入牙齿和眼珠，还要一根根地插入头发，最后涂上颜色，一个活灵活现的蜡质人像就算做成了。

法国大革命时期，杜莎夫人锒铛入狱，几乎难逃一死，而救她出来的正是她赖以为生的蜡像制作。由于杜莎夫人经常为贵族制作蜡像，与王室成员关系密切，雅各宾派将她抓入监牢。但是被砍下来的贵族头颅，需要做成蜡像，四处展览，扩大革命影响，这才释放了杜莎夫人。法国大革命失败以后，杜莎夫人带着她的蜡像来到英国，并在伦敦建立了永久性的“杜莎夫人蜡像馆”。这时的蜡像已经被人们看成是一种艺术品，年轻的英国女王维多利亚也成了杜莎夫人的蜡像模特，蜡像艺术开始流行于整个欧洲。

法国人为什么非要制作慈禧和光绪的蜡像呢？说来话长。据档案记载，光绪十年（1884）因为法国抢占清朝属国越南而爆发了中法战争，素以世界强国自居的法国军队，在中越边境镇南关惨遭清军痛打，一败涂地，使得发动战争的法国内阁土崩瓦解，集体辞职。法国民众开始对中国有所了解，知道中国有一个掌握实权的皇太后叫慈禧。光绪二十四年（1898）戊戌变法失败后，法国民众对中国有了进一步的了解，知道了中国还有一位准备效仿西方政治的年轻皇帝叫光绪。于是，法国的蜡像艺术家广泛搜集两人的画像及各种图片，制作了中国皇太后和皇帝的蜡像，并在巴黎、伦敦等几座城市巡回展出。用蜡制作的慈禧，竟然栩栩如生；身穿龙袍的假光绪，更是红光满面，呼之欲出，吸引着众多游客的目光。人们驻足观赏，有高谈阔论的，也有窃窃私语的。然而在这些游客当中，却有一位中国的王公大臣，此人就是爱新觉罗·载泽。光绪三十一年（1905）外务部派载泽赴日、英、法、美、比诸国考察政治，载泽一行借机游玩，在法兰西博物馆看到了皇太后、皇帝的蜡像。他的眼光与那些外国游客不同，目睹了本应母仪天下的慈禧太后，居然位列各色闲杂人物当中，任人指点，深感有失大清国的体面。光绪三十二年（1906）载泽回国后，立即报告清廷外务部，说法国人制作太后、皇上蜡像，问题很多，主要有三条。一是不像真人，形象不好；二是服装粗糙，用玻璃代替珠宝，质量低劣，完全不符合朝廷规定的款式；这第三条，非常微妙，也最为重要，用现在的话讲，就是慈禧的形象与光绪相比，不够突出。当时的光绪皇帝虽然因为戊戌变法失败，而被囚禁在中南海瀛台，但仍颇受洋人青睐。即使在囚禁期间，慈禧仍然迫于压力，不得不让光绪走出瀛台，与洋人见面晤谈，以示政权稳固，国泰民安。这样一来，蜡像问题似乎具有了深奥的政治含义，于是清朝政府的外交部门与法国外务部开始了艰难的交涉历程。

光绪三十二年（1906）六月，清廷动用了当时最为先进的通信设备——有线电报，用于中法之间的交涉。外务部曾多次给出使法国大臣刘式训发电，指挥其在法国的行动。例如光绪三十二年（1906）六月二十六日，发出的第一封电令，要求刘式训知照法国外务部撤除蜡像。电文说：泽公面称，前游法兰西博物馆，见有太后、皇上蜡像，并非真像，衣饰亦不如式，希婉达外部，令该馆撤去。后来又通过电报，你来我往，中法之间互相扯皮，双方似乎是打起了持久战。查阅光绪三十二年以后的电报档案，不难看出，中法交涉，不仅耗时费力，而且最终不了了之。

清末出现的这一外交风波，在蜡像艺术发展的历史上，只是一段小小的插曲。说起蜡像，最后竟然漂洋过海，传到了中国。据说正是在中法蜡像事件以后，一些旅欧华人以邮寄的方式把蜡像和蜡像艺术介绍到国内，但没有引起国人广泛的注意，只是出现了一些蜡质的水果和工艺品。直到“文革”时期，毛泽东曾把外宾送给他的芒果转送给了工人宣传队。为扩大影响，有关单位用蜡复制了芒果，分发全国各地的部队、机关、工厂和学校，供人瞻仰。也算是蜡像流传中国的一个历史见证。斗转星移，改革开放以后，蜡像从国外再度传入中国，经过中国艺术家们的不懈努力，现已达到世界先进水平。中国蜡像同样能够以假乱真。在某些方面，中国蜡像的制作工艺甚至超过了法国。比如在对亚洲人的神情刻画方面，中国蜡像就更为传神。在细节方面，如手部的刻画质量也高于法国。在中华人民共和国成立五十五周年的时候，中国历史博物馆推出了蜡像精品陈列，展厅里人头攒动，有人把真人当蜡像，也有人把蜡像当真人，笑话多多。但很少有人知道，一百多年前，慈禧和光绪是最早被做成蜡像的中国人，或者说他俩可称为中国最早的蜡像模特了。

慈禧像

光绪皇帝像